DEUTSCH ALS FREMDSPRACHE

SILKE PASEWALCK
DIETER NEIDLINGER

deutsch.com 2

LEHRERHANDBUCH

Hueber Verlag

Tests: Jacqueline Aßmann

3.   2.   1.   Die letzten Ziffern
2014   13   12   11   10   bezeichnen Zahl und Jahr des Druckes.
Alle Drucke dieser Auflage können, da unverändert, nebeneinander benutzt werden.
1. Auflage
© 2010 Hueber Verlag, 85737 Ismaning, Deutschland
Verlagsredaktion: Silke Hilpert, Juliane Müller, Hueber-Verlag, Ismaning
Zeichnungen: Lutz Kasper, Köln; Jörg Saupe, Düsseldorf
Satz: Catherine Avak, München
Gesamtherstellung: Ludwig Auer GmbH, Donauwörth
Printed in Germany
ISBN 978–3–19–041659–2

Methodisch-didaktische Hinweise

Ein Lehrwerk für Deutsch als *Folge*fremdsprache?

Fremdsprachenlernen wird in der globalisierten Welt immer wichtiger. Der Fremdsprachenunterricht in der Schule muss deshalb auf das lebenslange Weiterlernen von Fremdsprachen vorbereiten.
In den letzten Jahrzehnten hat sich aufgrund der politischen Entwicklungen das Englische als „Weltverkehrssprache" rund um den Globus durchgesetzt. Auch im Schulbereich wird es fast überall als erste Fremdsprache angeboten. Deutsch wird daher heute in vielen Ländern in den Schulen als sogenannte „Folgefremdsprache" – als zweite oder dritte Fremdsprache – unterrichtet.

Schüler, die Deutsch als Folgefremdsprache zu lernen beginnen, sind in einer *anderen Lernsituation* als diejenigen, die Deutsch als erste Fremdsprache erlernen:

- ☺ Sie sind keine Kinder mehr, sondern eher *im jugendlichen Alter und verfügen schon über andere Lebenserfahrungen,* d. h. sie sind an anderen Themen, aber auch an anderen Aufgabenstellungen interessiert.
- ☺ Sie haben bereits *grundlegende Erfahrungen mit dem Erlernen von Fremdsprachen* – in den meisten Fällen Englisch – gemacht, d. h. sie wissen, dass man, wenn man eine Fremdsprache lernt, Wörter und Grammatik „pauken" muss, dass Aussprache und Rechtschreibung wichtig sind, und dass nur „Übung den Meister macht". Vom Erlernen der ersten Fremdsprache bringen sie Erfahrung mit bestimmten *Lerntechniken und Lernstrategien* mit (wie man z. B. effizient neue Wörter lernt).
  Es ist für das erfolgreiche Erlernen von Folgefremdsprachen sehr hilfreich, wenn man im Unterricht immer wieder bespricht, wie man diese schon vorhandenen Lerntechniken und -strategien bewusst einsetzen und erweitern kann, um den eigenen Lernprozess wirkungsvoller zu gestalten.
  Lerntechniken und Lernstrategien werden deshalb in deutsch.com systematisch aufgegriffen und weiterentwickelt. Sie bereiten außerdem auf das lebenslange Weitererlernen von Fremdsprachen vor.
- ☺ Wer über Grundkenntnisse einer Fremdsprache verfügt und Deutsch zu lernen beginnt, wird bald merken, dass es zwischen den Sprachen Ähnlichkeiten gibt (etwa im Wortschatzbereich und bei den Grammatikstrukturen). Man kann also „Sprachbrücken" bauen, nicht nur zwischen den Fremdsprachen, sondern auch zur Muttersprache, mit deren Hilfe man leichter den Zugang zur neuen Fremdsprache findet.

Beispiel: Englisch und Deutsch
Englisch und Deutsch sind nah verwandte Sprachen. Man findet viele Ähnlichkeiten, etwa im Bereich der Grammatikstrukturen, z. B.:
engl.: I am 16 years old. Who is that? Are you American or Canadian?
dt.: Ich bin 16 Jahre alt. Wer ist das? Bist du Amerikaner oder Kanadier?

Besonders viele „Brücken" kann man aber im Wortschatzbereich bauen. Viele Wörter stammen aus einer gemeinsamen germanischen Wurzel, in beiden Sprachen finden sich viele gemeinsame Internationalismen, die auf Latein bzw. Griechisch zurückzuführen sind, und das Deutsche hat viele Wörter aus dem Englischen aufgenommen.
Viele Themenbereiche des deutschen Alltags (z. B. Speisen/Getränke, Kleidung, Verwandtschaftsbezeichnungen, Monatsnamen, Körperteile, Schulfächer, Farben, Sport, Kommunikationsmedien, Jugendkultur etc.) lassen sich deshalb recht gut erschließen, wenn man auf diesen „gemeinsamen Wortschatz" zurückgreift und ihn bewusst macht.
Mithilfe des Sprachvergleichs kann man so vor allem im Anfangsunterricht im Verstehensbereich schnell, unaufwendig und effizient elementare Kenntnisse aktivieren und einen relativ großen grundlegenden „gemeinsamen Parallelwortschatz" aufbauen.

Wer lernt,

- die Ähnlichkeiten zwischen den Sprachen aktiv zu nutzen und
- die schon vorhandenen Lernstrategien zu aktivieren und zu erweitern,

dem erschließen sich ganz neue Zugangsmöglichkeiten zum Deutschen und zum Deutschlernen.

In Band 1 von **deutsch.com** haben wir deshalb das Starter-Modul (3 Lektionen mit je 2 Doppelseiten) so angelegt, dass bereits vorhandenes Sprachmaterial in grundlegenden Themen- und Wortfeldern aufgebaut wird. Wir regen die Schüler auch in den folgenden Modulen durch Aufgabenstellungen immer wieder dazu an, die sprachlichen Mittel, die sie schon „im Kopf" haben, beim Deutschlernen zu aktivieren.

deutsch.com : Näher am Leben – neue Erfahrungen, neue Kommunikationsformen, neue Themen

Verändert haben sich in den letzten Jahrzehnten aber nicht nur die Verbreitung der Sprachen, sondern vor allem auch die Informations- und Kommunikationsmöglichkeiten. Für die Jugendlichen von heute ist die Benutzung von Internet und Handy selbstverständlich. Daraus haben sich neue Informationsmöglichkeiten und Kommunikationsformen entwickelt (etwa E-Mail und SMS schreiben; chatten). Mithilfe dieser Textsorten erscheinen vertraute Themen aus der Sicht der Jugendlichen oft in einer neuen Perspektive. Darüber hinaus lassen sich auch neue Themenbereiche erschließen. In **deutsch.com** greifen wir diese modernen Informationsmöglichkeiten und Kommunikationsformen immer wieder auf und üben sie ein.

Aufbau des Lehrwerks

deutsch.com ist in drei Bände gegliedert, die zu den Niveaustufen A1, A2 und B1 des Gemeinsamen Europäischen Referenzrahmens (GER) für Sprachen führen und auf die relevanten Prüfungen vorbereiten.
Band 2 besteht aus 6 Modulen. Jedes Modul besteht aus drei Lektionen mit je 6 Seiten. Jede Lektion enthält zwei Doppelseiten (A und B), eine Journal-Seite (C) und eine Übersichtsseite (D). Die Zählung der Module wird fortgesetzt.

- Modul 7:   Neugierig
- Modul 8:   Clever
- Modul 9:   Aktiv
- Modul 10: Natürlich
- Modul 11: Fremd
- Modul 12: Unabhängig

Ziel ist der schrittweise Aufbau der Sprachsysteme (Grammatik, Wortschatz und Redemittel) sowie die Entwicklung der rezeptiven und produktiven Fertigkeiten (Hören/Lesen – Sprechen/Schreiben).

Kursbuch

Das Lehrwerk wurde auf der Grundlage des kommunikativen Ansatzes entwickelt. Es erweitert ihn um die genannten Elemente der Mehrsprachigkeitsdidaktik und -methodik.

Der transparente und systematische Aufbau der Lektionen und die Zusammenfassung der Lernstoffe am Ende jeder Lektion ermöglichen eine schnelle Orientierung. Grammatik, Redemittel und Wortschatz werden in einer flachen Progression angeboten.

Lektionsaufbau: Das Doppelseitenprinzip

Neuer Lehrstoff wird in den Lektionen nach dem Doppelseitenprinzip (Doppelseite A und Doppelseite B) gestaltet. Das bedeutet, dass die Schüler, wenn sie das Buch aufgeschlagen haben, sich auf der jeweiligen Doppelseite mit *einem* übergreifenden Thema (setting) beschäftigen und alles finden, was sie zur Bearbeitung dieses Themas brauchen: Einführungstexte mit Bildern, Übungen und Aufgaben, Grammatiktabellen, etc. Dadurch wird konzentriertes „Arbeiten ohne Ablenkung" ermöglicht und störendes Hin- und Herblättern vermieden.

Jede Doppelseite stellt eine in sich geschlossene Einheit dar. Sie kann in einer überschaubaren Zeiteinheit durchgenommen werden. Das erleichtert die zeitliche Planung des Einsatzes von deutsch.com .

Die Journal-Seite (C) fördert Lesestrategien und lädt zu einem authentischen Umgang mit der Sprache ein. Oft wird die Übungssequenz durch eine kreative/produktive Aufgabe, die Anregungen zu weiterführender Arbeit enthält, abgeschlossen.

Die Übersichtsseite (D) mit den Lernzielen der Lektion kann zum Nachschlagen, aber auch zur Wiederholung (Testvorbereitung) verwendet werden.

Themenvielfalt

Die Lektionen in deutsch.com sind mit nur sechs Seiten Umfang bewusst kurz gehalten. Auf diese Weise konnten wir eine Fülle von abwechslungsreichen Themen aufnehmen.

Da wir die Themen aus der Sicht der Jugendlichen entwickeln und auf ihre veränderten Kommunikationsgewohnheiten (z. B. Nutzung von Handy und Internet) eingehen, ergeben sich bei vielen Themen interessante und neuartige Perspektiven. Mit deutsch.com kann man deshalb einen abwechslungsreichen Unterricht gestalten. Dazu trägt nicht zuletzt auch das anregende und interessante Bildmaterial zu den jeweiligen Themen bei.

Grammatik „an Ort und Stelle"

Grammatik taucht in deutsch.com in den Lektionen bei den Übungen und Aufgaben immer dort auf, „wo man sie gerade braucht" – als Tabelle oder einfache Regel, in der das jeweilige grammatische Phänomen klar gekennzeichnet ist. Wo immer es möglich ist, ermuntern wir die Schüler, für sich selbst Merkregeln zu formulieren.

Ab Band 2 verweist ein Smiley auf bereits bekannte Grammatikstrukturen.

Der D-Teil bietet zum Abschluss jeder Lektion einen systematischen Überblick über den Lernstoff.

Aufgaben und Übungen

Sie sind lernzielorientiert: Die Übungen dienen der Entwicklung der Sprachsysteme (Grammatik/Wortschatz/Aussprache und Intonation/Rechtschreibung). Die Aufgaben sind kurz, selbsterklärend und fertigkeitsbezogen. Sie versuchen, wo immer möglich, die Schüler zum selbst entdeckenden Lernen anzuregen. Im Arbeitsbuch werden dazu binnendifferenzierende Übungen angeboten.

Die Übungssequenzen sind so angelegt, dass am Ende einer jeden Doppelseite in einer übergreifenden Transfer-Aufgabe die freie Sprachproduktion im Rahmen des jeweiligen Themas angeregt wird. Dadurch sollen die Schüler lernen, die Sprache Deutsch möglichst einfach und unkompliziert in der Alltagskommunikation zu verwenden.

An vielen Stellen im Lehrbuch werden die Schüler durch Aufgaben zum 🌐 **BESPRECHEN** dazu angeregt, ihre *eigene Welt* ins Spiel zu bringen, mit ihrem Weltwissen, ihrer eigenen Sprache und den bereits erlernten Sprachen, ihren Erfahrungen mit dem Fremdsprachenlernen etc. zu vergleichen. Sie sollen Anknüpfungspunkte finden, Wahrnehmungen diskutieren und „Sprachbrücken" bauen, die das Lernen erleichtern und interessanter machen können. Diese Aufgaben werden im Anfangsunterricht in der Muttersprache durchgeführt.

Arbeitsbuch mit Audio-CD

Das Arbeitsbuch kann als Ergänzung für den Unterricht oder zum Selbststudium zu Hause eingesetzt werden. Es enthält:

✪ Übungen zu Grammatik, Wortschatz und Redemitteln,
✪ kontrastive Übungen für den Vergleich mit einer bereits gelernten Fremdsprache und der Muttersprache,
✪ Übungen zur Aussprache,
✪ Aufgaben zur Selbstkontrolle (mit Lösungsschlüssel).

Bei jeder Übung ist am Rand vermerkt, nach welchem Teilschritt in den Lektionen (A1, A2 ..., B1, B2 ...) sie bearbeitet werden soll. Ein Piktogramm weist auf den Schwerpunkt der Übung hin (WS, GR, ...) und ermöglicht so eine schnelle Orientierung.

Ein Plateau am Ende jedes Moduls wiederholt die Themen des gesamten Moduls
✪ mit Fokus auf Fertigkeitstraining und Strategien,
✪ mit Prüfungsvorbereitung und zusätzlichen landeskundlichen Informationen,
✪ mit Projektvorschlägen und
✪ mit einer Seite Selbstevaluation, welche die Kann-Bestimmungen des GER aufgreift.

Ein wichtiges Anliegen der Plateaus ist es auch, die Reflexion über das Lernen und den eigenen Lernfortschritt anzuregen.

Lehrerhandbuch

Seine Aufgabe ist es, die Stundenplanung optimal zu gestalten. Methodisch-didaktische Hinweise zeigen an, wie man das Lernangebot je nach Lerngruppe variieren kann, wie man am besten Wiederholungsschleifen einbaut und den Unterricht durch zusätzliche Tests, Kopiervorlagen und Spielideen abwechslungsreich gestaltet.

Prof. Dr. Gerhard Neuner

Lektion 19: Leute

A Mein Nachbar ist ein Promi!

A1 Sprachbrücke: Prominente (Promis)

Bilder von Prominenten aus dem Heimatland, Blu Tack/Klebeband

1 Teilen Sie Bilder von prominenten Sportlern, Filmstars, Politikern etc. an die Sch (Schüler) aus. Welche Sch haben die Person auf ihrem Bild erkannt? Lassen Sie fünf oder sechs Sch ihren Prominenten in der Muttersprache vorstellen, indem Sie folgende Fragen stellen: *Wie heißt der/die Prominente? Warum ist er/sie berühmt?* Die Sch antworten. Die Bilder können anschließend im Klassenraum aufgehängt werden.

Folie der Lesetexte

2 Legen Sie die Folie auf und decken Sie die Texte ab. Weisen Sie darauf hin, dass es sich bei der Frau auf beiden Bildern um dieselbe prominente Person handelt. Regen Sie die Sch zu einem Gespräch in der Muttersprache an, indem Sie Fragen stellen wie *Was meint ihr, was macht die Person? Kennt ihr sie? Habt ihr sie in einem Film gesehen?* Nennen Sie bei Bedarf einen Filmtitel als Tipp.

3 Decken Sie die Texte auf. Lenken Sie die Aufmerksamkeit der Sch dabei auf die farbig hervorgehobenen Wörter im Profil und die Kopfzeile im Forumsbeitrag. Lesen Sie die Fragen des Aufgabenteils b) vor. Die Sch äußern Vermutungen. Schreiben Sie die beiden Textsorten *Profil* und *Forumsbeitrag* an die Tafel und lassen Sie sie den Texten auf Zuruf zuordnen. Fragen Sie die Sch: *Tauscht ihr euch auch im Forum über Stars aus? Hattet oder habt ihr Kontakte zu Prominenten?*

! Vorentlastung eines Textes über die Textsorte: Lenken Sie die Aufmerksamkeit der Sch vor dem Lesen auf die Textumgebung (z. B. Kopfzeile) und auf strukturierende Merkmale (z. B. Hervorhebungen). Das Vorverständnis des Textes können Sie durch Fragen wie *Wo kann man solche Texte finden?* und gegebenenfalls (sofern bekannt) *Wie nennt man solche Texte?* zusätzlich fördern.

A2 Globales Lesen: Julia Jentsch

Folie der Lesetexte und von A2

1 Erklären Sie die Aufgabenstellung, indem Sie die erste Frage *Wann ist Julia Jentsch geboren?* an die Tafel schreiben und laut vorlesen. Markieren Sie das Fragewort *(wann)* und fragen Sie: *Was muss in der Antwort stehen? (eine Zeitangabe).* Die Sch überlegen, in welchem der beiden Texte sie die Zeitangabe vermuten. Dann überprüfen die Sch ihre Vermutung, indem sie die Belegstelle im Text suchen. Lassen Sie sich die Lösung zur ersten Frage zurufen, markieren Sie die Stelle auf der Folie *(geboren am: 20. Februar 1978)* und schreiben Sie das Fragewort daneben. Weisen Sie darauf hin, dass die Antworten aber auch in beiden Texten stehen können.

2 Die Sch lesen still die weiteren Fragen und markieren die Fragewörter. Danach lesen sie beide Texte in Stillarbeit und lösen die Aufgabe. Betonen Sie, dass die Sch nicht jedes Wort verstehen müssen, um die Aufgabe zu lösen.

3 Die Sch vergleichen ihre Ergebnisse mit denen ihres Nachbarn. Führen Sie dann die Ergebnisse im Plenum zusammen, indem Sie einzelne Sch die Belegstellen in den Texten auf der Folie markieren lassen. Schreiben Sie jeweils das Fragewort der Frage daneben.

4 Die Sch machen sich die gerade angewandte Lernstrategie bewusst, indem sie diese in ihre Muttersprache übersetzen und sich im Arbeitsbuch auf S. 162 notieren.

Arbeitsbuch: S. 6, Ü1–2

A3 Selektives Lesen: Aussagen über Julia Jentsch

Folie des Forumsbeitrags

1 Lesen Sie die Frage *Was schreibt Schneeball?* laut vor und vergewissern Sie sich, dass *Schneeball* als Name verstanden wird, indem Sie ihn im Text suchen lassen. Lesen Sie dann den ersten Beispielsatz vor. Schreiben Sie diesen an die Tafel. Fragen Sie, ob die Aussage richtig oder falsch ist. Die Sch suchen still nach der entsprechenden Textstelle im Forumsbeitrag. Lassen Sie sich die Lösung zurufen. Markieren Sie sie auf der Folie *(Zeile 7 und 8)* und schreiben Sie die Nummer der Aussage *(1)* daneben.

2 Fordern Sie die Sch auf, die anderen Aussagen und den Forumsbeitrag noch einmal zu lesen. Klären Sie hier bei Bedarf unbekannten Wortschatz, der für das Lösen der Aufgabe wichtig ist *(z. B. arrogant)*. Die Sch lösen die Aufgabe in Stillarbeit. Schreiben Sie in der Zwischenzeit auch die anderen drei Aussagen von A3 an die Tafel.

3 Lassen Sie sich bei der Ergebniskontrolle die Lösungen zurufen und die Belegstellen vorlesen. Notieren Sie die Lösungen an der Tafel und markieren Sie jeweils die Textstelle auf der Folie.

4 Lenken Sie die Aufmerksamkeit wieder auf den ersten Satz *Ich kenne keinen Film mit Julia Jentsch*. Decken Sie an der Tafel das *k* von *keinen* mit der Hand ab. Fragen Sie, ob die Aussage jetzt richtig ist. Fragen Sie, was das Wort *keinen* für eine Funktion hat *(Verneinung)*. Lassen Sie die Verneinungen in den anderen Sätzen suchen und von einem Sch an der Tafel unterstreichen. Fragen Sie dann die Sch, was jeweils negiert wird *(Nomen, Verb, Adjektiv)*. Machen Sie dies an der Tafel durch einen Pfeil wie im Infospot zur *Negation mit nicht und kein-* sichtbar. Verweisen Sie dann auf den Infospot.

> *Bilder bekannter Persönlichkeiten*
> *aus dem Heimatland*

5 Erinnern Sie die Sch an die Negation des Artikels *(Lektion 6)*, indem Sie auf den zweiten Infospot *Negativer Artikel: kein-* verweisen. Zeigen Sie ein Prominentenfoto (kein Sportler) und richten Sie an einen Sch die Frage: *Ist er/sie ein Sportler/ eine Sportlerin?* Der Sch antwortet: *Er/Sie ist kein Sportler/keine Sportlerin.* Bilden Sie eine Redekette, indem dieser Sch nun einen Prominenten von den mitgebrachten Bildern aussucht und eine analoge Frage stellt. Ein anderer Sch antwortet.

6 **Zusatzaktivität:** Bilden Sie Aussagesätze zu den Prominentenfotos, z. B. ... *sieht super aus*. Die Sch können die Sätze zustimmend wiederholen (*Ja, ... sieht super aus.*) oder aber widersprechen (*Nein, ... sieht nicht super aus.*).

> *Arbeitsbuch: S. 6, Ü3–4; S. 7, Ü5–6*

A4 Grammatik: Negation mit *nicht* und *kein-*

1 Lesen Sie die Arbeitsanweisung vor. Lassen Sie den Text bis zur ersten Lücke von einem guten Sch vorlesen und fragen Sie dann, ob *Schauspieler* ein Verb, Adjektiv oder Nomen ist. Verweisen Sie noch einmal auf den Infospot zur *Negation mit nicht und kein-* und fragen Sie, was eingesetzt werden muss *(kein)*. Der Sch liest den Satz mit der Ergänzung.

2 In Stillarbeit lösen die Sch die Aufgabe und vergleichen anschließend ihre Ergebnisse in Partnerarbeit mit denen ihres Nachbarn. Bitten Sie die Sch bei der Besprechung, den Text in einer Lesekette vorzulesen und sich gegenseitig zu korrigieren.

> *Arbeitsbuch: S. 8, Ü7*

A5 Sprachbrücke: Negation im Deutschen und in der Muttersprache vergleichen

Übersetzen Sie die Sätze aus A3 gemeinsam mit den Sch. Schreiben Sie die Übersetzung unter die entsprechenden Sätze an die Tafel. In Partnerarbeit suchen die Sch bei der Negation nach Ähnlichkeiten und Unterschieden zwischen den Sprachen. Anschließend werden die Ergebnisse in der Muttersprache formuliert und jeweils an den Sätzen beispielhaft belegt.

> *Kopiervorlage 19/1*

Spiel zur Negation: Bilden Sie Gruppen von zwei bis drei Sch. Kopieren Sie für jede Gruppe die Spielvorlagen. Falten Sie die Kopien an der Mittellinie nach hinten und kleben Sie die Kärtchen so zusammen, dass jeweils der positiv formulierte Satz auf der Vorderseite und der entsprechende negierte Satz auf der Rückseite eines Kärtchens steht. Schneiden Sie dann die Kärtchen aus. Für das Spiel werden die Karten auf einen Stapel gelegt, wobei der positiv formulierte Satz für alle Mitspieler sichtbar oben liegt. Die Sch sollen nun reihum entweder positiv formulierte Aussagesätze mit *nicht* oder *kein-* verneinen oder Ja/Nein-Fragen mit *Nein, ...* beantworten. Die Mitspieler kontrollieren die Antwort mithilfe der Kartenrückseite. Wer den Satz korrekt negiert hat, darf die Karte behalten. Andernfalls wird sie zurück unter den Stapel gelegt. Gespielt wird, bis alle Karten aufgenommen wurden. Der Spieler mit den meisten Karten hat gewonnen.

A6 Wortschatz: Adjektive

1 Schreiben Sie die Adjektivpaare *interessant – spannend* und *interessant – langweilig* an die Tafel. Fragen Sie, ob die Adjektive das Gleiche (=) oder das Gegenteil (≠) bedeuten, und ergänzen Sie auf Zuruf das Gleich- oder das Ungleichzeichen.

2 Lenken Sie die Aufmerksamkeit auf das Adjektiv *witzig* in der Aufgabe und lesen Sie die Arbeitsanweisung vor. Erklären Sie, dass man in der rechten Spalte entweder nach einem Adjektiv mit gleicher oder mit gegenteiliger Bedeutung suchen muss. Lassen Sie sich die Lösung zurufen.

> *interessant = spannend*
> *interessant ≠ langweilig*

3 Bilden Sie einen Beispielsatz, z. B. *Der Film ist witzig.* Bitten Sie die Sch, das Wort *witzig* durch *lustig* zu ersetzen (*Der Film ist lustig.*) Weisen Sie darauf hin, dass bei ≠-Zeichen der Beispielsatz eine Negation verlangt (*nicht dumm, doof*).

4 In Partnerarbeit ordnen die Sch die Adjektive zu und überlegen sich jeweils einen Beispielsatz. Klären Sie im Plenum die richtige Zuordnung. Bitten Sie die Schülerpaare, ihre Beispielsätze vorzulesen.

Arbeitsbuch: S. 8, Ü8–9

A7 **Wortschatz: Adjektive mit *-ig, -lich, -isch***

große Wortkarten, Blu Tack/Klebeband

1 Schreiben Sie die Adjektive aus dem Schüttelkasten sowie einige Verben und Nomen aus der Lektion auf Wortkarten. Verteilen Sie diese Wortkarten an die Sch. Übertragen Sie die Tabelle aus dem Buch an die Tafel und achten Sie darauf, dass die Spalten sehr groß sind. Fragen Sie: *Wer von euch hat ein Adjektiv?* und lassen Sie diese Sch ihre Wortkarten neben die Tabelle an die Tafel kleben. Im Plenum werden die „falschen" Adjektive aussortiert.

2 Fordern Sie den Sch mit dem Adjektiv *witzig* auf, dieses in der Tabelle bei *neugierig* einzuordnen. Unterstreichen Sie die Endung *-ig*. Ermutigen Sie die Sch, für die zweite und dritte Spalte jeweils ein Adjektiv zuzuordnen und die Endung zu unterstreichen. Helfen Sie bei Unklarheiten. Die Sch lösen die restliche Aufgabe in Stillarbeit.

3 Sagen Sie *Bei einem der Adjektive stelle ich mir einen Clown vor.* Fragen Sie: *Welches Adjektiv passt zu einem Clown?* (= *lustig*). Wer das Adjektiv errät, darf sich als Nächstes ein Adjektiv aus A8 aussuchen. Der betreffende Sch stellt sich ein Bild vor und verbalisiert es in der Muttersprache. Die anderen Sch raten wieder usw. Beenden Sie die Redekette, wenn sich die Adjektive wiederholen oder die Spannung nachlässt. Lesen Sie die Lernstrategie vor und übersetzen Sie diese mit den Sch in die Muttersprache. Die Sch notieren sich die Strategie im Arbeitsbuch auf S. 162.

Arbeitsbuch: S. 9, Ü10

A8 **Aussprache: Wortakzent bei Adjektiven mit *-ig, -lich, -isch***

1 Spielen Sie die Übung vor. Die Sch lesen still mit. Unterstützen Sie den Wortakzent gestisch und fordern Sie die Sch auf, die Geste nachzuahmen.

2 Beim zweiten Hören sprechen die Sch nach und unterstützen den Wortakzent durch die Geste aus Schritt 1.

3 Die Sch lesen noch einmal still die Adjektive. Fragen Sie: *Was ist bei allen Adjektiven gleich?* Verweisen Sie bei Unsicherheiten auf die Lernstrategie. Die Sch übersetzen diese in ihre Muttersprache und notieren sich die Strategie im Arbeitsbuch auf S. 162.

! Vor allem zu Beginn empfiehlt es sich, den Sch den Wortakzent durch Bewegung bewusst zu machen. Hierzu gibt es verschiedene Möglichkeiten:

– Alle Sch stehen für die Ausspracheübung auf. Um den Wortakzent zu verdeutlichen, gehen Sie an dieser Stelle kurz in die Knie.

– Bei weniger bewegungsfreudigen Gruppen bietet es sich an, den Wortakzent durch eine vertikale oder fallende Handbewegung zu unterstreichen. Sie können diese fallende Bewegung zusätzlich durch einen Gegenstand in Ihrer Hand betonen (ein Stück Kreide etc.).

Achten Sie darauf, dass Sie in einer Gruppe stets die gleiche Bewegung verwenden.

A9 **Schreiben: Etwas benennen und jemanden beschreiben**

1 Lesen Sie die erste Arbeitsanweisung vor und betonen Sie, dass der Prominente nicht wirklich der Nachbar sein muss. Geben Sie Michael Ballack oder einen allen bekannten Fußballspieler als Beispiel vor und stellen Sie die Fragen aus der Wortschatzhilfe. Fordern Sie die Sch auf, mithilfe der Notizen auf dem Notizzettel zu antworten. (*Was ist er von Beruf? Mein Nachbar ist Fußballspieler / ...*).

2 Teilen Sie die Klasse in Kleingruppen zu je drei bis vier Sch. Jede Gruppe entscheidet sich für einen Prominenten, macht sich anhand der Fragen in der Wortschatzhilfe zunächst Notizen wie im Buch und formuliert diese anschließend zu ganzen Sätzen aus, ohne dass der Name des Prominenten genannt wird (*Mein Nachbar ist ein Filmstar. ...*). Weisen Sie darauf hin, dass der Text deutliche Hinweise enthalten muss, damit die Prominenten erraten werden können. Gehen Sie herum und helfen Sie bei Bedarf.

3 Die Gruppen stellen nacheinander ihren Prominenten dem Plenum vor, indem jeder Sch ein oder zwei Sätze vorliest. Die Sch der anderen Gruppen raten, welche bekannte Person gemeint sein könnte.

4 **Zusatzaktivität:** Bilden Sie Kleingruppen und verteilen Sie kleine Wortkarten. Ein Sch schreibt den Namen einer berühmten oder zumindest allen Gruppenmitgliedern bekannten Person *(Michael Jackson, Diego Maradona, Name des Schuldirektors etc.)* auf eine Wortkarte und klebt sie einem anderen Sch mit etwas Creme auf die Stirn. So sehen außer diesem Sch alle den Namen. Der Sch mit der Wortkarte muss durch Fragen herausfinden, wer er ist: *Bin ich ein Schauspieler? ... Sehe ich gut aus? ... Bin ich eine Frau? ... Bin ich ein internationaler Star? ... Bin ich Sportler? ...* Die anderen Sch dürfen die Fragen nur mit *Ja* oder *Nein* beantworten. Hat der Sch erraten, wer er ist, so darf er sich einen Prominenten für einen anderen Sch überlegen.

Arbeitsbuch: S. 9, Ü11–13

B3 Was steht mir?

B1 Sprachbrücke: Aussehen

Umfrage-Zettel

1 Führen Sie eine kleine Umfrage durch, indem Sie die Fragen aus B1 mit möglichen Antworten auf einen Zettel schreiben und diesen für alle kopieren. Bitte fügen Sie bei Frage B selbst einen Geldbetrag ein. Verteilen Sie die Zettel an die Sch. Die Sch kreuzen ihre Antworten an und geben die Zettel anonym an Sie zurück. Beauftragen Sie zwei Sch mit der Auswertung der Fragen, indem diese an der Tafel die Antworten durch Striche markieren und bei D3 weitere Antworten eintragen. So entsteht ein Meinungsbild der Klasse.
2 Diskutieren Sie die Ergebnisse der Umfrage, indem Sie fragen: *Habt ihr die Ergebnisse erwartet? Was überrascht euch?*

> **A Wie wichtig ist Aussehen für euch?**
> 1 = sehr wichtig   3 = weniger wichtig
> 2 = wichtig   4 = unwichtig
>
> **B Wie viel Geld kostet euch das monatlich?**
> 1 = mehr als ...
> 2 = weniger als ...
>
> **C Wie viel Zeit kostet euch das?**
> 1 = mehr als eine Stunde/Tag
> 2 = weniger als eine Stunde/Tag
>
> **D Wer hilft euch bei Outfit-Fragen?**
> 1 = Freunde
> 2 = Geschwister
> 3 = _____

Arbeitsbuch: S. 9, Ü14; S. 10, Ü15

B2 Globales Lesen: Forumsbeitrag, Wiederholung der Verben mit Akkusativ und Dativ

1 Lenken Sie die Aufmerksamkeit der Sch auf die Fotos und den Text. Fragen Sie: *Wer schreibt den Forumsbeitrag? (Christian)* und *Wer antwortet Christian? (Marie).* Lesen Sie den Teilsatz a vor und klären Sie die Bedeutung von *Aussehen ändern,* indem Sie auf die Fotos verweisen. Fragen Sie dann: *Wer will sein Aussehen ändern? Marie oder Christian? (Christian).*
2 Die Sch lesen die Teilsätze und den Text bei B1. Betonen Sie, dass es nicht darum geht, jedes Wort zu verstehen. Die Sch lösen die Aufgabe und besprechen ihre Ergebnisse mit einem Partner. Übertragen Sie inzwischen die Sätze aus B2 an die Tafel. Ein Sch liest die Sätze mit Ergänzung vor. Die anderen Sch korrigieren gegebenenfalls. Tragen Sie die Lösungen an der Tafel ein.
3 Ein Sch unterstreicht bei den Sätzen an der Tafel jeweils das Verb. Fragen Sie das Plenum: *Was kommt nach diesen Verben: Nominativ, Akkusativ oder Dativ?* Verweisen Sie auf den Infospot zur Grammatik *Verben mit Akkusativ* und erklären Sie, falls notwendig, den Sch das Smiley bei der Infobox (Wiederholung der Grammatik aus *deutsch.com 1*). Unterstreichen Sie in den Sätzen an der Tafel das Objekt mit einer anderen Farbe.
4 Verweisen Sie zum Vergleich auf den Infospot zu den *Verben mit Dativ.* Lassen Sie die Sätze im Text suchen. Regen Sie die Sch an, weitere Beispielsätze zu bilden.

B3 Globales Hören: Gespräch mit einer Stilistin

1 Fragen Sie die Sch: *Welchen Tipp hat Marie Christian gegeben?* Erklären Sie, dass Christian bei der Stilistin anruft. Lesen Sie die Themen des Gesprächs vor. Klären Sie den Wortschatz *(die Frisur, die Augenfarbe, die Größe),* indem sie die Begriffe als Wortigel an die Tafel schreiben und dazu Assoziationen sammeln, z.B. *Frisur (Haare, lang oder kurz, lockig), Augenfarbe (braun, blau, grün), Alter (jung oder alt, ... Jahre) ...*

2 Erklären Sie mithilfe des Beispieleintrags, dass die Sch anhand des Hörtextes die Reihenfolge der Themen markieren sollen. Betonen Sie an dieser Stelle, dass die Sch nicht alles verstehen müssen, sondern sich auf die in Schritt 1 wiederholten Wörter konzentrieren sollen. Die Sch hören den gesamten Text und lösen die Aufgabe in Stillarbeit.

3 Bitten Sie einen Sch, sein Ergebnis an die Tafel zu schreiben, indem er vor die Begriffe aus Schritt 1 die jeweilige Zahl schreibt. Spielen Sie das Gespräch nur bei Unklarheiten noch einmal in Abschnitten vor. Fordern Sie die Sch auf, ein Handzeichen zu geben, wenn sie ein Thema gehört haben, und lassen Sie sie das Ergebnis an der Tafel korrigieren.

Arbeitsbuch: S. 10, Ü16

B4 **Selektives Hören: Tipps von einer Stilistin**

1 Lesen Sie die Arbeitsanweisung vor. Sagen Sie, dass die Sch sich zwischen a und b entscheiden müssen. Lesen Sie die erste Aussage vor und sichern Sie den Bedeutungsunterschied zwischen a und b, indem Sie z. B. einen Sch bitten, zwei entsprechende Strichzeichnungen an der Tafel zu machen. Fragen Sie, ob jemand die Antwort schon weiß *(klein und dünn)*.

2 Die Sch lesen die möglichen Antworten. Sichern Sie im Plenum mit den Sch gemeinsam das Verständnis der Antwortvarianten, indem sich die Sch unbekannten Wortschatz gegenseitig durch kleine Zeichnungen, Gestik/Mimik oder mittels anschaulicher Beispielsätze erklären. Fragen Sie zum Beispiel: *Wer hat eine Brille?*

3 Spielen Sie den Hörtext vor. Die Sch lösen die Aufgabe beim Hören und vergleichen anschließend ihre Lösungen mit denen ihres Nachbarn. Lassen Sie zur Kontrolle im Plenum die richtigen Sätze in einer Redekette vorlesen.

4 Schreiben Sie die Sätze *Die Brille gehört ...*, *Der Anzug passt ...* etc. an die Tafel und lassen Sie sie von den Sch ergänzen. Verweisen Sie auf die Infospots zu den Verben mit Dativ.

große Tasche

5 **Zusatzaktivität:** Alle Sch legen jeweils einen Gegenstand *(Stift, Heft, Buch ...)* in eine Tasche, die Sie mit in den Unterricht gebracht haben. Die Sch bilden einen Kettendialog: Ein Sch greift blind in die Tasche und überlegt, wem der Gegenstand gehören könnte (z. B. Peter) und fragt: *Peter, gehört dir das Heft?* Peter antwortet: *Ja, das Heft gehört mir.* oder *Nein, das Heft gehört mir nicht.* Wurde falsch geraten, so kommt der Gegenstand zurück in die Tasche. Die Tasche geht reihum, jeder Sch zieht einen Gegenstand.

Arbeitsbuch: S. 10, Ü17; S. 11, Ü18

B5 **Grammatik: Erweiterung der Verben mit Dativ**

Folie von B5

1 Lesen Sie die Arbeitsanweisung und die zwei Beispielsätze vor. Markieren Sie beim Vorlesen der Beispielsätze die verwendeten Satzbauteile auf der Folie *(dunkle, kurze Haare – stehen – ihm – gut)*. Verfahren Sie mit dem zweiten Beispielsatz ebenso. Negieren Sie einen der Sätze beispielhaft. Bitten Sie zur Kontrolle einen Sch, einen weiteren Satz zu bilden.

2 In Partnerarbeit tauschen sich die Sch über Christians Aussehen aus und schreiben möglichst viele Sätze. Zur Kontrolle im Plenum liest jeder Sch einen Satz vor.

Arbeitsbuch: S. 11, Ü19

B6 **Sprechen: Gefallen und Missfallen ausdrücken**

Bilder aus einer Modezeitschrift, Blu Tack/Klebeband

1 Schneiden Sie drei Bilder von Personen aus einer Modezeitschrift aus und hängen Sie die Bilder an die Tafel. Beschreiben Sie eine der drei Personen, ohne durch Gestik oder Mimik deutlich zu machen, welche Person Sie beschreiben. Verweisen Sie auf die Beispielsätze in den Sprechblasen. Die Sch erraten die Person. Erklären Sie den Sch, dass sie diese Aufgabe nun in der Gruppe machen.

Modezeitschriften, Scheren

2 Bilden Sie Gruppen von vier bis sechs Sch. Jede Gruppe bekommt eine oder zwei Zeitschriften und Scheren. Jeder Sch schneidet mindestens ein Personenbild aus und legt es in die Mitte. Ein Sch sucht sich eine Person auf den ausgeschnittenen Bildern aus, ohne den anderen zu sagen, welche er gewählt hat. Dann beschreibt er die Person und die anderen raten. Jeder darf nur einmal raten. Nun kommt der nächste Sch dran, bis alle eine Person beschrieben haben.

3 Erklären Sie Aufgabe b), indem Sie beispielhaft auf eines der Bilder von der Tafel deuten. Ermuntern Sie verschiedene Sch durch direkte Fragen, das Aussehen/die Kleidungsstücke der Person zu beurteilen: *Wie gefällt dir die Hose? – Gefällt sie dir auch? – Findest du das auch?* Verweisen Sie für die Antworten auf die Redemittel in den Infospots.

4 Jeder Sch einer Gruppe wählt eine Person aus und beurteilt sie in der Gruppe. Die anderen Sch in der Gruppe reagieren darauf, indem sie entweder zustimmen oder widersprechen.

Arbeitsbuch: S. 11, Ü20; S. 12, Ü21

Kopiervorlage 19/2, Spielfiguren, Würfel

Leiterspiel: Bilden Sie Gruppen von drei bis vier Sch und kopieren Sie für jede Gruppe die Spielvorlage. Jede Gruppe erhält außerdem einen Würfel und jeder Mitspieler eine Spielfigur. Die Sch setzen ihre Spielfigur auf das Startfeld, würfeln und gehen mit der Figur entsprechend der gewürfelten Augenzahl vorwärts. Gelangt ein Sch auf ein Aufgabenfeld, bildet er mit dem auf dem Feld abgebildeten Verb und dem Gegenstand einen Satz. Das Satzzeichen beim Verb bestimmt, ob ein Frage- oder ein Aussagesatz gebildet werden muss. Hat der Sch den Satz korrekt gebildet, darf er auf dem Feld stehen bleiben. Ist der Satz falsch, muss er wieder zurück zum Ausgangsfeld. Kommt der Spieler auf ein Feld am Fuß einer Leiter, darf er sie, wenn er einen korrekten Satz gebildet hat, hinaufsteigen, ansonsten muss er auf dem Feld stehen bleiben. Kommt ein Spieler zum Kopf einer Leiter, darf er stehen bleiben, wenn er einen korrekten Satz gebildet hat. Ist der Satz falsch, muss er die Leiter hinuntersteigen. Die anderen Sch der Gruppe sind Schiedsrichter. In Zweifelsfällen entscheidet der Lehrer. Gespielt wird so lange, bis der erste Spieler das Zielfeld erreicht.

Arbeitsbuch: S. 12, Ü22–23 Aussprache

C Star-Test

C1 Sprachbrücke: Stars

Schreiben Sie das Wort *Star* an die Tafel und um das Wort die drei W-Fragen aus C1. Lassen Sie Platz für Stichwortantworten. Sammeln Sie mit den Sch an der Tafel Ideen, indem Sie mit einigen Beispielen für Stars beginnen. Notieren Sie Stichwörter an der Tafel und beziehen Sie die Ideen auch aufeinander.

C2 Lesen: Einen Test machen

1 Lesen Sie die Einführung zu dem Test und die erste Frage mit den Antworten vor. Bitten Sie die Sch, die Antwort, die auf sie zutrifft, zu markieren.

2 Die Sch lesen den Test in Stillarbeit. Klären Sie unbekannten Wortschatz im Plenum; an dieser Stelle ist es wichtig, dass der Test wirklich verstanden wird. Die Sch machen dann den Test in Stillarbeit.

C3 Lesen: Testauswertung lesen

1 Fordern Sie die Sch auf, zusammenzuzählen, wie oft sie jeweils A, B oder C angekreuzt haben. Schreiben Sie ein Beispiel an die Tafel *(A = 2, B = 4, C = 3)*. Sagen Sie *Das Ergebnis ist hier Typ B*. Die Sch bestimmen ihren Typ.

2 Die Sch bilden drei Gruppen nach ihren Typen (Typ A, Typ B und Typ C), lesen „ihren" Text und klären gemeinsam den Wortschatz. Gehen Sie herum und helfen Sie bei Bedarf.

3 Die Gruppen stellen ihren Typus im Plenum vor, indem sie ihr „Ergebnis" in zwei Sätzen zusammenfassen.

C4 Sprechen: Einem Ergebnis (nicht) zustimmen

1 Die Sch lesen die Redemittel in den Sprechblasen. Wenden Sie die Redemittel beispielhaft an und äußern Sie eine Meinung. Führen Sie mit einem guten Sch einen Beispieldialog, indem Sie fragen: *Stimmst du dem Ergebnis zu? ... Warum? ...*

2 Erklären Sie die Aufgabe, indem Sie die Sch bitten, „ihr" Ergebnis in der Gruppe zu besprechen und mithilfe der Redemittel ihre Meinung zu ihrem Textergebnis zu sagen. Anschließend berichten die Gruppen im Plenum von ihrem Gesprächsergebnis und sagen, warum für den einen das Ergebnis gepasst hat und für den anderen nicht.

Arbeitsbuch: S. 13, Selbstkontrolle

Lektion 20: Gesundheit

A Auf der Gesundheitsmesse

A1 Sprachbrücke: Die Gesundheitsmesse

1 Schreiben Sie das Thema *die Gesundheit* an die Tafel und sammeln Sie Assoziationen in der Muttersprache. In leistungs-starken Gruppen können Sie diese auch in Form eines Wortigels auf Deutsch sammeln.

2 Die Sch öffnen die Bücher, schauen sich die Fotos an und lesen den Lektionstitel. Fragen Sie, was diese Bilder mit dem Thema zu tun haben könnten. Schreiben Sie *die Gesundheitsmesse* an die Tafel. Klären Sie die Bedeutung. Die Sch suchen zu jedem Bild mindestens ein passendes Wort auf Deutsch *(der Sport, die Fitness, ... / die Information, ... / die Kosme-tik, ... / das Essen, ...)* oder in der Muttersprache. Erweitern Sie gegebenenfalls den Wortigel an der Tafel.

A2 Globales Lesen: Katjas Erlebnisbericht

1 Lenken Sie die Aufmerksamkeit der Sch auf den Lesetext. Fragen Sie, wo dieser Text stehen könnte, und benennen Sie, falls die Sch es nicht selbst tun, die Textsorte *(Forumsbeitrag im Internet)*. Weisen Sie gegebenenfalls auf Textmerkmale wie Smileys, Datum und Uhrzeit sowie die Struktur hin *(von ...; kommentieren)*. Fragen Sie: *Von wem ist der Forums-beitrag? (KatjaO.) Wer antwortet/kommentiert? (timo.werker/mangamädchen)* Lassen Sie sich von den Sch durch Zuruf die Namen nennen.

2 Erklären Sie die Aufgabenstellung, indem Sie im Beispiel zuerst die Antwort vorlesen und diese im Text suchen lassen. Verweisen Sie dann auf das Fragewort und lesen Sie die Frage vor. Die Sch lesen still die weiteren Antworten, suchen die entsprechenden Textstellen und überlegen, welches Fragewort auf die Antwort verweist. Schreiben Sie inzwischen zur Unterstützung die Antworten an die Tafel und lassen Sie die Sch die Fragewörter ergänzen.

3 Die Sch ergänzen die Fragen. Lassen Sie bei der Kontrolle der Aufgabe einzelne Sch die Fragen an der Tafel vervollstän-digen.

A3 Selektives Lesen: Aktivitäten auf der Gesundheitsmesse

Folie des Forumsbeitrags und von A3

1 Lenken Sie die Aufmerksamkeit der Sch auf den Tabellenkopf. Klären Sie das Wort *der Stand – die Stände* in der Mutter-sprache der Sch. Fordern Sie die Sch als Vorarbeit auf, den Text zu überfliegen und die Stand-Namen zu suchen. Bitten Sie zur Kontrolle einen Sch, auf der Folie die einzelnen Stand-Namen sowohl in der Tabelle als auch im Text verschieden-farbig zu markieren.

2 Die Sch lesen still die Aktivitäten im Schüttelkasten. Sichern Sie mithilfe der Bilder und Smileys das Verständnis *(Zahn-spangen* = Smiley im Text, *Gesicht / Rücken* = auf die entsprechenden Körperteile deuten; *Creme, Information, Gymnastik* = Ähnlichkeit zu anderen Sprachen, *kochen + das Buch = Kochbuch; ausprobieren/probieren* = Wortbildung*)*. Weisen Sie auf den Unterschied zwischen *probieren* und *ausprobieren* hin und erklären Sie anhand von Beispielen, dass das Präfix *aus-* die Wortbedeutung verändert: *ausprobieren = Christian hat eine neue Frisur ausprobiert./Cremes ausprobieren*, aber *probieren = vegetarische Gerichte probieren* (hier: alles, was man essen kann).

3 Machen Sie mit den Sch den Beispieleintrag, indem Sie sich die Belegstelle zum Eintrag *Tests machen* von einem Sch nennen lassen und auf der Folie markieren.

4 Die Sch lesen den Text in Stillarbeit, lösen die Aufgabe und ergänzen die Tabelle in Partnerarbeit.

5 Kontrollieren Sie die Ergebnisse im Plenum mithilfe der Folie. Lassen Sie sich durch Zuruf die Belegstellen im Text nennen. Markieren Sie diese im Text.

Wortkarten

6 **Zusatzaktivität**: Bereiten Sie Wortkarten mit Bezeichnungen für verschiedene Körperteile sowie gegebenenfalls deren Übersetzung in die Muttersprache der Sch vor. Zur Wiederholung des Wortfeldes *Körper und Gesicht* spielen die Sch das Spiel „Montagsmaler" (so der Name einer Spielshow, die bis in die 1990er-Jahre im deutschen Fernsehen zu sehen war): Teilen Sie die Klasse in zwei Gruppen, die gegeneinander spielen. Erklären Sie das Spiel, indem Sie einen Körperteil, z. B. *ein Auge,* an die Tafel zeichnen. Lassen Sie sich durch Zuruf die deutsche Bezeichnung mit Artikel nennen. Ein Sch der Gruppe A geht an die Tafel. Dort zeigen Sie dem Sch eine Wortkarte und lassen ihn den jeweiligen Körperteil zeichnen. Zeigen Sie auch der Gruppe B das Wort auf der Karte. Die Mitglieder der Gruppe A raten, um welchen Körperteil es sich handelt, und nennen auch den korrekten Artikel. Gruppe B kontrolliert. Begrenzen Sie die Ratezeit auf 30 Sekunden. Rät Gruppe A richtig, dann darf ein anderer Sch dieser Gruppe weitermalen, wenn nicht, dann zeichnet ein Sch der Gruppe B weiter. Gewonnen hat die Gruppe, die mehr Körperteile korrekt auf Deutsch benannt hat.

! Wiederholen Sie bei der Arbeit mit *deutsch.com 2* immer wieder den Wortschatz aus *deutsch.com 1*, vor allem bei Wortfeldern, die auf dem A2-Niveau aufgegriffen und ausgebaut werden. Zum Üben und Festigen des Wortschatzes eignen sich auf dieser Niveaustufe Spiele, bei denen die Sch Wort und Bild einander zuordnen oder Wörter zu Wortfeldern sortieren (z. B. Memory®, Domino, Montagsmaler, Quartett, Wortbingo).

Arbeitsbuch: S. 14, Ü1–3

A4 ## Grammatik: Perfekt von regelmäßigen Verben mit *haben*

1 Erklären Sie die Aufgabe, indem Sie das Raster an die Tafel übertragen, den ersten Satz gemeinsam mit den Sch in Satzglieder zerlegen und in das Raster eintragen. Weisen Sie dabei auf die Bezeichnungen der Satzmuster (*Aussage, W-Frage, Ja/Nein-Frage*) hin und tragen Sie gemeinsam mit den Sch die Merkmale zusammen (*Aussage: Satzzeichen Punkt, W-Frage = Fragepronomen: Satzzeichen Fragezeichen, Ja/Nein-Frage: Satzzeichen Fragezeichen*).

2 Die Sch ergänzen in Stillarbeit die weiteren Sätze.

3 Bitten Sie einzelne Sch, die anderen beiden Sätze ebenfalls in das Raster an der Tafel einzutragen. Tragen Sie die Ergebnisse zur Satzstellung im Perfektsatz zusammen, indem Sie fragen: *Was steht immer am Ende?* Unterstreichen Sie die Partizipien an der Tafel farbig. Machen Sie auf die unterschiedliche Position des Hilfsverbs in der Aussage bzw. W-Frage einerseits und der Ja/Nein-Frage andererseits aufmerksam, indem Sie das Hilfsverb mit einer anderen Farbe unterstreichen.

Kärtchen, Blu Tack/Klebeband

4 Kleben Sie die Kärtchen, auf denen die folgenden Wortteile stehen, ungeordnet an die Tafel: *ge-kos-tet, ge-antwor-tet, ge-mach-t, ge-sag-t, ge-zeig-t, ge-lach-t*.

Bitten Sie einen Sch, ein Partizip Perfekt zu bilden, indem er sich die entsprechenden Kärtchen aussucht und in der richtigen Reihenfolge an der Tafel befestigt. Fordern Sie weitere Sch auf, bis alle Karten verbraucht sind. Verweisen Sie auf die unterschiedlichen Endungen *-t* und *-tet* und fragen Sie nach der Regel (*endet der Verbstamm auf -t oder -d, wird wegen der Aussprache ein -te-/-de- eingeschoben*). Weisen Sie dafür auch auf den Infospot zur Grammatik hin.

Arbeitsbuch: S. 15, Ü4–6

A5 ## Grammatik: Perfekt von regelmäßigen Verben mit *haben*

1 Erklären Sie die Aufgabenstellung, indem Sie den Beispielsatz des Dialogs vorlesen und an die Tafel schreiben: *a schmecken*. Bitten Sie einen Sch, die Konjugation von *haben* zu wiederholen. Betonen Sie, dass in dieser Übung sowohl das Hilfsverb als auch das Partizip Perfekt gebildet werden müssen.

2 Die Sch lösen die Aufgabe in Stillarbeit, indem sie zunächst den Buchstaben des jeweiligen Satzes dem passenden Verb zuordnen und dann erst das Perfekt bilden. Gehen Sie herum und helfen Sie bei Bedarf.

3 Besprechen Sie die Lösungen im Plenum, indem Sie einzelne Schüler bitten, zunächst das passende Verb aus dem Schüttelkasten zu nennen und danach die Sätze mündlich zu ergänzen.

Arbeitsbuch: S. 16, Ü7

A6 ## Aussprache: Wortakzent beim Partizip Perfekt von regelmäßigen Verben

1 Schreiben Sie das Wortpaar *machen – gemacht* an die Tafel. Sprechen Sie die beiden Wörter mit deutlicher Hervorhebung des Wortakzents, unterstützt durch die in Lektion 19 eingeführte Geste. Markieren Sie den Akzent an der Tafel. Machen Sie dasselbe mit dem zweiten Wortpaar *zeigen – gezeigt*.

2 Die Sch hören die Wörter und markieren dabei den Wortakzent. Übertragen Sie währenddessen die Verbformen an die Tafel.

3 Bitten Sie zum Vergleich im Plenum einen Sch, den Wortakzent an der Tafel zu markieren. Fragen Sie: *Wo ist der Wortakzent nie?* Verweisen Sie auf die Lernstrategie im Buch und übersetzen Sie diese in die Muttersprache. Die Sch notieren die Strategie im Arbeitsbuch auf S. 162.

4 Alle Sch hören noch einmal und unterstützen beim Nachsprechen den Wortakzent mit der entsprechenden Geste.

Sprechen: Sätze im Perfekt bilden

1 Bereiten Sie zwei Personalpronomenwürfel und zwei Sätze Wortkarten mit den Verben aus der Wortschatzhilfe vor, auf deren Vorderseite der Infinitiv und auf deren Rückseite jeweils das Partizip Perfekt steht, z. B. *suchen – gesucht*.

2 Bitten Sie die Sch, die Verben aus der Wortschatzhilfe vorzulesen. Erklären Sie den Sch mithilfe der Sätze in den Sprechblasen, dass sie zu diesen Verben Sätze bilden sollen. Lassen Sie die Beispielsätze von einem Sch vorlesen.

3 Erklären Sie nun das Spielprinzip mit einem Personalpronomenwürfel und einem Satz Wortkarten, indem Sie die vorbereiteten Kärtchen mit dem Infinitiv oben auf einen Stapel legen. Ein guter Sch würfelt mit dem Personalpronomenwürfel und bildet mit dem obersten Verb zuerst nur die korrekte Perfektform und dann einen kompletten Satz. Ein anderer Sch dreht die Karte zur Kontrolle um und liest die Perfektform vor. Gemeinsam kontrollieren die Sch die Wortfolge im Perfektsatz und korrigieren gegebenenfalls. Die benutzte Karte wird zur Seite gelegt.

4 Teilen Sie nun die Klasse in vier Kleingruppen. Immer zwei Gruppen spielen gegeneinander. Der Reihe nach darf jeder Sch einer Gruppe würfeln und einen Satz mit dem Infinitiv bilden, der oben auf dem Stapel liegt. Die Sch aus der anderen Gruppe drehen die Karte um und kontrollieren. Ist der Satz richtig, erhält die Gruppe einen Punkt. Nun würfelt ein Sch der anderen Gruppe usw. Gehen Sie herum und helfen Sie bei Bedarf. Das Spiel ist beendet, wenn der Kartenstapel aufgebraucht ist. Die Gruppe mit den meisten Punkten hat gewonnen.

Binnendifferenzierung: Legen Sie bei schwächeren Sch die Karten offen aus. Die Sch dürfen sich ein Verb aussuchen und damit einen Satz bilden. Die benutzten Karten werden zur Seite gelegt. Lassen Sie auch bei dieser Version Kleingruppen gegeneinander spielen. Ist der Satz richtig, erhält die Gruppe einen Punkt. Die Gruppe mit den meisten Punkten hat gewonnen.

Syntaxübung zur Perfektbildung: Jeder Sch sucht sich einen Spielpartner. Jedes Schülerpaar erhält zwei Kopien der Vorlage und schneidet sie in der Mitte durch. Jeweils eine Blatthälfte wird verdeckt zur Seite gelegt – sie dient später als Kontrollblatt für den Partner. Beide Sch schneiden nun die Wörter bzw. Wortgruppen auf ihrer Blatthälfte aus, mischen sie und legen sie ungeordnet auf den Tisch. Dann tauschen die Sch die Plätze und versuchen, die Sätze des Partners wieder zusammenzubauen.

B **Haatschi – Ich habe Grippe!**

Sprachbrücke: Krank sein

Die Sch schauen die Fotos an und äußern Vermutungen über die darauf abgebildeten Personen. Fragen Sie die Sch: *Wo sind die Personen gerade? Was hat das Mädchen?* Lesen Sie die Überschrift vor und ahmen Sie dabei das Niesen nach. Fragen Sie, was *niesen* in der Muttersprache der Sch oder anderen ihnen bekannten Sprachen heißt. Klären Sie die Bedeutung von *Grippe*.

Globales Hören: Telefongespräch

1 Die Sch lesen still die drei Texte. Sichern Sie das Verständnis der Texte, indem Sie durch Fragen die Unterschiede erarbeiten: *Wer ruft wen an? Wo war Ulrike? Was hat sie? Besucht Stefan Ulrike? Was möchte Stefan?* Markieren Sie auf Zuruf bei jedem Text die Antworten auf der Folie. Weisen Sie die Sch darauf hin, dass sie sich beim Hören auf diese Informationen konzentrieren sollen und dass nur ein Text passt.

2 Spielen Sie den Hörtext vor. Die Sch lesen dabei die Texte und einigen sich in Partnerarbeit auf einen Text.

3 Besprechen Sie die Lösung im Plenum, bei Unklarheiten spielen Sie den Hörtext noch einmal in Abschnitten vor.

Selektives Hören: Telefongespräch

1 Lesen Sie die Arbeitsanweisung vor und bitten Sie die Sch, die Fragen und Antwortmöglichkeiten still zu lesen. Erklären Sie, dass pro Frage jeweils nur eine Antwort richtig ist.

2 Besprechen Sie mit den Sch gemeinsam die erste Frage und spielen Sie dafür den Hörtext bis zu Ulrikes Antwort *Fieber ... und – ha, ha... hatschi – Schnupfen. Sorry ...* vor. Fordern Sie die Sch auf, per Handzeichen anzuzeigen, wenn sie eine Information aus den Antwortmöglichkeiten gehört haben. Fragen Sie, welche Lösung richtig ist und lassen Sie sich durch Zuruf Antwort c und die Wörter *Fieber* und *Schnupfen* nennen.

3 Spielen Sie den Hörtext nun in voller Länge vor. Die Sch lösen die Aufgabe beim Hören. Vergleichen Sie die Ergebnisse im Plenum, spielen Sie den Hörtext bei Unklarheiten noch einmal vor und lassen Sie sich per Handzeichen die Textstellen belegen. Sie können zur Klärung auch auf Details auf den Fotos von B1 hinweisen (*Tabletten, Trainingsjacke, Sporttasche*).

Arbeitsbuch: S. 16, Ü9–10

B4 **Wortschatz: Partizip Perfekt von unregelmäßigen Verben**

1 Erklären Sie die Zuordnungsaufgabe, indem Sie den Beginn des ersten Perfektsatzes *Ulrike ist heute nicht zur Schule ...* vorlesen und fragen: *Wie geht es weiter?* Lassen Sie sich das passende Partizip *gegangen* nennen. Verweisen Sie die Sch auf das soeben gehörte Gespräch.
2 Die Sch lösen die Aufgabe in Partnerarbeit. Kontrollieren Sie die Ergebnisse anschließend im Plenum, indem Sie die vollständigen Sätze von einzelnen Sch vorlesen lassen.

B5 **Grammatik: Perfekt von unregelmäßigen Verben mit *haben* oder *sein***

1 Die Sch lesen still die Infinitivformen in der linken Spalte. Übertragen Sie das Raster der Aufgabe an die Tafel. Lesen Sie die erste Infinitivform laut vor und verweisen Sie auf die Perfektsätze aus B4. Fordern Sie einen Sch auf, die Perfektform zu nennen, und tragen Sie die Form in das Raster an der Tafel ein. Die Sch schreiben in Stillarbeit die Perfektformen in die Tabelle. Kontrollieren Sie das Ergebnis an der Tafel.
2 Markieren Sie das Hilfsverb an der Tafel und fragen Sie die Sch: *Was ist der Unterschied zwischen den ersten vier und den letzten beiden Verben?* (Hilfsverb *sein* bzw. *haben*). Fragen Sie auch: *Was haben die Partizipformen alle gemeinsam?* Fordern Sie die Sch auf, Vermutungen zur Perfektbildung (Unterschied *haben/sein* und regelmäßig/unregelmäßig) zu formulieren.

Arbeitsbuch: S. 17, Ü11–12

B6 **Grammatik: Perfekt von unregelmäßigen Verben mit *haben* oder *sein***

1 Schreiben Sie zu den Verben aus B5 einige regelmäßige Verben (*z. B. sagen, kaufen, antworten*) an die Tafel und ergänzen Sie auf Zuruf die Partizipien. Besprechen Sie die Lösungen und fragen Sie die Sch in Bezug zu den Verben aus B5: *Was ist der Unterschied?* und *Was ist gleich?*
2 Die Sch lesen den „Meine-Regel"-Kasten. Machen Sie auf das Piktogramm im Regelkasten aufmerksam, das die Bewegung anzeigt. Vergleichen Sie mit den Vermutungen in B5 und lassen Sie die Regel markieren. Verweisen Sie anschließend auf den Infospot zur Grammatik.

Wortkarten

3 **Zusatzaktivität:** Bereiten Sie drei Kartensätze mit den Verben *laufen, arbeiten, fahren, kaufen, schreiben, schlafen, haben* und *sein* vor. Teilen Sie die Klasse in drei Gruppen, denen Sie jeweils einen Kartensatz austeilen. Bitten Sie die Gruppen, die *haben*- und *sein*-Karten in die Mitte des Tisches zu legen. Die Sch überlegen in Gruppenarbeit, welche Verben das Perfekt mit *haben* und welche es mit *sein* bilden, und ordnen die Karten entsprechend zu. Danach bilden die Sch in den Gruppen von diesen Verben die Partizipien. Gehen Sie herum und geben Sie Hilfestellung.
4 Lenken Sie die Aufmerksamkeit der Sch abschließend auf den Vokalwechsel beim Partizip Perfekt einiger unregelmäßiger Verben, die aus B5 noch an der Tafel stehen (*trinken, nehmen, gehen*), indem Sie einen Sch bitten, die Vokale in der Infinitivform sowie im Partizip einzukreisen.

Arbeitsbuch: S. 17, Ü13

B7 **Aussprache: Wortakzent beim Partizip Perfekt von unregelmäßigen Verben**

1 Schreiben Sie das Wortpaar *gehen – gegangen* an die Tafel. Sprechen Sie die beiden Wörter mit deutlicher Hervorhebung des Wortakzents vor, unterstützt durch die in Lektion 19 eingeführte Geste. Markieren Sie den Wortakzent an der Tafel.
2 Die Sch hören die Wörter und markieren dabei den Wortakzent. Übertragen Sie währenddessen die Verbformen an die Tafel.
3 Bitten Sie zum Vergleich im Plenum einen Sch, den Wortakzent an der Tafel zu markieren. Erinnern Sie die Sch an die Lernstrategie aus A6.
4 Alle Sch hören noch einmal und unterstützen beim Nachsprechen den Wortakzent mit der entsprechenden Geste.

B8 **Grammatik: Perfekt von regelmäßigen und unregelmäßigen Verben**

1 Lenken Sie die Aufmerksamkeit der Sch auf den
   Text und klären Sie die Textsorte *(E-Mail)*. Machen
   Sie gemeinsam mit den Sch den Beispieleintrag und
   verweisen Sie auf die Infinitivform in der Klammer.
   Betonen Sie, dass die Sch in jedem Satz das Hilfsverb und das Partizip Perfekt in der richtigen Form
   eintragen sollen.

	regelmäßig	unregelmäßig
haben	b gebadet	a geschrieben
	c gemacht	b geschlafen
	g gesagt	b gegessen
		e getrunken
sein		d + f gegangen

2 Die Sch lesen still den Text. Erstellen Sie währenddessen an der Tafel eine Tabelle, in die später die
   Perfektformen eingetragen werden. Lassen Sie bei Unklarheiten den Wortschatz von den Sch untereinander klären und
   helfen Sie dabei.
3 Die Sch ergänzen still den Text. Besprechen Sie die Aufgabe im Plenum, indem Sie gemeinsam mit den Sch die Tabelle an
   der Tafel vervollständigen. Setzen Sie zum besseren Vergleich den jeweiligen Buchstaben aus der E-Mail vor die Form.

Arbeitsbuch: S. 17, Ü14; S. 18, Ü15–16

Kopiervorlage 20/2, Scheren

Telefongespräch „Mit Fieber im Bett": Die Sch finden sich in Paaren zusammen. Jedes Paar bekommt eine Kopie der
Vorlage und schneidet diese in der Mitte durch, sodass jeder Sch einen Teil des Telefongesprächs erhält. Jeder Sch liest still
seine Dialogfragmente. Mithilfe des Schüttelkastens ergänzen die Sch die fehlenden Teile in ihrem Dialogteil, wobei sich
jeder Sch die Ergänzungen aus dem Kasten heraussucht, die zu seinem Dialogteil passen. Anschließend spielen die Paare
ihren Dialog und sitzen dabei Rücken an Rücken, um das Telefongespräch zu simulieren. Sch A beginnt.

B9 **Schreiben: Über das eigene Befinden sprechen und Ratschläge geben**

1 Die Sch lesen still die Arbeitsanweisung und die Satzanfänge in der E-Mail. Gehen Sie gemeinsam mit den Sch die Redemittel in der Wortschatzhilfe durch. Sammeln Sie zu jedem Stichwort noch weitere Beispiele. Weisen Sie auch auf die
   formalen Aspekte einer E-Mail *(Anrede, Gruß)* und zum Vergleich auf die E-Mail in B8 hin. Erinnern Sie die Sch an die Lernstrategie zur Überprüfung der Rechtschreibung *(Lektion 17, C4)*.

leere Zettel

2 Jeder Sch erhält einen leeren Zettel und schreibt eine E-Mail. Geben Sie dafür ca. eine Viertelstunde Zeit.
3 Die Sch tauschen ihre E-Mail mit der ihres Nachbarn und korrigieren mit Bleistift die vermuteten Fehler. Sammeln Sie die
   Zettel ein und ergänzen Sie die Korrekturen.

Arbeitsbuch: S. 18, Ü 17; S. 19, Ü18–20; S. 20, Ü21

Arbeitsbuch: S. 20, Ü22–23 Aussprache

C Lach doch mal!

C1 **Sprechen: Zu Fotos Vermutungen äußern**

1 Erzählen Sie den Sch zum Einstieg einen Witz, möglichst auf Deutsch. Zum Beispiel: *„Ein Schüler schläft im Unterricht. Der
   Lehrer weckt ihn: ‚Ist das ein guter Platz zum Schlafen?'. Darauf antwortet der Schüler: ‚Ach, es geht schon. Sie dürfen nur
   nicht so laut sprechen.'"* oder alternativ: *„Der Lehrer fragt: ‚Kann mir jemand 10 Tiere nennen, die am Nordpol leben?' Fritz
   antwortet: ‚3 Eisbären und 7 Pinguine.'"* Sammeln Sie Lachanlässe, indem Sie die Sch fragen: *Worüber habt ihr heute
   schon (oder gestern) gelacht?*
2 Die Sch schauen sich die Bilder an und lesen still die Redemittel. Erklären Sie die Aufgabe, indem Sie die Sch auffordern,
   die Redemittel mithilfe der Fotos durch ein Beispiel zu ergänzen. Geben Sie notfalls eine Anregung.
3 Teilen Sie die Klasse nun in vier gleich große Gruppen. Jede Gruppe beschreibt mithilfe der Redemittel die Fotos bzw.
   überlegt sich, warum die Leute auf den Fotos lachen.
4 Führen Sie die Gruppenergebnisse durch Fragen *(z. B. Warum lacht die Person auf Foto B?)* auf Zuruf im Plenum
   zusammen.

C2 **Globales Lesen: Artikel über das Lachen**

1 Die Sch lesen still die vier Fragen. Klären Sie gegebenenfalls unbekannten Wortschatz und regen Sie die Sch zu Vermutungen zum Begriff *Lachmedizin* an.

2 Erklären Sie die Aufgabenstellung, indem Sie die erste Frage laut vorlesen, auf das Fragewort hinweisen *(wo)*, das Schlüsselwort betonen *(lernen)* und fragen: *Welcher Textabschnitt passt zu Frage a?* Die Sch überfliegen den Text, bis sie den entsprechenden Abschnitt gefunden haben, und begründen ihre Lösung, indem sie das Schlüsselwort im Text benennen. Weisen Sie so darauf hin, dass die Sch für das Lösen der Aufgabe nicht alle Wörter im Text verstehen müssen, sondern den Text nur global erfassen sollen.

Folie des Lesetextes

3 Die Sch lesen die weiteren Fragen, markieren das Fragewort und das Schlüsselwort, lesen die restlichen Abschnitte und lösen die Aufgabe in Einzelarbeit. Anschließend vergleichen sie ihr Ergebnis mit dem ihres Nachbarn. Führen Sie die Ergebnisse im Plenum zusammen, indem Sie die Abschnitte benennen lassen und bei großen Unstimmigkeiten zusätzlich die Lösung mithilfe der Schlüsselwörter auf der Folie belegen *(lernen= Lach-Yoga-Spezialisten, Lachklubs,* warum/gesund *= Fitmacher,* woher/*Lachmedizin = Indien,* wann = *vier Situationen)* sowie den Buchstaben der jeweiligen Frage neben den entsprechenden Abschnitt schreiben lassen.

C3 **Selektives Lesen: Artikel über das Lachen**

1 Die Sch lesen still die Fragen. Klären Sie bei Bedarf unbekannten Wortschatz, wenn möglich auf Deutsch. Die Sch markieren Fragewörter und Schlüsselwörter in den Fragen, lesen still den Text und notieren sich die Zeilen mit den Schlüsselwörtern. Anschließend vergleichen sie ihre Ergebnisse mit denen ihres Nachbarn.

Folie des Lesetextes

2 Besprechen Sie die Aufgabe im Plenum, indem Sie einzelne Sch bitten, ihre Ergebnisse mithilfe der Schlüsselwörter zu begründen. Lassen Sie bei Bedarf die Schlüsselwörter auf der Folie markieren. Verweisen Sie auf die Strategie, die die Sch bei dieser und der vorangegangenen Aufgabe zum Leseverstehen angewendet haben, indem Sie die Lernstrategie im Buch vorlesen und gemeinsam mit den Sch in die Muttersprache übersetzen. Die Sch notieren die Strategie im Arbeitsbuch auf S. 162.

C4 **Schreiben: Ein Werbeplakat gestalten**

1 Die Sch schauen sich das Beispielplakat im Buch an. Sammeln Sie gemeinsam die Details, die ein Werbeplakat enthalten sollte *(Überschrift, Name des Klubs, Ort und Zeit, ein lustiges Bild etc.)*. Verweisen Sie dabei auch auf die Stichwörter im Infokasten und betonen Sie, dass die Sch gerne Namen erfinden können *(wie im Beispiel Hühner-Lachen, Rasenmäher-Lachen etc.)*. Sie können auch andere Kursideen zum Thema Gesundheit und Fitness zulassen *(z. B. Maltherapie, Sing dich gesund)*. Kreativität und Witz sind ausdrücklich erwünscht.

2 Die Sch bilden Kleingruppen von drei bis vier Personen. Als Hausaufgabe, am besten in der Gruppe, recherchieren die Sch im Internet, sammeln Ideen und bringen Bildmaterial in den Unterricht mit.

große Bogen Plakatpapier, Scheren, Klebstoff, Plakatstifte

3 Die Kleingruppen gestalten ihr Werbeplakat im Unterricht. Gehen Sie währenddessen herum und geben Sie Hilfestellung bzw. Anregungen. Die Gruppen präsentieren ihre Plakate und hängen sie anschließend im Klassenraum auf.

Arbeitsbuch: S. 21, Selbstkontrolle

Lektion 21: Sport

A Jugend trainiert für Olympia

A1 Sprachbrücke: Plakat zu „Jugend trainiert für Olympia"

große Bogen Plakatpapier, Plakatstift

1 Führen Sie in das Thema ein, indem Sie an die Tafel schreiben: *Welchen Sport treibst du? Welche Sportarten möchtest du gern machen?* Die Sch führen zu diesen beiden Fragen ein Partnerinterview durch; begrenzen Sie die Zeit *(ca. 2 Minuten)*. Sammeln Sie anschließend die genannten Sportarten in der Muttersprache und auf Deutsch auf einem Plakat, das Sie später bei A8 wieder verwenden können. Wenn Sie möchten, können Sie im Plenum per Handzeichen die beliebtesten Sportarten in der Klasse abfragen und eine „Hitliste" erstellen.

Folie des Plakats „Jugend trainiert für Olympia"

2 Zeigen Sie die Folie des Plakats „Jugend trainiert für Olympia". Fragen Sie: *Wer ist auf dem Plakat abgebildet? (Jugendliche) Welche Sportarten seht ihr? (Hockey, Leichtathletik, Rudern, Schwimmen)* Lenken Sie die Aufmerksamkeit der Sch auf das Logo rechts oben. Lesen Sie den Slogan „Jugend trainiert für Olympia" vor. Fragen Sie, wie oft der Slogan auf dem Plakat wiederholt wird, und bitten Sie einen Sch, diese Stellen auf der Folie zu markieren. Die Sch stellen über ihre Muttersprache oder eine ihnen bekannte Fremdsprache Vermutungen zur Bedeutung des Slogans an. Machen Sie den Sch bewusst, wie viel sie schon verstehen, ohne den Text gelesen zu haben. Wiederholen Sie die Lernstrategie aus *deutsch.com 1*: „Bilder und Titel helfen beim Verstehen!"

A2 Selektives Lesen: Plakat zu „Jugend trainiert für Olympia"

Folie des Plakats „Jugend trainiert für Olympia"

1 Deuten Sie nacheinander auf die vier Textblöcke des Plakats und erarbeiten Sie mit den Sch in der Muttersprache die jeweilige Textfunktion *(Logo, Überschrift/Slogan, zwei Informationstexte)*. Vermitteln Sie dabei, dass Überschriften und Slogans für das globale Verständnis wichtig sind, während spezifische Informationen in den Informationstexten zu finden sind. Lenken Sie die Aufmerksamkeit der Sch auf die Fragen der Aufgabe und fragen Sie, wo die Antworten stehen könnten *(Informationstexte)*.
2 Die Sch lesen still die Fragen. Klären Sie gegebenenfalls unbekannten Wortschatz. Lassen Sie die Fragewörter markieren, weisen Sie beispielhaft darauf hin, wonach die Sch bei welchen Fragewörtern suchen müssen *(wer* = vermutlich Personen, *wie viele* = Zahlen, Aufzählungen, *wo / wohin* = Ortsbezeichnungen, Ortsnamen). Die Sch beantworten die Fragen in Partnerarbeit. Ein Sch unterstreicht die Informationen auf der Folie.

Plakat von A1, Plakatstift

3 Der Sch stellt seine Ergebnisse mithilfe der Folie im Plenum vor. Die anderen vergleichen. Ergänzen Sie währenddessen die Liste auf dem Plakat aus A1 um die Sportarten aus A2. Hängen Sie das Plakat anschließend im Klassenraum auf.

A3 Globales Hören: Telefongespräch

1 Lassen Sie die Sch die Fragen und Antworten still lesen. Sichern Sie den Bedeutungsunterschied zwischen *mitspielen* und *zusehen*, indem Sie bei den beiden Verben auf Nachfrage die bereits bekannten Grundverben *sehen* und *spielen* markieren. Sammeln Sie zu diesen Grundverben jeweils zwei Beispielsätze. Die Sch äußern nun Vermutungen, was die Wörter mit dem jeweiligen Präfix bedeuten. Schreiben Sie z. B. die oben aufgeführten Sätze an die Tafel und lassen die Sch das richtige Wort markieren.

> Er hat (mitgespielt/zugesehen) und gewonnen.
> Er hat (mitgespielt/zugesehen) und viele Fotos gemacht.

2 Weisen Sie darauf hin, dass bei Frage 1 nur eine Lösung richtig ist, bei Frage 2 allerdings mehrere Lösungen angekreuzt werden müssen. Betonen Sie, dass nicht jedes Wort verstanden werden muss. Spielen Sie den Hörtext vor. Die Sch lösen die Aufgabe während des Hörens.
3 Besprechen Sie die Ergebnisse anschließend im Plenum und spielen Sie bei Unklarheiten den Text noch einmal in Abschnitten vor.

4 Zusatzaktivität: Machen Sie mit den Sch zur Festigung des Wortschatzes *Sportarten* ein Partnersuchspiel. Schreiben Sie die Bezeichnungen der Sportarten, die auf dem Plakat „Jugend trainiert für Olympia" genannt werden, auf Wortkarten und bringen Sie Bilder der entsprechenden Sportarten mit in den Unterricht. Teilen Sie die Wortkarten sowie die Bilder an die Sch aus. Jeder Sch sollte entweder eine Wortkarte oder ein Bild von jeweils einer Sportart haben. Die Sch bewegen sich frei im Raum und halten die Karten so, dass die Beschriftung nicht sichtbar ist. Die Sch müssen sich gegenseitig fragen: *Ich spiele … Was machst du?* Wenn sich zwei Sch „gefunden" haben, dürfen sie sich setzen. Das Suchspiel ist beendet, wenn sämtliche Partner zueinandergefunden haben.

! Setzen Sie hin und wieder zur Auflockerung und Entspannung Bewegungsspiele im Unterricht ein, vor allem in der Aufwärmphase oder wenn die Sch unkonzentriert und müde wirken. Aktivieren Sie z. B. den Wortschatz rund um das Thema Sport, indem Sie einzelne Sch auffordern, unterschiedliche Sportarten und Aktivitäten durch Pantomime darzustellen (*schwimmen, laufen, Handball spielen, Fußball spielen …*). Die anderen Sch raten.

A4 Selektives Hören: Telefongespräch

1 Die Sch lesen still die Arbeitsanweisung und die erste Zeile zum Tischtennis. Weisen Sie darauf hin, dass die Sch je nachdem, ob sie Satzteil a oder b verwenden, unterschiedliche Sätze bilden können. Lassen Sie beide möglichen Sätze laut vorlesen. Klären Sie gegebenenfalls unbekannten Wortschatz. Spielen Sie das Gespräch bis *Ja, finde ich auch.* vor und fragen Sie, welcher Satz richtig ist.
2 Die Sch lesen die weiteren Aufgabensätze und versuchen zunächst in Partnerarbeit und dann im Plenum unbekannten Wortschatz zu klären.
3 Spielen Sie den Hörtext nun vor, die Sch lösen die Aufgabe und vergleichen ihre Ergebnisse zunächst mit denen ihres Partners. Ein Sch schreibt seine Ergebnisse an die Tafel, indem er die Zahl mit dem entsprechenden Buchstaben notiert. Die anderen Sch kontrollieren. Bei Unklarheiten hören die Sch den Hörtext noch einmal in Abschnitten.

Arbeitsbuch: S. 22, Ü1–2; S. 23, Ü3–5

A5 Grammatik: Perfekt von trennbaren und untrennbaren Verben

1 Die Sch lesen die Arbeitsanweisung und die Infinitive in den Tabellen. Fragen Sie einen guten Sch, wo das Wort *anmelden* in A4 steht. Bitten Sie ihn, Infinitiv und Partizip beispielhaft nebeneinander an die Tafel zu schreiben.
2 Die Sch lösen die Aufgabe in Stillarbeit, indem sie in A3 und A4 nach den jeweiligen Partizipformen suchen und diese notieren. Schreiben Sie währenddessen die Infinitive und die 3. Person Singular der Verben in einer Tabelle an die Tafel.
3 Bitten Sie die Sch, zu jedem Wort jeweils einen Beispielsatz aus A3 oder A4 vorzulesen, und tragen Sie die Perfektform in die Tabelle an der Tafel ein. Markieren Sie das *-ge-* des Partizip Perfekt und fragen Sie: *Welche Verben haben das -ge-? Welche haben es nicht?* Die Sch äußern Vermutungen darüber, was diesen Verben jeweils gemeinsam ist. Machen Sie den Unterschied zwischen trennbaren und untrennbaren Verben am Partizip Perfekt und an der 3. Person Singular deutlich. Ergänzen Sie die entsprechenden Spaltenüberschriften.

Trennbare Verben			Untrennbare Verben		
(zu)sehen	er sieht (zu)	er hat … (zu)gesehen	ver|lieren	er ver|liert	er hat … ver|loren
(mit)spielen	er spielt (mit)	er hat … (mit)gespielt	er|reichen	er er|reicht	er hat … er|reicht

4 Weisen Sie auf den Infospot zur Grammatik hin. Fassen Sie die Regeln noch einmal zusammen, indem Sie mit den Sch zwei Lernplakate machen, einmal zu den trennbaren, einmal zu den untrennbaren Präfixen. Hängen Sie die Plakate im Klassenraum auf. Weisen Sie ebenfalls auf die unterschiedlichen Endungen des Partizip Perfekt bei starken und schwachen Verben hin, indem Sie diese in der Tabelle an der Tafel markieren lassen.

Arbeitsbuch: S. 24, Ü6–7

A6 Aussprache: Wortakzent bei trennbaren und untrennbaren Verben

1 Die Sch hören die Wörter und markieren den Wortakzent. Die Sch vergleichen ihre Ergebnisse mit denen ihres Nachbarn. Schreiben Sie unterdessen die Verbformen an die Tafel. Bitten Sie einen Sch, den Wortakzent an der Tafel zu markieren. Beim zweiten Hören sprechen die Sch nach. Unterstützen Sie den Wortakzent mit der entsprechenden Geste. Fordern Sie die Sch ebenfalls dazu auf. Korrigieren Sie gegebenenfalls den an der Tafel markierten Wortakzent.

2 Lassen Sie die Sch nach einer Regel suchen. Fragen Sie die Sch dafür, welche der Verben, die an der Tafel stehen, trennbar und welche untrennbar sind und verweisen Sie dabei auf die in A5 angefertigten Lernplakate. Bitten Sie einen Sch, an der Tafel das trennbare Präfix mit einem Kreis und das untrennbare Präfix mit einem Quadrat zu kennzeichnen. Fragen Sie nun nach dem Zusammenhang zwischen Wortakzent und trennbar/untrennbar und erklären Sie gegebenenfalls die Regel *(trennbare Verben: Betonung auf dem trennbaren Präfix, untrennbare Verben: Betonung auf dem Wortstamm)*.

3 Die Sch machen sich die gerade angewandte Lernstrategie aus dem Kursbuch bewusst, indem sie diese in ihre Muttersprache übersetzen und sich im Arbeitsbuch auf S. 162 notieren.

A7 Grammatik: Perfekt von trennbaren und untrennbaren Verben

1 Erklären Sie die Aufgabe, indem Sie die ersten beiden Sätze des Tagebucheintrages vorlesen und beim Beispieleintrag *angemeldet* auf den Infinitiv *anmelden* aus dem Schüttelkasten hinweisen. Bitten Sie die Sch, zuerst die Verben aus dem Schüttelkasten den Lücken zuzuordnen und danach die Perfektformen zu bilden. Verweisen Sie für die Perfektbildung noch einmal auf die zwei Lernplakate mit den trennbaren und den untrennbaren Präfixen.

2 Die Sch lesen den Tagebucheintrag in Stillarbeit. Klären Sie anschließend mit den Sch unbekannte Wörter in der Muttersprache. Danach lösen die Sch die Aufgabe.

3 Bitten Sie die Sch, ihre Lösungen mit denen ihres Nachbarn zu vergleichen und eventuell zu korrigieren. Lassen Sie den Text dann Satz für Satz in einer Lesekette vorlesen. Die anderen Sch kontrollieren.

Arbeitsbuch: S. 24, Ü8–9

Kopiervorlage 21/1

Tagebucheintrag „Das Sportfest": Geben Sie jedem Sch eine Vorlage. Die Sch lesen die Aufgabe und die Fragen und schreiben dann einen Tagebucheintrag über ein Sportereignis ihrer Wahl. Zu jeder Frage soll mindestens ein Satz geschrieben werden. Anschließend korrigieren die Sch den Tagebucheintrag ihres Nachbarn. Lassen Sie einzelne Sch ihre Einträge im Plenum vorlesen.

A8 Sprechen: Fragen stellen und Antworten geben zu einem Sportereignis

Plakat zu den Sportarten von A1

1 Zeigen Sie auf das Plakat von A1 an der Klassenraumwand und fragen Sie die Sch: *Kennt ihr zu diesen Sportarten nationale oder internationale Sportereignisse?* Notieren Sie die Sportereignisse an der Tafel.

2 Erklären Sie die Aufgabe, indem Sie die Beispielfragen vorlesen und auf die Redemittel verweisen. Bitten Sie einige Sch, beispielhaft Fragen zu einem Sportereignis zu bilden. Ergänzen Sie mit den Sch die Präpositionen bei den Sportereignissen an der Tafel.

3 In Partnerarbeit notieren sich die Sch fünf Fragen, die sie selber beantworten können. Dann spielen je zwei Gruppen gegeneinander, indem sie sich gegenseitig ihre Fragen stellen. Gewonnen hat die Gruppe mit den meisten richtigen Antworten *(jede richtige Antwort = 1 Punkt)*.

4 **Zusatzaktivität:** Bitten Sie die Sch, die nicht beantworteten Fragen im Plenum zu stellen. Sie können alle Gruppen gegeneinander spielen lassen, indem jede Gruppe allen anderen eine Frage stellen darf. Wer die Antwort weiß, gibt ein Handzeichen. Antworten darf derjenige Sch, der als Erster die Hand gehoben hat. Ist die Antwort richtig, gibt es einen weiteren Punkt für die Gruppe.

Arbeitsbuch: S. 25, Ü10–11; S. 26, Ü12

B Artistik auf vier Rädern

B1 Sprachbrücke: Extremsportarten

Bilder von verschiedenen Extremsportarten

1 Zeigen Sie Bilder von verschiedenen Extremsportarten *(z. B. Big Wave-Surfing, Bungee-Jumping, Free-Climbing)* und schreiben Sie das Wort *Extremsport* an die Tafel. Klären Sie die Bedeutung gegebenenfalls in der Muttersprache. Die Sch erraten die Sportarten auf den mitgebrachten Bildern und nennen weitere Extremsportarten. Sammeln Sie die Wörter an der Tafel und fragen Sie: *Aus welchen Sprachen kommen die Bezeichnungen?* Machen Sie die Sch darauf aufmerksam, dass es sich oft um englische Bezeichnungen handelt, die im Deutschen einfach übernommen oder direkt übersetzt werden *(z. B. Ice swimming – das Eisschwimmen)*.

2 Stoßen Sie eine Diskussion über Extremsportarten in der Muttersprache an, indem Sie fragen: *Warum machen die Leute so etwas? Möchtet ihr so etwas auch machen? Warum (nicht)?* Regen Sie die Diskussion zusätzlich an, indem Sie Stichwörter wie *Faszination, Abenteuer, Grenzerfahrung, Mutprobe, Reiz am Risiko, Gefahr, hohe Kosten* etc. in der Muttersprache an die Tafel schreiben.

3 Schreiben Sie den Titel *Artistik auf vier Rädern* an die Tafel und lassen Sie die Sch raten, welche Extremsportart sich dahinter verbirgt. Die Sch öffnen die Bücher und schauen sich die Fotos an. Fragen Sie: *Was ist ein Cliffhanger?* und lassen Sie die Sch auch Vermutungen darüber äußern, was auf den anderen beiden Bilder passiert *(Sprung mit dem Quad, Quad-Rennen)*.

B2 Globales Lesen: Interview

1 Lenken Sie die Aufmerksamkeit auf die äußere Struktur des Textes *(Frage – Antwort)* und fragen Sie nach der Textsorte *(Interview)*. Fragen Sie die Sch, wo der Text „Artistik auf Rädern" stehen könnte *(Sportzeitschrift)*.

2 Lesen Sie das Beispiel *(= durchgestrichene Frage)* vor, markieren Sie gemeinsam mit den Sch die Signalwörter in der Frage *(wie – angefangen)*. Die Sch lesen den dazu passenden Textabschnitt *(Zeile 11– 21)* und suchen die Schlüsselwörter *(Motorrad gefahren – Quad getestet – Quad gekauft)*. Betonen Sie an dieser Stelle, dass nicht jedes Wort verstanden werden muss. Die Schlüsselwörter werden im Plenum genannt.

3 Die Sch lesen die weiteren Fragen im Schüttelkasten in Stillarbeit. Klären Sie unbekannten Wortschatz *(trainieren, gefährlich)* und lassen Sie sich die Schlüsselwörter in den Fragen nennen. Die Sch lesen den nächsten Textabschnitt und ordnen die richtige Frage zu. Sie suchen dabei die Schlüsselwörter. Anschließend tauschen sich die Sch über ihre Ergebnisse mit dem Nachbarn aus.

4 Besprechen Sie die Ergebnisse im Plenum, indem die Sch auch immer die entsprechenden Schlüsselwörter im Text nennen *(b irgendwo im Wald, tolle Quad-Bahn / c Verletzungsrisiko, vorsichtig sein / d Unfall, Krankenhaus, verletzt / e aktuelle Termine)*.

B3 Selektives Lesen: Interview

1 Erklären Sie zunächst die Aufgabe, indem Sie Satz 1 laut vorlesen und fragen, welcher der Sätze a bis e auf diesen Satz folgt. Lassen Sie sich die Lösung durch Zuruf nennen. Lenken Sie die Aufmerksamkeit der Sch auf die Schlüsselwörter, die beide Sätze miteinander verbinden: *zuerst Motorrad – später Quad.* Fragen Sie nach der entsprechenden Stelle im Interview, indem Sie die Sch die Zeilen nennen lassen und lesen Sie die Belegstelle vor.

2 Die Sch lösen die Aufgabe in Partnerarbeit. Übertragen Sie währenddessen das Raster der Zuordnungsübung an die Tafel. Lassen Sie einen Sch die Zuordnung an der Tafel vornehmen und vergleichen Sie die Ergebnisse im Plenum. Fragen Sie dann nach den Schlüsselwörtern, an denen die Sch die Verbindung der Sätze erkannt haben *(Früher trainiert – Heute üben / gefährlich – vorsichtig / Motorrad ... Unfall – im Krankenhaus / Quad ... Unfall – nicht schwer verletzt)*. Fragen Sie jeweils nach den Stellen im Interview. Bei Satz 4 können Sie fragen, warum nicht b richtig ist. Belegen Sie die Antwort mit dem Text, in dem von zwei Unfällen die Rede ist, einmal mit dem Motorrad und einmal mit dem Quad.

Arbeitsbuch: S. 26, Ü13–14

B4 Grammatik: Perfekt von Verben auf *-ieren*

1 Schreiben Sie das Verb *ausprobieren* an die Tafel und lassen Sie in den Sätzen aus B3 danach suchen. Übertragen Sie inzwischen die Tabelle aus dem Buch an die Tafel. Fragen Sie: *Steht das Verb in B3 im Präsens oder im Perfekt?* Lassen Sie die Verbform aus B3 in die Tabelle an der Tafel eintragen.

2 Die Sch ergänzen die Tabelle in Stillarbeit. Bitten Sie einen Sch, die Verben in die Tabelle an der Tafel einzutragen. Fragen Sie die Sch: *Wie ist die Endung?* Bitten Sie den Sch an der Tafel, jeweils die Endung *-ieren* im Infinitiv und *-iert* beim Partizip Perfekt zu unterstreichen. Verweisen Sie auf den Infospot zur Grammatik und betonen Sie den Ausnahmecharakter der Verben auf *-ieren*, die das Partizip Perfekt zwar regelmäßig mit der Endung *-t*, aber ohne *ge-* bilden.

3 Machen Sie die Sch auf den Satz *Es ist passiert.* aufmerksam. Das Verb *passieren* kann nur mit der 3. Person Singular oder Plural stehen. Geben Sie ein weiteres Beispiel: *Unfälle passieren nicht nur beim Extremsport.*

B5 **Grammatik: Perfekt von Verben auf *-ieren***

1 Erklären Sie die Aufgabe, indem Sie auf das durchgestrichene Verb *trainieren* im Schüttelkasten und dann auf das Partizip *trainiert* im Eintrag a des Fotoalbums hinweisen. Lesen Sie den Eintrag vor. Verweisen Sie auf die Tabelle von B4, in der die Sch die Partizipform von *trainieren* finden. Erinnern Sie auch an den Infospot zur Grammatik in B4.

2 Machen Sie mit den Sch gemeinsam einen Beispieleintrag. Die Sch sehen sich das Foto zu Eintrag b an. Lassen Sie sich auf Zuruf das passende Verb nennen *(fotografieren)*. Bitten Sie einen Sch, den Eintrag b vorzulesen und dabei die Partizip-Perfekt-Form zu verwenden.

3 Die Sch erledigen die restlichen beiden Einträge in Stillarbeit. Sie überlegen, welches Verb zu welchem Foto passt und ordnen die Verben den Sätzen zu, indem sie die Buchstaben vor den Verben notieren. In Partnerarbeit kontrollieren sich die Sch gegenseitig. Sie überlegen gemeinsam, wie die korrekte Verbform jeweils lautet und ergänzen die Lücken. Lassen Sie die Texte zur Kontrolle laut vorlesen.

Arbeitsbuch: S. 26, Ü15; S. 27, Ü16–18

B6 **Schreiben: Über ein Sportereignis schreiben**

Bilder von einem Sportereignis

1 Schreiben Sie das Wort *Fotoalbum* an die Tafel und fragen Sie, ob die Sch sich das Wort über ihre eigene oder eine andere Sprache herleiten können. Bitten Sie die Sch, einige schöne Bilder von einem Sportereignis (persönliche Bilder oder Bilder aus Zeitschriften) oder einem eigenen Sporterlebnis in den Unterricht mitzubringen. Erklären Sie, dass die Sch ein Foto-album wie in B5 erstellen sollen.

2 Bitten Sie die Sch, die zwei Beispiele aus der Aufgabe still zu lesen. Weisen Sie die Sch darauf hin, dass hier neben der Sportart auch Ort und Zeit des Sportereignisses genannt werden *(2007 in Österreich, letztes Jahr im Sommer, Stadion)*.

große Bogen Plakatpapier, Scheren, Klebstoff, Plakatstifte

3 Jeder Sch bringt ein Bild von einem Sportereignis mit. Bilden Sie Gruppen von vier bis fünf Sch, jede Gruppe bekommt ein Plakatpapier, eine Schere, Klebstoff und einen dicken Stift. Gemeinsam werden in der Gruppe analog zu den Beispielen im Buch Sätze zu den mitgebrachten Bildern geschrieben. Gehen Sie in der Klasse herum und greifen Sie gegebenenfalls korrigierend ein. Die fertigen Plakate werden im Klassenzimmer aufgehängt.

4 **Zusatzaktivität:** Regen Sie die Sch an, ein Sportereignis ihrer Schule in deutscher Sprache zu dokumentieren, entweder als Fotogeschichte in der Schülerzeitung oder als Online-Fotoalbum auf der Homepage der Schule.

Arbeitsbuch: S. 28, Ü19

Kopiervorlage 21/2

Quartettspiel: Bilden Sie Gruppen von drei bis fünf Sch. Bestimmen Sie die Anzahl der Quartette (Kartenmenge) nach der Anzahl der Spieler, sodass bei Spielbeginn jeder Spieler gleich viele Karten hat, und kopieren Sie die Vorlagen entsprechend. Kleben Sie die Kopien auf dünnen Karton und schneiden Sie die Quartettkarten aus. Zu Beginn des Spiels werden die Karten gemischt und verdeckt verteilt. Ziel ist es, vier zusammengehörende Karten, also ein Quartett, zu sammeln. Die Spieler fragen reihum jeweils einen beliebigen Mitspieler der Gruppe nach einem Wort, z. B.: *Hast du „die Haare"?* Achten Sie dabei auf die korrekte Bildung des Akkusativs. Hat der Gefragte die entsprechende Karte, muss er sie dem Fragenden geben. Der fragende Sch darf so lange fragen, bis er eine negative Antwort erhält. Dann ist der nächste Sch an der Reihe. Hat ein Sch ein vollständiges Quartett, legt er es offen auf den Tisch. Gewonnen hat der Sch, der am Ende die meisten Quartette hat.

Arbeitsbuch: S. 28, Ü20–21 Aussprache

C Fieber

Sprachbrücke: Fans

1 Schreiben Sie das Wort *Fieber* an die Tafel. Sammeln Sie Assoziationen in der Muttersprache.

2 Die Sch öffnen ihre Bücher, schauen sich die Fotos an und beschreiben, was passiert. Weisen Sie auf Details hin *(Fahne/n, lachende/gespannte Gesichter, Hände vor dem Gesicht, kleiner Fußball, geschminkte Gesichter etc.)*. Die Sch äußern Vermutungen zur Bedeutung von „Fieber" als Liedtitel und vergleichen diese mit ihren Ideen in Schritt 1.

Selektives Hören: Das Lied „Fieber"

1 Die Sch lesen die Wörter im Schüttelkasten und erschließen sich mithilfe der Illustrationen die Bedeutung. Fragen Sie nach: *Wo auf den Fotos seht ihr eine Fahne/Emotionen/Jubel?*

2 Schreiben Sie das Wort *Welle* an die Tafel, fragen Sie: *Wo hört ihr das Wort?* Spielen Sie den Anfang des Liedes vor, die Sch geben ein Handzeichen. Verweisen Sie auf den Beispieleintrag im Liedtext und klären Sie die spezielle Bedeutung im Lied mithilfe der Worterklärung.

3 Spielen Sie das Lied vor. Die Sch lesen den Liedtext mit und ergänzen die Wörter. Die Sch vergleichen ihre Ergebnisse zunächst mit denen ihres Nachbarn, dann im Plenum. Spielen Sie das Lied bei Unklarheiten in Abschnitten (bis zu einer Lücke) im Plenum vor und fragen Sie: *Welches Wort habt ihr gehört?*

4 In sehr motivierten Gruppen können Sie die Sch in Partnerarbeit mithilfe von Wörterbüchern auch die Bedeutung einzelner Redewendungen, die die Stimmung im Lied besonders gut wiedergeben, erschließen lassen. Jede Gruppe wählt die für sie schönste Redewendung aus und schreibt sie an die Tafel. Gegebenenfalls können Sie diese Redewendungen mit der Muttersprache vergleichen lassen.

5 **Zusatzaktivität:** Spielen Sie das Lied zum Abschluss noch einmal vor. Fordern Sie die Sch auf, den Refrain mitzusingen, indem Sie diesen jeweils anstimmen.

Schreiben: Eine Fan-Collage machen

Fanartikel

1 Fragen Sie die Sch, ob sie auch schon einmal bei einem großen Ereignis „mitgefiebert" haben. Es muss sich nicht um ein Sportereignis handeln, sondern kann beispielsweise auch ein Konzert, ein Film, eine Lesung, ein Volksfest etc. sein. Bitten Sie die Sch, zu Hause Fotos und andere Erinnerungsstücke herauszusuchen *(Tickets, Autogramme, Filmrezensionen etc.)*.

2 Bitten Sie die Sch, den Beispieltext einmal still zu lesen. Sichern Sie das Verständnis, indem Sie fragen: *Von wem ist er/sie Fan? Wie findet er/sie die Person? Was macht er/sie als Fan?*

3 Stellen Sie die erste Frage *Von wem bist du Fan?* noch einmal und bitten Sie einige Sch, analog zur Antwort im Beispiel für sich selbst zu antworten. Lassen Sie die zweite Frage *Was machst du als Fan?* von einem guten Sch beantworten.

4 Die Sch erstellen nun eine Collage und schreiben dazu einen Text, der auf die zwei Fragen antwortet. Im Plenum stellen einige Sch ihre Collage vor. Die Collagen werden im Klassenraum aufgehängt.

Arbeitsbuch: S. 29, Selbstkontrolle

Arbeitsbuch: S. 30–33, Plateauseiten Lektionen 19–21

Lektion 22: Sprachen

A Tipps zum Fremdsprachenlernen

A1 Sprachbrücke: Fremdsprachen lernen

1 Schreiben Sie *Fremdsprachen lernen* an die Tafel und sichern Sie das Verständnis. Fragen Sie: *Welche Fremdsprachen sprecht/lernt ihr? Wie lange lernt ihr diese Sprachen schon? Warum? Welche Fremdsprachen sind einfach, welche schwierig?* Leiten Sie zum Kursbuch über mit der Frage: *Wie kann man eine Fremdsprache am besten lernen?*

2 Die Sch öffnen das Buch, schauen sich die Fotos A bis C an und äußern Vermutungen darüber, wie die abgebildeten Jugendlichen Fremdsprachen lernen (*Musik hören, Sprachkurs, gemeinsam lernen, reisen etc.*). Ermuntern Sie die Sch mithilfe der Fragen bei a) über ihre eigenen Erfahrungen und Methoden zu sprechen.

3 Lenken Sie die Aufmerksamkeit der Sch auf die Texte und weisen Sie auf äußere Merkmale wie die Kopfzeile, die Fotos und die Namen hin. Fragen Sie die Sch: *Wo findet man solche Texte? (im Internetforum).*

A2 Globales Lesen: Forumsbeiträge zum Fremdsprachenlernen

1 Lesen Sie die Fragen vor und zeigen Sie auf das Foto und den Text von Anja. Die Sch lesen still den Text und suchen die Antworten. Weisen Sie die Sch vor dem Lesen darauf hin, dass sie nicht jedes Wort verstehen müssen, sondern sich auf die Beantwortung der Fragen konzentrieren sollen.

2 Besprechen Sie die Ergebnisse im Plenum, indem Sie einzelne Sch bitten, als Beleg für ihre Antwort die entsprechende Textstelle vorzulesen.

A3 Selektives Lesen: Tipps zum Fremdsprachenlernen

1 Die Sch lesen still die Stichworte zu Felix. Klären Sie gegebenenfalls unbekannten Wortschatz (*Sprachenkenntnisse*). Erklären Sie die Aufgabe, indem Sie das erste Stichwort ... *machen* gemeinsam mit den Sch ergänzen. Fragen Sie: *Was macht Felix?* und bitten Sie die Sch, Felix' Text dafür still zu lesen, das Stichwort im Text zu suchen und in der Aufgabe zu ergänzen. Lassen Sie sich danach die Lösung zurufen (*einen Sprachkurs machen*) und schreiben Sie diese an die Tafel.

Folie der Forumsbeiträge von A1

2 Die Sch lesen die Stichwörter und Texte zu Kara und Steffi in Stillarbeit. Danach lösen sie die Aufgabe in Partnerarbeit, suchen das jeweilige Stichwort im Text und ergänzen es in der Aufgabe. Besprechen Sie die Lösungen im Plenum, indem Sie einzelne Sch bitten, ihre Lösungen vorzulesen und als Beleg die Stichwörter in den Texten auf der Folie zu unterstreichen.

! Greifen Sie den Lerntipp *Musik hören* heraus und initiieren Sie eine kleine Musikbörse. Die Sch stellen dafür ihre deutschsprachige Musik im Unterricht vor. Sollten die Sch keine deutsche Musik kennen, so lassen Sie sie im Internet dazu recherchieren. Ein möglicher Suchbegriff: *deutsche Musik*. Jeder Sch sucht sich Musik nach seinem Geschmack aus und stellt sie im Unterricht vor.

Arbeitsbuch: S. 34, Ü1–2

A4 Wortschatz: Wortfamilie „Sprache"

1 Übertragen Sie den Anfang des Wortigels zur Wortfamilie *die Sprache* an die Tafel. Bitten Sie die Sch, zwei weitere zusammengesetzte Wörter zu finden, in denen *Sprache* ein Bestandteil ist (*z.B. der Sprachkurs, die Aussprache*).

2 Die Sch suchen Wörter dieser Wortfamilie im Text und nennen weitere ihnen bekannte Wörter. Ergänzen Sie auf Zuruf den Wortigel.

3 Verweisen Sie auf die Lernstrategie im Buch, übersetzen Sie diese mit den Sch in die Muttersprache. Die Sch notieren die Strategie im Arbeitsbuch auf S. 162.

A5 Grammatik: Modalverb *sollen*

1 Lesen Sie Satz 1 vor und verweisen Sie auf das Ausrufezeichen. Klären Sie, dass es sich um einen Ratschlag, eine Aufforderung handelt. Fragen Sie: *Was denkt Anja?* und lesen Sie Anjas Reaktion darauf vor: *Also, ich soll einen Sprachkurs im Ausland besuchen.* Fragen Sie nach der Bedeutung des Modalverbs *sollen*. Die Sch äußern ihre Vermutungen in der Muttersprache. Lassen Sie sich Übersetzungsvorschläge des Satzes geben.

2 Machen Sie zusammen mit den Sch Beispiel 2 und 3. Ein Sch liest den Tipp zum Sprachenlernen vor. Fragen Sie: *Was denkt Anja?*, ein anderer Sch antwortet mit einem *sollen*-Satz. Schreiben Sie die *sollen*-Sätze an die Tafel und unterstreichen Sie Subjekt und Modalverb.

3 Schreiben Sie das Modalverb *sollen* an die Tafel. Verweisen Sie auf die Infospots zur Grammatik und lesen Sie die Konjugation von *sollen* laut vor. Verweisen Sie dabei auf die Unregelmäßigkeiten (1. und 3. Pers. Sg.) und erinnern Sie die Sch an die anderen Modalverben. Geben Sie den Sch kurz Zeit, damit sie sich die Verbformen einprägen. Lassen Sie sie dann ihre Bücher schließen und die Konjugation aus dem Kopf notieren. Die Sch korrigieren ihre Verbformen anschließend anhand des Buches.

Arbeitsbuch: S. 34, Ü3;
S. 35, Ü4–6; S. 36, Ü7

A6 Schreiben: Ratschläge mit dem Modalverb *sollen* wiedergeben

1 Klären Sie zunächst die Textsorte *(weiterer Forumsbeitrag auf Anjas Frage)* und den Autor *(angelikamüller)*.
2 Fragen Sie: *Wie lernt Angelika?* Die Sch lesen still den Text und suchen nach Tipps.
3 Erklären Sie die Aufgabe, indem Sie fragen: *Was sagt Angelika? Was soll Anja machen?* Weisen Sie dann auf den Beispieleintrag hin.
4 Die Sch lösen die Aufgabe in Stillarbeit. Lassen Sie die Sch bei der Besprechung im Plenum die Sätze vorlesen.

Arbeitsbuch: S. 36, Ü8–9; S. 37, Ü10

Kopiervorlage 22/1, Spielfiguren, Würfel

Erzählrad „Tipps zum Deutschlernen": Bilden Sie Gruppen von vier bis sechs Sch. Geben Sie jeder Gruppe eine Spielvorlage, einen Würfel und jedem Spieler eine Spielfigur. Die Spielfiguren werden auf das Start-/Ziel-Feld gesetzt. Der erste Sch würfelt, zieht entsprechend der gewürfelten Augenzahl vorwärts und liest den Sprachlerntipp vor, der auf dem Feld steht *(z. B. deutsche Filme im Original anschauen)*. Anschließend bildet er einen Satz mit dem Modalverb *sollen*. Die Augenzahl entscheidet darüber, welches Pronomen er verwenden muss (= siehe obere Leiste auf der Kopiervorlage). Ist der Satz korrekt, darf der Sch seine Spielfigur stehen lassen. Wurde der Satz nicht korrekt gebildet, muss er seine Spielfigur zwei Felder zurücksetzen. Es wird reihum gespielt. Gewonnen hat der Spieler, der zuerst das Zielfeld erreicht.

B Stammtisch

B1 Sprachbrücke: Wörterbuchdefinition *Stammtisch*

1 Die Sch schauen sich das Foto an. Fragen Sie: *Was machen die jungen Leute? Wo sind sie?* Lenken Sie die Aufmerksamkeit der Sch auf das Wort *Stammtisch* in der Anzeige und fragen Sie: *Was ist ein Stammtisch? Was meint ihr?* Die Sch äußern in der Muttersprache Vermutungen, was *Stammtisch* bedeuten könnte.
2 Klären Sie zunächst das Wort *die Kneipe*. In Stillarbeit lesen die Sch dann die Wörterbuchdefinition zu Stammtisch und vergleichen sie mit ihren Vermutungen.
3 Fragen Sie in der Muttersprache der Sch nach Gemeinsamkeiten und Unterschieden in den beiden Definitionen. 1. bezieht sich auf einen bestimmten Tisch in einer Kneipe, der in der Regel auch mit einem Schild als „Stammtisch" ausgewiesen ist. 2. bezieht sich auf eine Gruppe von Leuten, die sich regelmäßig in irgendeiner Kneipe treffen. Die Sch sollen Vermutungen äußern, welche der beiden Definitionen auf Foto und Anzeige zutrifft, und ihre Vermutung begründen.
4 Fragen Sie die Sch abschließend: *Gibt es bei uns auch so etwas Ähnliches wie einen Stammtisch?* Sammeln Sie gemeinsam im Plenum.

B2 Selektives Lesen: Eine Anzeige lesen

1 Die Sch lesen die Fragen 1 bis 4 und markieren die Fragewörter. Dann lesen sie still die Anzeige und suchen nach den Antworten. Helfen Sie bei Fragen zum Wortschatz.
2 Tragen Sie im Plenum auf Zuruf die Antworten auf die Fragen zusammen. Lassen Sie sich bei Unklarheiten die Belegstellen in der Anzeige nennen.

Arbeitsbuch: S. 37, Ü11

B3 Globales Hören: Stammtisch-Gespräch

1 Erklären Sie den Sch, dass sie ein Stammtischgespräch hören werden, und fragen Sie: *Worüber reden die Jugendlichen?* Die Sch lesen die möglichen Themen/Begriffe. Ermuntern Sie die Sch, zu jedem Thema/Begriff ein paar Fragen oder Stichwörter zu geben, z. B. *Herkunft:* Frage *Woher kommst du?* Stichwort *Aus ...* Die Sch sollen sich beim Hören auf diese Hinweise konzentrieren.
2 Spielen Sie dann den Hörtext einmal vor. Die Sch bearbeiten die Aufgabe in Stillarbeit. Vergleichen Sie die Ergebnisse im Plenum. Spielen Sie bei Unklarheiten den Text noch einmal in Abschnitten vor.

B4 **Selektives Hören: Stammtisch-Gespräch**

1 Lenken Sie die Aufmerksamkeit der Sch auf die Aussagen 1 bis 8. Klären Sie unbekannten Wortschatz.
2 Erklären Sie die Aufgabe, indem Sie die erste Aussage gemeinsam lösen. Spielen Sie dazu den Anfang bis *Ja, Deutsch ist meine Muttersprache.* vor.
3 Spielen Sie den ganzen Dialog vor und lassen Sie die Sch die Aufgabe in Einzelarbeit lösen. Anschließend vergleichen die Sch in Partnerarbeit ihre Lösungen. Besprechen Sie diese im Plenum und spielen Sie bei Unklarheiten den Hörtext noch einmal in Abschnitten vor.

Arbeitsbuch: S. 37, Ü12

B5 **Grammatik: Kausaler Hauptsatz mit *denn***

1 Lesen Sie den ersten Satz *Aurelie lernt Deutsch.* vor. Die Sch lesen nun still die Sätze in der rechten Spalte und überlegen, welcher Satz zu der Aussage über Aurelie passt.
2 Die Sch ordnen in Partnerarbeit die anderen Sätze einander zu. Kontrollieren Sie die Lösungen im Plenum.
3 Schreiben Sie die beiden Sätze über Aurelie nebeneinander an die Tafel. Fragen Sie: *Warum lernt Aurelie Deutsch?* Schreiben Sie die Frage über die beiden Sätze an die Tafel. Verweisen Sie dann erst auf den Grammatikspot und lassen Sie die Sch Vermutungen äußern, was die Konjunktion *denn* ausdrückt. Verbinden Sie die beiden Sätze mit der Konjunktion *denn*.

> *Warum lernt Aurelie deutsch?*
> *Aurelie lernt Deutsch. Sie möchte ihre Noten verbessern.*
> *→ Aurelie lernt Deutsch, denn sie möchte ihre Noten verbessern.*

Fragen Sie die Sch: *Wo steht das Verb?* Bitten Sie einen Sch, die Verben an der Tafel zu unterstreichen und lassen Sie die Sch darauf schließen, dass das Verb sowohl im ersten Hauptsatz als auch im Hauptsatz mit *denn* an Position 2 steht. Weisen Sie auch auf die Stellung der Konjunktion *denn* (Position 0) und des Subjekts (Position 1) hin.
4 Fordern Sie die Sch auf, die anderen Sätze ebenfalls zu verbinden und aufzuschreiben. Lassen Sie bei der Besprechung die Sätze 2 und 3 in das Raster an der Tafel eintragen.

Arbeitsbuch: S. 37, Ü13; S. 38, Ü14

B6 **Sprachbrücke: Kausaler Hauptsatz mit *denn***

Übersetzen Sie den Satz über Aurelie gemeinsam mit den Sch. Lassen Sie auch Übersetzungsvarianten zu. Schreiben Sie die Übersetzung ebenfalls an die Tafel. In Partnerarbeit suchen die Sch nach Ähnlichkeiten und Unterschieden zwischen den Sprachen. Anschließend werden die Ergebnisse in der Muttersprache formuliert und an dem Beispielsatz an der Tafel belegt.

! Lassen Sie bei diesen sprachkontrastiven Aufgaben auch Übersetzungsvarianten zu, es geht nicht um eine Wort-für-Wort-Übersetzung, sondern darum, bei den Sch ein Gefühl dafür zu entwickeln, dass es in der eigenen Sprache u. U. mehrere Möglichkeiten gibt, eine deutsche Struktur zu „übersetzen". Weisen Sie für den Sprachvergleich bei Satzstrukturen auf zentrale syntaktische Aspekte hin: die Stellung des Verbs, die Stellung des Subjekts, die Interpunktion. Bitten Sie die Sch, den deutschsprachigen und den muttersprachlichen Satz ausgehend von diesen Aspekten zu vergleichen.

Arbeitsbuch: S. 38, Ü15–16; S. 39, Ü17–18

B7 **Schreiben: Etwas begründen**

leere DIN-A4-Blätter

1 Erläutern Sie das Spielprinzip, indem Sie von drei verschiedenen Sch die Sätze auf den drei Zetteln vorlesen lassen und bei jedem Sch den Arbeitsschritt – wie im Buch beschrieben – erklären. Den Sch muss klar sein, dass sie ihre Sätze auf einem Zettel notieren.
2 Die Sch finden sich in Vierer- oder Fünfergruppen zusammen und erhalten jeweils einen Zettel. Die Sch schreiben Satzketten. Geben Sie den Gruppen dafür ca. 5 Minuten Zeit. Lassen Sie anschließend die Gruppen ihre Sätze im Plenum vorlesen. Dabei soll wieder jeder Sch einen Satzanfang vorlesen und den Zettel dann weitergeben. Die anderen Sch zählen mit, wie viele *denn*-Sätze jeweils gebildet wurden. Die Gruppe mit den meisten Sätzen hat das Spiel gewonnen.

B8 Aussprache: Satzmelodie

1 Die Sch hören Satz 1. Begleiten Sie den Verlauf der Satzmelodie mit einer Handbewegung nach unten. Wiederholen Sie mit den Sch noch einmal kurz die Pfeilrichtungen, um die Satzmelodie zu markieren (fallende Satzmelodie: Pfeil nach unten, steigende Satzmelodie: Pfeil nach oben, gleichbleibende Satzmelodie: Pfeil nach rechts).

2 Die Sch hören die weiteren Sätze, unterstützen den Verlauf der Satzmelodie durch die entsprechende Handbewegung und ergänzen den entsprechenden Pfeil.

3 Beim zweiten Hören sprechen die Sch nach. Betonen Sie den Verlauf der Satzmelodie mit einer entsprechenden Handbewegung. Weisen Sie bei Unklarheiten darauf hin, dass die Satzmelodie bei Entscheidungsfragen steigend ist und bei W-Fragen steigend oder auch fallend sein kann.

Arbeitsbuch: S. 39, Ü19–20; S. 40, Ü21

B9 Sprechen: Nachfragen, um eine Erläuterung bitten

1 Die Sch lesen in Stillarbeit die drei Texte. Klären Sie Verständnisfragen. Gehen Sie die Texte der Reihe nach durch und fragen Sie nach jedem Text, welche Redemittel aus B8 passen. Weisen Sie darauf hin, dass jeweils eine Redemittelspalte (1, 2 und 3) zu einer Situation passt. Die Sch tragen die Nummer der jeweiligen Spalte ein.

2 Führen Sie einen Beispieldialog mit einem Sch vor: Dieser soll sich etwas in einem Imbiss bestellen und Sie bestellen dann auch, stocken aber bei dem Wort *Wurst* und beziehen ein oder auch zwei der Redemittel unter B 8.1 ein. Setzen Sie ruhig auch Gestik und Mimik ein: Schnipsen Sie etwa mit den Fingern fragend in die Luft oder formen Sie eine *Wurst* mit den Händen nach.

3 Fordern Sie die Sch auf, die Situationen nachzuspielen. Teilen Sie dafür die Klasse in Gruppen von vier bis sechs Sch. Die Sch besprechen untereinander, welche Schülerpaare welchen Dialog vorbereiten. Jeweils zwei Sch spielen ihren Dialog vor und die anderen sind Zuschauer. Beim nächsten Dialog wird gewechselt.

4 Fordern Sie die Gruppen nun auf, sich selbst eine Situation für Redemittel aus B8 auszudenken. Die Gruppen planen ihre Szene, verteilen die Rollen, üben die Szene ein und präsentieren sie anschließend im Plenum. Verweisen Sie auf die Lernstrategie und übersetzen Sie diese in die Muttersprache. Die Sch notieren sie sich im Arbeitsbuch auf S. 162.

Kopiervorlage 22/2

Wie heißt das denn auf Deutsch? Geben Sie jedem Sch eine Vorlage und lesen Sie den Beispieltext vor. Sie können den Text auch als Rap vortragen. Jeder Sch überlegt sich nun etwas, was man essen oder trinken kann (siehe Vorgaben im Schüttelkasten). Er beschreibt dies, indem er die Lücken in dem vorgegebenen Text ergänzt. Dabei kann er sich von dem Beispiel und von den Adjektiven im Schüttelkasten anregen lassen. Zum Schluss lesen oder rappen die Sch ihre Texte vor. Die anderen Sch raten, was gemeint ist.

Arbeitsbuch: S. 40, Ü22–23 Aussprache

C Sprachen dieser Welt

C1 Sprechen: Fremdsprachen lernen

1 Die Sch lesen die Fragen in Stillarbeit und machen sich Notizen zu den Antworten.

2 Lesen Sie als Vorbereitung die Redemittel in der Wortschatzhilfe vor und bitten Sie einen guten Sch, die Redemittel mithilfe seiner Notizen zu ergänzen.

3 Die Sch sollen sich nun gegenseitig befragen und machen sich zu den Antworten des Partners Notizen. Begrenzen Sie die Zeit auf 10 Minuten. Bitten Sie anschließend einzelne Sch, ihren Partner im Plenum vorzustellen.

C2 Lesen: Fragen und Antworten zum Thema „Sprachen dieser Welt"

1 Bitten Sie die Sch, im Buch die Antworten mit einem Blatt abzudecken. Die Sch lesen still die Fragen. Klären Sie Wort- oder Verständnisfragen und teilen Sie die Klasse in Gruppen zu fünf bis sechs Sch ein. Jede Gruppe sammelt mögliche Antworten. Begrenzen Sie die Zeit. Lassen Sie die Fragen anschließend der Reihe nach vorlesen und die Lösungsideen der Gruppen vorstellen.

2 Die Sch lesen still die Texte und ordnen sie in Gruppenarbeit den Fragen zu. Die Texte sind sprachlich sehr anspruchsvoll. Eine Zuordnung ist dennoch ohne weitergehende Wortschatzerklärungen möglich. Besprechen Sie das Ergebnis anschließend im Plenum.

C3 Besprechen: Vergleich der Ergebnisse zum Thema „Sprachen dieser Welt"

Die Sch vergleichen in den Gruppen ihre Vermutungen aus C1 mit der Zuordnung aus C2. Bitten Sie die Sch dazu, die Antworten a bis i mit eigenen Worten wiederzugeben und mit ihren eigenen Vermutungen und Ideen zu vergleichen.

C4 **Schreiben: Ein Sprachenquiz machen**

1 Erklären Sie den Sch, dass sie nun selbst ein Quiz erstellen sollen. Lesen Sie dafür das Quizbeispiel auf dem gelben Notiz-zettel sowie die Beispielfragen im Kasten vor. Betonen Sie, dass jeweils genau eine Antwort richtig sein muss. Geben Sie den Sch die Aufgabe, zu Hause eine Quizfrage zu entwerfen. Verweisen Sie als Anregung dabei auf die Wortschatzhilfe für mögliche Quizfragen.

leere DIN-A4-Blätter

2 Teilen Sie die Klasse in der nächsten Unterrichtsstunde in Gruppen, geben Sie jeder Gruppe ein leeres Blatt und fordern Sie die Gruppen auf, ein Quiz zu erstellen. Jeder Sch steuert die zu Hause vorbereitete Quizfrage bei.

3 Jede Gruppe gibt nun „ihr Quiz" an eine andere Gruppe weiter und erhält wiederum das Quiz einer anderen Gruppe. Die Gruppen lösen die Quizaufgaben. Anschließend sammelt jede Gruppe „ihr Quiz" wieder ein und wertet die Lösungen aus. Für jede richtige Antwort gibt es einen Punkt. Die Gruppe mit den meisten Punkten hat gewonnen.

4 Schließlich stellt jede Gruppe die Fragen und Lösungen ihres Quiz' im Plenum vor.

Arbeitsbuch: S. 41, Selbstkontrolle

A Schulbiografien

A1 Sprachbrücke: Schulbiografien erfolgreicher Personen

1 Teilen Sie die Klasse in Kleingruppen zu vier bis sechs Sch. Schreiben Sie als Arbeitsanweisung an die Tafel: *Kennt ihr die Personen? Was sind die Personen wohl von Beruf?* Die Sch schauen sich die Fotos von A1 an, lesen die Bildunterschriften und sammeln in der Muttersprache Informationen und Vermutungen zu den dargestellten Personen. Gehen Sie herum und geben Sie bei Bedarf Hilfestellung, indem Sie auf zusätzliche Hinweise bei den Fotos verweisen *(das Gebäude auf Foto 2, das Parteilogo zu Foto 2, das Buchcover zu Foto 3)*.

2 Die Gruppen präsentieren ihre Ergebnisse im Plenum. Schreiben Sie die Berufe *Fußballer, Politikerin, Schriftsteller* an die Tafel. Schreiben Sie abschließend den Lektionstitel *Schulbiografien* an die Tafel, unterstreichen Sie die Wortbestandteile und bitten Sie die Sch, sich die Bedeutung des Wortes zu erschließen.

A2 Globales Lesen: Schulformen und Schulabschlüsse in Deutschland

Folie der Grafik

1 Erarbeiten Sie mit den Sch gemeinsam ausführlich die Grafik. Fragen Sie: *Mit wie viel Jahren geht man in Deutschland in die Schule?* Helfen Sie bei der Antwort, indem Sie auf der Folie auf die Angabe des üblichen Alters (rechter Rand der Grafik) hinweisen. Markieren Sie die Zahl 6 auf der Folie. Fragen Sie weiter: *Wie heißt die Schule, in die alle Kinder in Deutschland zuerst gehen?* Markieren Sie auf der Folie das Wort *Grundschule*. Fragen Sie: *Wie lange dauert dieser Schultyp? Wie alt sind die Kinder, wenn sie die Grundschule beendet haben?* Markieren Sie die Antworten auf der Folie. Fragen Sie weiter: *Welche Schule besuchen die Sch in Deutschland nach der Grundschule? Wie lange dauert sie?* Beschreiben Sie in aller Kürze die unterschiedliche Ausrichtung der Schultypen, indem Sie die Möglichkeiten nennen, die der jeweilige Abschluss bietet *(Mit dem Hauptschul- und dem Realschulabschluss kann man eine Lehre oder eine Ausbildung machen, mit dem Abitur kann man studieren.)*

2 Lenken Sie die Aufmerksamkeit der Sch auf die Fotos aus A1 und fragen Sie: *Welche Schulen hat Philipp Lahm besucht? Welchen Schulabschluss hat er gemacht?* Klären Sie die Bedeutung von *Schulabschluss*. Sollten die Sch keine Idee haben, verweisen Sie auf die Grafik und fragen Sie: *Was steht am Ende des Gymnasiums? (das Abitur)* Bitten Sie die Sch, Text 1 zu überfliegen, und betonen Sie, dass es nicht darum geht, jedes Wort zu verstehen. Schreiben Sie auf Zuruf den Namen *Philipp Lahm* unter das Wort *Realschule* auf der Folie. Ergänzen Sie den Schulabschluss in der Grafik.

3 Stellen Sie dieselben Fragen bei Anna Lührmann und Benjamin Lebert. Die Sch überfliegen die beiden Texte in Stillarbeit, notieren sich die entsprechenden Schulformen und Abschlüsse und besprechen ihre Ergebnisse mit denen ihres Nachbarn. Lassen Sie sich bei Unklarheiten die Belegstellen im Text nennen, schreiben Sie auch die anderen beiden Namen unter die entsprechenden Schulformen auf der Folie und ergänzen Sie *Hauptschulabschluss* in der Grafik.

Folie, Folienstift

4 **Zusatzaktivität:** Fordern Sie die Sch abschließend auf, in Kleingruppen zu drei bis vier Sch eine Grafik zum Schulsystem ihres Heimatlandes – ähnlich wie die zum deutschen Schulsystem – anzufertigen. Bitten Sie die Sch, auf dieser Grundlage das deutsche Schulsystem mit dem ihres Landes in der Muttersprache zu vergleichen. Geben Sie einer Gruppe eine Folie und einen Folienstift und bitten Sie sie, ihre Grafik auf der Folie zu erstellen. Führen Sie die Ergebnisse der Gruppenarbeit in der Muttersprache zusammen, indem Sie die Gruppe bitten, ihre Grafik auf der Folie zu präsentieren und dabei zu kommentieren. Die anderen Sch ergänzen und korrigieren.

! Vergleichen Sie auch immer mit dem Heimatland, indem Sie die Sch auffordern, sich Besonderheiten des Heimatlandes über Zeichnungen, Grafiken, Tabellen etc. visuell zu erarbeiten. Auf dieser Grundlage können dann Vergleiche zu den deutschsprachigen Ländern gezogen werden. Vielleicht haben Sie ja auch die Möglichkeit, einen Muttersprachler in den Unterricht einzuladen. Überlegen Sie sich zuvor entsprechende Fragen mit den Sch.

Arbeitsbuch: S. 42, Ü1

A3 Selektives Lesen: Aussagen zu den Personen

Folie des Lesetextes von A1

1 Die Sch lesen still die Fragen 1 bis 10. Klären Sie unbekannten Wortschatz.

2 Lesen Sie Frage 1 vor, markieren Sie die Schlüsselwörter *(Wald aufräumen, Flüsse sauber machen)* und fragen Sie weiter: *Wer ist das? Philipp, Anna oder Benjamin?* Erklären Sie den Sch, dass sie den Anfangsbuchstaben des Namens ergänzen müssen. Die Sch lesen still die Texte und konzentrieren sich dabei auf die Schlüsselwörter.

3 Die Sch markieren die Schlüsselwörter in den weiteren Fragen, lesen die Texte und lösen die Aufgabe. Bei der Besprechung im Plenum bilden die Sch eine Redekette: Beginnen Sie mit Frage 2 und richten sie diese an einen Sch. Dieser antwortet, nennt die Belegstelle im Text und stellt dann die nächste Frage an einen anderen Sch.

4 Erklären Sie weiteren unbekannten Wortschatz durch den Vergleich mit der Muttersprache oder mit anderen bekannten Sprachen *(der Bestseller, der Parlamentarier)*, durch Ableitung von bereits bekanntem Wortschatz *(der Bankkaufmann – die Kauffrau, die Reisekauffrau)* oder über den Kontext *(sauber, Mitglied, verändern, erfinden)*. Ordnen Sie die neuen Wörter an der Tafel nach Nomen (mit Artikel), Verben (bei unregelmäßigen Verbformen mit den entsprechenden Partizipformen) und Adjektiven.

Arbeitsbuch: S. 42, Ü2–4

A4 Grammatik: Konzessiver Hauptsatz mit *trotzdem*

1 Schreiben Sie die beiden Sätze der Aufgabe an die Tafel und lesen Sie die Sätze vor. Bitten Sie die Sch, die Bedeutung von *trotzdem* in der Muttersprache zu benennen. Fragen Sie etwa: *Ist Benjamin unglücklich, weil er nicht mit den anderen Kindern spielen kann?* Falls nötig, lassen Sie die Sätze in die Muttersprache übersetzen.

2 Lesen Sie die beiden Sätze vor und fragen Sie: *Wo steht das Verb im trotzdem-Satz?* Die Sch ergänzen den „Meine-Regel"-Kasten und formulieren die Regel in der Muttersprache.

Arbeitsbuch: S. 43, Ü5–6

A5 Grammatik: Konzessiver Hauptsatz mit *trotzdem*

1 Lesen Sie die Arbeitsanweisung und den ersten Satz von Teil 1 vor. Bitten Sie die Sch, aus den Wörtern in der Klammer einen Satz mit *trotzdem* zu schreiben. Ein Sch liest seinen Satz im Plenum vor.

2 Die Sch bearbeiten Satz 2 in Stillarbeit. Weisen Sie zuvor darauf hin, dass der Satz zwei Verben hat *(lernen müssen)*. Anschließend besprechen sich die Sch mit ihrem Partner. Ein Sch liest seinen Satz im Plenum vor.

Arbeitsbuch: S. 43, Ü7–8; S. 44, Ü9

A6 Aussprache: Satzmelodie

1 Die Sch hören die Sätze, unterstützen den Verlauf der Satzmelodie mit der entsprechenden Handbewegung nach unten und ergänzen die Pfeile. Betonen Sie noch einmal die Satzmelodie in Aussagesätzen, indem Sie zur Verdeutlichung einen nach unten gerichteten Pfeil an die Tafel schreiben.

2 Beim zweiten Hören sprechen die Sch nach.

Arbeitsbuch: S. 44, Ü10–11

A7 Schreiben: Widersprüche mit *trotzdem* schreiben

1 Die Sch schauen sich die Zeichnung an. Sagen Sie *Das ist Mario, der Superstar* und schreiben Sie den Namen als Wortigel an die Tafel. Fragen Sie: *Was macht Mario alles?* Ergänzen Sie auf Zuruf den Wortigel.

2 Lesen Sie dann den ersten Satz vor und verweisen Sie auf den Notizzettel, wo der *trotzdem*-Satz hinzugefügt wurde. Bilden Sie mit den Sch gemeinsam einen weiteren Satz (z. B. *Mario schreibt schlechte Noten, trotzdem ist er bei den Lehrern beliebt*).

3 Die Sch bilden nun in Partnerarbeit *trotzdem*-Sätze. Ein Sch liest den Hauptsatz aus dem Buch vor, der andere ergänzt den Satz mit *trotzdem*. Beide Sch schreiben den *trotzdem*-Satz auf. Dann tauschen die Sch die Rollen. Fordern Sie die Schülerpaare auf, sich noch zwei weitere Sätze auszudenken. Lassen Sie bei der Besprechung im Plenum zwei oder drei Sätze vorlesen.

leere Zettel

4 **Zusatzaktivität:** Lassen Sie in spielfreudigen Gruppen die Sch *trotzdem*-Sätze über sich selbst oder über erfolgreiche Personen auf Zettel schreiben. Achten Sie darauf, dass keine Namen geschrieben werden, sondern *er/sie*. Sammeln Sie die Zettel ein, mischen Sie sie, greifen Sie einen Zettel heraus und lesen Sie die *trotzdem*-Sätze vor. Fragen Sie im Plenum: *Wer ist das?*

Kopiervorlage 23/1, Spielfiguren, Würfel

Spiel zu *trotzdem* und *deshalb*: Bilden Sie Gruppen von vier bis fünf Sch. Kopieren Sie für jede Gruppe die Spielvorlage. Jede Gruppe erhält außerdem einen Würfel und jeder Sch eine Spielfigur. Die Spielfiguren werden auf das Startfeld gesetzt. Der erste Sch würfelt, zieht entsprechend der gewürfelten Augenzahl vorwärts. Kommt er auf ein Aufgabenfeld, liest er den ersten Teilsatz vor, bildet mit den Wörtern in der Klammer einen passenden zweiten Satz und verbindet die beiden Teilsätze mit *trotzdem* oder *deshalb*. Ist der Satz korrekt, darf der Sch auf dem Feld stehen bleiben. Ist der Satz falsch, muss der Sch seine Spielfigur auf das Feld zurücksetzen, auf dem sie vorher stand. Gespielt wird so lange, bis der erste Spieler das Zielfeld erreicht.

B   In der Mathestunde

B1   Sprachbrücke: Im Unterricht

Kopien der Fotos

1 Kopieren Sie die Fotos A bis E und schneiden Sie sie aus. Teilen Sie die Klasse in Gruppen von vier bis fünf Sch und geben Sie jeder Gruppe einen Satz Fotos. Die Sch diskutieren in der Muttersprache über eine sinnvolle Reihenfolge, öffnen dann die Bücher und vergleichen mit der Reihenfolge im Buch.
2 Regen Sie die Gruppen zu weiteren Vermutungen in der Muttersprache an, indem Sie fragen: *Wo spielt die Situation? Was seht ihr auf den Fotos?* Die Sch belegen ihre Vermutungen mit entsprechenden Hinweisen auf den Fotos *(z. B. Mathe-unterricht, mathematische Formel an der Tafel)* bzw. Bildbeschreibungen und präsentieren diese im Plenum. Lassen Sie unterschiedliche Darstellungen zu.

Arbeitsbuch: S. 45, Ü12

B2   Globales Hören: Im Mathematikunterricht

1 Die Sch lesen in Stillarbeit die Aufgabensätze zu den einzelnen Fotos. Klären Sie unbekannten Wortschatz. Fordern Sie die Sch auf, mithilfe der Fotos Vermutungen zu äußern.
2 Machen Sie die Aufgabe zu Foto A gemeinsam mit den Sch, spielen Sie den Hörtext vor und lassen Sie sich anschließend die Lösung zurufen.
3 Die Sch hören den gesamten Hörtext und lösen die Aufgabe in Stillarbeit. Machen Sie nach jedem Foto eine kurze Pause, damit die Sch Zeit haben, die Antwort zu markieren. Spielen Sie den Hörtext bei Unklarheiten noch einmal in Abschnitten vor.

B3   Selektives Hören: Im Mathematikunterricht

1 Fragen Sie bei geschlossenem Buch: *Welche Personen kommen in der Geschichte vor?* und lassen Sie die Antworten an die Tafel schreiben *(die Lehrerin, Timo, Karla, die Klasse)*. Erklären Sie dann die Aufgabe, indem Sie Aussage 1 vorlesen und fragen: *Wer hat das zu wem gesagt?* Deuten Sie auf die vier Möglichkeiten an der Tafel. Warten Sie auf keine Antwort, sondern spielen Sie die Sequenz zu Bild A ab. Schreiben Sie die Lösung nach Zuruf an die Tafel.

Folie von B3

2 Die Sch öffnen die Bücher und lesen still die Sätze 2 bis 8. Beantworten Sie Fragen zum Wortschatz. Spielen Sie den Hörtext vor. Die Sch notieren sich bei jeder Aussage zwei Personennamen. Anschließend vergleichen die Sch ihre Ergebnisse mit denen ihres Partners. Bitten Sie bei der Besprechung im Plenum einzelne Sch, die Texte vorzulesen und anzugeben, wer den Satz zu wem sagt. Unterstreichen Sie zur Unterstützung auf der Folie die Schlüsselwörter mit unterschiedlichen Farben *(Satz 1: Ich = Lehrerin, dir = Timo)*.

Arbeitsbuch: S. 45, Ü13–14

B4   Sprachbrücke: Über die Pointe sprechen

1 Lenken Sie die Aufmerksamkeit der Sch auf die Sätze 7 und 8 und fragen Sie: *Wer ist mit „Opa"/ mit „Kleiner" gemeint?* Schreiben Sie die Antworten gleichfalls an die Tafel *(Opa = Klara, Kleiner = Timo)*. Diskutieren Sie in der Muttersprache, was die beiden Sätze bedeuten und warum die beiden sich so ansprechen *(Klara erinnert Timo an seinen Opa, Klara nimmt das Spiel auf, schlüpft in die Rolle des Opas und nennt Timo Kleiner)*.
2 **Zusatzaktivität:** Fragen Sie die Sch: *Habt ihr auch lustige Namen? Wer nennt euch so und warum?* Animieren Sie die Sch, die Geschichte dazu zu erzählen, evtl. auch in der Muttersprache.

Arbeitsbuch: S. 46, Ü15–16

B5   Grammatik: Verben, Nomen und Adjektive mit Präpositionen

Folie von B3

1 Erklären Sie die Aufgabe mithilfe des Beispieleintrags: Weisen Sie auf den ersten Satz von B3 auf der Folie hin. Bitten Sie nun einen guten Sch, das Verb in Satz 1 auf der Folie von B3 zu unterstreichen. Umkreisen Sie das Wort *mit*.
2 Machen Sie auch den nächsten Eintrag noch gemeinsam mit den Sch, indem Sie das Verb *passen* in B3 suchen lassen und die entsprechende Präposition ergänzen und im Schüttelkasten streichen. Die Sch lösen die restliche Aufgabe in Stillarbeit.

3 Bitten Sie bei der Besprechung im Plenum einzelne Sch, zu jedem Beispiel einen kurzen Satz zu bilden *(Papa will mit dir sprechen. Das Kleid passt gut zu dir. etc)*. Weisen Sie die Sch dafür auf die Dativ- und Akkusativergänzungen im „Meine-Regel"-Kasten hin. Verweisen Sie schließlich auf die Lernstrategie, übersetzen Sie diese gemeinsam mit den Sch in die Muttersprache. Ergänzen Sie dabei, dass die Sch auch lernen sollen, ob der Präposition ein Akkusativ oder ein Dativ folgt. Die Sch notieren die Übersetzung im Arbeitsbuch auf S. 162.

4 **Zusatzaktivität:** Die Sch erstellen ein Lernplakat mit den Verben, Nomen und Adjektiven mit Präpositionen geordnet nach Präposition und Kasus. Achten Sie bitte darauf, dass zwischen den Verben, Nomen und Adjektiven mit Präpositionen genug Abstand gehalten wird, damit das Plakat bei Bedarf ergänzt werden kann.

Arbeitsbuch: S. 46, Ü17–18

B6 **Sprachbrücke: Verben, Nomen und Adjektive mit Präpositionen**

Schreiben Sie die Sätze 1 bis 3 an die Tafel und bitten Sie die Sch, die Sätze in die Muttersprache zu übersetzen. Nehmen Sie Übersetzungsvarianten zum Anlass, die Sprachen miteinander zu vergleichen. Die Sch benennen in der Muttersprache Unterschiede und Ähnlichkeiten.

B7 **Grammatik: Verben, Nomen und Adjektive mit Präpositionen**

1 Lenken Sie die Aufmerksamkeit der Sch auf die abgebildeten Mobiltelefone und fragen Sie: *Was sind das für Texte? Wer schreibt an wen?* Die Sch nennen die Textsorte *(SMS)* und sagen, dass Timo und sein Freund sich schreiben. Erklären Sie die Aufgabe, indem Sie die erste SMS vorlesen, nach dem Verb aus dem Lückensatz fragen und das Verb im Infinitiv an die Tafel schreiben. Fragen Sie: *Welche Präposition passt? Was folgt? Dativ oder Akkusativ?* Lassen Sie sich die Lösung zurufen *(denken an + Akk.)*. Bitten Sie nun einen Sch, die Nachricht an Timo vollständig vorzulesen.

2 Die Sch ergänzen die Kurznachrichten 2 bis 4 in Stillarbeit. In Partnerarbeit vergleichen die Sch ihre Ergebnisse. Lassen Sie die Nachrichten zur Kontrolle im Plenum vorlesen.

Arbeitsbuch: S. 47, Ü19

Kopiervorlage 23/2

Worträtsel: Jeder Sch erhält eine Kopie der Vorlage, knickt den Lösungsstreifen nach hinten um und ergänzt dann die fehlenden Wörter in den Sätzen. Je nach Klassenniveau kann das Worträtsel auch in Partnerarbeit ergänzt werden. Die Sch kontrollieren ihre Eintragungen selbst mithilfe des Lösungsstreifens.

B8 **Sprechen: Sätze bilden mit Verben, Nomen und Adjektiven mit Präpositionen**

leere Kärtchen in zwei verschiedenen Farben

1 Die Sch finden sich in Paaren zusammen. Teilen Sie Karten in zwei verschiedenen Farben aus, sechs Karten für die Wörter mit Präpositionen aus B3 und 10 Karten für Nomen ihrer Wahl. In Partnerarbeit beschriften die Sch ihre Karten, ordnen sie zu zwei Stapeln und drehen die Karten um, sodass die Wörter nicht zu sehen sind.

2 Schreiben Sie folgendes Beispiel an die Tafel: *das Zeugnis – Ich bin zufrieden mit dem Zeugnis.* und machen Sie so die Schüler noch einmal darauf aufmerksam, dass sich der Artikel ändert. Ziehen Sie exemplarisch zwei Karten und schreiben Sie das Verb und das Nomen getrennt an die Tafel. Bitten Sie einen guten Sch, einen Satz zu bilden. Die anderen Sch kontrollieren.

3 Die Sch bilden in Partnerarbeit abwechselnd Sätze und kontrollieren sich gegenseitig.

Arbeitsbuch: S. 47, Ü20; S. 48, Ü21

Arbeitsbuch: S. 48, Ü22–23 Aussprache

C **Benjamin Lebert: „Crazy"**

C1 **Sprachbrücke: Bestseller**

Lenken Sie die Aufmerksamkeit der Sch auf das Buch-Cover und den Text, fragen Sie: *Was wisst ihr über den Autor? Kennt ihr das Buch?* Schlagen Sie gegebenenfalls noch einmal die S. 34 im Buch auf und rufen Sie die Informationen über Benjamin Lebert in Erinnerung. Fragen Sie weiter: *Was bedeutet „crazy"? Was oder wer ist crazy?* Die Sch äußern in der Muttersprache Vermutungen darüber, was mit dem Titel gemeint ist *(crazy = verrückt, Benjamin Lebert schreibt in seinem Buch über seine Erfahrungen und Erlebnisse als Schüler.)*.

C2 **Globales Lesen: Textausschnitt aus „Crazy"**

1 Die Sch betrachten die Bilder. Fragen Sie: *Was für Personen seht ihr? Was machen sie?* Sammeln Sie die Ideen in Stichwörtern an der Tafel.

2 Fragen Sie: *Wo ist Benjamin? Was ist das Besondere?* Die Sch lesen die beiden Zeilen zu Beginn des Textes. Klären Sie in der Muttersprache den Unterschied zwischen *staatlichen* und *privaten* Schulen.

3 Erklären Sie die Aufgabe, indem Sie fragen: *Welches Bild passt zu Abschnitt 1?* Die Sch lesen Abschnitt 1 in Stillarbeit. Lassen Sie im Plenum auf Zuruf ein Bild zuordnen, fragen Sie nach den Schlüsselwörtern im Text *(sitzen in Hufeisenform vor dem Lehrer)*. Betonen Sie, dass die Sch sich nur auf die Zuordnung der Bilder konzentrieren sollen und dass es nicht darum geht, jedes Wort zu verstehen.

4 In Stillarbeit lesen die Sch die Abschnitte 2 und 3 und ordnen sie den Bildern A und B zu. Dabei markieren sie auch die Schlüsselwörter. Die Sch tauschen sich dann mit ihrem Nachbarn über die Zuordnung aus. Die Ergebnisse werden im Plenum zusammengetragen, indem auch die Schlüsselwörter im Text genannt werden, die für die Zuordnung wichtig sind (Abschnitt 2: *Geodreieck an die Tafel*, Abschnitt 3: *nach dem Unterricht, Falkenstein*).

C3 **Selektives Lesen: Textausschnitt aus „Crazy"**

1 Die Sch lesen in Stillarbeit die Fragen 1 bis 4. Beantworten Sie Fragen zum Wortschatz und markieren Sie mit den Sch die Schlüsselwörter in den Fragen.

2 Beantworten Sie die erste Frage gemeinsam mit den Sch. Weisen Sie sie vor dem Lesen auf die Worterklärung zu diesem Abschnitt hin. Sammeln Sie die Antworten in Stichwörtern.

3 Die Sch beantworten die weiteren Fragen in Partnerarbeit und machen sich Notizen zu den Antworten. Weisen Sie die Sch auf die Worterklärungen am Rande des Textes hin. Gehen Sie herum und geben Sie Hilfestellung.

4 Bitten Sie einzelne Sch bei der Ergebniskontrolle, die Fragen und ihre Stichwörter vorzulesen. Lassen Sie sich als Beleg die Zeilen angeben. Rufen Sie bei Frage 3 auch noch einmal in Erinnerung, warum Benjamin Probleme hat, und erinnern Sie die Sch an den Text auf S. 34 *(Probleme mit dem linken Arm und Bein)*.

1 Private Schulen	Staatliche Schulen
Klassen nicht so groß, hier: 12 Schüler	Klassen größer, ca. 35 Schüler
Eltern zahlen <u>viel</u> Geld („bis es kracht")	kostet nichts
Klasse wie eine Familie	…

2

5 Falls die Sch Interesse an dem Text signalisieren, können Sie weitere Fragen zum Text stellen und die Antworten mit einer Wortschatzarbeit verknüpfen. Fragen Sie: *Wie erlebt Benjamin seinen ersten Schultag?* Bieten Sie Adjektive an: *schön, interessant, schrecklich, langweilig, …* Warum empfindet er nach dem Gespräch mit Falkenstein Freude? Erklären Sie, dass Benjamin eigentlich das Gegenteil meint, und sammeln Sie passende Wörter *(Ärger, Wut, Enttäuschung, Frust)*.

C4 **Schreiben: Über den ersten Schultag schreiben**

1 Schreiben Sie *Mein erster Schultag* als Wortigel an die Tafel und lesen Sie die Fragen aus der Wortschatzhilfe vor. Regen Sie die Sch dazu an, sich im Heft ebenfalls einen kleinen Wortigel mit Stichwörtern zu *Mein erster Schultag* zu erstellen. Erklären Sie den Sch, dass sie entweder über ihren ersten Schultag generell oder den ersten Tag in einer neuen Schule (wie Benjamin Lebert) schreiben sollen. Weisen Sie auf die Leitfragen im Kasten mit den Redemitteln hin.

leere Zettel

2 Die Sch machen sich zu den Fragen Notizen und schreiben dann einen kleinen Text. Sammeln Sie die Zettel ein und korrigieren Sie sie bis zum nächsten Tag.

Geben Sie den Sch den Tipp, ihre Notizen noch einmal nach bestimmten W-Fragen zu überprüfen: Wann war das? Wie alt war ich? Wo war das? Was ist passiert? etc. Die gesammelten Notizen sollten vor dem Verfassen eines Textes oder Berichtes dann nach bestimmten Aspekten/Fragen strukturiert werden: Womit beginne ich? Wie mache ich weiter? Was kommt zum Schluss? Was ist mir besonders wichtig?

Arbeitsbuch: S. 49, Selbstkontrolle

Lektion 24: Berufe

A Ohne mich ...

A1 Sprachbrücke: Lieblingsberufe

leere Zettel

1 Fragen Sie die Sch zum Einstieg in das Thema in der Muttersprache: *Was war als Kind dein Berufstraum? Was ist heute dein Lieblingsberuf?* Bitten Sie die Sch, die Antworten auf einen Zettel zu schreiben. Schreiben Sie inzwischen *Beruf* als Wortigel an die Tafel. Sammeln Sie die Zettel ein, mischen Sie sie und lesen Sie einige Antworten vor. Die Sch raten, wer die Zettel geschrieben hat. Ergänzen Sie den Wortigel mit den genannten Lieblingsberufen. Wenn die Sch auch die deutsche Bezeichnung kennen, schreiben Sie diese ebenfalls auf.

2 Fragen Sie die Sch: *Was musst du in deinem Lieblingsberuf alles machen?* Die Sch äußern ihre Vorstellungen dazu in der Muttersprache.

3 Weisen Sie auf den Lektionstitel *Ohne mich ...* hin. Sagen Sie: *Mein Lieblingsberuf ist Lehrer/Lehrerin. Ohne mich gibt es keine Hausaufgaben.* Bitten Sie nun die Sch, ihre Lieblingsberufe auf die gleiche Weise auf Deutsch vorzustellen.

A2 Globales Lesen: Berufe

1 Erklären Sie die Zuordnungsaufgabe, indem Sie die Bildunterschrift zu Foto 1 vorlesen und fragen: *Was ist Lars von Beruf?* Lassen Sie sich die Lösung zurufen. Achten Sie hier – wie auch bei der Ergebniskontrolle im Plenum – darauf, dass die Sch in einem ganzen Satz antworten: *Lars ist Architekt von Beruf.*

2 Die Sch lesen die Bildunterschriften zu den Fotos 2 und 3, lösen die Aufgabe und vergleichen ihr Ergebnis erst mit dem ihres Nachbarn und anschließend im Plenum.

A3 Selektives Lesen: Nähere Angaben zu den Berufen

1 Die Sch lesen still die Fragen in der Tabelle. Beantworten Sie Fragen zum Wortschatz. Die Sch markieren die Schlüsselwörter in Frage 1 (*wie – angefangen*).

2 Verweisen Sie auf den Beispieleintrag bei Lars zu Frage 1. Die Sch suchen die entsprechende Stelle im Text. Anschließend lesen sie den kompletten Text und suchen nach weiteren Stichwörtern. Lassen Sie sich diese zur Kontrolle zurufen. Beantworten Sie auch Frage 2 gemeinsam mit den Sch.

3 Die Sch bearbeiten die Aufgabe in Stillarbeit. Gehen Sie herum und geben Sie, falls nötig, Hilfestellung. Übertragen Sie das Raster der Aufgabe an die Tafel.

4 Vergleichen Sie die Ergebnisse im Plenum. Bitten Sie pro Text einen Sch an die Tafel und lassen Sie ihn die entsprechenden Stichwörter in die Tabelle eintragen.

5 Erarbeiten Sie anschließend an der Tafel gemeinsam mit den Sch den Wortschatz. Greifen Sie dabei auf bekannte Techniken zurück, wie das Erarbeiten von Wortfeldern (z. B. die einzelnen Zimmer in einem Haus/einer Wohnung: *Bad, Toilette*), nach Komposita (*Schülerzeitung, Sportjournalistik* ...) oder Nomen-Verb-Verbindungen suchen (*Häuser konstruieren/ bauen/planen/zeichnen, ein Volontariat/Interviews machen* ...).

Arbeitsbuch: S. 50, Ü1–2

A4 Grammatik: Kausaler Nebensatz mit *weil*

1 Übertragen Sie das Satzschema der Aufgabe a) an die Tafel. Fragen Sie: *Warum mag Lars seinen Beruf?*, unterstreichen Sie *Warum*, lassen die Sch die Antwort in Text 1 suchen und sich zurufen. Schreiben Sie den *weil*-Satz in das Schema an der Tafel. Fragen Sie: *Wo steht das Verb im weil-Satz?* Markieren Sie das Verb an der Tafel wie im Buch mit einem blauen Oval.

2 Die Sch schlagen die Bücher auf und ergänzen die weiteren Sätze in Stillarbeit. Bitten Sie bei der Besprechung einen Sch, seine Nebensätze in das Raster an der Tafel einzutragen und das Verb zu markieren.

3 Die Sch lösen mithilfe des Infospots zur Grammatik die Aufgabe b) zur Regelfindung. Verweisen Sie bei Unsicherheiten noch einmal auf das Syntaxraster bei a).

Arbeitsbuch: S. 50, Ü3–4

A5 **Sprachbrücke: Nebensatz mit *weil* und Hauptsatz mit *deshalb* vergleichen**

1 Die Sch finden sich in Paaren zusammen und erklären sich in der Muttersprache die Regel zum *weil*-Satz. Fassen Sie das Ergebnis im Plenum zusammen, indem Sie sich auf eine gute Erklärung einigen. Schreiben Sie diese an die Tafel.
2 Lesen Sie den *weil*-Satz und den *deshalb*-Satz von Aufgabenteil b) laut vor und bitten Sie die Schüler, die beiden Sätze in Partnerarbeit zu übersetzen. Verweisen Sie in diesem Zusammenhang auch noch einmal auf die Infospots zur Grammatik.
3 Regen Sie den Sprachvergleich an, indem Sie fragen: *Was ist ähnlich, was ist anders?* Helfen Sie den Sch gegebenenfalls, indem Sie sie zunächst auf den inhaltlichen und dann auf den grammatischen Unterschied hinweisen. Finden Sie gemeinsam mit den Sch eine Erklärung, die beide Aspekte berücksichtigt. Weisen Sie die Sch auf die gerade angewandte Lernstrategie hin und übersetzen Sie diese gemeinsam mit den Sch in die Muttersprache. Die Sch notieren sie sich im Arbeitsbuch auf S. 162.

> *Arbeitsbuch: S. 51, Ü5–8; S. 52, Ü9*

A6 **Grammatik: Kausaler Nebensatz mit *weil***

Die Sch lesen sich die Aufgabe durch und bearbeiten sie in Stillarbeit. Schreiben Sie währenddessen die Satzanfänge an die Tafel und lassen Sie sie bei der anschließenden Besprechung von den Sch ergänzen.

> *Kopiervorlage 24/1, Scheren*

Syntaxübung zu *weil*- und *deshalb*-Sätzen: Jeder Sch sucht sich einen Spielpartner. Jedes Schülerpaar erhält zwei Kopien der Vorlage und schneidet sie in der Mitte durch. Jeweils eine Blatthälfte wird verdeckt zur Seite gelegt – sie dient später als Kontrollblatt für den Partner. Beide Sch schneiden nun die Teilsätze und die Konjunktionen auf ihrer Blatthälfte aus, mischen sie und legen sie ungeordnet auf den Tisch. Dann tauschen die Sch die Plätze und versuchen, die Sätze des Partners wieder zusammenzubauen.

A7 **Schreiben: Gefallen und Missfallen ausdrücken**

1 Lenken Sie die Aufmerksamkeit der Sch auf die Fotos und die Berufsbezeichnungen. Sichern Sie das Verständnis, indem Sie die Sch bei einigen Berufen fragen: *Was macht der Handwerker? (etwas reparieren) Was macht der Schriftsteller? (Bücher schreiben) etc.*
2 Die Sch lesen die Sätze auf dem gelben Notizzettel. Klären Sie gegebenenfalls unbekannten Wortschatz. Fragen Sie: *Welcher Beruf ist das? (Bäcker)*
3 Gehen Sie mit den Sch gemeinsam die Redemittel durch, indem Sie sie von einzelnen Sch vorlesen und mit einem Beispiel ergänzen lassen.

> *leere Zettel*

4 Teilen Sie die Klasse in Gruppen von je drei bis vier Sch und geben Sie jeder Gruppe zwei bis drei leere Zettel. Fordern Sie die Gruppen auf, zwei oder drei Berufe auszuwählen. Die Gruppenmitglieder beraten sich untereinander und schreiben je zwei positive und zwei negative *weil*-Sätze zu den ausgewählten Berufen auf die Zettel. Verweisen Sie nochmals auf die Redemittel. Gehen Sie herum und geben Sie Hilfestellung. Anschließend liest jede Gruppe ihre Sätze vor, die anderen Gruppen raten, um welchen Beruf es sich handelt.

> *Arbeitsbuch: S. 52, Ü10–11; S. 53, Ü12*

> *Wortkarten*

5 **Zusatzaktivität:** Spielen Sie zur Festigung des Wortschatzes *Berufsbezeichnungen* mit den Sch „Berufe raten". Bereiten Sie Wortkarten mit verschiedenen, den Sch auf Deutsch bekannten Berufsbezeichnungen vor. Erklären Sie das Spiel, indem Sie durch eine typische Handbewegung einen Beruf pantomimisch darstellen *(z. B. Sekretärin: mit den Fingern das Tippen auf einer Computertastatur nachahmen).* Die Sch raten, welcher Beruf gemeint ist. Reicht die typische Handbewegung nicht aus, können die Sch Ihnen Fragen stellen *(Arbeitest du in einem Büro/allein/mit Kindern ...?)*, die Sie aber nur mit *Ja* oder *Nein* beantworten dürfen. Teilen Sie nun die Klasse in zwei Gruppen. Bitten Sie abwechselnd Sch der beiden Gruppen nach vorne und zeigen Sie ihnen die Wortkarte mit einem Beruf. Die Sch machen jeweils eine Handbewegung, die für den Beruf typisch ist. Abwechselnd raten beide Gruppen und stellen gegebenenfalls Fragen. Begrenzen Sie die Ratezeit, um das Spieltempo zu erhöhen und geben Sie auch eine Gesamtspielzeit vor. Für jeden erratenen Beruf erhält die jeweilige Gruppe einen Punkt.

B Was möchtest du mal werden?

B1 Sprachbrücke: Ungewöhnliche Berufe

1 Lenken Sie die Aufmerksamkeit der Sch auf die vier Fotos und klären Sie die Wortbedeutungen der Berufe, indem Sie auf Ähnlichkeiten zur Muttersprache der Sch bzw. anderen bekannten Sprachen hinweisen. Teilen Sie die Klasse in vier Gruppen. Jede Gruppe überlegt sich in der Muttersprache zu einem der Berufe, welche Eigenschaften und Interessen man dafür mitbringen muss und stellt ihre Ideen anschließend im Plenum vor.

leere DIN-A4-Karten

2 **Zusatzaktivität:** Halten Sie eine Karte hoch, auf die Sie einen nicht ganz ernst gemeinten „Beruf" geschrieben haben, z. B. *Millionär* oder *Papst*. Bitten Sie die Sch, sich in ähnlicher Weise einen Beruf auszudenken, diesen auf eine Karte (möglichst auf Deutsch) zu schreiben und sich zu überlegen, was sie in diesem Beruf besonders gut können müssen. Tragen Sie die Ideen im Plenum zusammen.

B2 Globales Hören: Beratungsgespräch auf dem Arbeitsamt

1 Schreiben Sie *das Arbeitsamt* und *die Berufsberaterin* an die Tafel und klären Sie die Wörter, indem Sie die Komposita zerlegen und die jeweiligen Bestandteile unterstreichen.

2 Erklären Sie den Sch, dass sie nun ein Gespräch zwischen einer Schülerin und einer Berufsberaterin hören werden. Fragen Sie: *Wer ist wer? Wer heißt Frau Lorenz, die Schülerin oder die Berufsberaterin?*

3 Die Sch hören Teil 1 des Gesprächs und vergleichen ihre Lösung mit der ihres Nachbarn.

! Texte zum Hörverstehen können durch Bilder, Texte, Weltwissen oder Informationen aus der Aufgabe vorentlastet werden – so können die Sch in das Thema eintauchen, es wird eine Erwartungshaltung aufgebaut. Um den Hörtext situativ einzuordnen, eignen sich die W-Fragen: Wer spricht wo mit wem und warum? Mithilfe eines solchen „Gerüsts" lernen die Sch, dass sie die Hauptaussagen bzw. den Gesamtzusammenhang in der Regel verstehen können, ohne dass ihnen jedes Wort bekannt ist. Wichtig ist dabei ebenfalls ein konkreter Hörauftrag. So hören die Sch fokussiert und lassen sich von unbekanntem Wortschatz nicht so leicht irritieren.

B3 Selektives Hören: Beratungsgespräch auf dem Arbeitsamt

1 Die Sch lesen still die Fragen a bis l. Erarbeiten Sie im Plenum den neuen Wortschatz möglichst auf Deutsch, indem Sie auf bekannte Techniken zurückgreifen: z. B. Komposita zerlegen (*Unterrichtsfächer = Unterricht + Fächer, Gartenarbeit = Garten + Arbeit* etc.) oder Nomen zu Adjektiven/Adverbien finden lassen (*handwerklich – das Handwerk, körperlich – der Körper* etc.).

2 Erklären Sie den Sch, dass die Berufsberaterin nicht alle diese Fragen stellt. Fragen Sie: *Welche Fragen stellt die Berufsberaterin Frau Berking?* Spielen Sie dann den Hörtext vor. Die Sch lösen die Aufgabe während des Hörens und vergleichen anschließend ihre Ergebnisse mit denen ihres Nachbarn. Bitten Sie anschließend einen Sch, die Fragen vorzulesen und vergleichen Sie diese gemeinsam im Plenum mit den Vermutungen der Sch.

3 Lesen Sie dann die erste Frage der Berufsberaterin vor (*Welche Unterrichtsfächer gefallen Ihnen denn?*) und fragen Sie: *Was antwortet die Schülerin?* Verweisen Sie auf den Notizzettel bei b). Schreiben Sie die Beispiele *Mathe / U-Fächer* an die Tafel und erläutern Sie, dass es sich um Abkürzungen handelt, um beim Notieren Zeit zu sparen. Lassen Sie sich auf Zuruf das „komplette" Wort nennen.

4 Verweisen Sie auf die Lernstrategie, übersetzen Sie diese gemeinsam mit den Sch in die Muttersprache und lassen Sie die Sch die Übersetzung im Arbeitsbuch auf S. 162 notieren.

5 Spielen Sie das Gespräch ein zweites Mal vor und bitten Sie die Sch, sich beim Hören Notizen zu den einzelnen Fragen zu machen und die Wörter dabei abzukürzen.

6 Lassen Sie im Plenum einzelne Sch jeweils die Frage und die Stichwörter nennen und fragen Sie die Sch, welche Wörter sie abgekürzt haben. Lassen Sie sich einige abgekürzte Wörter an die Tafel schreiben (z. B. *Phys. = Physik, Info = Information*).

B4 Selektives Hören: Ergebnis des Beratungsgesprächs

1 Fragen Sie die Sch: *Was meint ihr, welcher Beruf passt zu der Schülerin?* Die Sch lesen die zur Wahl stehenden Berufe, beraten sich mit ihrem Partner und äußern ihre Vermutungen im Plenum (gegebenenfalls auch in der Muttersprache).

2 Spielen Sie dann den Hörtext vor, die Sch lösen die Aufgabe beim Hören und vergleichen ihr Ergebnis im Plenum.

Arbeitsbuch: S. 53, Ü13–15

B5 **Grammatik: Imperativ mit Sie**

1 Die Sch lesen still die Arbeitsanweisung und die Sätze und kreuzen aus dem Gedächtnis diejenigen Sätze an, die sie zuvor gehört haben. Spielen Sie das Gespräch gegebenenfalls noch einmal vor. Vergleichen Sie die Ergebnisse im Plenum.

2 Fragen Sie anschließend, was die Sätze gemeinsam haben. Lassen Sie die Sch darauf schließen, dass es Aufforderungen/Imperativsätze sind, und schreiben Sie das Wort *Imperativ* an die Tafel. Schreiben Sie den ersten Satz *Bitte, kommen Sie herein!* darunter.

Imperativ mit Sie	Bitte, <u>kommen Sie</u> herein!
Imperativ mit du	Bitte, <u>komm</u> herein!
Imperativ mit ihr	Bitte, <u>kommt</u> herein!

3 Fordern Sie die Sch auf, die bereits aus *deutsch.com 1*, Lektion 12 bekannten Imperativformen mit *du/ihr* zu bilden. Schreiben Sie die Imperativsätze ebenfalls an die Tafel und wiederholen Sie: *du = Singular: Es wird eine Person angesprochen; ihr = Plural: Es werden zwei Personen angesprochen.*

4 Halten Sie fest, dass im Unterschied zu den Imperativsätzen mit *du/ihr* beim Imperativ mit *Sie* das Pronomen genannt wird und markieren Sie es an der Tafel farbig. Erklären Sie, dass diese Form sowohl für eine als auch für mehrere Personen benutzt wird und verdeutlichen Sie dies gegebenenfalls an dem Aussagesatz *Sie kommen herein*.

5 **Zusatzaktivität:** Die Sch formen die Sätze der Aufgabe in Partnerarbeit in Imperativsätze mit *du* und *ihr* um. Besprechen Sie das Ergebnis im Plenum.

Arbeitsbuch: S. 54, Ü16–18; S. 55, Ü19

B6 **Sprachbrücke: Imperativ mit Sie**

Übersetzen Sie mit den Sch die Aufforderung *Bitte, kommen Sie herein!*, indem Sie in der Muttersprache fragen: *Wie wird diese höfliche Aufforderung in deiner Sprache ausgedrückt?* Schreiben Sie die Übersetzung an die Tafel. Markieren Sie gemeinsam mit den Sch die Ähnlichkeiten bzw. Unterschiede.

B7 **Satzmelodie: Imperativ mit Sie**

1 Die Sch hören die Aufforderungen, begleiten den Verlauf der Satzmelodie mit der entsprechenden Handbewegung und markieren sie mit einem Pfeil nach oben oder unten.

2 Beim zweiten Hören sprechen die Sch nach und unterstützen den Melodieverlauf durch die entsprechende Handbewegung.

Kopiervorlage 24/2

Arbeitsblatt zum Imperativ: Die Sch finden sich in Paaren zusammen. Jedes Schülerpaar erhält ein Arbeitsblatt. Mithilfe der Wortschatzvorgaben sollen die Sch zu den Bildern jeweils einen Imperativsatz bilden und dabei die in Klammern stehende Imperativform (du-, ihr- oder Sie-Form) verwenden. Zur Kontrolle können die Sätze anschließend im Plenum vorgelesen werden.

B8 **Sprechen: Ein Beratungsgespräch**

1 Erklären Sie den Sch, dass sie ein Beratungsgespräch spielen und dabei entweder die Rolle des Schülers/der Schülerin oder des Beraters/der Beraterin übernehmen sollen. Verweisen Sie auf die Redemittel, lassen Sie diese von zwei Sch vorlesen und gegebenenfalls durch Beispiele ergänzen. Weisen Sie auf die vier Rollenkärtchen für die Rolle des Schülers/der Schülerin hin.

2 Die Sch finden sich in Paaren zusammen, lesen die Rollenkärtchen und entscheiden sich für eine Rolle. Gemeinsam überlegen sie sich mögliche Fragen und Antworten des Berufsberaters/der Berufsberaterin bzw. des Schülers/der Schülerin. Dafür schauen sie sich sowohl die Rollenkarte als auch die Fragen in B3 und Aufforderungen in B5 noch einmal an. Für leistungsschwächere Sch können Sie ein Dialoggerüst an der Tafel vorgeben.

3 Die Sch proben in den Gruppen ihr Beratungsgespräch. Bitten Sie am Ende einige Schülerpaare, ihr Gespräch vorzuspielen.

Arbeitsbuch: S. 55, Ü20–21; S. 56, Ü22

Arbeitsbuch: S. 56, Ü 23–24 Aussprache

C Freiwilliges Soziales Jahr (FSJ)

C1 Sprachbrücke: Pläne nach der Schule

Fragen Sie die Sch: *Was möchtet ihr direkt nach der Schule machen? Habt ihr schon Pläne?* Geben Sie den Sch ein paar Minuten Zeit zum Überlegen. Sammeln Sie die Ideen im Plenum.

C2 Selektives Lesen: Das Freiwillige Soziale Jahr

1 Schreiben Sie *Freiwilliges Soziales Jahr* an die Tafel, markieren Sie die Anfangsbuchstaben. Fragen Sie die Sch: *Was ist das FSJ? Was macht man da?* Lassen Sie die Sch ausgehend von den Einzelwörtern an der Tafel Vermutungen anstellen.

Folie des Lesetextes
„Das Freiwillige Soziale Jahr"

2 Schreiben Sie Frage 1 an die Tafel und markieren Sie das Fragewort *Wer?* Weisen Sie die Sch an dieser Stelle noch einmal darauf hin, dass sie den Text nicht Wort für Wort verstehen müssen, sondern sich auf die Aufgabe konzentrieren sollen. Die Sch lesen still den Text und suchen nach der entsprechenden Information im Text. Besprechen Sie anschließend das Ergebnis und bitten Sie einen Sch, als Beleg die Lösung im Text auf der Folie zu unterstreichen.

3 Die Sch lesen in Stillarbeit die weiteren Fragen und markieren die Schlüsselwörter (= Fragewörter). Anschließend lesen sie den Text und notieren sich die Antworten in Stichwörtern. Bitten Sie bei der anschließenden Besprechung einen Sch, die Belegstellen auf der Folie zu markieren.

C3 Selektives Lesen: Zwei Jugendliche im Freiwilligen Sozialen Jahr

1 Erklären Sie den Sch, dass Moritz und Sarah gerade ein FSJ machen und dass die Sch mithilfe der Texte die Angaben zu den beiden Jugendlichen ergänzen sollen. Lesen Sie den ersten Satzanfang zu Moritz vor: *Er macht sein FSJ...* , fragen Sie: *Wie geht der Satz weiter?* und verweisen Sie auf die fett markierte Einführung in Text 1. Lassen Sie den Satz auf Zuruf ergänzen.

Folie der Lesetexte

2 Teilen Sie die Klasse in zwei Gruppen, Gruppe A bearbeitet Text 1 und Gruppe B Text 2. Die Sch lesen still die Texte und ergänzen die Angaben zu ihrer Person. Bitten Sie bei der Besprechung im Plenum die Sch, die Person vorzustellen, indem sie ihre ergänzten Sätze jeweils vorlesen. Markieren Sie zum Vergleich die entsprechenden Textstellen auf der Folie.

Binnendifferenzierung: Leistungsstärkere Sch können beide Texte lesen und bearbeiten.

3 Weisen Sie auf die markierten Wörter in den Lesetexten auf der Folie hin und machen Sie den Sch damit die Strategie bewusst, die sie in den Aufgaben C2 und C3 angewandt haben. Lesen Sie die Strategie vor, übersetzen Sie sie in die Muttersprache der Sch und bitten Sie die Sch, sie im Arbeitsbuch auf S. 162 einzutragen.

C4 Sprechen: Seine Meinung in einer Diskussion äußern

1 Führen Sie eine Abstimmung zum FSJ durch. Fragen Sie: *Wer findet das FSJ gut / nicht gut? Wer möchte ein FSJ machen?* Die Sch äußern ihre Meinung per Handzeichen. Halten Sie das Ergebnis an der Tafel fest. Verweisen Sie auf die Redemittel und bitten Sie die Sch, sich zunächst jeweils eines der Redemittel auszusuchen und zu ergänzen. Lassen Sie sich je eine Pro- und Kontrameinung im Plenum nennen.

2 Bitten Sie die Sch nun, sich Notizen zu weiteren Argumenten zu machen und diese anschließend mit den Redemitteln zu verbinden.

3 Die Sch finden sich in gemischten Gruppen (Befürworter und Gegner) zusammen und tauschen ihre Argumente aus. Gehen Sie herum und geben Sie Hilfestellung.

Arbeitsbuch: S. 57, Selbstkontrolle

Arbeitsbuch: S. 58–61,
Plateauseiten Lektionen 22–24

A

Vorsicht: Medien!

A1

Sprachbrücke: Vorteile und Nachteile verschiedener Medien

1 Fragen Sie bei geschlossenen Büchern: *Welche Medien nutzt ihr im Alltag?* Sammeln Sie die Medien in der Muttersprache an der Tafel. Geben Sie bei Ähnlichkeiten mit der Muttersprache jeweils das deutsche Wort dazu an.

> *drei Bogen Plakatpapier, Plakatstift*

2 Die Sch öffnen die Bücher, schauen sich die Bilder an und nennen zu jedem Bild ein Stichwort *(Handy, Computerspiel, Internet)*. Schreiben Sie diese jeweils als Überschrift auf ein Plakat und hängen Sie die Plakate an verschiedenen Stellen im Raum auf.

> *Plakatstifte in zwei Farben*

3 Bilden Sie drei Gruppen. Jede Gruppe bekommt zwei Plakatstifte in unterschiedlichen Farben. Fragen Sie: *Welche Vorteile und welche Nachteile haben diese Medien?* Vereinbaren Sie, welche Farbe für die Vorteile und welche für die Nachteile steht. Bitten Sie nun jede Gruppe, zu einem Plakat zu gehen. Die Gruppen sammeln in der Muttersprache Vor- und Nachteile zum jeweiligen Medium und notieren diese als Stichwörter auf dem Plakat. Anschließend stellen sie ihre Ergebnisse nacheinander im Plenum vor.

A2

Globales Hören: Gefahren und Probleme der Mediennutzung

1 Erklären Sie den Sch, dass sie den Anfang einer Radiosendung hören werden. Bitten Sie die Sch, die beiden Fragen der Aufgabe zu lesen. Klären Sie unbekannten Wortschatz *(nutzen, die Gefahr)*.
2 Die Sch hören den Text. Schreiben Sie auf Zuruf die Lösung an die Tafel.

A3

Selektives Hören: Interview mit Lenka und Harry

1 Die Sch lesen still die Sätze 1 bis 6. Klären Sie gemeinsam mit den Sch unbekannten Wortschatz, indem Sie diesen aus anderen, den Sch bekannten Sprachen *(virtuell, SMS)*, oder aus dem Kontext *(die Handy-Rechnung, erfahren, Flirt-Freund)* erklären. Lassen Sie die Sch selber nach Erklärungen suchen.
2 Fragen Sie: *Sind die Sätze richtig oder falsch?* Die Sch hören Teil 2 des Hörtextes und lösen die Aufgabe. Sie vergleichen die Ergebnisse mit denen ihres Partners und dann im Plenum. Lassen Sie falsche Sätze korrigieren. Spielen Sie den Hörtext bei großen Unklarheiten noch einmal in Abschnitten vor.
3 Lesen Sie den ersten Satzanfang von Aufgabe b) vor und fragen Sie: *Wie kann der Satz weitergehen? (z. B. telefoniert, gesurft, …)*. Lassen Sie mehrere Möglichkeiten zu. Die Sch lesen still die Sätze 2 bis 5. Klären Sie das Wort *Psychologe*, indem die Sch es über die Muttersprache oder eine weitere Fremdsprache erklären.
4 Weisen Sie die Sch darauf hin, dass jeweils nur ein Wort pro Lücke notiert werden soll, d. h. die Sch sollen sich beim Hören auf die wichtige Information konzentrieren. Die Sch hören den Text und machen sich Notizen.
5 Lassen Sie die Ergebnisse im Plenum vorlesen. Spielen Sie bei Unklarheiten den Hörtext noch einmal vor und lassen Sie sich per Handzeichen die Lösungen anzeigen. Lesen Sie abschließend die Lernstrategie vor und übersetzen Sie diese mit den Sch in die Muttersprache. Die Sch notieren sich die Strategie im Arbeitsbuch auf S. 163.

> *Arbeitsbuch: S. 62, Ü1–3*

A4

Grammatik: Modalverben im Präteritum

1 Lesen Sie Satz 1 vor. Weisen Sie auf das rot markierte Modalverb hin und fragen Sie nach der Zeit: *Ist das schon passiert?* Lesen Sie den Beispieleintrag vor. Schreiben Sie an die Tafel: *Präteritum (gestern …) = konnte, Präsens (heute) = kann*. Bitten Sie einen Sch, den ersten Satz mit dem Modalverb im Präsens vorzulesen. Machen Sie ein weiteres Beispiel im Plenum.
2 In Partnerarbeit ergänzen die Sch die weiteren Präsensformen der Modalverben. Zeichnen Sie inzwischen eine dreispaltige Tabelle an die Tafel (Infinitiv, Präsens, Präteritum). Ergänzen Sie mit den Sch die Formen, indem zunächst stets der Beispielsatz vorgelesen wird.
3 Bitten Sie die Sch, die Vokale/Umlaute sowie die Endungen mit Farben zu markieren (Infinitiv = z. B. gelb, Präsensformen = blau und Präteritum = rot). Fordern Sie die Sch auf, den „Meine-Regel"-Kasten zu ergänzen. Besprechen Sie das Ergebnis und lesen Sie abschließend die Lernstrategie vor, übersetzen Sie diese mit den Sch in die Muttersprache. Die Sch notieren sich die Strategie im Arbeitsbuch auf S. 163.

4 Lenken Sie die Aufmerksamkeit auf den Infospot zur Grammatik und lesen Sie die Formen von *können* im Präteritum vor. Die Sch prägen sich die Formen ein, schließen die Bücher, schreiben die Konjugationsformen auf und korrigieren sich erst gegenseitig und dann mit dem Buch.

blaue und rote Karten

5 **Zusatzaktivität:** Bringen Sie eine blaue und eine rote Karte mit. Bilden Sie eine doppelte Redekette. Geben Sie zwei Sch je eine Karte. Der Sch mit der blauen Karte bildet einen Satz mit einem Modalverb im Präsens, der Sch mit der roten Karte bildet mit dem gleichen Modalverb einen Satz im Präteritum. Dann werden die Karten weitergegeben.

Arbeitsbuch: S. 62, Ü4

A5 **Grammatik: Modalverben im Präteritum**

1 Lesen Sie die ersten beiden Sätze des Textes vor. Fragen Sie: *Welches Modalverb passt hier?* Lassen Sie sich die Lösung zurufen. Ergänzen Sie auf diese Weise auch den nächsten Satz.
2 Die Sch lesen den Text und ergänzen die Verbformen. Die Sch tauschen ihre Lösungen und korrigieren bei Bedarf die Modalverben ihres Nachbarn. Vergleichen Sie im Plenum.

Kopiervorlage 25/1, Würfel

Spiel zur Konjugation der Modalverben: Bilden Sie Gruppen von vier bis fünf Sch. Kopieren Sie für jede Gruppe die Vorlage. Kleben Sie die Kopie auf dünnen Karton und schneiden Sie die Karten aus. Geben Sie jeder Gruppe einen Kartensatz und einen Würfel. Der Kartensatz wird als Stapel in die Mitte gelegt. Die Sch jeder Gruppe würfeln der Reihe nach. Der Sch, der an der Reihe ist, liest den Satz auf der obersten Karte und bildet mit dem angegebenen Modalverb einen Satz: Bei ungerader Augenzahl wird das Modalverb im Präsens verwendet, bei gerader Augenzahl im Präteritum. Die anderen Sch der Gruppe korrigieren. Ist der Satz korrekt, so darf der Sch die Karte behalten, ist der Satz nicht korrekt, muss die Karte wieder unter den Stapel geschoben werden.

Arbeitsbuch: S. 63, Ü5–6

A6 **Wortschatz: Freizeitaktivitäten beschreiben**

1 Lesen Sie die beiden Fragen und verbinden Sie sie exemplarisch mit der ersten Vorgabe auf dem grünen Zettel *(mit deinem Handy)*. Verweisen Sie auf die beiden Beispielnotizen (= Antworten) auf dem gelben Notizzettel sowie auf die Redemittel in der Wortschatzhilfe.
2 Die Sch lesen still die Redemittel in der Wortschatzhilfe. Klären Sie gegebenenfalls unbekannten Wortschatz. Die Sch machen sich nun Notizen zu allen zehn Fragen.
3 Bitten Sie nach Beendigung von Schritt a) zwei Sch den Beispieldialog vorzulesen. Fragen Sie exemplarisch einen weiteren Sch. Dieser antwortet mithilfe seiner Notizen. Die Sch interviewen sich nun in Partnerarbeit.
4 Lesen Sie abschließend die Lernstrategie vor und verweisen Sie noch einmal beispielhaft auf die Notizen in Aufgabe a). Übersetzen Sie mit den Sch die Lernstrategie in die Muttersprache. Die Sch notieren sich die Strategie im Arbeitsbuch auf S. 163.

Arbeitsbuch: S. 63, Ü7–8;
S. 64, Ü9–10

A7 **Schreiben: Verständnis ausdrücken und Ratschläge geben**

1 Lenken Sie die Aufmerksamkeit der Sch auf die Zeichnung und fragen Sie: *Was ist das Problem?* Die Sch versuchen zunächst selbst das Thema zu finden und lesen abschließend zum Vergleich die Einleitung.
2 Lesen Sie die Frage bei a) vor, verweisen Sie auf die zwei Beispiele und fragen Sie: *Wie kann man dem Freund / der Freundin helfen?* Sammeln Sie exemplarisch erste Ideen in Stichworten an der Tafel. Dann sollen sich die Sch selbst Notizen machen.
3 Lesen Sie die Lernstrategie vor und übersetzen Sie diese mit den Sch in die Muttersprache. Die Sch notieren sich die Strategie im Arbeitsbuch auf S. 163.
4 Erklären Sie den Sch, dass sie mit ihren Notizen und mithilfe der Redemittel eine E-Mail schreiben sollen. Die Sch lesen sich dazu die Redemittel durch. Zeigen Sie die beispielhafte Verwendung im ersten Satz der E-Mail auf.
5 Die Sch schreiben eine eigene E-Mail. Lassen Sie freiwillige Sch ihre E-Mails vorlesen. Loben Sie gelungene Formulierungen.

! Loben Sie Ihre Sch. Denn der Lernerfolg ist bei Lob und Hervorhebung guter Beispiele größer als bei der Korrektur von Fehlern.

Arbeitsbuch: S. 64, Ü11; S. 65, Ü12

B Schülerzeitung

B1 Sprachbrücke: Die Schülerzeitung *Rückenwind*

Schülerzeitung(en)

1 Lassen Sie zum Einstieg in das Thema Assoziationen zu den Bildern zu. Fragen Sie die Sch: *Was ist das?* Schreiben Sie die Antwort *(die Schülerzeitung)* auf Deutsch an die Tafel. Fragen Sie weiter: *Gibt es bei euch an der Schule eine Schülerzeitung?* Lassen Sie sich Beispiele nennen und in den Unterricht mitbringen. Alternativ können Sie auch selbst einige Schülerzeitungen mit in den Unterricht bringen. Fragen Sie: *Was steht in der Schülerzeitung?* Bilden Sie Gruppen, lassen Sie die Zeitung analysieren und im Plenum vorstellen.

2 Schreiben Sie das Wort *Rückenwind* an die Tafel. Unterstreichen Sie *Rücken* und *Wind* mit unterschiedlichen Farben und lassen Sie die Wörter in die Muttersprache übersetzen. Fragen Sie: *Was bedeutet Rückenwind?* In Partnerarbeit sammeln die Sch Vermutungen. Schreiben Sie auf Zuruf die Vorschläge an die Tafel. Stellen Sie die beiden Bedeutungen hervor: im normalen Sprachgebrauch sowie als Name der Zeitung.

3 Die Sch lesen das Zitat von Raphael. Klären Sie mit den Sch neue Wörter *(informieren, der Artikel, kritisch, die Meinung, der Chefredakteur),* indem Sie die Sch ermuntern, Sprachbrücken mit Wörtern aus anderen ihnen vertrauten Sprachen zu bauen. Die Sch vergleichen ihre Vermutungen zum Namen der Zeitung mit Raphaels Erklärung.

! Bringen Sie Realien mit in den Unterricht und veranschaulichen Sie dadurch das Thema. Die Sprache wird so in einen authentischen Kontext eingebettet.

B2 Wortschatz: Zeitung/Zeitschrift

Schülerzeitung/Zeitschrift

1 Zeigen Sie eine Schülerzeitung oder eine andere Zeitschrift. Erarbeiten Sie damit in der Muttersprache die Begriffe *Titel, Titelseite, Überschrift, Bild* und *Inhalt,* indem Sie fragen: *Wie nennt man das? Wie nennt man die erste Seite?* Etc. Schreiben Sie die Wörter an die Tafel.

Folie von B1, Schülerzeitung/Zeitschrift

2 In Partnerarbeit überlegen die Sch, wie sie die Begriffe aus ihrer Muttersprache den Nummern auf der Folie zuordnen würden. Auf Zuruf tragen Sie diese auf die Folie ein.

3 Erklären Sie nun mithilfe des Beispieleintrags die Aufgabe und sichern Sie die Bedeutung in der Muttersprache. Ordnen Sie einen weiteren Begriff gemeinsam zu.

4 Die Sch lösen die Aufgabe in Partnerarbeit. Sammeln Sie im Plenum die Zuordnungen und schreiben Sie die deutschen Begriffe ebenfalls auf die Folie. Die Sch erklären jeweils die zugeordneten Elemente der Bilder in der Muttersprache.

Arbeitsbuch: S. 65, Ü13

B3 Globales Lesen: Ankündigung

1 Erklären Sie zunächst die Textsorte *Live-Chat* in der Muttersprache *(= virtuelles Interview, die Beteiligten treffen sich in einem Chatraum).* Schreiben Sie dann die erste Frage an die Tafel, markieren Sie das Fragewort *(wer)* sowie das Schlüsselwort *(Gäste).* Die Sch überfliegen den Text und suchen nach dem Schlüsselwort. Lassen Sie sich die Lösung zurufen.

2 Die Sch lesen die restlichen Fragen, markieren sich Frage- sowie Schlüsselwörter und suchen im Text nach Antworten und Belegstellen. Die Sch vergleichen ihre Ergebnisse mit denen des Nachbarn und dann im Plenum, indem einzelne Sch ihre Antworten vorlesen und am Text belegen.

Arbeitsbuch: S. 65, Ü14

B4 Selektives Lesen: Live-Chat mit dem Redaktionsteam

1 Lenken Sie die Aufmerksamkeit der Sch auf den Text und fragen Sie: *Was fällt euch auf?* Erarbeiten Sie mit den Sch die Bedeutung dieser Elemente *(Sprecher sind fett markiert, Aussagen des Rückenwind-Teams sind nicht kursiv gesetzt, Absätze zeigen einen Wechsel des Sprechers an, blau = Fragen an das Rückenwind-Team, rot = Rückenwind-Team).* Lesen Sie abschließend die Lernstrategie vor und übersetzen Sie diese mit den Sch in die Muttersprache. Die Sch notieren sich die Strategie im Arbeitsbuch auf S. 163.

2 Die Sch lesen still den Text von Antje. Fragen Sie: *Welche Frage stellt Antje?* Schreiben Sie Antjes Frage *Wie organisiert ihr eure Redaktionsarbeit?* an die Tafel. Die Sch lesen die Antwort des Rückendwind-Teams und unterstreichen die Schlüsselwörter *(Koordination wichtig, für jedes Thema eine Gruppe, alle kennen ihre Aufgaben, Lehrer hilft)*. Besprechen Sie das Ergebnis im Plenum, indem Sie die wichtigen Stichwörter an der Tafel festhalten. Klären Sie gegebenenfalls den für die Lösung der Aufgabe wichtigen Wortschatz.

3 Die Sch verfahren in Partnerarbeit mit Mikes Frage und der Antwort von Rückenwind ebenso. Lassen Sie sich im Plenum bei der Besprechung Stichwörter zurufen und notieren Sie diese an der Tafel. Klären Sie nun weiteren Wortschatz, indem Sie ihn nach Wortarten strukturieren.

Arbeitsbuch: S. 66, Ü15

B5 Grammatik: Possessivartikel im Plural

1 Schreiben Sie Satz 1 *Am Mittwoch um 16 Uhr haben wir das Redaktionstreffen.* an die Tafel. Ersetzen Sie demonstrativ den Artikel vor *Redaktionstreffen* durch den Possessivartikel *unser.* Verbinden Sie *unser* und *wir* mit einem Pfeil. Tragen Sie *unser* in den „Meine-Regel"-Kasten ein.

2 Die Sch verfahren ebenso mit den Sätzen 2 und 3 und ergänzen den „Meine-Regel"-Kasten. Schreiben Sie währenddessen Satz 2 und 3 ebenfalls an die Tafel. Besprechen Sie das Ergebnis im Plenum, indem Sie einen Sch bitten, die Possessivartikel wie bei Satz 1 zu unterstreichen und durch Pfeile mit den Bezugswörtern zu verbinden.

Arbeitsbuch: S. 66, Ü16–17;
S. 67, Ü18–20

Kopiervorlage 25/2

Kreuzworträtsel „Wer oder was ist das?": Geben Sie den Sch vor dem Austeilen des Arbeitsblattes gegebenenfalls etwas Zeit, sich die Wörter der B-Seite noch einmal anzuschauen. Bitten Sie die Sch danach die Bücher zu schließen. Jeder Sch erhält eine Kopiervorlage, knickt den Lösungsstreifen nach hinten um und löst das Kreuzworträtsel. Anschließend vergleichen die Sch ihre Ergebnisse in Partnerarbeit. Zur Kontrolle können die Lösungen im Plenum vorgetragen oder individuell mithilfe des Lösungsstreifens verglichen werden.

B6 Sprachbrücke: Possessivartikel im Plural

Teilen Sie die Klassen in drei Gruppen und geben Sie jeder Gruppe einen Satz aus B5 zur Übersetzung. Schreiben Sie die deutschen Sätze an die Tafel und die Übersetzungen der Gruppen auf Zuruf daneben. Notieren Sie auch eventuelle Varianten. Die Sch überlegen, wo Ähnlichkeiten oder Unterschiede zwischen den Sprachen bei ihrem Satz bestehen. Ein Sch jeder Gruppe benennt diese in der Muttersprache.

B7 Grammatik: Konjunktion *nicht ... sondern*

1 Schreiben Sie den Beispielsatz an die Tafel. Lesen Sie ihn vor und unterstreichen Sie die Wörter *nicht* und *sondern.* Fordern Sie die Sch auf, die Sätze a und b zu lesen. Fragen Sie: *Welcher Satz ist richtig?* Schreiben Sie anschließend den richtigen Satz a unter den an der Tafel und setzen Sie ein Gleichheitszeichen dazwischen.

2 **Zusatzaktivität:** Zeigen Sie Ihr Buch einem Sch und fragen Sie: *Ist das dein Buch?* Nehmen Sie es wieder an sich und sagen Sie: *Das ist nicht dein Buch, sondern mein Buch.* Nehmen Sie den Stift von Sch A und fragen Sie Sch B: *Ist das dein Stift?* Sch B antwortet: *Nein, das ist nicht mein Stift, sondern sein Stift.* Sch B zeigt dabei auf Sch A. Machen Sie ein weiteres Beispiel im Plural, indem Sie zwei Sch ansprechen: *Ist das euer ...?* Lassen Sie nun die Sch eine Redekette bilden. Achten Sie darauf, dass die Sch Sätze im Singular und Plural bilden.

Arbeitsbuch: S. 68, Ü21–22

B8 Aussprache: Satzakzent und Satzmelodie: Konjunktion *nicht ... sondern*

1 Spielen Sie Satz 1 vor. Die Sch lesen still mit. Lenken Sie die Aufmerksamkeit der Sch auf den Satzakzent, indem Sie ihn, ähnlich wie den Wortakzent, durch Bewegung unterstützen. Verwenden Sie hierfür die gleiche Geste, mit der Sie den Sch schon den Wortakzent bewusst gemacht haben. Fordern Sie die Sch auf, die Geste nachzuahmen, und markieren Sie dann gemeinsam den Satzakzent. Die Sch sprechen Satz 1 nach.

2 Spielen Sie die Sätze 2 und 3 vor. Die Sch markieren beim ersten Hören den Satzakzent, sprechen die Sätze nach und unterstützen den Satzakzent durch die Geste aus Schritt 1.

3 Spielen Sie die Sätze noch einmal vor. Die Sch lesen still mit, begleiten den Verlauf der Satzmelodie mit der entsprechenden Handbewegung und markieren sie mit einem Pfeil nach rechts oder unten.

B9 **Sprechen: Falsche Informationen berichtigen**

1 Lesen Sie den Beispielsatz auf dem Notizzettel vor. Sollte Ihre Klasse zufälligerweise 13 Mädchen haben, so machen Sie aus der 13 eine 14. Bilden Sie Gruppen: Jeder Sch soll zunächst „falsche Informationen" auf einem Zettel sammeln. Die Zettel werden innerhalb der Gruppe gemischt, jeder Sch zieht einen Zettel.

2 Lesen Sie nun die (je nach Anzahl der Mädchen veränderte) Sprechblase vor. Bilden Sie einen weiteren Satz mit einer falschen Information (z.B. *Heute schneit es.*) und bitten Sie einen guten Sch, mittels eines Satzes mit *nicht ... sondern* zu antworten (*Heute schneit es nicht, sondern es regnet.*).

3 Die Sch lesen die falschen Informationen auf ihrem Zettel vor und korrigieren die Aussage (u. U. zunächst schriftlich). Sie können die Gruppen anschließend bitten, im Plenum einige falsche Sätze vorzulesen und von den anderen Gruppen korrigieren zu lassen.

Arbeitsbuch: S. 68, Ü23–24 Aussprache

C **Schüler machen Fernsehen**

C1 **Sprachbrücke: Bericht über ein Video-Projekt**

Die Sch schauen sich die Bilder an. Fragen Sie: *Was machen die Schüler?* Die Sch äußern in der Muttersprache Vermutungen. Notieren Sie Stichwörter in chronologischer Reihenfolge. Fragen Sie die Sch: *Gibt es ein ähnliches Projekt an eurer Schule?* Sammeln Sie an der Tafel.

C2 **Selektives Lesen: Bericht über ein Video-Projekt**

1 Lesen Sie das erste Stichwort *Leute ins Studio einladen* und fragen Sie: *Wo steht das?* Die Sch äußern anhand der Bilder (und der in C1 angestellten Überlegungen) Vermutungen/eine Vorauswahl, zu welchem Bild/Text dieses Stichwort passen könnte. Lassen Sie die richtige Zuordnung im Text belegen und vorlesen.

2 Die Sch ordnen in Stillarbeit die weiteren Stichwörter den Texten zu und markieren sich die Belegstellen. Anschließend vergleichen sie ihre Ergebnisse mit denen ihres Nachbarn. Gehen Sie herum und helfen Sie bei Bedarf. Auf Zuruf lesen einzelne Sch ihre Lösung mit Belegstellen vor.

C3 **Sprachbrücke: Internationalismen**

1 Schreiben Sie das erste Wort *(die Reportage)* an die Tafel. Bitten Sie die Sch, das Wort in die Muttersprache und ansonsten bekannte Fremdsprachen zu übersetzen. Fragen Sie nach Ähnlichkeiten und Unterschieden. Beziehen Sie neben der Schreibweise auch die Aussprache mit ein, indem Sie das Wort in den verschiedenen Sprachen vorlesen lassen.

2 In Partnerarbeit bearbeiten die Sch die weiteren Wörter. Diskutieren Sie anschließend im Plenum die Übersetzungen in die Muttersprache und lassen Sie Ähnlichkeiten sowie Unterschiede benennen.

C4 **Schreiben: Ein Videoprojekt planen**

1 Die Sch sollen sich nun selbst Gedanken zu einer eigenen Video-Reportage machen. Lesen Sie gemeinsam mit den Sch die Fragen.

große Bogen Plakatpapier, Plakatstifte

2 Bilden Sie Gruppen. Die Sch einigen sich in der Gruppe auf ein Thema, besprechen in einem ersten Schritt, was wo gefilmt und wer interviewt wird, und machen sich Notizen dazu. Regen Sie die Sch dazu an, möglichst unterschiedliche „Drehorte" und „Personen" zu einem Thema zu wählen. Diese Informationen werden alle auf einem Plakat gesammelt. Erinnern Sie die Sch daran, dem Plakat auch eine Überschrift zu geben.

3 In einem zweiten Schritt überlegen sich die Sch in der Gruppe gemeinsam Fragen für ein mögliches Interview oder auch für mehrere Interviews. Regen Sie die Sch dazu an, diese Interviews dialogisch einzuüben.

4 Zum Schluss werden die Aufgaben verteilt: *Wer filmt? Wer interviewt? Wer moderiert? Wer macht die technische Bearbeitung?* Etc. Die Aufgabenverteilung sollte auch begründet werden können und ebenfalls auf dem Plakat festgehalten werden. Jede Gruppe stellt mithilfe der Plakate ihr Projekt im Plenum vor und spielt ihr Interview dialogisch vor.

! Geben Sie den Sch den Hinweis, bei Plakatpräsentationen immer darauf zu achten, dass auf den Plakaten nur Stichwörter und keine ausformulierten Sätze stehen. Detailinformationen sind Teil der mündlichen Präsentation. Das Plakat soll nur als Gedankenstütze dienen, die Sch üben so das freie Sprechen.

Arbeitsbuch: S. 69, Selbstkontrolle

Lektion 26: Mitmachen

A Jung und freiwillig!

A1 Sprachbrücke: Freiwillig engagiert

1 Lenken Sie die Aufmerksamkeit der Sch auf die Fotos und lassen Sie sie Vermutungen zu den abgebildeten Situationen anstellen, indem Sie fragen: *Was machen die Jugendlichen? Wo arbeiten sie?* Sammeln Sie die genannten Orte und Einrichtungen in der Muttersprache der Sch an der Tafel (*bei der Feuerwehr, im Pflegeheim, im Kindergarten, im Verein* etc.). Falls die Sch das eine oder andere Wort auch auf Deutsch wissen, ergänzen Sie es an der Tafel.
2 Fragen Sie anschließend: *Was haben die Jugendlichen alle gemeinsam? (sie engagieren sich für andere Menschen, sie helfen anderen Menschen).* Verweisen Sie auf den Titel der Seite *Jung und freiwillig* und übersetzen Sie ihn in die Muttersprache der Sch.

A2 Globales Lesen: Engagierte Jugendliche

1 Erklären Sie die Aufgabe, indem Sie auf die Fotos aus A1 hinweisen und fragen: *Welches Foto passt?* Betonen Sie, dass pro Text nur ein Foto passt. Geben Sie den Sch Hilfestellung, indem Sie auf den in A1 in der Muttersprache zusammengetragenen Wortschatz verweisen und anhand der Fotos Schlüsselwörter wie *der Rollstuhl, das Altenheim, das Pflegeheim, der Behinderte, die Feuerwehr* auf Deutsch erklären.
2 Machen Sie eine Zuordnung als Beispiel gemeinsam mit den Sch. Weisen Sie die Sch darauf hin, dass die Personen auf den Bildern nicht in jedem Fall mit den Texten übereinstimmen. Überfliegen Sie gemeinsam Text 1 und ordnen Sie im Plenum das passende Foto zu.
3 Die Sch lösen die Aufgabe und besprechen ihr Ergebnis mit dem ihres Nachbarn. Lassen Sie sich bei der Ergebniskontrolle die Zuordnung durch die Nennung von Textpassagen belegen (Text 2: *alte Menschen, Altenheim,* Text 3: *Feuer, löscht, Feuerwehr*).

Arbeitsbuch: S. 70, Ü1–3

A3 Selektives Lesen: Engagierte Jugendliche

Folie der Lesetexte

1 Lesen Sie die drei Fragen im Tabellenkopf laut vor, betonen Sie das Fragewort. Erklären Sie die Aufgabe, indem Sie fragen: *Wo arbeitet Andy?* Weisen Sie dann auf den Beispieleintrag hin und bitten Sie die Sch, das Stichwort in Text 1 zu suchen. Verfahren Sie ebenso mit den Beispieleinträgen zu Lisa und Martin. Bitten Sie einen Sch, die Stichwörter in den Texten auf der Folie zu markieren.
2 Die Sch lesen die drei Texte, bearbeiten die Aufgabe in Stillarbeit und besprechen ihre Ergebnisse dann mit ihren Partnern. Übertragen Sie währenddessen das Tabellenraster an die Tafel. Lassen Sie für jeweils einen Text einen Sch nach vorne kommen, die Stichwörter auf der Folie markieren und anschließend in die Tabelle an der Tafel ergänzen.

A4 Grammatik: Nebensatz mit *dass*

1 Lesen Sie die Frage der Aufgabe und danach Satz 1 vor. Fragen Sie dann: *Wie geht der Satz weiter?* Lassen Sie sich die Lösung vorlesen und schreiben Sie den Satz an die Tafel. Bitten Sie die Sch, die anderen beiden Sätze ebenfalls zuzuordnen. Schreiben Sie währenddessen die Anfänge der Sätze 2 und 3 an die Tafel und lassen Sie diese von zwei Sch ergänzen.
2 Bitten Sie einen anderen Sch, die Verben in den *dass*-Sätzen an der Tafel zu markieren. Weisen Sie bei Satz 2 darauf hin, dass das Verb aus zwei Teilen (*helfen kann*) besteht.
3 Lassen Sie die Sch mithilfe des Tafelbildes selbst die Regel zur Syntax im *dass*-Satz erkennen. Anschließend lesen die Sch den „Meine-Regel"-Kasten und markieren die Regel. Verweisen Sie auf den Infospot zur Grammatik und erinnern Sie an dieser Stelle auch an den bereits eingeführten Nebensatz mit *weil*.
4 Lenken Sie die Aufmerksamkeit der Sch noch einmal auf den Tafelanschrieb und weisen Sie auf die Verben bzw. Redewendungen hin, die den Nebensatz mit *dass* einleiten. Notieren Sie diese separat an der Tafel. Erweitern Sie die Liste bei A6.

große Wortkarten, Blu Tack/Klebeband

5 **Zusatzaktivität:** Schreiben Sie die Sätze *Ich bin sehr froh, dass morgen die Schulferien beginnen.* und *Er findet, dass Deutsch eine schwere Sprache ist.* wie im Beispiel auf Wortkarten, hängen Sie diese ungeordnet an die Tafel und bitten Sie zwei Sch, die Karten so anzuordnen, dass zwei korrekte Sätze entstehen.

| dass | Ich bin sehr froh | Deutsch | morgen | Sprache | Er findet |
| die | Schulferien | ist | beginnen | eine | schwere | Sprache | dass |

Arbeitsbuch: S. 70, Ü4; S. 71, Ü5

A5 Aussprache: Satzmelodie im Nebensatz mit *dass*

1 Die Sch hören die Sätze aus A4. Begleiten Sie den Verlauf der Satzmelodie (gleichbleibend vor dem Komma, fallend vor dem Punkt) mit der entsprechenden Handbewegung.
2 Beim zweiten Hören sprechen die Sch nach und unterstützen den Melodieverlauf durch die entsprechende Handbewegung.

A6 Grammatik: Nebensatz mit *dass*

1 Lesen Sie Andys Aussage vor. Bitten Sie die Sch, die Aussage in einen *dass*-Satz umzuformen. Weisen Sie die Sch dafür nochmals auf die Stellung des Verbs im *dass*-Satz hin. Lassen Sie sich den Nebensatz zurufen und schreiben Sie ihn zur Kontrolle an die Tafel.
2 Die Sch lesen still Lisas Aussage sowie den darunter stehenden Satzanfang. Lenken Sie die Aufmerksamkeit der Sch auf das Pronomen im *dass*-Satz. Fragen Sie: *Wer ist gemeint?* Die Sch sollen erkennen, dass durch den Perspektivwechsel das Subjekt in der Aussage und im *dass*-Satz nicht gleich ist. Schreiben Sie zur Verdeutlichung beide Sätze an die Tafel.
3 Die Sch formen in Stillarbeit Satz 3 um und korrigieren sich gegenseitig. Lassen Sie sich anschließend den Satz zur Kontrolle vorlesen, schreiben Sie gegebenenfalls die Aussage und den *dass*-Satz ebenfalls an die Tafel und markieren Sie die Pronomen in beiden Sätzen.
4 Weisen Sie abschließend auf die Verben in den *dass*-Sätzen hin. Erweitern Sie die Liste aus A4 an der Tafel, indem Sie die beiden Verben *wissen* und *erzählen* ergänzen. Sammeln Sie mit den Sch weitere Verben des Sagens und Meinens (*z. B. glauben, denken, sagen*).

> Aussage: <u>Lisa</u>: Von den alten Menschen kann <u>ich</u> sehr viel lernen.
>
> Dass-Satz: <u>Lisa</u> findet, dass <u>sie</u> von den alten Menschen sehr viel lernen kann.

Arbeitsbuch: S. 71, Ü6–7

Kopiervorlage 26/1

Domino: Die Sch finden sich zu Paaren zusammen. Kopieren Sie die Vorlage so oft, dass jedes Schülerpaar einen Kartensatz erhält. Ziel ist es, die Kärtchen so zu legen, dass Bild und Satz zusammenpassen. Sind alle Kärtchen richtig zugeordnet, entsteht ein Quadrat.

A7 Sprechen: Eine Meinung wiedergeben

1 Fragen Sie die Sch zum Einstieg: *Wo kann man sich freiwillig engagieren?* Lesen Sie die Arbeitsplätze vor, die in der Wortschatzhilfe genannt werden, und fordern Sie die Sch auf, weitere Arbeitsorte anzugeben (*im Krankenhaus, bei Greenpeace, Amnesty International etc.*). Stellen Sie die Fragen der Aufgabe und gehen Sie gemeinsam mit den Sch die weiteren Redemittel in der Wortschatzhilfe durch. Sammeln Sie zu den Stichwörtern *Arbeit* und *Menschen* noch weitere Adjektive mit den Sch (Arbeit: *interessant, schwer, leicht, schrecklich* ...; Menschen: *freundlich, traurig* ...).

leere Zettel

2 Erklären Sie den Sch, dass sie zunächst für sich auf einem Zettel Notizen machen sollen. Schreiben Sie dafür ein positives und ein negatives Beispiel an die Tafel mit jeweils einer Begründung.
3 Geben Sie jedem Sch einen Zettel. Die Sch überlegen sich je ein positives und ein negatives Beispiel und begründen ihre Entscheidung.
4 Erklären Sie den Sch, dass sie die Notizen ihres Partners in *dass*-Sätze umformen sollen. Erinnern Sie die Sch dafür nochmals an die Verben des Sagens und Meinens. Lesen Sie außerdem die Beispiele aus der Aufgabe vor. Die Sch finden sich in Paaren zusammen, tauschen ihre Notizen mit denen ihres Partners und formen diese schriftlich in *dass*-Sätze um. Bitten Sie anschließend einzelne Sch, mündlich über ihren Partner zu berichten.

> ☺ im Krankenhaus arbeiten – die Menschen sind nett
>
> ☹ nicht bei der Feuerwehr arbeiten – Arbeit ist gefährlich

Arbeitsbuch: S. 71, Ü8; S. 72, Ü9–10

B Camping beim Musikfestival

B1 Sprachbrücke: Auf dem Musikfestival

Tonmaterial zum Thema Musikfestival

1 Die Sch halten die Bücher geschlossen. Spielen Sie den Sch einen Ausschnitt aus einem Open-Air-Konzert vor. Alternativ können Sie auch Tonmaterial (z. B. aus dem Internet) rund um das Thema Musikfestival mit in den Unterricht bringen: ein zu Ende gehendes Lied, das in Applaus mündet, eine Ansage bei einem Rockkonzert, mitsingende Fans, die akustische Atmosphäre zwischen zwei Songs etc. Regen Sie die Kreativität der Sch an, indem Sie fragen: *Was hört ihr – wo ist das? Wart ihr auch schon einmal bei einem großen Musikfestival oder bei einem Open-Air-Konzert? Kennt ihr Musikfestivals in eurem Heimatland / in einem anderen Land?*

! Bringen Sie da, wo es sich anbietet, ansprechendes Tonmaterial mit in den Unterricht. Gerade bei den Besprechen-Aufgaben können Sie damit eine Erwartungshaltung aufbauen, die Sch auf das Thema einstimmen und außerdem ein Stück Landeskunde vermitteln. Besonders motivierend sind Materialien aus der Erlebniswelt der Jugendlichen.

2 Die Sch öffnen ihre Bücher, betrachten die Fotos und lesen die Bildunterschriften. Fragen Sie: *Wo sind die Leute? Was machen sie?* Schreiben Sie den Titel der Seite *Camping beim Musikfestival* als Wortigel an die Tafel. Die Sch äußern in der Muttersprache Assoziationen zu den auf den Fotos abgebildeten Situationen. Halten Sie die Äußerungen in dem Wortigel an der Tafel fest.

B2 Globales Hören: Auf dem Festivalgelände

1 Lenken Sie die Aufmerksamkeit der Sch auf die beiden Fragen zum Hörtext. Die Sch lesen die Orte. Klären Sie gegebenenfalls unbekannten Wortschatz. Weisen Sie darauf hin, dass nicht alle Orte im Text genannt werden.
2 Die Sch hören den Hörtext und lösen die Aufgabe. Kontrollieren Sie die Ergebnisse im Plenum und spielen Sie den Hörtext gegebenenfalls noch einmal in Abschnitten vor.

B3 Selektives Hören: Auf dem Festivalgelände

1 Lesen Sie die erste Aussage vor, fragen Sie: *Ist das richtig oder falsch?* und spielen Sie den Hörtext bis zu Manuels Aussage *Ja, klar* vor. Lassen Sie sich die Antwort auf Zuruf sagen. Falls die Sch Probleme haben, die Frage nach dem ersten Hören zu beantworten, spielen Sie den Beginn des Hörtextes bis zu der entsprechenden Stelle noch einmal vor.
2 Die Sch lesen still die Aussagen 2 bis 7. Die neuen Wörter können sie sich über die Illustrationen erschließen bzw. untereinander erklären.
3 Spielen Sie den Hörtext weiter vor. Die Sch kreuzen während des Hörens die Lösung an, vergleichen dann ihre Ergebnisse zunächst mit denen ihres Nachbarn und anschließend im Plenum. Korrigieren Sie die falschen Aussagen (Aussage 2: *Nein, Manuel möchte ins Chill-out-Zelt gehen.* Aussage 4: *Sie sehen ein Taschenmesser und ein Insektenspray, aber sie kaufen das nicht.* Aussage 7: *Nein, Manuel hat das Essen leider noch nicht gekocht.*)

Arbeitsbuch: S. 72, Ü11

B4 Grammatik: Reflexivpronomen

Folie von B4a)

1 Lenken Sie die Aufmerksamkeit der Sch auf die Dialoge und sagen Sie ihnen, dass sie diese Dialoge gerade schon gehört haben. Lassen Sie den ersten Dialog von drei Sch lesen und weisen Sie auf das rot markierte Wort hin. Die Sch stellen Vermutungen darüber an, für wen *euch* steht. Lassen Sie sich die Lösung *(Manuel und Torsten)* zurufen und bitten Sie einen Sch, auf der Folie den Rückbezug zu verdeutlichen, indem er *euch* durch Pfeile mit den Namen Manuel und Torsten verbindet. Weisen Sie die Sch darauf hin, dass der Kontext des Hörtextes ihnen bei der Lösung der Aufgabe hilft.
2 Die Sch lesen die Dialoge 2 bis 6 in Stillarbeit und überlegen in Partnerarbeit, für wen die markierten Wörter stehen.
3 Bitten Sie bei der Besprechung im Plenum einzelne Sch, ihre Lösung vorzulesen. Bitten Sie einen Sch, den Rückbezug wie bei Dialog 1 auf der Folie aufzuzeigen. Erklären Sie den Sch anschließend, dass es sich bei den markierten Wörtern um Reflexivpronomen handelt, und weisen Sie auf die Infospots zur Grammatik hin.
4 Lenken Sie die Aufmerksamkeit der Sch auf den „Meine-Regel"-Kasten und lassen Sie ihn in Partnerarbeit ausfüllen. Übertragen Sie währenddessen das Raster des Regelkastens an die Tafel. Lassen Sie bei der Kontrolle im Plenum einen guten Sch die Reflexivpronomen im Akkusativ ergänzen.

5 Weisen Sie noch einmal gesondert auf das Reflexivpronomen *sich* in der 3. Person Singular und Plural hin. Erinnern Sie die Sch daran, dass sie die anderen Formen schon kennen. Schreiben Sie zwei Beispiele an die Tafel und markieren Sie die Personalpronomen. Weisen Sie auf die Formengleichheit und den Bedeutungsunterschied der Pronomen hin. Machen Sie deutlich, dass die Pronomen *mich* und *uns* sich auf kein Wort in den Beispielsätzen rückbeziehen. Verweisen Sie auf den Infospot zur Grammatik mit Smiley. Lesen Sie schließlich die Lernstrategie vor und übersetzen Sie diese mit den Sch in die Muttersprache. Die Sch notieren sich die Strategie im Arbeitsbuch auf S. 163.

Susanne hat <u>mich</u> zum Geburtstag eingeladen.

Der Lehrer hat <u>uns</u> in der Stadt gesehen.

Arbeitsbuch: S. 72, Ü12–13; S. 73, Ü14

B5 Grammatik: Reflexivpronomen

1 Lesen Sie die Arbeitsanweisung vor und ergänzen Sie Dialog 1 gemeinsam mit den Sch. Fragen Sie die Sch: *Wer ist mit „ihr" gemeint? (Thorsten und Manuel)*. Bitten Sie die Sch, den Satz mithilfe der „Meine-Regel"-Tabelle an der Tafel zu ergänzen, und lassen Sie sich die Lösung zurufen. Schreiben Sie den Satz an die Tafel, markieren Sie das Wort *ihr* und machen Sie durch einen Pfeil den Rückbezug des *euch* auf das *ihr* deutlich. Schreiben Sie unter *ihr* das Wort *Subjekt*.

2 Die Sch lesen die weiteren Dialoge und lösen die Aufgabe in Stillarbeit. Lassen Sie bei der Ergebniskontrolle die Dialoge von Sch vorlesen. Weisen Sie abschließend auf die Lernstrategie hin und übersetzen Sie diese mit den Sch in die Muttersprache. Die Sch notieren sich die Strategie im Arbeitsbuch auf S. 163.

B6 Schreiben: Übungen zu Reflexivpronomen schreiben

1 Fordern Sie die Sch auf, die Beispielübungen still zu lesen und die fehlenden Reflexivpronomen einzusetzen. Anschließend werden die Dialoge zur Ergebniskontrolle von jeweils zwei Sch vorgelesen.

2 Erklären Sie den Sch, dass Sie nun selbst Übungen wie in den Beispielen 1 bis 3 schreiben sollen. Gehen Sie dafür die reflexiven Verben in der Wortschatzhilfe durch und erklären Sie neuen Wortschatz *(sich anziehen, sich entschuldigen, sich langweilen, sich verletzen, sich verstehen)*.

leere Zettel

3 Teilen Sie die Klasse in Kleingruppen von vier Sch. Jede Gruppe erhält einen Zettel, auf den sie gemeinsam sechs Dialogübungen nach dem vorgegebenen Muster schreibt. Gehen Sie herum und geben Sie Hilfestellung.

4 Die Gruppen tauschen ihren Zettel mit dem einer anderen Gruppe. Die Gruppen machen die Übungen ihrer Mitschüler und geben den Zettel anschließend an die Autoren zurück. Diese korrigieren mit einer anderen Farbe und zeigen ihren „Sch" die Korrekturen. Gehen Sie auch bei diesem Arbeitsschritt herum und geben Sie Hilfestellung.

5 Weisen Sie abschließend auf die Lernstrategie hin und übersetzen Sie diese mit den Sch in die Muttersprache. Die Sch notieren sich die Strategie im Arbeitsbuch auf S. 163.

! Lassen Sie die Sch ab und zu in die Rolle des „Lehrers" schlüpfen. Dadurch fördern Sie das selbstständige Lernen und stärken das Selbstbewusstsein. Hierbei gibt es zahlreiche Möglichkeiten: Lassen Sie, wie im Beispiel, die Sch selbst Übungen entwerfen, bitten Sie einen Sch, die Ergebnisbesprechung im Plenum zu leiten, eine Aufgabe im Plenum zu erklären oder fordern Sie einen Sch auf, das Tafelbild zu entwerfen. Beauftragen Sie leistungsstärkere Sch oder Sch, die mit der Aufgabe schnell fertig sind, damit, anderen Sch bei der Bearbeitung der Aufgabe zu helfen.

weicher Ball

6 **Zusatzaktivität:** Werfen Sie einem guten Sch den Ball zu und geben Sie ihm ein Personalpronomen sowie ein reflexives Verb Ihrer Wahl an (z. B. *du – sich erholen*). Nun muss der Sch die korrekte Form bilden *(du erholst dich)*. Die anderen Sch korrigieren den Satz gegebenenfalls. Greifen Sie nur ein, falls nötig. Der Sch wirft den Ball nun einem anderen Sch zu, nennt ebenfalls ein Personalpronomen und ein reflexives Verb. Der Sch, der den Ball gefangen hat, bildet jetzt einen Satz etc.

Kopiervorlage 26/2, Spielfiguren, Würfel

Ergänzungsspiel zu Reflexiv- und Personalpronomen: Bilden Sie Vierergruppen und kopieren Sie für jede Gruppe das Spielfeld, möglichst vergrößert. Jede Gruppe erhält ein Spielfeld (von dem Sie vorher den Lösungsstreifen abgetrennt haben), einen Würfel sowie drei Spielfiguren. Ein Sch der Gruppe ist der Schiedsrichter – geben Sie ihm den Lösungsstreifen. Er darf die Lösungen der Gruppe nicht zeigen. Die Sch würfeln reihum. Der Sch mit der höchsten Augenzahl darf anfangen. Er würfelt erneut und zieht mit seiner Spielfigur die gewürfelte Augenzahl, liest die Aussage bzw. den Dialog, der auf dem Feld steht, vor und ergänzt das fehlende bzw. die fehlenden Possessiv- bzw. Personalpronomen. Der Schiedsrichter überprüft mithilfe des Lösungsstreifens, ob der Dialog richtig vervollständigt wurde. Falls nicht, muss der Sch seine Spielfigur zurücksetzen. Gewonnen hat der Sch, der zuerst das Zielfeld erreicht. Lassen Sie mehrere Durchgänge spielen und wechseln Sie dabei die Rolle des Schiedsrichters. Leistungsschwächere Sch können zu Beginn die Rolle des Schiedsrichters übernehmen.

Arbeitsbuch: S. 73, Ü15–16; S. 74, Ü17–18

Arbeitsbuch: S. 74, Ü19–20 Aussprache

C Jung und kreativ

C1 Sprachbrücke: Jungunternehmer

Lenken Sie die Aufmerksamkeit der Sch auf die Fotos und fragen Sie: *Was seht ihr auf den Bildern?* Fragen Sie auch: *Was haben die Leute auf den Bildern an*? Die Sch äußern Assoziationen zu den Fotos. Weisen Sie auf die Überschrift hin und erklären Sie die beiden Nomen *Unternehmer* und *Decke*. Erklären Sie das Wort *Decke* im Rückgriff auf die Bilder. Fragen Sie: *Was ist das Besondere an dieser Decke?* Regen Sie die Sch an, ausgehend von Fotos und Überschrift Hypothesen zum Text zu bilden.

C2 Globales Lesen: Darkos Unternehmen

1 Die Sch betrachten die Zeichnungen und lesen die Bildunterschriften. Klären Sie den unbekannten Wortschatz mithilfe der Fotos und Illustrationen, der Wortbildung *(Geschäftsidee = Geschäft + Idee)* und der Worterklärung beim Text zu *Patent*.

2 Fragen Sie: *Wie beginnt Darkos Geschichte?* und weisen Sie nochmals auf die Illustrationen hin. Die Sch überfliegen den Lesetext. Lassen Sie sich dann die Lösung zurufen und die Belegstelle im Text benennen. Die Sch lösen die Aufgabe in Partnerarbeit. Besprechen Sie die Lösung im Plenum und lassen Sie sich die Belegstellen angeben.

C3 Selektives Lesen: Darkos Unternehmen

1 Die Sch lesen still die Fragen 1 bis 3. Schreiben Sie die erste Frage an die Tafel, bitten Sie einen Sch, Frage- und Schlüsselwort zu benennen und markieren Sie diese an der Tafel *(was, Vorteil)*. Erklären Sie die Wortbedeutung von *Vorteil* durch Umschreibung *(Was ist an der Ärmeldecke besonders gut?)*. Beantworten Sie die Frage gemeinsam mit den Sch, indem Sie die Sch bitten, den Text noch einmal still zu lesen und dabei nach dem Schlüsselwort zu suchen. Lassen Sie einen guten Sch die Frage beantworten.

2 Die Sch verfahren mit Frage 2 und 3 ebenso. Vergleichen Sie die Antworten im Plenum. Fragen Sie in motivierten Gruppen die Sch abschließend nach ihrer persönlichen Meinung: *Wie findet ihr diese Decke? Wollt ihr auch so eine Decke kaufen?*

C4 Sprechen: Eine eigene Erfindung vorstellen

1 Erklären Sie den Sch, dass sie eine originelle oder witzige Erfindung präsentieren sollen. Lesen Sie dann die Arbeitsanweisungen a) und b) vor und betonen Sie, dass die Sch zwischen den beiden Aufgaben wählen können. Gehen Sie mit den Sch gemeinsam die Redemittel durch, sichern Sie deren Verständnis, indem Sie Beispielsätze bilden lassen. Teilen Sie die Klasse in Gruppen von drei bis vier Sch. Bitten Sie die Sch, Materialien wie Zeichnungen, Fotos, Broschüren und andere Dokumente, die sie für ihre Präsentation benötigen, in den Unterricht mitzubringen.

2 Die Gruppen recherchieren und sammeln ihre Ideen als Hausaufgabe. In der nächsten Unterrichtsstunde stellen sie ihre Ergebnisse in der Klasse vor. Weisen Sie schließlich auf die Lernstrategie hin und übersetzen Sie diese mit den Sch in die Muttersprache. Die Sch notieren sich die Strategie im Arbeitsbuch auf S. 163.

Arbeitsbuch: S. 75, Selbstkontrolle

A Willkommensparty

A1 Sprachbrücke: Grillen

1 Die Sch betrachten die Fotos und äußern in der Muttersprache, was die jungen Leute machen. Zeichnen Sie beim Stichwort *Grill* einen großen Grill an die Tafel. Die Sch zählen die Lebensmittel auf, die sie auf den Fotos sehen. Schreiben Sie diese auf bzw. über den Grill an die Tafel. Falls die Sch die deutschen Bezeichnungen kennen, schreiben Sie diese jeweils dazu.

2 Fragen Sie die Sch: *Grillt ihr auch gerne? Mit wem (Freunde, Familie)? Was bringt ihr zum Essen und Trinken mit? Wie wird das organisiert? Bringt jeder etwas mit? Was grillt ihr? Wo (privat/am See/...)? Wann? Warum?* Nehmen Sie die Antworten zum Anlass, den Lektionstitel an die Tafel zu schreiben *(Willkommensparty)*, unterstreichen Sie die Bestandteile *(Willkommen + party)* und bitten Sie die Sch, sich die Wortbedeutung des Kompositums herzuleiten.

! Erarbeiten Sie einen interkulturellen Vergleich. Lassen Sie das Wort *grillen* nicht nur übersetzen, sondern arbeiten Sie kulturgebundene Bedeutungen heraus, indem Sie fragen: *Was bringen die Deutschen zum Grillen mit? Was bringt ihr mit?* Stellen Sie gezielte Fragen wie: *Wer grillt und wie oft? Zu welchen Anlässen wird gegrillt? Was kommt auf den Grill?* Etc. Versuchen Sie bei der interkulturellen Arbeit, vorschnelle Urteile und Stereotypen sowohl zur eigenen als auch zur Zielkultur ebenfalls zu thematisieren (z. B. *Die Deutschen grillen Würstchen und essen dazu Kartoffelsalat – Stimmt das?*)

A2 Globales und selektives Lesen: Einladung zu einer Willkommensparty

1 Lesen Sie die Fragen vor, bitten Sie die Sch, den Text zu überfliegen und die Antworten zu markieren.
2 Anschließend vergleichen die Sch ihre Antworten mit denen ihres Partners. Lassen Sie sich bei der Besprechung im Plenum die Antwort zurufen.

Notizzettel

3 Bereiten Sie Notizzettel vor, wie sie in der Aufgabe vorgesehen sind. Es sollten möglichst immer zwei Sch einen Notizzettel bekommen. Teilen Sie die Zettel an die Sch aus. Die Sch lesen still die Wörter auf dem Notizzettel. Klären Sie unbekannten Wortschatz mithilfe der Illustrationen.

Folie der E-Mail und des Notizzettels

4 Erklären Sie die Aufgabe, indem Sie auf das bereits eingetragene Stichwort *Austauschschüler* hinweisen und die Sch bitten, es im Text zu suchen. Markieren Sie das Wort im Text auf der Folie. Weisen Sie die Sch darauf hin, dass nicht zu allen Punkten Informationen im Text zu finden sind. Machen Sie noch einen Beispieleintrag gemeinsam mit den Sch, indem Sie fragen: *Was ist mit den Getränken?* Die Sch überfliegen den Text. Lassen Sie sich die passende Textpassage vorlesen und markieren Sie sie ebenfalls auf der Folie. Ergänzen Sie auf dem Notizzettel: *bringt jeder selber mit*.
5 Die Sch gehen so Punkt für Punkt auf dem Notizzettel durch, suchen die Informationen in der E-Mail und ergänzen den Notizzettel. Vervollständigen Sie bei der Besprechung im Plenum den Notizzettel auf der Folie und markieren Sie auf Zuruf die Belegstellen im Text.

Arbeitsbuch: S. 76, Ü1–3

A3 Selektives Hören: Eine Willkommensparty organisieren

1 Erklären Sie den Sch, dass sie ein Gespräch zwischen Niklas, Johnny und Ale hören werden. Schreiben Sie die Namen an die Tafel. Klären Sie zunächst, wer die Personen sind: *Wer sind Johnny und Niklas?* Verweisen Sie gegebenenfalls auf die E-Mail. *Wer ist Ale? (Johnnys Austauschschüler aus Marbella)*. Spielen Sie den Anfang des Hörtextes vor und bitten Sie die Sch, auf die Sprache zu achten: *Wie sprechen die drei?* Klären Sie im Gespräch, dass Johnny und Niklas Deutsch mit einem österreichischen Akzent sprechen, Ale hingegen Hochdeutsch mit spanischem Akzent spricht.

Notizzettel von A2b)

2 Fragen Sie die Sch: *Welche Stichwörter sind auf dem Notizzettel noch frei geblieben? (Grill/Kohle, Besteck, Geschirr)*. Weisen Sie die Sch darauf hin, dass Sie sich beim Hören auf noch fehlende Informationen zu <u>allen</u> Stichwörtern konzentrieren sollen. Übersetzen Sie gemeinsam mit den Sch die Lernstrategie. Die Sch notieren die Strategie im Arbeitsbuch auf S. 163.
3 Fragen Sie: *Was gibt es noch? Was müssen die drei noch einkaufen?* Die Sch hören nun das Gespräch und ergänzen in Partnerarbeit die Stichwörter auf dem Notizzettel.

Lektion 27

4 Bitten Sie bei der Ergebniskontrolle einen Sch, den Notizzettel auf der Folie zu ergänzen. Gehen Sie an dieser Stelle noch nicht auf österreichische Varianten für bestimmte Lebensmittel ein *(Paradeiser, Erdäpfel, Marillen)*. Verweisen Sie bei eventuellen Fragen auf die nächste Aufgabe. Spielen Sie das Gespräch bei Unklarheiten noch einmal in Abschnitten vor.

A4 Wortschatz: Bezeichnungen in DACH

1 Lesen Sie die Frage der Aufgabe a) vor und zeichnen Sie eine Tabelle an die Tafel, in der für Deutschland, Österreich und die Schweiz je eine Spalte vorgesehen ist. Die Sch übertragen die Tabelle in ihr Heft. Sagen Sie den Sch, dass sie sich auf die deutsche und die österreichische Spalte konzentrieren sollen. Weisen Sie auf die Illustrationen hin, erinnern Sie die Sch an das soeben gehörte Gespräch und nehmen Sie den ersten Eintrag *(Gurke)* vor. Machen Sie auch den nächsten Eintrag *(z. B. Tomate, Paradeiser)* gemeinsam mit den Sch, indem Sie die Lösung auf Zuruf in der Tabelle an der Tafel ergänzen lassen.

2 Die Sch füllen die deutsche und die österreichische Spalte in der Tabelle in Stillarbeit aus und vergleichen ihr Ergebnis dann mit dem ihres Partners. Lassen Sie anschließend einzelne Sch die Tabelle an der Tafel ausfüllen.

3 Zeigen Sie nun auf den Schüttelkasten mit den schweizerdeutschen Begriffen. Nehmen Sie den Beispieleintrag *die Gurke* zum Anlass, die Sch im Schüttelkasten nach dem schweizerdeutschen Begriff suchen zu lassen. Ergänzen Sie die Lösung auf Zuruf in der Schweizer Spalte. Die Sch sollen nun zu den restlichen Ergänzungen in der deutschen und österreichischen Spalte jeweils die schweizerdeutschen Begriffe ergänzen. Geben Sie den Sch den Tipp, auf Ähnlichkeiten entweder mit der deutschen oder österreichischen Variante zu achten.

4 Fordern Sie die Sch anschließend auf, die Wörter in der Muttersprache miteinander zu vergleichen. Falls es in der Muttersprache der Sch ebenfalls regionale Varianten gibt, lassen Sie die Sch dafür Beispiele angeben.

Arbeitsbuch: S. 77, Ü4–5

A5 Grammatik: Konjunktiv II von *können* und *haben*

1 Lenken Sie die Aufmerksamkeit der Sch auf die drei Dialoge und erinnern Sie die Sch daran, dass sie diese Dialoge im Hörtext von A3 gehört haben. Lassen Sie die Dialoge noch einmal jeweils von zwei Sch vorlesen.

2 Verweisen Sie auf den Beispieleintrag a mit der Frage: *In welchem Dialog hat Johnny einen Wunsch/möchte er etwas?* Lassen Sie sich die Lösung auf Zuruf angeben.

3 Fragen Sie weiter: *In welchem Dialog hat jemand eine Idee?* (Verweis auf b) *In welchem Dialog fragt jemand höflich?* (Verweis auf c). Die Sch lesen still noch einmal die Dialoge 1 und 2 und nennen die Lösung auf Zuruf.

4 Machen Sie den unterschiedlichen Gebrauch der drei Formen deutlich, indem Sie die drei Begriffe *Wunsch, Idee/Vorschlag, höfliche Frage* an die Tafel schreiben und fragen: *Was passt: könnte oder hätte gern?* Ergänzen Sie jeweils mit Beispielen: *Könntest du bitte eine Torte machen? Wir könnten Pia noch fragen. Ich hätte gern etwas Süßes.* Verweisen Sie auf den Grammatikkasten und gehen Sie mit den Sch auch noch einmal die Konjugation von *haben* im Konjunktiv II durch.

Arbeitsbuch: S. 77, Ü6; S. 78, Ü7–8

A6 Grammatik: Konjunktiv II von *können* und *haben*

1 Lesen Sie den Beginn der E-Mail bis zur ersten Lücke vor und fragen Sie zuerst: *Ist das ein Wunsch, eine Idee/ein Vorschlag oder eine höfliche Frage? Was passt: hätten oder könnten?* Ergänzen Sie gemeinsam die erste Lücke.

2 Die Sch lesen und ergänzen die E-Mail. Lassen Sie die E-Mail in einer Redekette vorlesen. Verweisen Sie bei Unklarheiten in der Konjugation nochmals auf den Infospot zur Grammatik in A5.

Arbeitsbuch: S. 78, Ü9; S. 79, Ü10

Sprechspiel „Beim Grillfest": Bilden Sie fünf Gruppen. Kopieren Sie die Vorlagen so, dass jeweils eine Gruppe alle Kärtchen der Reihe 1, eine Gruppe alle Kärtchen der Reihe 2 etc. erhält. Innerhalb der Gruppen sollte jeder Sch eine komplette Reihe (= fünf Karten) haben. Die Sch halten die Kärtchen wie bei einem Quartettspiel und versuchen die Kärtchen der anderen Kategorien zu erfragen. Die entsprechenden Oberbegriffe sind im Schüttelkasten aufgelistet. Nun beginnt das Sprechspiel: Die Sch gehen mit ihren Karten durch den Raum und tauschen mit anderen Sch die Karten, bis sie fünf Lebensmittel bzw. Küchengeräte aus unterschiedlichen Bereichen haben. Dabei sprechen sich die Sch gegenseitig an: *Ich hätte gern noch einen Salat/etwas Süßes/einen Kuchen. // Könntest du mir etwas für den Grill/einen Nachtisch etc. geben?* Das Spiel ist beendet, wenn alle Sch Karten aus fünf unterschiedlichen Bereichen haben. Achten Sie darauf, dass die Sch sich auch tatsächlich auf Deutsch ansprechen. Schreiben Sie die dafür nötigen Redemittel gegebenenfalls noch einmal an die Tafel.

A7 **Aussprache: Satzakzent und Satzmelodie bei Aufzählungen**

1 Spielen Sie die Sätze vor. Die Sch markieren die Wörter, auf denen der Satzakzent liegt. Fragen Sie: *Wo liegt der Satz-akzent? (Satzakzent bei Aufzählungen liegt auf mehreren Wörtern)*. Anschließend sprechen die Sch nach und unter-stützen den Satzakzent gestisch.

2 Spielen Sie die Sätze noch einmal vor. Die Sch lesen still mit, begleiten den Verlauf der Satzmelodie mit der entsprechen-den Handbewegung und markieren sie mit einem Pfeil nach rechts oder nach unten.

A8 **Sprechen: Ein Klassenfest organisieren**

1 Schreiben Sie *Klassenfest* an die Tafel. Klären Sie die Wortbedeutung, indem Sie die beiden Teile des Kompositums verschiedenfarbig unterstreichen. Fragen Sie: *Wie kann man ein Klassenfest feiern?* Weisen Sie die Sch auf die unter a) erwähnten Möglichkeiten hin, fragen Sie außerdem: *Welche anderen Möglichkeiten gibt es noch? (eine Weihnachtsfeier, ein gemeinsames Frühstück, einen „Deutschen/Österreichischen/Schweizer Abend" ...)*

2 Teilen Sie die Klasse in Gruppen zu vier bis sechs Sch und erklären Sie den Sch, dass sie sich in der Gruppe auf eine Fest-art einigen und einen Einkaufszettel dafür schreiben sollen. Lesen Sie den Einkaufszettel in der Aufgabe vor und weisen Sie auf die Bezeichnungen für Maße im Redemittelkasten hin. Erinnern Sie die Sch auch an den Notizzettel aus A2.

3 Weisen Sie die Gruppen ausdrücklich darauf hin, dass sie die Aufgaben in der Gruppe mündlich aushandeln sollen. Gehen Sie dafür gemeinsam mit den Sch die Redemittel in der Wortschatzhilfe durch. Weisen Sie, um eine angstfreie Sprechat-mosphäre zu schaffen, vor der Sprechübung auf die Lernstrategie hin, übersetzen Sie diese gemeinsam mit den Sch. Die Sch notieren die Strategie im Arbeitsbuch auf S. 163.

leere Zettel

4 Geben Sie jeder Gruppe einen leeren Zettel. Die Sch einigen sich auf eine Festart, schreiben einen Einkaufszettel und planen die Vorbereitung des Festes. Geben Sie dafür ca. 10 Minuten Zeit. Gehen Sie währenddessen herum und geben Sie Hilfestellung.

! Unterrichtsprojekte sind noch spannender und motivierender, wenn es einen realen Bezug zur Wirklichkeit gibt. Lassen Sie also, wenn möglich, ein wirkliches Klassenfest organisieren. Dieses könnte zum Beispiel unter dem Motto *Deutscher Abend, Österreichischer/Schweizer Abend* stehen. Lassen Sie eine Schülergruppe während der Gruppenarbeit überlegen, welche typischen Lebensmittel für einen solchen Abend mitzubringen bzw. zu besorgen wären (z.B. Würstchen, Kartoffelsalat, Schweizer Schokolade, Sachertorte etc.).

Arbeitsbuch: S. 79, Ü11–12; S. 80, Ü13–14

B # Kochen oder nicht kochen?

B1 **Sprachbrücke: Kochen**

Schreiben Sie die Fragen der Aufgabe an die Tafel und halten Sie die Antworten der Sch in Form einer kleinen Statistik an der Tafel fest.

B2 **Globales Lesen: Forumsbeiträge zum Thema „Kochen"**

1 Lenken Sie die Aufmerksamkeit der Sch auf die drei Texte und fragen Sie die Sch nach der Textsorte *(Forumsbeiträge)*. Weisen Sie auf die Illustrationen hin und lassen Sie die Sch Vermutungen zu den Personen äußern.

2 Bitten Sie die Sch, die Sätze a bis c still zu lesen. Klären Sie gegebenenfalls unbekannte Wörter. Fragen Sie: *Was passt zu Lesewurm?* Bitten Sie die Sch, den Text von Lesewurm zu überfliegen. Geben Sie hier den Hinweis, dass die Sch nicht Wort für Wort verstehen müssen, sondern sich auf die Aufgabe konzentrieren sollen. Lassen Sie sich auf Zuruf die Lösung nennen und die Stelle im Text mit Zeilenangabe belegen.

3 Die Sch lesen die anderen beiden Texte in Stillarbeit, ordnen die Aussagen den Namen zu und besprechen ihr Ergebnis mit ihrem Nachbarn. Besprechen Sie die Aufgabe im Plenum und lassen Sie sich die entsprechenden Textstellen als Beleg vorlesen.

! Regen Sie die Sch hin und wieder dazu an, im Internet Forumsbeiträge zu einem Thema zu suchen, das sie sehr interessiert bzw. wo sie sich auskennen. Solche persönlich motivierten Aufgaben steigern die Lesemotivation und schulen den Umgang mit authentischen Texten. Bei Interesse können die Forumsbeiträge in der Klasse präsentiert werden.

B3 **Selektives Lesen: Forumsbeiträge zum Thema „Kochen"**

1 Lesen Sie die erste Aussage vor. Fragen Sie: *Ist das richtig oder falsch?* Die Sch lesen noch einmal den Text und überlegen, ob die Aussage richtig oder falsch ist. Lassen Sie sich die Antwort zurufen und mit Zeilenangabe am Text belegen.

2 Die Sch lesen die Aussagen 2 bis 9 in Stillarbeit. Klären Sie den unbekannten Wortschatz, indem Sie ihn auf Deutsch umschreiben *(fett, vegetarisch, Schweinefleisch)*. Die Sch lesen dann still die Texte und bearbeiten die Aufgabe. Lassen Sie sich zur Ergebniskontrolle die Antwort zurufen und mit Zeilenangabe im Text belegen. Korrigieren Sie gemeinsam mit den Sch die „falschen Aussagen" mithilfe des Textes. Gehen Sie hier auf noch unbekannten Wortschatz ein *(Rindfleisch, Hähnchen ...)*.

Arbeitsbuch: S. 80, Ü15–16

B4 **Wortschatz: Indefinitpronomen**

1 Lesen Sie Aussage 1 vor und weisen sie auf die zur Auswahl stehenden Wörter in der Klammer hin. Bitten Sie die Sch, in den Lesetexten nach dem fehlenden Wort zu suchen und es in der Aussage zu ergänzen. Lassen Sie sich die Lösung zurufen.

2 Die Sch lösen die Aufgabe in Stillarbeit und vergleichen ihre Ergebnisse erst in Partnerarbeit und dann im Plenum. Schreiben Sie die Indefinitpronomen bei der Besprechung an die Tafel und machen Sie durch Pfeile auf Gegensätze aufmerksam.

Sachen	Personen
nichts <=> etwas	jemand <=> niemand
nichts <=> alles	

Arbeitsbuch: S. 81, Ü17–19

B5 **Grammatik: Hauptsatz mit *außerdem***

1 Lesen Sie den Beispielsatz vor und stellen Sie die Frage der Aufgabe. Weisen Sie dann auf die zur Auswahl stehenden Sätze hin. Die Sch lesen die Sätze a und b und überlegen in Partnerarbeit, welcher Satz richtig ist. In der Besprechung im Plenum gibt ein Schülerpaar seine Lösung an. Verweisen Sie zur Erklärung auf den Infospot zur Grammatik.

2 Die Sch lesen still die Sätze 1 bis 3. Lesen Sie die Arbeitsanweisung vor und machen Sie den Beispieleintrag gemeinsam mit den Sch an der Tafel: Bitten Sie einen Sch, Satz 1 vorzulesen. Ein anderer Sch liest den Beispieleintrag in der Tabelle vor und ergänzt ihn. Schreiben Sie den Satz an die Tafel und fragen Sie: *Wo steht „außerdem"? (Position 1), Wo steht das Verb? (Position 2 wie im Hauptsatz)*.

3 Die Sch bearbeiten die restlichen beiden Aufgaben in Stillarbeit und vergleichen ihr Ergebnis dann in Partnerarbeit. Schreiben Sie währenddessen die Sätze 2 und 3 ebenfalls an die Tafel.

4 Bitten Sie einzelne Sch nach vorne und lassen Sie sie die Sätze ergänzen. Bitten Sie die Sch, auch das Verb zu markieren.

Arbeitsbuch: S. 81, Ü20–21;
S. 82, Ü22

B6 **Sprachbrücke: Hauptsatz mit *außerdem***

Schreiben Sie den Beispielsatz an die Tafel und übersetzen Sie den Satz gemeinsam mit den Sch. Lassen Sie auch Übersetzungsvarianten zu. Schreiben Sie die Übersetzungen ebenfalls an die Tafel. In Partnerarbeit suchen die Sch nach Ähnlichkeiten und Unterschieden zwischen den Sprachen. Anschließend werden die Ergebnisse in der Muttersprache formuliert und an dem Beispielsatz an der Tafel belegt.

Kopiervorlage 27/2

Partnerinterview zum Thema „Kochen und Essen": Die Sch arbeiten zu zweit. Jeder Sch erhält eine Vorlage. Die Sch interviewen sich gegenseitig und machen sich Notizen zu den Antworten ihres Partners. Bitten Sie anschließend einzelne Sch, ihren Partner im Plenum vorzustellen.

B7 **Schreiben: Auf einen Forumsbeitrag reagieren**

1 Erklären Sie die Aufgabe, indem Sie auf die Forumsbeiträge aus B2 hinweisen und die Fragen aus Beitrag 1 vorlesen: *Und wie ist es bei euch? Kocht ihr auch zu Hause? Und habt ihr auch so einen Kochplan wie wir?* Betonen Sie, dass die Sch auf die Forumsbeiträge aus B2 antworten sollen.

2 Gehen Sie mit den Sch die Redemittel in der Wortschatzhilfe durch und weisen Sie auf die Stichwörter auf dem Notizzettel als mögliche Antworten hin. Regen Sie die Sch noch dazu an, sich einen sprechenden Namen für ihren Beitrag zu geben, und weisen Sie hierzu auf die Namen in den Forumsbeiträgen aus B2 *(Lesewurm, Alisa22* und *Niko)* hin.

leere Zettel

3 Die Sch schreiben einen Forumsbeitrag. Geben Sie ihnen für die Aufgabe ca. 15 Minuten Zeit. Sammeln Sie die Zettel ein und korrigieren Sie die Texte zu Hause. Teilen Sie in der nächsten Unterrichtsstunde die Texte so aus, dass jeder Sch den Text eines Mitschülers erhält. Einzelne Sch lesen den Forumsbeitrag eines anderen Sch vor, lassen Sie die Klasse raten: *Von wem ist der Beitrag?*

Arbeitsbuch: S. 82, Ü23–24 Aussprache

C Hallo, ich bin dein Kühlschrank!

C1 Sprachbrücke: Assoziation zum „sprechenden Salat"

Die Sch betrachten das Bild. Fragen Sie: *Stellt euch vor, dieser Salat kann sprechen. Was sagt er wohl (zu euch)? Worüber freut er sich? Worüber beschwert er sich vielleicht?* Sollten die Sch keine Ideen haben, stellen Sie weitere Fragen: *Woher kommt der Salat? Wie geht es ihm wohl?* Sammeln Sie die Ideen der Sch in Stichwörtern an der Tafel.

C2 Globales Lesen: Salat Grünovitsch

1 Schreiben Sie die Stichwörter auf dem Notizzettel an die Tafel. Klären Sie gegebenenfalls unbekannte Wörter. Fragen Sie die Sch: *Wie heißt der Salat?* Die Sch lesen den Textanfang, lassen Sie sich die Antwort zurufen und schreiben Sie diese an die Tafel (*Grünovitsch*).
2 Die Sch lesen den Text und ergänzen die Stichwörter, die sie anschließend in Partnerarbeit vergleichen und im Plenum präsentieren. Halten Sie die Ergebnisse an der Tafel fest.

C3 Selektives Lesen: Salat Grünovitsch

Folie des Lesetextes von C2

1 Bitten Sie die Sch, die Sätze 1 bis 6 zu lesen. Erklären Sie die Aufgabe, indem Sie den ersten Satz vorlesen und fragen: *Was ist falsch? Was meint ihr?* Die Sch überfliegen den Text, suchen und nennen die richtige Information. Markieren Sie die richtige Information im Text.
2 Die Sch lesen still den Text und korrigieren die Sätze 2 bis 6. Bitten Sie bei der Ergebniskontrolle einzelne Sch, erst die falschen und dann die korrigierten Sätze vorzulesen, und unterstreichen Sie als Beleg die Textstellen auf der Folie.

C4 Sprachbrücke: Eine Geschichte fortsetzen

Lenken Sie die Aufmerksamkeit der Sch auf das Ende der Geschichte bzw. die drei Pünktchen und erklären Sie: *Die Geschichte ist noch nicht zu Ende. Wie geht sie weiter? Was meint ihr?* Stellen Sie bei Bedarf noch konkretere Fragen, um die Fantasie der Sch anzuregen: *Wie lange bleibt der Salat wohl noch im Kühlschrank? Wie geht es weiter mit seinem Nachbarn? Wird Peter den Salat irgendwann beachten?*

C5 Schreiben: Kreatives Schreiben

1 Sammeln Sie zunächst an der Tafel weitere Produkte, die sich in einem Kühlschrank befinden können.
2 Die Sch finden sich in Paaren zusammen, wählen sich eines der Produkte aus und schreiben Name, Herkunft und Wohnort dazu.
3 Erklären Sie den Sch, dass sie nun in einem weiteren Schritt Ideen für ihre Geschichte sammeln sollen. Lesen Sie die Aspekte auf dem Notizzettel vor und sammeln Sie im Plenum bei Unklarheiten noch ein paar Aspekte: *Familie, Freunde, …*

leere Zettel

4 Die Sch sollen nun ihre Ideen ausformulieren. Lesen Sie als Beispiel für einen möglichen Textanfang den Notizzettel vor. Gehen Sie herum und helfen Sie bei Bedarf. Weisen Sie zur Motivation auf die Lernstrategie hin, übersetzen Sie diese gemeinsam mit den Sch. Die Sch notieren die Strategie im Arbeitsbuch auf S. 163. Sammeln Sie die Geschichten ein und korrigieren Sie sie zu Hause.
5 Teilen Sie die Geschichten in der nächsten Unterrichtsstunde aus, damit die Sch Ihre Korrekturen sehen können. Lassen Sie freiwillige Sch ihre Geschichten vorlesen und bitten Sie die Sch, ihre Geschichten im Klassenraum aufzuhängen.

Arbeitsbuch: S. 83, Selbstkontrolle

Arbeitsbuch: S. 84–87, Plateauseiten Lektionen 25–27

A Landei oder Stadtkind?

A1 Sprachbrücke: Stadt – Land

1 Schreiben Sie auf die eine Seite der Tafel *das Land* und auf die andere Seite *die Stadt*. Fragen Sie: *Was bedeutet Stadt für euch? Was Land?* Regen Sie die Sch dazu an, frei zu assoziieren. Die Sch notieren sich in der Muttersprache Stichwörter, die ihnen einfallen. Sammeln Sie sie an der Tafel.

2 Die Sch öffnen die Bücher, schauen sich die Fotos an und lesen die Bildunterschriften. Fragen Sie: *Was versteht ihr?* Regen Sie zu einem Vergleich mit den Assoziationen in Schritt 1 an. Fragen Sie weiter: *Welche Fotos gefallen euch?* Die Sch begründen ihre Meinung. Sollten Fotos ungenannt bleiben, so rufen Sie diese auf und fragen: *Was gefällt euch daran nicht?*

3 Schreiben Sie an die Tafel *Stadt* sowie *Land* und ergänzen Sie die Wörter mit *-kind* und *-ei*. Fragen Sie: *Was bedeuten diese Wörter?* Sammeln Sie die Ideen der Sch an der Tafel, regen Sie gegebenenfalls durch weitere Fragen an: *Was meint ihr? Wen nennt man ein Stadtkind bzw. ein Landei?* Die Sch versuchen, die Personentypen zu beschreiben. Lenken Sie die Sch, indem Sie fragen: *Was meint ihr? Ist das positiv oder negativ, wenn man eine Person als Stadtkind oder Landei bezeichnet?* Arbeiten Sie die pejorative Bedeutung heraus, übersetzen sie gegebenenfalls in die Muttersprache.

Arbeitsbuch: S. 88, Ü1

A2 Wortschatz: Stadt oder Land, Komparativ

1 Die Sch lesen die Fragen 1 bis 4 und markieren die Schlüsselwörter *(arbeiten, Spaß haben, schmecken, wohnen)*. Mithilfe dieser Schlüsselwörter und den Bildunterschriften überlegen sich die Sch, welche Bilder aus A1 sie dem Land oder der Stadt zuordnen würden. Schreiben Sie die Fragen an die Tafel. Notieren Sie bei der Besprechung der Lösung auf Zuruf die Buchstaben entweder bei Stadt oder bei Land.

2 Unterstreichen Sie in der ersten Frage ... *härter*, schreiben Sie die Grundform *(hart)* daneben. Verwenden Sie dabei die Symbole aus der Infobox zur Grammatik *(+/++)*. Klären Sie die Bedeutung, indem Sie behaupten: *Auf dem Land arbeiten die Leute härter, in der Stadt arbeiten sie nicht so hart.* Lassen Sie die Sch darüber abstimmen. Sollte es noch Unklarheiten geben, dann machen Sie ein einfaches Beispiel mit zwei unterschiedlich großen Sch und fragen Sie: *Wer ist größer?*

3 Verfahren Sie mit den weiteren Fragen ebenso wie in Schritt 2.

Arbeitsbuch: S. 88, Ü2

A3 Globales Hören: Radiosendung

1 Die Sch lesen die Sätze 1 und 2. Klären Sie gegebenenfalls unbekannten Wortschatz. Die Sch hören dann den Anfang des Textes und lösen dabei die Aufgaben.

2 Besprechen Sie die Ergebnisse im Plenum und klären Sie den neuen Wortschatz *auf dem Land*, indem Sie *in der Stadt* bei dem jeweiligen Vornamen ergänzen. Verfahren Sie ebenso mit *Landei* und *Stadtkind*.

A4 Selektives Hören: Radiosendung

1 Bitten Sie die Sch, sich die Teilsätze 1 bis 9 sowie anschließend a bis i durchzulesen. Klären Sie den unbekannten Wortschatz *(Wohngemeinschaft, Hof, Bäckerei, Schmutz, Felder, Wiesen, Paradies)*, indem sie auf das Vorwissen der Sch, den Kontext und die Bilder in A1 zurückgreifen.

2 Die Sch hören die erste Frage und Stefanies Antwort. Machen Sie die erste Zuordnung gemeinsam mit den Sch. Die Sch hören dann den Text und lösen die Aufgabe. Anschließend vergleichen sie die Ergebnisse zunächst mit denen ihres Nachbarn.

3 Bei der Besprechung im Plenum sollen die Sch jeweils sagen, ob der Satz zum *Landei* oder zum *Stadtkind* passt.

Arbeitsbuch: S. 88, Ü3–4

A5 Grammatik: Komparativ mit *als* und Vergleich mit *wie*

1 Lesen Sie den ersten Satz vor und fragen Sie: *Was passt: als oder wie?* Sollten die Sch Schwierigkeiten bei der Antwort haben, dann spielen Sie noch einmal den Hörtext vor. Klären Sie gegebenenfalls auch die spezielle Bedeutung von *klar*: *Luft kann klar sein, sie ist also sauber* und *eine Antwort kann klar sein, d. h. im übertragenen Sinn einfach.*

2 Die Sch lesen sich die weiteren Sätze durch, hören u. U. den Hörtext noch einmal und lösen die Aufgaben selbstständig. Lassen Sie zur Kontrolle die Sätze von einzelnen Sch im Plenum vorlesen.

3 Verweisen Sie auf den Infospot zur Grammatik. Bitten Sie bei Unklarheiten zwei gleich große Sch und einen größeren Sch an die Tafel. Schreiben Sie ... *ist so groß wie* ... und ... *ist größer als* ... an die Tafel. Arbeiten Sie auch mit den Symbolen (= oder ≠) aus der Infobox zur Grammatik. Stellen Sie sich dann neben den größeren Sch und fragen Sie: *Bin ich größer oder kleiner als er oder so groß wie er?* Unterstreichen Sie ...*-er als* und *so ... wie.*

Arbeitsbuch: S. 88, Ü5

A6 Sprachbrücke: Komparativ mit *als* und Vergleich mit *wie*

1 Lesen Sie die Arbeitsanweisung vor und bitten Sie die Sch, die Aufgabe in Partnerarbeit zu lösen. Schreiben Sie währenddessen die beiden Sätze an die Tafel. Lassen Sie Platz für Übersetzungen und Anmerkungen.
2 Lassen Sie mehrere Übersetzungen vorlesen und thematisieren Sie die Unterschiede. Fokussieren Sie Ähnlichkeiten und Unterschiede bei den Phänomenen, indem sie diese an der Tafel notieren.

A7 Grammatik: Komparativ mit *als* und Vergleich mit *wie*

1 Klären Sie zunächst die Textsorte und wer die Texte geschrieben hat *(Gästebuch zu Top oder Flop = Radiosendung, Hörer können ihre Meinung zum Thema im Internet äußern).*
2 Die Sch lesen die ersten drei Sätze mit Ergänzungen. Klären Sie mögliche Fragen und erläutern Sie, dass entweder der Komparativ oder der Vergleich ergänzt werden muss. Füllen Sie die folgende Lücke gemeinsam aus.
3 Die Sch lösen den Rest der Aufgabe in Stillarbeit. Lassen Sie die Sätze zur Kontrolle vorlesen.

Kopiervorlage 28/1, Scheren, Würfel

Partnerspiel zum Komparativ: Die Sch finden sich in Paaren zusammen. Jedes Schülerpaar erhält eine Kopie der Vorlage und einen Würfel. Die Satzkarten werden ausgeschnitten und auf einen Stapel gelegt. Ein Sch beginnt. Er würfelt, zieht eine Karte und liest den Satz vor, ohne dem Partner die Karte zu zeigen. Der andere Sch überlegt sich, womit er die Aussage vergleichen könnte. Dann formt er den Satz um: bei gerader Augenzahl im Komparativ, bei ungerader Augenzahl mit *genauso ... wie.* Dann ist er an der Reihe, würfelt und zieht eine Karte und der andere Schüler formt den Satz um. Bei schwächeren Schülerpaaren können die Karten offen auf dem Tisch liegen, damit die Sätze auch für den antwortenden Sch lesbar sind.

Arbeitsbuch: S. 89, Ü6–7

A8 Schreiben: Seine Meinung schriftlich äußern

1 Stimmen Sie die Sch auf die Situation ein: *Ihr habt die Radiosendung gehört und möchtet eure Meinung dazu ins Gästebuch eintragen.*
2 Gehen Sie mit den Sch die Redemittel durch. Bilden Sie beispielhaft zwei Sätze: *Ich finde das Leben auf dem Land besser, weil man dort mehr Platz hat. Ich möchte lieber in der Stadt leben, weil meine Familie in der Stadt lebt.* Bitten Sie je einen guten Sch, einen weiteren Beispielsatz zu bilden.
3 In schwächeren Gruppen können Sie die Argumente für oder gegen die Stadt bzw. das Land noch einmal gemeinsam sammeln. Schreiben Sie *in der Stadt* und *auf dem Land* als Wortigel an die Tafel und fragen Sie: *Wo wollt ihr lieber leben? Warum?* Sammeln Sie die Beiträge beim jeweiligen Wortigel.
4 Jeder Sch sammelt mithilfe der Wortigel oder für sich noch einmal die Argumente in Stichwörtern und formuliert dann diese mithilfe der Redemittel zu einem Text.
5 Sammeln Sie die Beiträge ein und korrigieren Sie sie. Freiwillige Sch können ihre Beiträge im Plenum vorlesen.

! Besprechen Sie typische Fehler im Plenum, indem Sie einen Beitrag mit typischen Fehlern zusammenstellen und Sie diesen zur Korrektur an die Sch verteilen. Geben Sie die Anzahl der Fehler bekannt und lassen Sie den Beitrag in Partnerarbeit von den Sch korrigieren. So werden typische Fehler im Plenum besprochen und nicht individuell.

Arbeitsbuch: S. 89, Ü8–9

B Wir Provinzkinder

B1 Sprachbrücke: Provinzkinder

1 Die Sch schauen sich den Text an. Klären Sie in der Muttersprache die Textsorte mithilfe der Merkmale *(Artikel in einer Zeitschrift, Foto, Einleitung, Bildunterschriften).*
2 In Stillarbeit lesen die Sch den Titel, die Zeilen 1 bis 4, schauen sich die Bilder an und lesen die Bildunterschriften. Schreiben Sie *Provinzkinder* als Wortigel an die Tafel, verweisen Sie auf die Einleitung und fragen Sie: *Wo leben die Provinzkinder? (auf dem Land, in Dörfern, Kleinstädten).* Die Sch äußern in der Muttersprache Vermutungen über die Bedeutung. Lassen Sie das Wort in die Muttersprache übersetzen. Arbeiten Sie auch an dieser Stelle die pejorative Bedeutung des Wortes heraus (vgl. dazu A1). Die Sch stellen weitere Vermutungen darüber an, worüber die Jugendlichen berichten.

B2 **Selektives Lesen: Wir Provinzkinder**

1 Die Sch lesen die Arbeitsanweisung. Schreiben Sie die erste Aussage als Frage an die Tafel: *Wer möchte Bürokauffrau werden?* und bitten Sie die Sch, das Schlüsselwort *Bürokauffrau* im Text zu suchen und die Frage zu beantworten. Weisen Sie darauf hin, dass es nicht darum geht, die Texte im Detail zu verstehen, sondern sich auf die Aufgabe bzw. die Schlüsselwörter zu konzentrieren.

2 Die Sch lesen die weiteren Sätze, markieren die Schlüsselwörter und lesen in Stillarbeit die Texte. Sie lösen die Aufgabe und markieren sich die Belegstellen im Text.

Folie des Lesetextes von B1

3 Bilden Sie eine Redekette. Fragen Sie einen Sch: *Wer macht eine Ausbildung zum Automechaniker?* Der Sch antwortet und nennt die Belegstelle. Danach stellt der Sch die nächste Frage und richtet sie an einen Sch seiner Wahl usw. Unterstreichen Sie die Belegstellen und notieren Sie zur Kontrolle die Lösungen an der Tafel (1 = D, 2 = M ...).

4 Lenken Sie die Aufmerksamkeit auf die Zeitangaben, indem Sie fragen: *Wann fährt Diana in die Disco? (am Wochenende)*. Die Sch suchen in den Sätzen von B2 nach Zeitausdrücken, markieren und notieren sich diese. Sammeln Sie die Ausdrücke an der Tafel *(montags, mittwochs, abends, am Wochenende)*. Verweisen Sie auf den Infospot zur Grammatik.

Arbeitsbuch: S. 90, Ü10–13

B3 **Grammatik: Superlativ**

1 Lesen Sie den Beispielsatz vor. Fragen Sie nach der Belegstelle im Text und lassen Sie diese vorlesen. Lesen Sie die zweite Frage vor und bitten Sie beispielhaft um eine Antwort.

2 Die Sch lösen die Aufgabe und vergleichen ihre Ergebnisse mit denen ihres Nachbarn. Schreiben Sie unterdessen die Fragen an die Tafel. Klären Sie Unklarheiten im Plenum.

3 Unterstreichen Sie in den Fragen die Superlativformen. Fragen Sie nach dem Komparativ und der Grundform. Sammeln Sie diese mit den entsprechenden Symbolen (+ / ++ / +++) an der Tafel.

4 Lesen Sie die Lernstrategie vor und übersetzen Sie diese mit den Sch in die Muttersprache. Die Sch notieren sich die Strategie im Arbeitsbuch auf S. 163.

Arbeitsbuch: S. 91, Ü14

B4 **Grammatik: Superlativ**

1 Klären Sie mit den Sch die Textsorte „Leserbrief" *(Leser einer Zeitung/Zeitschrift äußern sich schriftlich zu einem Artikel und senden ihre Meinung an die Redaktion, diese wiederum druckt den Leserbrief in der Zeitschrift ab.).*

2 Verweisen Sie auf den Infospot von B3 und fordern Sie die Sch auf, die Superlative in den Leserbriefen zu ergänzen.

3 Besprechen Sie die Lösung im Plenum. Sichern Sie das Textverstehen durch Fragen wie: *Wie hat Petra der Artikel gefallen? Was findet Petra in Ducherow am schlimmsten?* Etc.

Arbeitsbuch: S. 91, Ü15-17; S. 92, Ü18

Kopiervorlage 28/2, Spielfiguren, Würfel

Leiterspiel zum Superlativ: Bilden Sie Gruppen von drei bis vier Sch und kopieren Sie für jede Gruppe die Spielvorlage. Jede Gruppe erhält außerdem einen Würfel und jeder Mitspieler eine Spielfigur. Alle Spielfiguren werden auf das Startfeld gestellt. Ein Sch würfelt und zieht mit seiner Figur entsprechend der gewürfelten Augenzahl vorwärts. Kommt er auf ein Aufgabenfeld, liest er den Lückensatz, der auf dem Feld steht, vor und ergänzt das passende Adjektiv/Adverb aus dem Schüttelkasten im Superlativ (z. B. *am liebsten*). Ist der Satz sowohl lexikalisch als auch grammatisch korrekt, darf der Sch auf dem Spielfeld stehen bleiben; wenn nicht, muss er auf sein Ausgangsfeld zurück. Kommt der Spieler zum Fuß einer Leiter, darf er sie, wenn er einen korrekten Superlativsatz gebildet hat, hinaufsteigen, ansonsten muss er auf dem Feld stehen bleiben. Kommt ein Spieler zum Kopf einer Leiter, darf er stehen bleiben, wenn er einen korrekten Satz gebildet hat. Ist der Satz falsch, muss er die Leiter hinuntersteigen. Die anderen Sch der Gruppe sind Schiedsrichter. In Zweifelsfällen entscheidet der Lehrer. Gespielt wird so lange, bis der erste Spieler das Zielfeld erreicht.

B5 **Aussprache: Satzakzent bei Gegensätzen**

1 Spielen Sie die Frage-Antwort-Paare vor. Die Sch lesen still mit. Unterstützen Sie den Satzakzent durch die entsprechende Geste und fordern Sie die Sch auf, diese nachzuahmen. Die Sch markieren den Satzakzent.

2 Bitten Sie einen guten Sch, die Wörter vorzulesen, die er markiert hat. Fragen Sie die Sch: *Was fällt euch auf?* Falls die Sch keine Idee haben, schreiben Sie *allein* und *mit ihrer Freundin* an die Tafel und verbinden Sie die beiden Ausdrücke mit einem Gegensatzpfeil. Lenken Sie die Aufmerksamkeit der Sch auf die Lernstrategie, lesen Sie diese vor und bitten Sie die Sch, sie zu übersetzen und im Arbeitsbuch auf S. 163 einzutragen.

3 Beim zweiten Hören sprechen die Sch nach.

B6 Sprachbrücke: Vorlieben äußern und nach Vorlieben fragen

leere Zettel

1 Erklären Sie den Sch, dass sie sich nun in Partnerarbeit interviewen sollen. Dafür sammelt jeder Sch zunächst Fragen auf einem Zettel. Verweisen Sie auf den Notizzettel bei a). Gehen Sie herum und geben Sie Anregungen. Jeder Sch sollte mindestens 5 Fragen sammeln.

2 Erläutern Sie, dass die Interviewer die Antworten ihres Partners auf demselben Zettel festhalten und dessen Namen darauf notieren sollen. Die Sch interviewen sich nun gegenseitig.

3 Sammeln Sie die Antworten ein und verteilen Sie diese wieder. Ein Sch beginnt und liest vor. Die anderen müssen raten, um welchen Sch es sich handelt. Wer glaubt, jemanden erkannt zu haben, nennt den Namen. Stimmt dieser nicht, so wird weitergelesen. Wird jemand nicht erraten, so verrät der Vorleser den Namen. Wer erraten wurde, liest als Nächstes vor.

Arbeitsbuch: S. 92, Ü19–20 Aussprache

C Anders wohnen in der Stadt

C1 Sprachbrücke: Moderne Wohnformen

1 Die Sch betrachten die Bilder und antworten ganz spontan auf die Fragen: *Wer wohnt da? Warum?* Sammeln Sie die Ideen an der Tafel.

2 Die Sch fragen sich dann gegenseitig: *Und wo möchtest du wohnen? Warum? Was gefällt dir? Was nicht?* Einige Sch stellen die Antworten ihres Partners im Plenum kurz vor.

C2 Globales Lesen: Moderne Wohnformen

1 Die Sch betrachten noch einmal die Fotos. Fragen Sie: *Welches Foto passt zum Text?* Die Sch lesen still Text 1. Weisen Sie die Sch darauf hin, dass sie sich auf die Aufgabe konzentrieren und sich die Schlüsselwörter im Text markieren (*Halle, Box*) sollen.

2 Die Sch lesen die anderen Texte, markieren die Schlüsselwörter und ordnen sie den Fotos zu. Vergleichen Sie im Plenum und lassen Sie sich die Schlüsselwörter sagen.

C3 Selektives Lesen: Moderne Wohnformen

Folie der Lesetexte von C2

1 Die Sch lesen die Fragen. Betonen Sie, dass in den Texten nur die Antworten auf die Fragen gesucht werden müssen. Bitten Sie die Sch, den ersten Text zu lesen und sich die Belegstelle für die Antwort zu markieren. Ein Sch beantwortet die Fragen, markiert die Stelle auf der Folie und schreibt die Nummer der beantworteten Frage an den Rand.

2 Die beiden anderen Texte lösen die Sch in Einzelarbeit, indem sie die Belegstellen notieren und die Fragen beantworten. Dann tauschen sich die Sch über ihre Ergebnisse mit dem Nachbarn aus. Tragen Sie die Antworten wie in 1 zusammen und lassen Sie die Belegstellen auf der Folie markieren.

C4 Schreiben: Einen Text über eigene Vorlieben schreiben

1 Bei dieser Schreibaufgabe geht es darum, dass die Sch sich in die Zukunft versetzen und sich vorstellen sollen, wo und wie sie später – also als Student (*Als Student ...)*, als Familie (*Mit meinen Kindern möchte ich ...*), als alter Mensch (*Als Oma/Opa möchte ich ...*) oder in einem bestimmten Alter (*Mit 18 möchte ich ...*) etc. – wohnen wollen. Die Sch können mehrere Zukunftssituationen für sich wählen oder sich für eine entscheiden. Geben Sie eine bestimmte Textlänge vor (mindestens 50 Wörter).

2 Sammeln Sie die Beiträge ein und korrigieren Sie sie. Stellen Sie für die Präsentation im Plenum die Beiträge nach Zukunftssituation zusammen und lassen Sie freiwillige Sch ihre Beiträge im Plenum vorlesen.

Arbeitsbuch: S.93, Selbstkontrolle

Lektion 29: Umwelt

A Klima extrem!

A1 Sprachbrücke: Klimakatastrophen und Konsequenzen

1 Die Sch halten ihre Bücher geschlossen. Schreiben Sie *Klima extrem* an die Tafel, übersetzen Sie den Begriff gegebenenfalls gemeinsam in die Muttersprache der Sch und machen Sie den Sch auf diese Weise Ähnlichkeiten und Unterschiede zwischen den Sprachen bewusst. Sammeln Sie in der Muttersprache Vermutungen und Ideen zu dem Begriff.

2 Die Sch schlagen die Bücher auf und schauen sich die Fotos an. Schreiben Sie das Wort *Katastrophe* unter *Klima extrem* an die Tafel. Fragen Sie die Sch: *Was passiert auf den Fotos?* Die Sch benennen und beschreiben die abgebildeten Katastrophen. Sammeln Sie an der Tafel: Schreiben Sie die Namen der Katastrophen in der Muttersprache um den zentralen Begriff. Fragen Sie dann die Sch nach den Konsequenzen und auch über mögliche eigene Erfahrungen. Schreiben Sie die genannten Konsequenzen ebenfalls in der Muttersprache an die Tafel, jeweils gruppiert um die einzelnen Katastrophen.

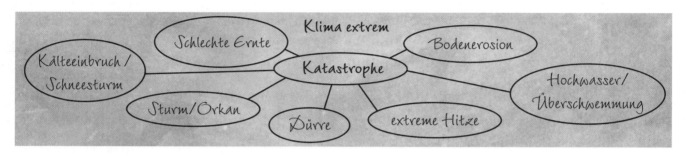

Klima extrem

Schlechte Ernte — Katastrophe — Bodenerosion

Kälteeinbruch / Schneesturm

Sturm/Orkan — Dürre — extreme Hitze — Hochwasser/ Überschwemmung

3 Schreiben Sie als weiteren zentralen Begriff *Umwelt* oben an die Tafel, lassen Sie sich den Begriff von den Sch erklären und übersetzen Sie ihn gegebenenfalls.

A2 Wortschatz: Klimakatastrophen

vier Wortkarten, Blu Tack/Klebeband

1 Schreiben Sie jeden der vier Begriffe auf eine Wortkarte und hängen Sie die Wortkarten in ungeordneter Reihenfolge unten an die Tafel. Lesen Sie die Begriffe vor und fragen Sie: *Welcher Begriff passt zu welchem Foto?* Ordnen Sie *Hochwasser* gemeinsam mit den Sch zu, indem Sie fragen, welchen Wortbestandteil die Sch kennen *(Wasser)*. Lassen Sie sich die Lösung zurufen. Hängen Sie nun die Wortkarte an der Tafel zum passenden muttersprachlichen Begriff.

2 Die Sch erschließen sich die weiteren neuen Wörter über ihnen bekannte Wortbildungsverfahren und Kenntnisse aus anderen Sprachen und ordnen die restlichen drei Bilder in Partnerarbeit zu. Fragen Sie bei der Besprechung im Plenum nach dem Lösungsweg. Bitten Sie einen Sch, die Wortkarten jeweils zum entsprechenden muttersprachlichen Begriff zu hängen.

A3 Hören: Katastrophennachrichten

1 Die Sch schauen sich die Fotos an und lesen still die Bildunterschriften. Erklären Sie unbekannte Wörter im Rückgriff auf die Fotos *(die Verspätung, der Baum, die Autobahn, schließen/geschlossen, Strom, der Boden, trocken)*.

2 Erklären Sie die Aufgabe, indem Sie die erste Nachricht gemeinsam hören und fragen: *Welche zwei Fotos passen zu der Nachricht?* Lassen Sie sich die Lösung zurufen. Anschließend hören die Sch die Nachrichten 2 bis 4. Lassen Sie ihnen nach jeder Nachricht kurz Zeit, die passenden zwei Fotos zuzuordnen.

3 Bitten Sie bei der Besprechung einzelne Sch, die Nummer der Nachricht zu nennen und die entsprechenden Bildunterschriften vorzulesen.

Arbeitsbuch: S. 94, Ü1–3

A4 Wortschatz: Wetterkarten lesen

Europakarte

1 Die Sch schauen sich die Wetterkarten an und lesen die Bildunterschriften. Fragen Sie: *Wo ist das? (in Ostdeutschland, in Südspanien etc.)* Bitten Sie einen Sch nach vorn und lassen Sie das jeweilige Land auf der Europakarte suchen. Lenken Sie die Aufmerksamkeit der Sch auf die Symbole auf den Karten im Buch, indem Sie fragen: *Welche Symbole seht ihr?*

2 Erarbeiten Sie die Redemittel in der Wortschatzhilfe gemeinsam mit den Sch. Erklären Sie unbekannten Wortschatz und greifen Sie auf bereits bekannten Wortschatz zurück (Band 1, Lektion 18, S 109: *Es ist warm/kalt. Es regnet/scheint die Sonne.*).

3 Deuten Sie nun auf die erste Karte und fragen Sie: *Wie ist das Wetter in Ostdeutschland ein Jahr nach dem Hochwasser?* Zeigen Sie auf die Sprechblase und fordern Sie einen guten Sch auf zu antworten, indem er den Beispielsatz vorliest. Schreiben Sie die Frage und die Antwort an die Tafel. Ermuntern Sie den Sch, das Wetter noch mehr zu beschreiben *(Es ist heiß.)* und ergänzen Sie die Antwort an der Tafel.

4 Fragen Sie weiter: *Wie ist das Wetter in Südspanien ...?* Lassen Sie die Frage im Plenum ergänzen, verweisen Sie auf die Bezeichnungen der Katastrophen an der Tafel. Schreiben Sie die ergänzte Frage ebenfalls an die Tafel. Die Sch arbeiten dann in Partnerarbeit weiter. Gehen Sie herum und helfen Sie bei Bedarf.

5 Verweisen Sie bei der Besprechung im Plenum noch einmal auf die *es*-Konstruktion zur Beschreibung des Wetters im Deutschen.

Kopiervorlage 29/1, Scheren

Wetter-Memory®: Jeder Sch sucht sich einen Partner. Jedes Schülerpaar erhält eine Kopie der Vorlage. Die Sch schauen sich die Illustrationen an. Lesen Sie das Beispiel *(Es ist warm.)* vor und bitten Sie die Sch, die anderen leeren Karten in Partnerarbeit zu beschriften. In einem zweiten Schritt schneiden die Sch die Kärtchen aus, mischen sie und legen sie verdeckt vor sich auf den Tisch. Lassen Sie ein bis zwei Runden Memory® spielen.

Arbeitsbuch: S. 94, Ü4

A5 **Sprachbrücke: Das Wetter beschreiben**

1 Zeichnen Sie eine zweispaltige Tabelle an die Tafel und schreiben Sie Satz 1 in die linke Spalte. Lesen Sie danach die Lernstrategie vor und übersetzen Sie diese mit den Sch in die Muttersprache. Die Sch notieren sich die Strategie im Arbeitsbuch auf S. 163. Bitten Sie dann einen Sch, den ersten Satz an der Tafel zu übersetzen. Fragen Sie nach Ähnlichkeiten und Unterschieden und markieren Sie diese im deutschen Satz und in der Übersetzung.

Deutsch	meine Sprache
Es ist warm.	. . .
. . .	. . .

2 Die Sch übersetzen die restlichen Sätze in Stillarbeit. Schreiben Sie währenddessen auch die anderen Sätze in die Tabelle. Strukturieren Sie die Tabelle, indem Sie zunächst die weiteren Sätze mit einer *es*-Konstruktion (Satz 3 und 4) anschreiben und dann die Sätze 2 und 5. Bilden Sie Gruppen von drei bis vier Sch und geben Sie den Sch die Gelegenheit, ihre Übersetzungen in der Gruppe zu vergleichen und sich über Ähnlichkeiten und Unterschiede auszutauschen.

3 Fordern Sie einzelne Gruppen auf, ihre Übersetzung sowie die Ergebnisse des Vergleichs vorzustellen. Stellen Sie diese zur Diskussion und ergänzen Sie die Tabelle.

Arbeitsbuch: S. 95, Ü5–6

A6 **Sprechen: Über das Wetter reden**

Folie und Kopien der Karten A und B

1 Decken Sie Karte B auf der Folie zunächst ab und präsentieren Sie nur Karte A. Fragen Sie die Sch: *Was ist das für eine Karte? (Europakarte), Welche Länder seht ihr?* Zeigen Sie auf die Länder, die genannt werden. Falls die Sch mit der Antwort Schwierigkeiten haben, können Sie anhand einer Europakarte (wie bei A4) die geografische Lage der Länder mit den Sch durchgehen.

2 Fragen Sie: *Welche Länder liegen im Norden/Osten/Westen/Süden?* Schreiben Sie die Himmelsrichtungen zur grafischen Unterstützung wie im Redemittelkasten an die Tafel und fügen Sie die genannten Ländernamen hinzu. Erinnern Sie die Sch an A1 und A4 und fragen Sie: *Wo liegt Ostdeutschland?* Lassen Sie das Kompositum umschreiben = *im Osten von Deutschland.*

3 Decken Sie auf der Folie auch die Karte B auf. Fragen Sie: *Welche Unterschiede gibt es auf Karte A und Karte B?* (Wettersymbole und leere Kästchen).

4 Erklären Sie die Aufgabe mithilfe des bereits eingezeichneten Wettersymbols auf der Karte A. Sprechen Sie mit einem guten Sch den Beispieldialog vor, markieren Sie auf der Folie in der Karte A die Sonne in Westdeutschland.

5 Lesen Sie die Lernstrategie vor und übersetzen Sie diese mit den Sch in die Muttersprache. Die Sch notieren sich die Strategie im Arbeitsbuch auf S. 163. Lassen Sie die Redemittel noch einmal vorlesen.

6 Immer zwei Sch erhalten eine A- und eine B-Karte und fragen sich gegenseitig nach den fehlenden Informationen auf ihrer Karte. Gehen Sie herum und geben Sie, falls nötig, Hilfestellung.

Kopien der Karten

7 **Zusatzaktivität:** Schnelle Sch können die Übung erweitern, indem ein Sch zuerst ein Wettersymbol auf der Karte seines Partners in ein beliebiges Land einzeichnet und anschließend der Partner den Wetterzustand benennt. *(Es regnet im Westen von Polen. Im Osten von Ungarn schneit es. ...)* Anschließend zeichnet dieser Sch ein Symbol ein und der andere versprachlicht das Symbol.

Arbeitsbuch: S. 95, Ü7 – 9

B   Grüne Tipps

B1   Sprachbrücke: Der internationale Umwelttag

1 Die Sch überfliegen die Meldung. Fragen Sie: *Was ist ein Umwelttag?* und lassen Sie die Sch Vermutungen über die Bedeutung des Begriffs äußern.
2 Die Sch schauen sich die Poster an. Lenken Sie die Aufmerksamkeit der Sch auf die Illustrationen. Fragen Sie: *Was sind grüne Tipps?* und lassen Sie die Sch auch bei diesem Begriff überlegen, was gemeint ist.
3 Regen Sie in der Muttersprache eine kleine Diskussion zum Thema Umwelt an, indem Sie fragen: *Welche Bedeutung hat der Umwelttag in unserem Land? Warum (nicht)? Welche konkreten Maßnahmen für die Umwelt kennt ihr?*

B2   Globales Lesen: Der Umwelttag und seine Themen

Folie der Meldung von B1

1 Lesen Sie die erste Frage von Aufgabe a) vor. Bitten Sie die Sch, das Fragewort zu markieren und anschließend die Meldung zu lesen. Lassen Sie sich die Lösung zurufen und die Belegstelle in der Meldung nennen. Markieren Sie die Stelle auf der Folie und schreiben Sie das Fragewort neben die entsprechende Zeile.
2 Die Sch markieren die Fragewörter und suchen die Antworten in der Meldung. Besprechen Sie im Plenum die Lösungen, indem Sie wiederum die Belegstelle auf der Folie markieren und das Fragewort neben der entsprechenden Zeile notieren.
3 Bitten Sie die Sch, in der Meldung nach Komposita mit dem Bestimmungswort *Umwelt* zu suchen. Sammeln Sie diese an der Tafel *(Umwelttag, Umweltfreunde, Umweltschutz ...)* und ergänzen Sie mögliche Übersetzungen in der Muttersprache.
4 Die Sch lesen die Themen a bis h. Erklären Sie die Aufgabe, indem Sie auf das Poster 1 verweisen, die Sch das passende Thema nennen und anhand des Posters belegen lassen. Weisen Sie die Sch darauf hin, dass es nicht zu jedem Thema ein Poster gibt.
5 Die Sch schauen sich in Partnerarbeit die weiteren Poster an und ordnen die passenden Themen zu. Besprechen Sie anschließend im Plenum die Zuordnung, indem Sie sich die entsprechenden Buchstaben-Zahlen-Kombinationen angeben und gegebenenfalls anhand der Postertexte belegen lassen.

B3   Selektives Lesen: Tipps für den Umweltschutz

1 Lenken Sie die Aufmerksamkeit der Sch auf das erste Poster. Erklären Sie die Aufgabe, indem Sie zu Poster 1 die beiden Möglichkeiten a und b vorlesen, gegebenenfalls unbekannten Wortschatz klären und dann fragen: *Was ist besser, a oder b?* Lassen Sie sich die Antwort nennen. Fragen Sie weiter: *Warum ist a besser für die Umwelt?*, lesen Sie die Begründung vor und lassen Sie diese auf dem Poster suchen.
2 Machen Sie auch Beispiel 2 gemeinsam mit den Sch. Gehen Sie vor wie bei Schritt 1. Bitten Sie anschließend einen Sch beispielhaft um die richtige Antwort und suchen Sie gemeinsam mit den Sch auf dem Poster die Information. Helfen Sie den Sch, die Begründung für ihre Auswahl zu formulieren.
3 Die Sch lesen die weiteren Aufgabensätze in Stillarbeit. Erklären Sie unbekannten Wortschatz im Rückgriff auf die Illustrationen. Danach bearbeiten die Sch die Aufgabe in Stillarbeit und vergleichen anschließend ihre Ergebnisse mit denen ihres Nachbarn.
4 Schließen Sie mit einer Wortschatzarbeit, indem Sie bei jedem Poster nach unbekannten Wörtern fragen und die Sch auffordern, diese im Rückgriff auf die Illustrationen oder aus dem Kontext zu erklären.

Arbeitsbuch: S. 96, Ü10–12

B4 **Grammatik: Nebensatz mit** *wenn*

Folie von B4

1 Lesen Sie den Nebensatz der Aufgabe 1 vor und fragen Sie: *Welche Satzergänzung passt dazu?* Lesen Sie den Satz mit der richtigen Zuordnung vor und veranschaulichen Sie die Zuordnung durch einen entsprechenden Pfeil auf der Folie.
2 Die Sch lösen die Aufgabe in Stillarbeit und vergleichen ihre Lösungen zunächst mit denen ihres Partners und anschließend im Plenum, indem sie die kompletten Sätze vorlesen. Markieren Sie die Zuordnungen auf der Folie. Lesen Sie gemeinsam mit den Sch die Infobox zur Grammatik.

B5 **Grammatik: Nebensatz mit** *wenn*

1 Lenken Sie die Aufmerksamkeit der Sch auf die beiden Beispielsätze von Aufgabenteil a). Lassen Sie den ersten Satz vorlesen und anschließend den zweiten Satz auf Zuruf ergänzen. Fragen Sie: *Was ist der Unterschied zwischen den beiden Sätzen?* (1. Satz: *der Hauptsatz kommt vor dem Nebensatz*, 2. Satz: *der Nebensatz kommt vor dem Hauptsatz*). Weisen Sie darauf hin, dass die Konjunktion *dann* im Hauptsatz auch entfallen kann.

Folie von B4

2 Gehen Sie die Sätze von B4 der Reihe nach durch, lassen Sie sich die Stellung von Haupt- und Nebensatz jeweils nennen und markieren Sie Neben- und Hauptsätze auf der Folie mit unterschiedlichen Farben.
3 Fragen Sie: *Bei welchen Sätzen aus B4 kommt der Nebensatz vor dem Hauptsatz?* Lenken Sie die Aufmerksamkeit der Schüler auf die Hauptsätze dieser Sätze und fragen Sie: *Wo steht das Verb im Hauptsatz?* Lassen Sie sich auf Zuruf die Antwort nennen und markieren Sie die Verben auf der Folie.
4 Mithilfe der Folie verdeutlichen sich die Sch die Stellung des Verbs und kreuzen die entsprechende Position im „Meine-Regel"-Kasten in Aufgabenteil b) an. Abschließend formulieren sie die Regel in der Muttersprache.

Arbeitsbuch: S. 97, Ü13–14

B6 **Aussprache: Satzmelodie im Nebensatz mit** *wenn*

1 Die Sch hören die Sätze aus B4. Begleiten Sie den Verlauf der Satzmelodie mit der entsprechenden Handbewegung (gleichbleibend vor dem Komma, fallend vor dem Punkt).
2 Beim zweiten Hören sprechen die Sch nach und unterstützen den Melodieverlauf durch die entsprechende Handbewegung.
3 Bitten Sie die Sch, sich in zwei Minuten einen Satz ihrer Wahl aus B4 einzuprägen. Die Sch schließen die Bücher. Bitten Sie nun einzelne Sch, ihren Satz aus dem Gedächtnis aufzusagen und dabei auf die Satzmelodie, aber auch auf die Wortfolge im *wenn*-Satz zu achten. Verweisen Sie abschließend auf die Lernstrategie, übersetzen Sie diese mit den Sch gemeinsam in die Muttersprache und bitten Sie die Sch, die Strategie im Arbeitsbuch auf S. 164 einzutragen.

B7 **Grammatik: Nebensatz mit** *wenn*

1 Schreiben Sie den Nebensatz 1 an die Tafel. Verweisen Sie auf den Wortschatzkasten und erklären Sie, dass mithilfe der passenden Wortgruppe der Nebensatz ergänzt werden soll. Klären Sie gegebenenfalls unbekannten Wortschatz. Bitten Sie danach einen Sch, den Satz beispielhaft zu ergänzen und schreiben Sie den ergänzten Hauptsatz an die Tafel. Lassen Sie sich noch einmal die Position des Verbs nennen.
2 Teilen Sie die Klasse in Gruppen zu drei bis vier Sch. Die Sch ergänzen die *wenn*-Sätze mit den Wortgruppen aus der Wortschatzhilfe. Dabei achten Sie auf die Satzstellung. Jede Gruppe schreibt ihre Sätze auf. Bitten Sie einzelne Gruppen, ihre Sätze im Plenum vorzulesen.

Arbeitsbuch: S. 97, Ü15–16

B8 **Schreiben: Tipps für den Umweltschutz**

1 Die Gruppen aus B7 bleiben bestehen. Die Sch lesen die Arbeitsanweisung und die Eintragungen in der Wortschatzhilfe.
2 Die Sch sammeln in den Gruppen zunächst Ideen für Tipps, notieren diese in Stichworten und bilden anschließend gemeinsam Sätze nach den Mustersätzen aus B7. Gehen Sie herum und helfen Sie bei Wortschatzfragen. Lassen Sie jede Gruppe drei bis vier Tipps im Plenum präsentieren. Um mehr Spannung aufzubauen, können alternativ die Gruppen die Stichwörter auch für eine andere Gruppe notieren, die diese dann in Sätze umformen muss.

großer Bogen Plakatpapier, Plakatstifte, Zeitschriften

3 **Zusatzaktivität:** Die Gruppen schreiben einen ihrer Tipps auf ein Plakat und überlegen sich eine Visualisierung des Tipps. Sie können Fotos aus Katalogen oder Zeitschriften ausschneiden und diese gestalten, malen oder zeichnen etc. Anschließend werden die Poster im Klassenzimmer aufgehängt.

Arbeitsbuch: S. 98, Ü17

Kopiervorlage 29/2

Was machst du, wenn …? Jeder Sch sucht sich einen Partner. Jedes Schülerpaar erhält eine Kopie der Vorlage. Die Sch ordnen zunächst die *wenn*-Sätze den passenden Hauptsätzen zu und schreiben anschließend die *wenn-dann*-Sätze in korrekter Wortfolge auf. Zum Vergleich werden die Sätze im Plenum vorgelesen.

Arbeitsbuch: S. 98, Ü18–19 Aussprache

C   Eisbär

C1   Sprachbrücke: Zu Bildern Hypothesen bilden

Teilen Sie die Klasse in Gruppen zu vier bis sechs Sch. Bitten Sie die Gruppen, das gemeinsame Thema der drei Bilder herauszufinden. Fragen Sie: *Um welches Tier geht es? Wo lebt das Tier? Wie geht es dem Tier?* Bitten Sie die Gruppen zu überlegen: *Was könnte das Tier aus Bild A / aus Bild B denken? Was denkt der Mann auf Bild C?* und ihre Ideen in einem Satz pro Bild auf Deutsch zusammenzufassen und aufzuschreiben. Danach stellen die Gruppen ihre Sätze dem Plenum vor.

C2   Lesen: Lied „Eisbär"

1 Lenken Sie die Aufmerksamkeit der Sch auf das Lied. Die Sch überfliegen die erste Strophe. Fragen Sie: *Welches Bild aus C1 passt?* Lassen Sie sich die mögliche Zuordnung durch Belegstellen im Text begründen.

2 Die Sch überfliegen in Stillarbeit die beiden anderen Strophen und ordnen die passenden Bilder zu. Anschließend vergleichen sie ihr Ergebnis mit dem ihres Partners. Besprechen Sie die Zuordnungen wie bei Schritt 1 im Plenum.

C3   Hören: Lied „Eisbär"

1 Die Sch lesen die Eingangszeilen der einzelnen Strophen. Bitten Sie die Sch, beim Hören des Liedes mitzulesen, auf die Reihenfolge der Strophen zu achten und sich bei jeder Strophe die entsprechende Nummer zu notieren.

2 Die Sch hören das Lied. Besprechen Sie das Ergebnis anschließend im Plenum, indem Sie einen Sch auffordern, die Reihenfolge, die er gehört hat, anzugeben. Gehen Sie gegebenenfalls noch auf lexikalische Merkmale für die Strophenreihenfolge als Verbindungselemente ein: *Polar* am Ende von Str. 1 / *Nordpol* am Anfang von Strophe 2, *und* jeweils am Anfang von Strophe 2 und 3, *Zoo* am Ende von Strophe 2 und am Anfang von Strophe 3.

C4   Sprachbrücke: Sprachmetapher

Lesen Sie die dritte Strophe (Bild B) noch einmal vor, lenken Sie die Aufmerksamkeit auf den letzten Satz und fragen Sie nach seiner Bedeutung. Lassen Sie die Sch in der Muttersprache Vermutungen äußern. Weisen Sie, falls die Sch dies nicht selbst tun, auf die übertragene Bedeutung von *leihen* hin, indem Sie fragen: *Wem gehört die Welt, den Menschen, den Tieren, der Natur?*

C5   Schreiben: Situation der Eisbären und Tipps für den Umweltschutz

1 Erläutern Sie die Aufgabenstellung: Die Sch sollen zum einen weitere Informationen zum Thema „Eisbär" suchen und dann in einem zweiten Schritt zu allgemeinen Tipps für den Umweltschutz kommen, die die Situation der Eisbären verbessern könnte. Erinnern Sie die Sch an die Umwelttipps aus B8. Weisen Sie darauf hin, dass die Tipps auch ganz konkret auf die Schule bezogen werden können (*Wie warm muss es im Winter in der Schule sein? Was passiert mit dem Müll in der Schule? Gibt es bei uns in der Schule Energiesparlampen?*). Teilen Sie die Klasse danach in Gruppen zu drei bis vier Sch. Die Sch recherchieren zu Hause und bringen entsprechende Materialien in die nächste Unterrichtsstunde mit.

großer Bogen Plakatpapier, Plakatstifte, Klebstoff, Scheren

2 Die Sch gestalten in den Kleingruppen je ein Poster, indem Sie die mitgebrachten Fotos und Informationen verwenden und Tipps zum Umweltschutz dazuschreiben. Hängen Sie die fertigen Poster anschließend für die Präsentation im Klassenraum auf.

Arbeitsbuch: S. 99, Selbstkontrolle

A Zoos: Ja oder Nein?

A1 Sprachbrücke: Zoo

1 Fragen Sie die Sch zum Lektionseinstieg in der Muttersprache nach ihren Erfahrungen mit Zoos: *Welche Zoos kennt ihr? Was hat euch dort besonders gut gefallen? Was nicht?* Suchen Sie auch hier den interkulturellen Vergleich und stellen Sie konkrete Fragen: *Wo gibt es Zoos? Wie findet ihr die Zoos in eurem Land? Kennt ihr Zoos in Deutschland/Österreich/der Schweiz? Gibt es Unterschiede? Wer geht in Zoos?* Etc.

großer Bogen Plakatpapier, Plakatstift

2 Schreiben Sie die Überschrift des Lesetextes *Zoos: Ja oder Nein?* auf das Plakatpapier. Erheben Sie dazu ein Meinungsbild in der Klasse, indem Sie fragen: *Wer findet Zoos gut = „Ja"* und *wer findet Zoos schlecht = „Nein"?* Halten Sie die Ja- und die Nein-Stimmen in Form einer Strichliste auf einem Plakat fest. Am Ende der Lektion können Sie noch einmal ein Meinungsbild erheben und es mit diesem hier vergleichen.

A2 Globales Lesen: Textabschnitte und Themen zuordnen

1 Lenken Sie die Aufmerksamkeit der Sch zunächst auf die Textsorte, indem Sie fragen: *Was ist das für ein Text? Wo kann man ihn lesen? Woran erkennt ihr das? (Artikel in einer Zeitschrift mit zwei unterschiedlichen Meinungen zu einem Thema).* Fragen Sie weiter: *In welchem Land erscheint die Zeitschrift?* Weisen Sie gegebenenfalls auf die beiden Städte Wien und Linz hin und fragen Sie: *In welchem Land liegen diese Städte? (Österreich).*

2 Fragen Sie: *Wie viele Abschnitte haben die beiden Texte?* Betonen Sie, dass die beiden Texte gleich aufgebaut sind. Weisen Sie danach auf die drei Themen a bis c in der Aufgabe hin, klären Sie unbekannten Wortschatz *(schützen)* und bitten Sie die Sch, die Schlüsselwörter zu benennen *(informieren, leben, schützen)*. Erklären Sie den Sch, dass immer ein Thema je einem Abschnitt in beiden Texten zugeordnet werden kann.

3 Lösen Sie die erste Zuordnungsaufgabe mit den Sch gemeinsam. Bitten Sie die Sch, von beiden Texten den ersten Abschnitt still zu lesen. Betonen Sie, dass der Text nicht Wort für Wort verstanden werden, sondern nur das Thema erkannt werden muss. Lassen Sie sich die Lösung auf Zuruf nennen und fragen Sie nach Belegstellen in den Texten *(Mira: Zoo = ein Zuhause, zufrieden leben etc.; Frank: das Leben im Zoo = langweilig etc.)*.

4 Die Sch ordnen die restlichen beiden Themen in Stillarbeit zu, lesen dafür die Textabschnitte 2 und 3 und markieren die Belegstellen. Anschließend vergleichen sie ihre Ergebnisse in Partnerarbeit. Kontrollieren Sie die Aufgabe im Plenum, indem Sie sich die Lösungen zurufen und mit Angabe der Zeile belegen lassen.

A3 Selektives Lesen: Falsche Aussage korrigieren

1 Die Sch lesen still die Sätze zu Mira. Erklären Sie unbekannten Wortschatz im Rückgriff auf die Fotos aus A1 *(das Gehege = Bild B, Wildtiere = Fotos aus A1)* oder durch Umschreibung auf Deutsch *(das Futter = das Essen der Tiere, sorgen für = pflegen, Tiere züchten = Tiere aufziehen, jagen = Tiere fangen und töten, um sie zu essen, die Nahrung = das Essen)*. Weisen Sie darauf hin, dass die Sätze alle falsch sind und die Sch sie korrigieren müssen.

Folie der Lesetexte von A2 und A3

2 Korrigieren Sie Satz 1 zu Miras Text gemeinsam mit den Sch, lassen Sie die Schlüsselwörter im Satz markieren *(sorgt für, Futter, Zoo-Landschaft)* und dann die Schlüsselwörter im Text suchen. Unterstreichen Sie die richtigen Informationen im Text bei A2 sowie die falschen Informationen in Satz 1 auf der Folie. Korrigieren Sie schriftlich den Satz 1.

3 Die Sch verfahren ebenso mit den Sätzen 2 und 3 zu Miras Text, sie markieren in Partnerarbeit die Schlüsselwörter, lesen die entsprechenden Textabschnitte, suchen die Wörter und formen die Sätze schriftlich um. Vergleichen Sie die Ergebnisse mithilfe der Folie im Plenum.

4 Danach lesen die Sch still Franks Text. Klären Sie unbekannten Wortschatz *(das Gefängnis, die Freiheit, aggressiv, frustriert)*. In Partnerarbeit korrigieren die Sch die Aussagen zu Franks Text. Kontrollieren Sie die Korrekturen wie bei Miras Text mithilfe der Folie. Machen Sie den Sch abschließend die gerade angewandte Lernstrategie bewusst, indem Sie sie in die Muttersprache der Sch übersetzen. Die Sch notieren die Strategie im Arbeitsbuch auf S. 164.

Arbeitsbuch: S.100, Ü1–3

A4 **Grammatik: Adjektivdeklination im Nominativ und Akkusativ mit bestimmtem Artikel**

1 Erklären Sie die Aufgabe, indem Sie Miras Behauptung *Das ist meiner Meinung nach gut am Zoo* und dann die erste Ergänzung vorlesen. Weisen Sie auf den Beispieleintrag *gut* hin, der im Schüttelkasten durchgestrichen ist und in Aussage 1 eingesetzt wurde. Lesen Sie auch Franks Behauptung und seine erste Ergänzung vor. Verweisen Sie bei diesem Beispiel ebenso auf den Eintrag *klein* im Schüttelkasten und im Beispiel hin.

2 Die Sch lösen die Aufgabe in Stillarbeit, lesen die Satzergänzungen und überlegen, welche Adjektive aus dem Schüttelkasten jeweils in die Lücken passen. Schreiben Sie währenddessen die Einführungssätze sowie die Aussagen ohne Adjektive an die Tafel. Lassen Sie bei der Ergebniskontrolle einzelne Sch ihre ergänzten Aussagen vorlesen und tragen Sie die Adjektive an der Tafel ein.

3 Sichern Sie das Verständnis von *Nominativ* und *Akkusativ* anhand von Miras und Franks Behauptungen, indem Sie die Verbformen *ist* und *findet* in unterschiedlichen Farben unterstreichen. Unterstreichen Sie mit diesen Farben auch die dazugehörigen Adjektivendungen, um zu verdeutlichen, dass je nach Verb unterschiedliche Endungen beim Adjektiv erforderlich sind.

4 Lenken Sie die Aufmerksamkeit der Sch auf den „Meine-Regel"-Kasten. Bitten Sie die Sch, in Partnerarbeit den Regelkasten auszufüllen und dabei auf die zwei unterschiedlichen Farben zu achten. Fragen Sie die Sch bei der Ergebniskontrolle, wofür die farbigen Unterlegungen stehen. Lassen Sie die Sch mithilfe der Farben darauf schließen, dass die Adjektivendung in der Regel *-e (rot)* lautet, nur im Plural und im Akkusativ der maskulinen Substantive *-en (blau)*.

! Berücksichtigen Sie bei der Erklärung von Grammatik und Wortschatz unterschiedliche Lernertypen: Farbige Hervorhebungen, grafische und andere bildliche Darstellungen kommen besonders visuellen Lernertypen entgegen. Stärker auditiv ausgerichtete Lerner prägen sich Vokabeln, Deklinations- und Konjugationsmuster und ganze Texte hingegen über das Klangbild ein. Für kognitive Lerner sind etwa Erklärungen zu grammatischen Regeln oder Reflexionen über sprachliche Unterschiede zwischen Mutter- und Zielsprache wichtig.

Arbeitsbuch: S.100, Ü4

A5 **Sprachbrücke: Adjektivdeklination im Nominativ und Akkusativ mit bestimmtem Artikel**

1 Schreiben Sie die Satzpaare 1 und 2 an die Tafel und übersetzen Sie sie gemeinsam mit den Sch. Schreiben Sie die Übersetzung ebenfalls an die Tafel. Machen Sie die Sch dafür auf die Position des Adjektivs aufmerksam. Fragen Sie: *Wo steht das Adjektiv im deutschen Satz? Wo steht es in eurer Muttersprache?* Fragen Sie außerdem: *Verändert sich das Adjektiv oder nicht? Wann verändert es sich, wann nicht?*

2 Betonen Sie abschließend noch einmal die Stellung des Adjektivs vor dem Nomen, indem Sie die Lernstrategie vorlesen und gemeinsam mit den Sch in die Muttersprache der Sch übersetzen. Die Sch notieren sich die Strategie im Arbeitsbuch auf S. 164.

Arbeitsbuch: S.100, Ü5–6;
S.101, Ü7–8

A6 **Grammatik: Adjektivdeklination im Nominativ und Akkusativ mit bestimmtem Artikel**

1 Lesen Sie die Fragen der Aufgabe und die Arbeitsanweisung vor. Verdeutlichen Sie mithilfe der Einführungssätze sowie der Beispieleinträge noch einmal, wann der Nominativ bzw. der Akkusativ folgt.

2 Gehen Sie mit den Sch die Redemittel in der Wortschatzhilfe durch. Erklären Sie unbekannten Wortschatz und suchen Sie gemeinsam nach weiteren passenden Adjektiven. Bilden Sie mit den Sch zu beiden gelben Notizzetteln jeweils noch ein passendes Beispiel. Weisen Sie für die Deklination des Adjektivs auf den Regelkasten aus A4b) hin.

großer Bogen Plakatpapier, Plakatstift

3 Die Sch sammeln Argumente in Stillarbeit. Gehen Sie herum und geben Sie Hilfestellung. Sammeln Sie bei der Besprechung im Plenum die Argumente auf dem Plakatpapier.

Arbeitsbuch: S.101, Ü9–11

A7 **Sprechen: Argumente pro und kontra**

1 Lesen Sie die Aussagen 1 bis 7 laut vor und bitten Sie die Sch, ihre Meinung mit Smileys oder mit Satzzeichen auszudrücken (☹ = das finde ich nicht, ☺ = das finde ich auch).

2 Lesen Sie die Arbeitsanweisung vor. Gehen Sie die Redemittel in der Wortschatzhilfe gemeinsam durch und klären Sie unbekannte Wendungen *(dafür sein, dagegen sein)*.

3 Bilden Sie Gruppen zu vier bis sechs Sch. Achten Sie darauf, dass es in jeder Gruppe Gegner und Befürworter gibt. Geben Sie den Gruppen ca. 15 Minuten Zeit für die Diskussion. Gehen Sie währenddessen herum und geben Sie Hilfestellung.

4 Erheben Sie am Schluss noch einmal ein Meinungsbild zum Thema Zoo. Lassen Sie abstimmen zur Frage *Wer ist für und wer ist gegen Zoos?* Ist das Ergebnis gleichgeblieben wie zu Beginn der Lektion oder haben einige Sch ihre Meinung geändert?

Kopiervorlage 30/1

Rollenspiel: Sie können die Diskussion auch als Rollenspiel durchführen lassen. Bilden Sie Gruppen von sechs Schülern und kopieren Sie die Vorlage für jede Gruppe einmal. Schneiden Sie die Rollenkarten aus. Jeder Sch erhält eine Rollenkarte. Die Sch lesen ihre Rolle. Erklären Sie gegebenenfalls unbekannten Wortschatz. Geben Sie den Gruppen ca. 15 Minuten Zeit für die Diskussion. Gehen Sie währenddessen herum und geben Sie Hilfestellung.

! Geben Sie den Sch bei Diskussionen die Gelegenheit, eine Rolle zu übernehmen. Gerade bei schüchternen und zurückhaltenden Sch kann es die Diskussionsbereitschaft erhöhen und dem Gespräch mehr Lebendigkeit verleihen, wenn sich die Sch hinter einer Rolle verstecken können. Schmücken Sie die Rollen ein wenig aus, damit sich die Sch in die jeweilige Figur hineinversetzen können. Achten Sie darauf, dass Sie unterschiedliche Rollen vergeben, die im Kontrast zueinander stehen.

B Berufsbild: Tierarzt

B1 Sprachbrücke: Tierarzt

Die Sch betrachten die Fotos. Fragen Sie die Sch: *Was ist die Frau von Beruf? Was muss sie alles machen?* Die Sch beschreiben die dargestellten Tätigkeiten in der Muttersprache. Schreiben Sie den Lektionstitel an die Tafel und klären Sie die Wortbedeutungen, indem Sie die beiden Teile der Komposita verschiedenfarbig unterstreichen. Fragen Sie: *Was gefällt euch an dem Beruf? Was gefällt euch nicht so gut?* Die Sch sammeln in Gruppen Vor- und Nachteile und präsentieren diese anschließend im Plenum.

B2 Globales Hören: Interview mit einer Tierärztin

1 Erklären Sie den Sch, dass sie ein Interview mit der Tierärztin Frau Dr. Heller hören, die über ihren Beruf berichtet. Erklären Sie auch, dass der Interviewer der Tierärztin alle die im Buch aufgeführten Fragen stellt.
2 Die Sch lesen zunächst still die Fragen an Frau Dr. Heller. Klären Sie gegebenenfalls unbekannten Wortschatz. Weisen Sie für das Verständnis der letzten Frage auf den Infospot zur Grammatik zum Genitiv bei Eigennamen hin.
3 Erläutern Sie die Aufgabe, indem Sie fragen: *Welche Frage hört ihr zuerst?* und den Hörtext bis zur ersten Frage vorspielen. Lassen Sie sich auf Zuruf die Lösung angeben. Die Sch hören dann den gesamten Hörtext und notieren sich die Reihenfolge der Fragen. Anschließend vergleichen sie ihre Ergebnisse in Partnerarbeit. Bitten Sie danach einen Sch, die Fragen in der richtigen Reihenfolge vorzulesen.

B3 Selektives Hören: Interview mit einer Tierärztin

1 Die Sch lesen still die Sätze der Aufgabe. Klären Sie unbekannten Wortschatz durch Umschreibung auf Deutsch (*der Hund wollte Frau Heller angreifen = er wollte sie verletzen, töten = das Leben nehmen*) und mithilfe der Illustrationen (*Meerschweinchen*). Weisen Sie auch auf die Fotos in B5 hin, auf denen Frau Dr. Hellers Patienten abgebildet sind.
2 Die Sch hören das Gespräch noch einmal und markieren dabei die richtige Ergänzung. Einzelne Sch lesen die Sätze 1 bis 6 bei der anschließenden Besprechung mit der richtigen Ergänzung vor. Spielen Sie den Hörtext nur bei Unklarheiten noch einmal in Abschnitten vor.
3 Weisen Sie nach dem Hören auf den Infospot zum Dativ Plural hin. Lesen Sie die entsprechende Stelle in der Aufgabe vor (*Fotos von ihren Haustieren*).

Arbeitsbuch: S.102, Ü12–17

B4 Aussprache: Wortakzent bei Wörtern auf *-ent*

1 Spielen Sie Beispiel 1 vor und unterstützen Sie den Wortakzent durch die entsprechende Geste. Verweisen Sie auf die Markierung des Wortakzents im Beispiel. Spielen Sie das Beispielwort noch einmal vor und fordern Sie die Sch auf, die Geste nachzuahmen. Die Sch sprechen das Beispielwort nach.
2 Spielen Sie die restlichen Wörter vor. Die Sch markieren beim ersten Hören den Wortakzent. Beim zweiten Hören sprechen sie nach und unterstützen den Wortakzent durch die Geste aus Schritt 1.
3 Fragen Sie: *Wo ist der Wortakzent nie?* Verweisen Sie auf die Lernstrategie im Buch und übersetzen Sie sie in die Muttersprache. Die Sch notieren die Strategie im Arbeitsbuch auf S. 164.

B5 **Grammatik: Adjektivdeklination im Dativ mit bestimmtem Artikel**

1 Die Sch lesen die Sätze 1 bis 4 und schauen sich dazu die Tierfotos an. Dann lesen die Sch die Sätze a bis d. Fragen Sie die Sch: *Welche Beschreibung/welcher Satz passt zu welchem Tier?* Machen Sie ein Beispiel gemeinsam mit den Sch, schreiben Sie den Tiernamen *(Katze)* an die Tafel und bitten Sie einen Sch, die passende Beschreibung hinzuzufügen.

2 Die Sch lösen still die Aufgabe und vergleichen anschließend ihre Ergebnisse in Partnerarbeit. Schreiben Sie währenddessen die restlichen Tiernamen an die Tafel. Fordern Sie im Plenum einzelne Sch auf, die passenden Beschreibungen zu ergänzen.

3 Lenken Sie die Aufmerksamkeit der Sch auf die Adjektive und fragen Sie: *Was fällt euch an den Endungen auf? (Endung immer -en)*. Verweisen Sie auf den Infospot zur Grammatik sowie auf die Lernstrategie, die sich die Sch gerade bewusst gemacht haben. Übersetzen Sie die Strategie gemeinsam mit den Sch in die Muttersprache. Die Sch notieren die Strategie im Arbeitsbuch auf S. 164.

Arbeitsbuch: S. 103, Ü18

B6 **Grammatik: Adjektivdeklination im Dativ mit bestimmtem Artikel**

Folie der E-Mails

1 Weisen Sie auf die E-Mails hin und fragen Sie: *Wer hat Frau Heller diese E-Mails geschrieben? (Tierbesitzer)*. Bitten Sie die Sch, die erste E-Mail still zu lesen. Unterstreichen Sie die Präpositionen und verweisen Sie auf den Infospot zur Grammatik. Ergänzen Sie die Lücken gemeinsam mit den Sch.

2 Die Sch lesen die restlichen E-Mails, ergänzen die Artikel und Endungen in Stillarbeit und vergleichen ihre Ergebnisse mit denen ihres Partners. Lassen Sie von einem guten Sch die Lösungen auf der Folie ergänzen und die Ergebnisse dann im Plenum vergleichen. Greifen Sie nur bei Bedarf ein.

Arbeitsbuch: S. 103, Ü19–21;
S. 104, Ü22

B7 **Sprechen: Quartett spielen**

1 Die Sch lesen still die Tiernamen in der Wortschatzhilfe. Klären Sie gegebenenfalls unbekannten Wortschatz. Ermuntern Sie die Sch, weitere Tiere zu nennen und sammeln Sie sie an der Tafel.

leere Kärtchen, Farbstifte in vier verschiedenen Farben

2 Die Sch finden sich in Gruppen zu vier Sch zusammen. Teilen Sie die Kärtchen und die Farbstifte an die Sch aus. Jeder Sch bekommt acht Kärtchen, jede Gruppe Farbstifte in vier unterschiedlichen Farben. Die Sch jeder Gruppe einigen sich untereinander, welche der Tiere, die im Buch und an der Tafel stehen, sie in ihr Quartettspiel aufnehmen. Jeder Sch einer Gruppe entscheidet sich für zwei Tiere, schreibt deren Bezeichnung jeweils auf vier seiner Karten und zeichnet das entsprechende Tier. Dabei verwendet er unterschiedliche Farbstifte.

3 Ein Sch jeder Gruppe mischt die fertigen Quartettkarten und teilt sie verdeckt an die Sch aus. Ziel ist es, vier zusammengehörende Karten, also ein Quartett, zu sammeln. Die Spieler sagen reihum jeweils zu einem beliebigen Mitspieler, dass sie eine bestimmte Karte haben möchten (z.B. *Ich möchte die Karte mit dem roten Huhn.*). Weisen Sie auf die Beispielsätze in der Aufgabe hin. Hat der angesprochene Sch die Karte, muss er sie an den fragenden Sch abgeben. Hat er sie nicht, ist er an der Reihe und bittet einen anderen Mitspieler um eine Karte. Hat ein Sch ein vollständiges Quartett, legt er es offen auf den Tisch. Gewonnen hat der Sch, der am Ende die meisten Quartette hat.

Kopiervorlage 30/2

Assoziationsspiel zu Farbadjektiven: Jeder Sch erhält eine Kopie der Vorlage. Ziel ist es, so schnell wie möglich für jede Farbe Begriffe einzutragen, für die die jeweilige Farbe charakteristisch ist, z.B.: Spalte 1 – „grüner" Begriff (Singular), Spalte 2 – „grüner" Begriff (Plural), Spalte 3 – „neutraler" Begriff (Singular) und ein „grüner" Begriff (Singular oder Plural); siehe Beispieleintrag für die Farbe Grün. Jeweils zwei Sch spielen gegeneinander: Auf ein Signal hin füllen die Sch die Tabelle für eine Farbe aus. Die erste Runde ist beendet, wenn einer der beiden Sch die jeweilige Zeile ausgefüllt hat und „Stopp" ruft. Anschließend präsentieren die Sch ihr Ergebnis mithilfe der Redemittel in der Kopfzeile, indem sie ihre Assoziationen aufzählen und das Farbadjektiv mit einbeziehen: *Ich mag das grüne Gras. Mir gefallen die grünen Wiesen im Frühling.* Etc. Für jeden grammatisch korrekt gebildeten Satz erhält der Sch einen Punkt. Dann setzen die Schülerpaare das Spiel mit der nächsten Zeile fort. Gewonnen hat der Sch mit den meisten Punkten.

Arbeitsbuch: S. 104, Ü23–24 Aussprache

C   **Tierisch berühmt**

C1   Sprachbrücke: Berühmte Tiere

1 Die Sch halten die Bücher geschlossen. Schreiben Sie den Titel der Seite *Tierisch berühmt* an die Tafel, klären Sie die Wortbedeutung von *berühmt (= bekannt, siehe L19)* und die doppelte Bedeutung von *tierisch (1. Adjektiv zu Tier, 2. anderes Wort für sehr)*. Fragen Sie die Sch: *Gibt es auch Stars unter den Tieren? Kennt ihr berühmte Tiere?* Regen Sie die Sch an, an Filme, Literatur (Märchen, Fabeln) und Geschichte zu denken, und geben Sie gegebenenfalls ein Beispiel vor (*der böse Wolf im Märchen, der Delfin Flipper etc.*). Sammeln Sie die Ideen der Sch in der Muttersprache an der Tafel. Sie brauchen diese Ideen wieder bei C4.

2 Danach schlagen die Sch das Buch auf und betrachten die Bilder. Fragen Sie: *Welche dieser Tiere kennt ihr? Woher kennt ihr sie?*

C2   Globales Lesen: Berühmte Tiere

Fragen Sie: *Welches Foto passt zu Text 1?* und bitten Sie die Sch, Text 1 still zu überfliegen. Lassen Sie sich die Lösung auf Zuruf nennen. Die Sch lesen dann die anderen beiden Texte allein und vergleichen das Ergebnis zunächst in Partnerarbeit und anschließend im Plenum.

C3   Selektives Lesen: Berühmte Tiere

1 Lenken Sie die Aufmerksamkeit der Sch auf die Fragen, lesen Sie sie laut vor und betonen Sie das Fragewort. Bitten Sie die Sch, Text 1 noch einmal still zu lesen und nach den Antworten zu suchen. Verzichten Sie möglichst auf Wortschatzer-klärungen. Weisen Sie darauf hin, dass die Texte nicht wortwörtlich verstanden werden müssen. Füllen Sie mit den Sch gemeinsam die Zeile zu den *Bremer Stadtmusikanten* aus.

2 Die Sch lesen still Text 2 und 3 und notieren sich in Partnerarbeit Stichwörter für die Tabelle. Bitten Sie im Plenum einzel-ne Sch, die Zeilen zu *Laika* und *Knut* an der Tafel auszufüllen.

3 Klären Sie weitere Wortschatzfragen erst nach der Aufgabe nach Bedarf.

C4   Schreiben: Einen Steckbrief erstellen

1 Geben Sie den Sch die Aufgabe, zu zweit einen Steckbrief über eine Tierfigur ihrer Wahl zu schreiben. Bereiten Sie diese Aufgabe vor, indem Sie die Sch an die berühmten Tiere erinnern, die in C1 gesammelt wurden und noch an der Tafel ste-hen. Gehen Sie dafür gemeinsam mit den Sch durch, welche Angaben ein Steckbrief enthalten sollte, weisen Sie auf die Fragen in der Wortschatzhilfe hin und sammeln Sie gemeinsam mit den Sch weitere Fragen *(Wie beliebt ist es? Wie lange gibt es das Tier schon? Etc.)*.

2 Bitten Sie die Schülerpaare, als Hausaufgabe in der Bibliothek oder im Internet nach Bildern und Informationen über eine Tierfigur ihrer Wahl zu recherchieren.

große Bogen Plakatpapier, Plakatstifte

3 Die Sch halten ihre Ergebnisse auf einem Plakat fest, das sie anschließend im Plenum präsentieren.

Arbeitsbuch: S.105, Selbstkontrolle

Arbeitsbuch: S. 106 – 109, Plateauseiten Lektionen 28 – 30

Lektion 31: Europa

A Europa aus der Ferne

A1 Sprachbrücke: China und Europa

Weltkarte, zwei Post-its®

1 Zeigen Sie auf die Weltkarte und machen Sie den Sch die Entfernung zwischen China und Deutschland bewusst, indem Sie einen Sch bitten, die beiden Länder mit den Post-its® zu markieren. Fragen Sie nach den jeweiligen Kontinenten *(Europa, Asien)*. Klären Sie den Lektionstitel mit dem Adjektiv *fern*, indem Sie erklären: *Europa ist fern (= weit weg) von China.*

2 Lenken Sie die Aufmerksamkeit der Sch auf den Text und fragen Sie nach der Textsorte *(Artikel in einem Jugendmagazin, siehe Worterklärung unter dem Text)*. Fragen Sie die Sch nach den Merkmalen der Textsorte *(Name der Zeitschrift: „Glasklar", Einleitung, Hauptteil, Foto, Zitat etc.)*.

3 Die Sch lesen still die Einleitung. Sichern Sie das Verständnis, indem Sie Fragen zum Text an die Tafel schreiben und im Plenum beantworten lassen: *Wer ist Lei Zhu? Woher kommt er? Wo arbeitet er?* Die Sch lesen still das Zitat. Klären Sie unbekannten Wortschatz *(spüren = fühlen)*.

4 Fragen Sie die Sch: *Wie antwortet wohl Lei Zhu auf die Fragen?* Sammeln Sie die Vermutungen und Ideen der Sch in Stichwörtern. Falls die Sch keine Ideen haben, können Sie die Themen in A2 vorwegnehmen und fragen: *Was sagt Lei Zhu wohl über das Essen, die Kultur und Geschichte, die Religion etc. in Europa?*

A2 Globales Lesen: Themen des Zeitschriftenartikels

1 Die Sch lesen still die Themen a bis g. Erklären Sie unbekannten Wortschatz, indem Sie auf bekannte Wörter hinweisen *(die Politik = vgl. der Politiker)* oder die Wörter umschreiben *(die Wirtschaft = Ökonomie, vgl. engl. economy)*.

2 Stellen Sie die Frage der Aufgabe und bitten Sie die Sch, den Text zu überfliegen, die Schlüsselwörter der erwähnten Themen zu markieren und die entsprechenden Themen anzukreuzen. Verzichten Sie an dieser Stelle auf Wortschatzerklärungen.

Folie des Lesetextes

3 Bitten Sie anschließend einen guten Sch, die Themen zu nennen und die entsprechenden Schlüsselwörter im Text auf der Folie farbig zu unterstreichen (Thema Reisen: *viel gereist, bei den Reisen, Reiseland*; Thema Kultur und Geschichte: *Sehenswürdigkeiten, alte Kultur, lange Geschichte*; Thema Wirtschaft: *wirtschaftlich, Firmen*).

A3 Selektives Lesen: Falsche Aussage korrigieren

1 Die Sch lesen still die Sätze 1 bis 8. Bitten Sie einen Sch, Satz 1 vorzulesen. Lassen Sie die Aussage im Text suchen und weisen Sie auf das unterstrichene Wort im Beispielsatz sowie anschließend auf die Korrektur auf dem gelben Notizzettel hin *(nur etwas/wenig)*. Sagen Sie den Sch, dass sie die Sätze nicht abschreiben sollen, sondern lediglich die falsche Information ersetzen müssen.

2 Korrigieren Sie auch Satz 2 gemeinsam mit den Sch. Lassen Sie die Information im Text suchen und die falsche Aussage im Aufgabensatz und die richtige Information im Text angeben. Erklären Sie die Bedeutung von *sich Sorgen machen um jmdn. (Angst haben um jmdn.)* und von *fremd (nicht bekannt)*.

3 Die Sch lesen still den Text und korrigieren die Sätze 3 bis 8 in Partnerarbeit, indem sie die Aussagen im Text suchen, die falsche Information unterstreichen und die Sätze korrigieren. Lassen Sie die Sch bei der Ergebniskontrolle die korrigierten Sätze in Form einer Redekette vorlesen.

Arbeitsbuch: S. 110, Ü1–5

A4 Grammatik: Adjektivdeklination nach unbestimmtem Artikel

1 Erklären Sie die Adjektivdeklination, indem Sie das Beispiel der Aufgabe an die Tafel übertragen. Verbinden Sie wie im Buch die Artikelendung im Nominativ (de<u>r</u> Markt – ein große<u>r</u> Markt) und im Akkusativ (de<u>n</u> Markt – eine<u>n</u> große<u>n</u> Markt). Fügen Sie zum Vergleich die Deklination mit dem bestimmten Artikel an: *der große Markt – den großen Markt*.

2 Die Sch machen die folgenden Einträge allein, indem sie im Text nach den jeweiligen Artikel-Adjektiv-Nomen-Verbindungen suchen und diese notieren. Gehen Sie herum. Sollten die Sch Schwierigkeiten damit haben, machen Sie die Aufgabe gemeinsam an der Tafel. Bitten Sie ansonsten bei der Ergebniskontrolle einzelne Sch, die Tabelle zu ergänzen.

3 Stellen Sie die Frage nach dem Dativ und bitten Sie die Sch, den Satz im Text von A1 zu suchen. Bitten Sie einen guten Sch, den Satz mit Ergänzung vorzulesen.

4 Lenken Sie die Aufmerksamkeit der Sch auf den „Meine-Regel"-Kasten. Bitten Sie die Sch, in Partnerarbeit den Regel-kasten auszufüllen und dabei auf die zwei unterschiedlichen Farben zu achten. Fragen Sie: *Wo sind die Adjektivendungen gleich? Achtet auf die Farben!* (*Adjektivendungen sind immer gleich: bei n, f und Pl im Nominativ und Akkusativ / bei m im Akkusativ und bei allen Formen im Dativ*). Machen Sie die Sch darauf aufmerksam, dass Adjektive nach *kein-* und *mein-* analog dekliniert werden, und betonen Sie die Ausnahme im Plural: *neue Häuser – keine neuen Häuser*. Erinnern Sie die Sch an den Regelkasten aus Lektion 30.

Arbeitsbuch: S.110, Ü6; S. 111, Ü7–10; S.112, Ü11–13

A5 Sprechen: Partnerinterview

1 Erklären Sie die Aufgabe, indem Sie die Satzanfänge *Das ist* und *Nenne* sowie die Beispielergänzungen 1 und 7 an die Tafel schreiben. Klären Sie die Bedeutung von *nennen* und erklären Sie den Kasus über die Verben (*ist – wer oder was ist? Nominativ; Nenne – wen oder was nennen? Akkusativ*). Bitten Sie die Sch, die Ergänzungen still zu lesen. Beantworten Sie Fragen zum Wortschatz durch Angabe von Synonymen (*berühmt = bekannt*) und von Beispielen (*Märchen = z. B. Die Bremer Stadtmusikanten, vgl. Lektion 30*).

leere Zettel

2 Die Sch finden sich in Paaren zusammen, erhalten pro Sch einen Zettel und einigen sich darauf, wer die Adjektive in den Sätzen 2 bis 6 bzw. in den Sätzen 8 bis 12 ergänzt. Die Sch schreiben ihre ergänzten Sätze auf die Zettel, dann tauschen sie ihre Zettel mit denen ihres Partners und korrigieren dessen Adjektivendungen. Gehen Sie währenddessen herum und geben Sie Hilfestellung. Die Sch erhalten anschließend ihre Zettel mit den korrigierten Sätzen wieder zurück.
3 Die Sch interviewen sich nun gegenseitig und halten die Antworten ihres Partners auf ihrem Zettel fest. Anschließend schreiben Sie den Namen des Partners über die Antworten auf den Zettel. Bitten Sie bei der Besprechung einzelne Sch, die Sätze und Antworten ihrer Partner vorzulesen. Anschließend können die Sch ihre Zettel an eine Wand im Klassen-raum hängen.

große Tasche

4 **Zusatzaktivität:** Jeder Sch legt einen Gegenstand (*Kugelschreiber, Bleistift, Lesezeichen, Radiergummi, Packung Kau-gummis etc.*) in eine Tasche. Gehen Sie durch die Reihen und bitten Sie einen Sch, einen Gegenstand aus der Tasche zu ziehen. Der Sch, der den Gegenstand gezogen hat, beschreibt ihn: *Das ist* (*z. B. ein schwarzer Kugelschreiber, ein roter Bleistift, ein weißer Radiergummi etc.*) und fragt dann: *Wem gehört er/sie/es?* Der entsprechende Sch antwortet: *Der ... gehört mir. Ich habe ein/eine/einen ...*

Kopiervorlage 31/1

Kofferpacken: Bilden Sie Kleingruppen. Jede Gruppe erhält eine Kopie der Vorlage. Ein Sch beginnt und zählt mithilfe der Vorgaben (Gegenstände und Adjektive) auf, was er in seinen „Koffer" packt: *Ich packe meinen Koffer und lege hinein: eine neue Hose.* Der zweite Sch wiederholt den Satz und zählt einen weiteren Gegenstand auf: *Ich packe meinen Koffer und lege hinein: eine neue Hose und einen braunen Gürtel.* Der dritte Sch wiederholt ebenfalls die Gegenstände der ersten beiden und fügt einen weiteren hinzu. So geht es reihum weiter. Die Gruppe, die die meisten Gegenstände in ihren Koffer gepackt hat, hat gewonnen.

A6 Schreiben: Etwas vergleichen

Europakarte

1 Schreiben Sie *Europa* als Wortigel an die Tafel und fragen Sie die Sch: *Wer war schon einmal in einem (anderen) euro-päischen Land bzw. in einer (anderen) europäischen Stadt?* Ergänzen Sie den Wortigel mit den genannten Länder- und Städtenamen. Suchen Sie die Länder und gegebenenfalls auch die Städte gemeinsam mit den Sch auf der Europakarte.
2 Die Sch sollen nun einen Beitrag für die Zeitschrift schreiben. Gehen Sie dafür mit ihnen die Redemittel durch und fügen Sie weitere Adjektive im Komparativ hinzu. Verweisen Sie auch auf die Themenvorschläge in der Wortschatzhilfe und klären Sie die Bedeutung von *Bevölkerung, Lage* und *Tourismus* durch Fragen wie *Wie viele Einwohner hat das Land/ die Stadt? Wo liegt das Land in Europa/die Stadt in Deutschland? Was ist besonders schön/interessant an dem Land/der Stadt?* Sammeln Sie weitere Themen. Zeigen Sie als Beispiel auf den Notizzettel und lesen Sie die Satzanfänge vor.
3 Versuchen Sie Gruppen mit Sch zu bilden, die im selben europäischen Land bzw. in der selben europäischen Stadt waren (Schritt 1). Die Sch recherchieren in Gruppen oder allein zu Hause, sammeln Informationen und Fotos. Der Beitrag kann entweder im Unterricht oder zu Hause verfasst werden.
4 Sammeln Sie zunächst die Beiträge der Sch ein und korrigieren Sie sie – gemeinsam in der Klasse oder zunächst zu Hause und dann in der Klasse.

Lektion 31

! Sie haben verschiedene Möglichkeiten, die Beiträge von mehreren Sch in der Klasse zu korrigieren: Entweder Sie hängen alle Beiträge verteilt im Raum auf und bilden – je nach Anzahl der Beiträge – Gruppen. Jede Gruppe erhält einen Rotstift und korrigiert einen Beitrag, auf ein Zeichen hin wechseln die Gruppen zum nächsten Beitrag und korrigieren weiter etc. Wie oft gewechselt wird, hängt von der Länge der Beiträge ab.
Eine andere Variante: Sie stellen aus den Textbeiträgen der Sch einen Text mit den typischen Fehlern zusammen. Geben Sie die Anzahl der Fehler bekannt und lassen Sie die Sch den Text selbst korrigieren, entweder alleine oder in Partnerarbeit. Besprechen Sie anschließend die Fehler im Plenum. So werden typische Fehler im Plenum besprochen und nicht individuell.

großer Bogen Plakatpapier, Plakatstifte

5 Die Sch kleben ihre Beiträge, Fotos und weiteres Material auf das Plakatpapier. Hängen Sie das Plakat im Klassenraum auf, damit die Sch gegenseitig ihre Beiträge lesen können.

Arbeitsbuch: S. 113, Ü14–15

B   Europa erleben

B1   Sprachbrücke: EuroPeers

Schreiben Sie den Titel der Seite *Europa erleben – EuroPeers* als Wortigel an die Tafel. Klären Sie die Bedeutung von *erleben (etwas im Leben mitmachen, mitbekommen)*. Bitten Sie die Sch, die drei Fotos zu betrachten und in der Muttersprache Vermutungen darüber anzustellen, wo die Jugendlichen sind und was sie machen. Ergänzen Sie den Wortigel mit den Vermutungen und Ideen der Sch.

B2   Lesen: EuroPeers

Folie von B2

1 Die Sch lesen still die Fragen 1 bis 3. Lassen Sie die erste Frage im Plenum beantworten. Markieren Sie dafür das Fragewort und das Schlüsselwort in der Frage *(was, EuroPeers)* und bitten Sie die Sch, den Beginn des Textes zu lesen und nach einer Antwort zu suchen. Lassen Sie sich die Lösung zurufen und markieren Sie die Stelle im Text auf der Folie.
2 Die Sch markieren die Frage- und die Schlüsselwörter in Frage 2 und 3, lesen den Text in Stillarbeit, suchen dort nach Antworten und beantworten schriftlich die beiden Fragen. Anschließend vergleichen die Sch ihre Antwortsätze in Partnerarbeit.
3 Bitten Sie bei der Ergebniskontrolle jeweils einen guten Sch, seine Antwort vorzulesen. Unterstreichen Sie als Beleg die entsprechende Textstelle auf der Folie und schreiben Sie die Nummer der Frage daneben.
4 Schließen Sie mit einer Wortschatzarbeit. Weisen Sie auf die Erklärung für die Abkürzung *EU* unter dem Text hin und erklären Sie neuen Wortschatz durch Umschreibung auf Deutsch *(erzählen von etwas = über etwas reden/sprechen, die Fußgängerzone = dort fahren keine Autos, es gibt viele Geschäfte)* oder im Rückgriff auf die Fotos *(Flyer, Prospekte)*. Ermuntern Sie die Sch, das Wort *EuroPeers* bei einer Suchmaschine im Internet einzugeben. Schauen Sie sich zuvor die Internetseite an und überlegen Sie sich mögliche Fragen.

! Wenn die Möglichkeit besteht, das Internet zu nutzen, so geben Sie den Sch von Zeit zu Zeit Aufträge zu Internetrecherchen. Lenken Sie diese durch gezielte Fragen. Informieren Sie sich über diese Lernform auf einschlägigen Seiten wie z. B. www.webquests.de. Binden Sie die Recherche auch in den Unterricht ein (z. B. Auswertung der Ergebnisse).

Arbeitsbuch: S. 113, Ü16

B3   Globales Hören: Ein EuroPeer berichtet

1 Lenken Sie die Aufmerksamkeit der Sch auf den Wortigel. Übertragen Sie ihn an die Tafel und erklären Sie: *Anna erzählt euch gleich etwas über sich.* Verweisen Sie auf den Wortigel und fragen Sie: *Wer ist Anna? Was wisst ihr schon über Anna?* Lassen Sie die Sch ausgehend vom Wortigel antworten. Klären Sie dabei das Wort *Grenze* durch Umschreibung auf Deutsch *(= zwischen zwei Ländern)*.
2 Bitten Sie die Sch beim ersten Hören, den Wortigel mit Informationen über Anna zu ergänzen. Ein Sch fasst die Ergebnisse im Plenum zusammen, indem er den Wortigel an der Tafel ergänzt.

B4   Selektives Hören: Ein EuroPeer berichtet

1 Die Sch lesen still die Aussagen 1 bis 8. Beantworten Sie Fragen zum Wortschatz.
2 Erklären Sie die Aufgabe, indem Sie die erste Aussage vorlesen und fragen: *Ist das richtig oder falsch?*, dann den Beginn des Hörtextes bis *nicht besonders toll* vorspielen und sich die Lösung zurufen lassen.

3 Die Sch hören, was Anna von ihren Erlebnissen erzählt, und überlegen sich, ob die Aussagen richtig oder falsch sind. Die Sch vergleichen ihre Ergebnisse zunächst in Partnerarbeit, dann im Plenum. Korrigieren Sie mit den Sch die falschen Aussagen. Spielen Sie bei Unklarheiten den Hörtext noch einmal in Abschnitten vor.

Arbeitsbuch: S. 113, Ü17; S. 114, Ü18

B5 **Grammatik: Präpositionaladverbien und Fragewort**

Folie von B5

1 Die Sch lesen still die Satzpaare 1 bis 5. Beantworten Sie gegebenenfalls Fragen zum Wortschatz. Weisen Sie auf der Folie auf das rot markierte Wort bei Satz 1 hin. Erklären Sie mithilfe des Beispiels, wofür das rot markierte Wort steht *(Erfahrungen)*.
2 Führen Sie die Zuordnung von Präpositionaladverb und Bezugswort gemeinsam mit den Sch auf der Folie durch.
3 Unterstreichen Sie auf Zuruf an der Tafel bei den Ich-Aussagen in der rechten Spalte die Verben bzw. das Adjektiv (Satz 5). Fragen Sie: *Welche Präposition steht bei diesem Verb bzw. Adjektiv?* Schreiben Sie den jeweiligen Infinitiv mit Präposition neben die Ich-Aussagen. Verweisen Sie auf den Infospot zur Grammatik zur Wiederholung der Verben und Adjektive mit Präpositionen. Unterstreichen Sie das Präpositionaladverb. Weisen Sie auf den zweiten Grammatikspot hin. Lesen Sie den ersten Beispielsatz vor und zeigen Sie somit den Zusammenhang von *erzählen von – davon* auf. Weisen Sie die Sch auf das *r* hin bei *teilnehmen an – daran*.
4 Weisen Sie mithilfe der vierten Ich-Aussage auf den Unterschied bei Personen hin. Fragen Sie: *Warum steht hier nicht „daran"? (Bei Personen steht das Personalpronomen)*.
5 Lenken Sie die Aufmerksamkeit der Sch auf Aufgabenteil b) und zeigen Sie mithilfe des Beispieleintrags den Zusammenhang zwischen Infinitiv mit Präposition, Präpositionaladverb und Fragewort *(erzählen von – davon – wovon?)*. Die Sch beantworten die restlichen Fragen.
6 Besprechen Sie das Ergebnis im Plenum und weisen Sie abschließend noch auf den Grammatikspot zum Fragewort hin. Betonen Sie, dass bei Personen die Präposition mit dem Personalpronomen bzw. dem Fragewort verbunden wird *(an wen? an sie.)*.

Arbeitsbuch: S. 114, Ü19–22

B6 **Sprachbrücke: Präpositionaladverbien und Fragewort**

1 Übertragen Sie die Satzgruppen 1 und 2 an die Tafel. Die Sch finden sich in Paaren zusammen und lesen still die Satzgruppen. Weisen Sie noch einmal auf den Unterschied zwischen Satzgruppe 1 und 2 *(Sache und Person)* hin. Fragen Sie: *Gibt es solche Wörter in eurer Sprache auch? Wie werden diese Aussagen in eurer Muttersprache ausgedrückt?* Die Sch übersetzen die Satzgruppen und suchen nach Gemeinsamkeiten und Unterschieden zwischen den Sprachen. Gehen Sie herum und geben Sie Hilfestellung.
2 Bitten Sie bei der Besprechung ein gutes Schülerpaar, seine Übersetzung an die Tafel zu schreiben, die anderen Sch korrigieren gegebenenfalls. Lassen Sie auch Übersetzungsvarianten zu.

B7 **Aussprache: Satzakzent bei Präpositionaladverbien und Fragewort**

1 Spielen Sie Beispiel 1 vor und unterstützen Sie den Satzakzent durch die entsprechende Geste. Spielen Sie den Beispieldialog noch einmal vor und fordern Sie die Sch auf, die Geste nachzuahmen. Die Sch sprechen den Dialog nach.
2 Spielen Sie den zweiten Dialog vor. Die Sch markieren beim ersten Hören den Satzakzent. Beim zweiten Hören sprechen sie nach und unterstützen den Satzakzent durch die Geste aus Schritt 1.

Arbeitsbuch: S. 115, Ü23–25

B8 **Sprechen: Nach Informationen fragen/Freude und Bedauern ausdrücken**

1 Bitten Sie zwei Sch, die Dialoge aus B7, den Beispieldialog und die beiden Dialogalternativen mit verteilten Rollen vorzulesen. Überlegen Sie gemeinsam mit den Sch, wann *Du Glückliche/r!* und wann *Du Arme/r!* gesagt wird *(Freude versus Bedauern)*.
2 Gehen Sie mit den Sch die Verben in der Wortschatzhilfe durch, klären Sie gegebenenfalls deren Bedeutung und fragen Sie nach dem notwendigen Kasus. Weisen Sie auf die möglichen Antworten im zweiten Kasten hin. Erklären Sie das Wort *Modenschau* über seine Bestandteile: *Mode* und *schauen (Auf einer Modenschau kann man sich neue Mode anschauen)*.
3 Die Sch finden sich in Gruppen zu vier Sch zusammen und schreiben Dialoge nach dem vorgegebenen Muster. Bitten Sie bei der Ergebniskontrolle einzelne Schüler, ihre Dialoge zu präsentieren.

Arbeitsbuch: S. 116, Ü26

Lektion 31

Kopiervorlage 31/2

Partnerinterview: Jeder Sch erhält eine Kopie der Vorlage und sucht sich einen Partner. Abwechselnd stellen sich die Sch die Fragen des Interviews und notieren sich die Antworten ihres Partners. Danach tauschen die Sch die Rollen. Zum Schluss werden die Interviews eingesammelt, gemischt und vorgelesen. Die Klasse rät, welcher Sch geantwortet hat.

Arbeitsbuch: S. 116, Ü27–28 Aussprache

C Das passiert in Europa

C1 Sprachbrücke: Besonderheiten/Kuriositäten in Europa

Die Sch lesen die Schlagzeilen und betrachten die Fotos. Stellen Sie die Fragen der Aufgabe und sammeln Sie die Vermutungen der Sch an der Tafel.

C2 Lesen: Besonderheiten/Kuriositäten in Europa

leere DIN-A5-Blätter

1 Erklären Sie die Aufgabe, indem Sie die Arbeitsanweisung vorlesen und zunächst im Plenum Fragepronomina an der Tafel sammeln *(wer? was? wo? wann? warum? wie viel? wie oft? etc.)*. Weisen Sie auf die Lernstrategie hin, lassen Sie diese in die Muttersprache der Sch übersetzen und auf S. 164 notieren. Bilden Sie Gruppen und geben Sie jedem Sch ein leeres Blatt für seine Notizen.
2 Verteilen Sie die Texte auf die Gruppen. Die Sch lesen in Gruppenarbeit ihre Texte, stellen W-Fragen und machen sich Notizen zu den Antworten. Gehen Sie währenddessen herum und geben Sie Hilfestellung.
3 Mischen Sie die Gruppen neu, sodass es in jeder Gruppe jeweils einen Vertreter aus den anderen Gruppen gibt. Jeder Sch hat nun einen anderen Text gelesen, über den er in der Gruppe berichtet. Die W-Fragen und die unterstrichenen Antworten helfen dabei.

C3 Sprechen: Über ein besonderes Ereignis im Heimatland berichten

1 Lenken Sie die Aufmerksamkeit der Sch auf die Sprechblase. Die Sch lesen still den Text, sichern Sie mithilfe von W-Fragen das Textverständnis. Klären Sie gegebenenfalls, wo Ljubljana liegt (in Slowenien).
2 Sammeln Sie im Plenum Bereiche, in denen es Besonderheiten bzw. Kuriositäten geben könnte: Sportarten, Freizeitbeschäftigungen, Cafés, Hotels, Bräuche, Feste etc.
3 Lassen Sie die Sch sich in Partnerarbeit eine Besonderheit überlegen oder im Internet danach suchen. Die Sch notieren sich Stichwörter und berichten dann kurz über eine Besonderheit in ihrer Region.

Arbeitsbuch: S. 117, Selbstkontrolle

A Ferien auf der Schiene

A1 Sprachbrücke: Reisen mit Interrail

1 Die Sch betrachten die Bilder. Fragen Sie nach der Textsorte *(Internetseite)* und der Überschrift *(Interrail durch Europa)*. Nehmen Sie die Antwort zum Anlass, das Stichwort *Interrail* an die Tafel zu schreiben. Klären Sie die Bedeutung, indem Sie die Bestandteile des Kompositums *Interrail (Inter + rail)* verschiedenfarbig unterstreichen, und bitten Sie die Sch, sich die Wortbedeutung aus dem Englischen herzuleiten *(inter = inter(national) / rail = Schiene)*. Verbinden Sie nun den Begriff *Interrail* mit dem Lektionstitel *Ferien auf der Schiene*. Schreiben Sie ihn an die Tafel.

2 **Zusatzaktivität:** Regen Sie die Sch mit folgenden Fragen zu einem Partnerinterview an: *Bist du schon einmal mit dem Zug in den Urlaub gefahren? Wenn ja: wohin? Wie lange hat die Reise gedauert? Wie hat es dir gefallen? Wenn nein: warum nicht? Wohin möchtest du gern einmal mit dem Zug fahren?* Die Sch machen sich Notizen und stellen ihre Partner im Plenum vor. Dieses Partnerinterview kann in guten Gruppen auch auf Deutsch geführt werden.

Arbeitsbuch: S.118, Ü1–2

A2 Globales Lesen: Mit Interrail durch Europa

1 Lesen Sie vom Beispieleintrag zuerst die Antwort vor und lassen Sie die Information im Text suchen. Verweisen Sie dann auf das Fragewort *(was)* und lesen Sie die Frage vor. Weisen Sie auf die anderen Fragewörter im Schüttelkasten hin.

2 Die Sch lesen still die weiteren Antworten, suchen die entsprechenden Stellen im Text und überlegen, welches Fragewort passt. Schreiben Sie inzwischen zur Unterstützung die Antworten an die Tafel und lassen Sie die Sch die Fragewörter ergänzen.

3 Die Sch ergänzen die Fragen. Lassen Sie bei der Kontrolle der Aufgabe einzelne Sch die Fragen an der Tafel vervollständigen. Weisen Sie schließlich noch für die temporale Präposition *bis zu* auf den Infospot zur Grammatik hin und erklären Sie die Bedeutung von *bis zu einem Monat*, indem Sie fragen: *Dauert das einen Monat oder weniger oder einen Monat oder länger? (einen Monat oder weniger)*.

Arbeitsbuch: S.118, Ü3

A3 Globales Hören: Reisevorbereitungen

1 Die Sch lesen still die Fragen. Geben Sie bei Frage 3 den Hinweis, dass die Sch das Thema nur in einem Satz zusammenfassen sollen. Sie müssen das Gespräch dafür nicht Wort für Wort verstehen.

2 Die Sch hören Teil 1 des Gesprächs. Lassen Sie sich anschließend die Antworten zurufen und spielen Sie, falls es Unklarheiten gibt, den Hörtext noch einmal vor. Lassen Sie bei Frage 3 mehrere Antwortmöglichkeiten zu *(sie surfen im Internet, sie wollen eine Interrail-Reise machen, sie planen ihre Reise etc.)*

A4 Selektives Hören: Reisevorbereitungen

1 Die Sch lesen still die Aussagen 1 bis 7. Erarbeiten Sie im Plenum den neuen Wortschatz möglichst auf Deutsch, indem Sie auf die Fotos auf der Webseite aus A1 *(die Dokumente, der Ausweis, die Unterkunft)* sowie auf das Foto bei Aussage 6 *(Geld an Bankautomaten abheben)* hinweisen, auf Ähnlichkeiten mit der Muttersprache oder einer anderen den Sch bekannten Sprache aufmerksam machen *(die Pension, das Hotel)* und mit konkretem Anschauungsmaterial arbeiten *(das Bargeld = zeigen Sie ein paar Münzen und Scheine)*.

2 Lesen Sie Aussage 1 vor, spielen Sie dann Teil 2 des Gesprächs bis *Na super!* vor und fragen Sie: *Ist die Aussage richtig oder falsch?* Lassen Sie sich die Antwort zurufen.

3 Die Sch hören Teil 2 des Gesprächs, entscheiden sich anschließend in Stillarbeit, welche der Aussagen 2 bis 7 richtig oder falsch sind, und vergleichen ihr Ergebnis mit dem ihres Nachbarn. Lassen Sie sich bei der Kontrolle im Plenum bei jeder Aussage *richtig* oder *falsch* zurufen.

4 Lesen Sie vor dem zweiten Hören die Arbeitsanweisung b) vor. Schreiben Sie die falschen Aussagen an die Tafel. Stellen Sie Vermutungen an, welche Informationen in den Sätzen falsch sein könnten, und betonen Sie noch einmal, dass die Sch sich beim Hören auf diese Aussagen konzentrieren sollen. Korrigieren Sie Aussage 1 gemeinsam, verweisen Sie auf den Notizzettel. Spielen Sie das Gespräch noch einmal bis *Na super!* vor und lassen Sie die Aussage auf Zuruf berichtigen.

5 Die Sch hören Teil 2 des Gesprächs noch einmal und machen sich Notizen zu den richtigen Informationen. Geben Sie den Sch anschließend Zeit, ihre Notizen in ganzen Sätzen auszuformulieren.

6 Vergleichen Sie die Ergebnisse, indem Sie sich die korrigierten Sätze vorlesen lassen und einen guten Sch bitten, die falschen Informationen in den Sätzen an der Tafel zu unterstreichen.

Lektion 32

A5 Wortschatz: Uhrzeiten

Pappuhr

1 **Zusatzaktivität:** Wiederholen Sie den Unterschied zwischen offizieller und inoffizieller Uhrzeit *(aus Bd. 1, Lektion 7)* mithilfe einer Pappuhr. Stellen Sie die Uhr auf 7:30 Uhr, schreiben Sie die Zeitangabe an die Tafel und fragen Sie: *Um wie viel Uhr frühstücke ich?* Lassen Sie sich die Lösung zurufen und schreiben Sie beide Varianten ebenfalls an die Tafel *(um sieben Uhr dreißig, um halb acht)*. Unterstreichen Sie die Präposition *um*. Verfahren Sie ebenso mit weiteren Beispielen, indem Sie die Uhrzeit verstellen *(Um wie viel Uhr gehe ich von der Schule nach Hause? Um wie viel Uhr esse ich zu Mittag?* Etc.).

2 Machen Sie Aufgabe 1 im Plenum. Lenken Sie zunächst die Aufmerksamkeit der Sch auf den Fahrplan und fragen Sie: *Um wie viel Uhr fährt ein Zug von München nach Wien?* Bitten Sie die Sch, dafür die Zeitangaben bei a und b zu lesen. Fragen Sie: *Was sagen die Jugendlichen im Hörtext?* Spielen Sie Teil 3 des Hörtextes bis *ein Zug nach Wien* vor und lassen Sie sich die Lösung zurufen.

3 Die Sch hören den kompletten Teil 3 des Gesprächs und kreuzen bei jeder Zeitangabe die gehörte Variante an. Lassen Sie bei der Besprechung der Lösung im Plenum die Buchstaben und Zeitangaben nennen.

Pappuhr

4 Festigen Sie die inoffiziellen Uhrzeiten. Schreiben Sie zunächst die Frage *Wie spät ist es?* an die Tafel, stellen Sie die Uhr auf 8:55 Uhr und antworten Sie: *Es ist fünf vor neun.* Unterstreichen Sie in der Antwort *Es ist* ... Stellen Sie nun die Uhr auf eine beliebige Zeit und fragen Sie jeweils: *Wie spät ist es?* Üben Sie schwerpunktmäßig die Angaben *(... Minuten/Viertel) vor* und *(... Minuten/Viertel) nach.*

5 Lenken Sie die Aufmerksamkeit der Lerner auf Aufgabe b) und fragen Sie: *Was macht Jasper?* Bitte Sie einen guten Sch, den Beispielsatz vorzulesen. Die Sch bearbeiten die Aufgabe in Stillarbeit und vergleichen ihre Sätze mit denen ihres Nachbarn. Bitten Sie im Plenum einzelne Sch, ihre Sätze an die Tafel zu schreiben.

Kopiervorlage 32/1

Wechselspiel zu den Uhrzeiten: Jeder Sch sucht sich einen Partner. Kopieren Sie für jedes Schülerpaar die Vorlage, schneiden Sie diese durch und geben Sie jedem Sch eine Blatthälfte. Die Sch ergänzen die Uhrzeiten, die ihnen fehlen, indem Sie wechselseitig fragen und antworten und dabei wie im Beispiel die informelle Zeitangabe verwenden. Die Sch tragen die gehörte Uhrzeit ein. Anschließend vergleichen sie ihre Blätter. Für jede richtige Uhrzeit gibt es einen Punkt.

Arbeitsbuch: S.118, Ü4–6; S.119, Ü7–8

A6 Aussprache: Wortgruppenakzent bei Uhrzeiten

1 Die Sch sehen sich zunächst die Zeitangaben im Buch an. Spielen Sie den Hörtext vor. Die Sch lesen still mit. Unterstützen Sie den Wortakzent gestisch und fordern Sie die Sch auf, die Geste nachzuahmen.

2 Beim zweiten Hören sprechen die Sch die Wortgruppen nach und unterstützen den Wortakzent durch die Geste aus Schritt 1.

A7 Sprechen: Indefinit- und Possessivpronomen

1 Bitten Sie drei Sch, den Beispieldialog vorzulesen. Schreiben Sie den Dialog mit Pfeilen für die Antwortvarianten (siehe A8) an die Tafel, klären Sie die Bedeutung von *Reiseführer* durch seine Bestandteile *(der Reiseführer = Reise + führer, führen)* und geben Sie das Genus an. Unterstreichen Sie das Nomen sowie die Pronomen *keinen* und *einen*.

2 Nennen Sie einen Gegenstand mit einem anderen Genus *(Hast du eine Kreditkarte?)* und vervollständigen Sie den Dialog gemeinsam mit den Sch an der Tafel.

3 Weisen Sie auf die Formen der einzelnen Genera in der Infobox zur Grammatik hin. Betonen Sie das Indefinitpronomen im Plural *(welche)*. Machen Sie die Sch darauf aufmerksam, dass die Possessivpronomen sowie der negative Artikel ebenso dekliniert werden – nur im Plural nicht!

4 Gehen Sie mit den Sch die Gegenstände im Redemittelkasten durch. Sammeln Sie mit den Sch noch weitere Gegenstände.

5 Teilen Sie die Klasse in Gruppen zu drei Sch und bitten Sie die Gruppen, Dialoge wie in den Beispielen zu bilden. Gehen Sie während der Gruppenarbeit herum und geben Sie Hilfestellung.

Arbeitsbuch: S.119, Ü9–11

A8 Sprechen: Eine Reise planen

1 Die Sch sehen sich die Reise-Checkliste und den Auszug aus dem Fahrplan an. Bitten Sie im Anschluss drei Sch, den Beispieldialog mit verteilten Rollen vorzulesen. Schreiben Sie *Den um Viertel nach sieben.* an die Tafel, unterstreichen Sie *den*

und fragen Sie: *Welches Wort fehlt hier nach „den"? (Zug)*. In weniger leistungsstarken Gruppen können Sie noch einmal im Plenum die Uhrzeiten auf dem Fahrplan durchgehen.

2 Teilen Sie die Klasse in Dreiergruppen. Bitten Sie die Gruppen, sich fünf Gegenstände aus der Checkliste auszusuchen und sich für einen der Züge nach Rom zu entscheiden. Verweisen Sie zuvor noch einmal auf den Infospot zur Grammatik in A7. Die Sch stellen sich Fragen wie im Beispieldialog. Bitten Sie anschließend einzelne Gruppen, im Plenum ihren Dialog zu präsentieren.

Arbeitsbuch: S.120, Ü12

3 Zwei Tage Wien

3.1 Sprachbrücke: Die Reise von Jasper, Alex und Klara

Die Sch überlegen bei geschlossenen Büchern, was sie schon alles über die Reise von Jasper, Alex und Klara wissen. Schreiben Sie als Anregung W-Fragen an die Tafel: *Womit sind sie unterwegs? (mit dem Zug)*, *Wohin geht die Reise? (durch Europa, Interrail, 1. Station: Wien)*, *Wo übernachten sie? (in Jugendherbergen)*, *Was nehmen sie mit? (Ausweis, EC-Karte, Reiseführer ...)*. Falls die Sch sich nicht so gut erinnern können, dürfen sie bei geöffneter A-Seite antworten.

3.2 Globales Lesen: Jaspers Reisetagebuch

1 **Zusatzaktivität:** Fragen Sie die Sch zu Beginn, welche Stichworte ihnen zu Wien einfallen. Schreiben Sie *Wien* als Wortigel an die Tafel und ergänzen Sie diesen mit den Assoziationen der Sch *(Hauptstadt Österreichs, Donau, Wiener Schnitzel, Sachertorte etc.)*.

Folie des Lesetextes

2 Weisen Sie auf Jaspers Tagebuch sowie auf die Nummerierung des Abschnitts (1) hin. Bitten Sie die Sch, den ersten Abschnitt still zu überfliegen und die Zeitangaben in Abschnitt 1 zu sammeln *(früh, gleich um acht, eine halbe Stunde später)*. Fordern Sie einen guten Sch auf, diese zur Kontrolle im Text auf der Folie zu unterstreichen.

3 Verweisen Sie auf die Lernstrategie, lassen Sie die Strategie in die Muttersprache der Sch übersetzen und auf S. 164 notieren.

4 Betonen Sie, dass die Sch sich beim Überfliegen der restlichen Abschnitte auf die Zeitangaben konzentrieren und diese markieren sollen. Mithilfe der Zeitangaben nummerieren die Sch dann die Abschnitte in Partnerarbeit. Lassen Sie bei der Besprechung der Lösung die Nummerierung durch die Nennung der Zeitangaben begründen. Unterstreichen Sie diese ebenfalls im Lesetext auf der Folie.

Arbeitsbuch: S.120, Ü13–15; S.121, Ü16

3.3 Selektives Lesen: Jaspers Reisetagebuch

1 Lenken Sie die Aufmerksamkeit der Sch auf die Fotos und die Bildunterschriften 1 bis 5. Stellen Sie die Fragen des Aufgabenteils a). Bitten Sie die Sch dafür, Abschnitt 2 nochmals zu lesen, und lassen Sie sich anschließend den Namen des Bauwerks zurufen.

2 Die Sch lesen die restlichen drei Abschnitte und ergänzen die Namen der Sehenswürdigkeiten in Stillarbeit. Lassen Sie sich bei der Besprechung die Namen vorlesen.

3 Fragen Sie die Sch: *Was haben die drei in Wien gegessen?* Weisen Sie auf den Notizzettel hin und übertragen Sie die Überschriften *Zum Frühstück / Zum Mittagessen* an die Tafel. Die Sch suchen in Jaspers Tagebucheintrag nach Speisen und Gerichten. Schreiben Sie bei der Besprechung die Speisen zum Frühstück und zum Mittagessen auf Zuruf an die Tafel. Betonen Sie, dass es sich bei den Gerichten zum Mittagessen um Wiener Spezialitäten handelt, und weisen Sie zur Erklärung auf die beiden Illustrationen hin. Übersetzen Sie die Namen der Gerichte gegebenenfalls in die Muttersprache.

4 Weisen Sie auf den zweiten Notizzettel mit den Smileys hin und lesen Sie den Beispieleintrag vor. Fragen Sie: *Was hat sonst noch geklappt, was nicht?* Die Sch sollen ihre Angaben begründen.

5 Die Sch arbeiten in Stillarbeit, indem Sie das Raster der Aufgabe in ihr Heft übertragen, positive Erlebnisse in die linke und negative in die rechte Spalte schreiben. Gehen Sie herum und geben Sie Hilfestellung. Lassen Sie sich die Notizen der Sch im Plenum vorlesen. Sammeln Sie mit den Sch anschließend Textmerkmale und Wortarten, die positive oder negative Erlebnisse anzeigen (Smileys, Adverbien wie *leider*, Adjektive wie *toll, total super* etc.).

6 Schließen Sie mit einer Wortschatzarbeit, indem Sie den neuen Wortschatz in Wortfeldern erarbeiten. Bitten Sie die Sch, den Text noch einmal zu lesen und unbekannte Wörter zu notieren. Schreiben Sie die Wörter in Wortfeldern an die Tafel (Sehenswürdigkeiten: *die Burg, das Schloss, der Schlosspark, besichtigen* etc.; Reise: *der Reiseführer, die Jugendherberge, die Stadtrundfahrt, der Tourist*; Lebensmittel: *der Braten, der Zucker* etc.; Wörter aus dem Österreichischen: *das Beisel, der Palatschinken*).

B4 **Grammatik: Verbkonjugation im Präteritum**

1 Die Sch lesen still die Sätze 1 bis 8. Klären Sie gegebenenfalls unbekannten Wortschatz *(wach = nicht müde)*. Lenken Sie die Aufmerksamkeit der Sch auf die farbig unterlegten Wörter, stellen Sie die Fragen des Aufgabenteils a) und erklären Sie den Unterschied zwischen den beiden Farben (blau = bekannte Form, grün = unbekannte Form).

Folie von B4, blauer und grüner Folienstift

2 Markieren Sie die Präteritumform in Satz 3 im Plenum, indem Sie auf der Folie die Form mit der entsprechenden Farbe unterstreichen. Die Sch arbeiten in Partnerarbeit weiter. Lassen Sie die Formen bei der Besprechung im Plenum von einem Sch auf der Folie in der entsprechenden Farbe unterstreichen.

3 Übertragen Sie die Tabelle von Aufgabenteil b) an die Tafel. Weisen Sie auf Satz 2 von Aufgabenteil a) hin und übertragen Sie die erste Zeile der Tabelle ebenfalls. Bitten Sie die Schülerpaare, bei den bekannten Präteritumformen den Infinitiv anzugeben. Lassen Sie sich bei der Besprechung die Infinitivformen zurufen.

4 Die Schülerpaare ergänzen die neuen Präteritumformen und den dazugehörigen Infinitiv in Stillarbeit. Bei der Besprechung trägt ein guter Sch seine Formen in die Tabelle an der Tafel ein.

5 Fragen Sie die Sch: *Woran erkennt ihr das Präteritum*? Geben Sie den Hinweis, dass die Sch die Präteritum- mit der Infinitivform vergleichen sollen (Endung -te, Wechsel des Vokals). Bitten Sie einen anderen Sch, die entsprechenden Stellen in den Formen zu unterstreichen.

6 Verweisen Sie auf den Grammatikspot – dort wurden nur die 1. und 3. Form Singular als sprechübliche Form aufgeführt. Erklären Sie, das dass *du* selten mit der Präteritumform verwendet wird. Weisen Sie auf die Lernstrategie hin, die Sie in die Muttersprache der Sch übersetzen und auf S. 164 notieren lassen.

Kärtchen, Blu Tack / Klebeband

7 **Zusatzaktivität:** Beschriften Sie Kärtchen mit folgenden Wortteilen: *war, hat/te, muss/te, woll/te, fand, mal/te, dach/te, mein/te, ging*. Sie können für Stamm und Endung Kärtchen unterschiedlicher Farben verwenden. Kleben Sie die Kärtchen ungeordnet an die Tafel. Weisen Sie die Sch darauf hin, dass nicht alle Verben eine Endung haben.

Bitten Sie einen Sch, eine Präteritumform zu bilden, indem er sich die entsprechenden Kärtchen aussucht und in der richtigen Reihenfolge an der Tafel befestigt. Bitten Sie den Sch zudem, ein passendes Personalpronomen zu ergänzen. Fordern Sie weitere Sch auf, bis alle Karten verbraucht sind.

Arbeitsbuch: S.121, Ü17–18

Kopiervorlage 32/2, Scheren

Präteritum-Memory®: Teilen Sie die Klasse in Kleingruppen zu drei bis vier Sch und geben Sie jeder Gruppe eine Vorlage sowie eine Schere. Die Sch schneiden die Memory®-Kärtchen aus und legen sie verdeckt vor sich auf den Tisch. Danach spielen die Sch Memory®: Der Reihe nach decken die Sch jeweils zwei Karten auf, merken sich deren Lage und drehen sie wieder um. Wer zwei zusammengehörende Karten (Präteritum- und Infinitivform) aufgedeckt hat, darf die beiden Karten behalten und erneut zwei Karten aufdecken. Gewonnen hat der Sch mit den meisten Kartenpaaren.

B5 **Sprechen: Über eine Reise berichten**

1 Lenken Sie die Aufmerksamkeit der Sch auf das Foto, fragen Sie nach der abgebildeten Sehenswürdigkeit *(Eiffelturm in Paris)*. Die Sch lesen still den Reisebericht in der Sprechblase. Sichern Sie das Verständnis mit Fragen, erklären Sie gegebenenfalls unbekannten Wortschatz *(Turm, steigen)*.

2 Sagen Sie den Sch, dass sie analog zum Beispiel einen mündlichen Reisebericht verfassen sollen. Erklären Sie die beiden Aufgabenvarianten a) und b), zwischen denen sich die Sch entscheiden können, indem Sie fragen: *Möchtest du von einem deiner Reiseerlebnisse erzählen? Oder möchtest du dir eine mögliche Reise ausdenken?* Gehen Sie mit den Sch die W-Fragen im Redemittelkasten durch. Animieren Sie die Sch dazu, nicht nur Urlaubsfotos, sondern auch konkrete Gegenstände zu zeigen, die sie aus ihrem Urlaub mitgebracht haben *(z. B. Souvenirs, eine Strandmuschel, Eintrittskarten etc.)*

großer Bogen Plakatpapier, Klebstoff

3 Die Sch suchen als Hausaufgabe im Fotoalbum oder im Internet nach Urlaubsfotos. Sie machen sich Notizen zu der Reise und orientieren sich dabei an den W-Fragen. Bitten Sie in der nächsten Stunde einzelne Sch, von ihrer Reise im Plenum zu berichten. Die Urlaubsfotos können die Sch anschließend auf einem großen Bogen Plakatpapier zu einer Collage arrangieren. Hängen Sie das Plakat anschließend im Klassenraum auf.

Arbeitsbuch: S. 122, Ü19–20

Arbeitsbuch: S. 122, Ü21–22 Aussprache

C Wissensquiz Reisen

C1 Sprechen: Informationen über ein Reiseland

1 Sagen Sie zu den Sch: *Stellt euch vor, ihr macht eine Reise ins Ausland. Was möchtet ihr über das Land erfahren?* Die Sch lesen still die Themenbereiche und kreuzen die für sie interessanten Bereiche an. Welcher Themenbereich ist besonders interessant für alle? Fassen Sie das Ergebnis in Form einer kleinen Statistik zusammen.
2 In Schritt 3 sollen die Sch in Gruppenarbeit weitere Bereiche, die ihnen wichtig sind, hinzufügen. Gehen Sie mit den Sch dafür die Redemittel in der Wortschatzhilfe durch, indem Sie für die Redemittel 1, 3 und 5 jeweils einen Beispielsatz bilden lassen.
3 Teilen Sie die Klasse in Gruppen zu vier bis sechs Sch. Die Sch sagen sich gegenseitig, was sie an Informationen über ein anderes Land wissen möchten. Gehen Sie während der Gruppenarbeit herum und achten Sie darauf, dass möglichst viele verschiedene Redemittel verwendet werden.

C2 Lesen: Wissensquiz Reisen

1 Klären Sie zu Beginn die Textsorte *(Quiz)* und bitten Sie die Sch, den Text still zu lesen. Beantworten Sie Fragen zum Wortschatz, da die Sch die Aufgabe nur bearbeiten können, wenn sie die Hauptinformationen verstanden haben. Verbinden Sie die Wortschatzarbeit mit Landeskunde, indem Sie auch die Abbildungen einbeziehen.
2 Die Sch finden sich paarweise zusammen und machen zu zweit das Quiz. Betonen Sie, dass jeweils eine Antwort richtig ist. Besprechen Sie anschließend das Ergebnis, indem Sie sich die Lösung zurufen lassen.

C3 Schreiben: Ein Quiz erstellen

1 Greifen Sie auf die Gruppen aus C1 zurück und bitten Sie die Gruppen, zu einem Land ihrer Wahl ein Quiz vorzubereiten. Weisen Sie dafür auf die Themen in C1 hin. Achten Sie darauf, dass sich jede Gruppe für ein anderes Land entscheidet. Sie können die Auswahl aber auch auf die deutschsprachigen Länder beschränken.
2 Die Sch recherchieren als Hausaufgabe nähere Informationen zu „ihrem" Land und bereiten ein Quiz nach dem Muster von C2 vor. Geben Sie die Anzahl der Fragen vor.
3 In der nächsten Stunde gibt jede Gruppe ihr Quiz an eine andere Gruppe weiter, die die Quizaufgaben lösen soll. Jede Gruppe löst die Quizaufgaben, die sie erhalten hat. Anschließend werten die Gruppen, die das Quiz erstellt haben, die Quizaufgaben der jeweils anderen Gruppe aus. Für jede richtige Antwort gibt es einen Punkt. Sammeln Sie die Punkte jeder Gruppe dabei an der Tafel. Die Gruppe mit den meisten Punkten hat gewonnen.

Arbeitsbuch: S.123, Selbstkontrolle

A Stadtrallye in Zürich

A1 Sprachbrücke: Zürich

Karte im Einband

1 Klären Sie mithilfe der Karte im Einband, wo die Schweiz liegt. Lassen Sie gegebenenfalls die Nachbarländer der Schweiz aufzählen und anschließend wichtige Städte der Schweiz *(Zürich, Bern, Lausanne ...)* benennen.
2 Schreiben Sie *Zürich* an die Tafel und fragen Sie: *Was wisst ihr über Zürich?* Sammeln Sie in einem Wortigel Stichwörter an der Tafel *(z. B. Stadt in der deutschsprachigen Schweiz, Großstadt, Wirtschaftsmetropole, in den Bergen, an einem See, Banken, schön, teuer, sauber, ...).*
3 Lassen Sie die Sch die Bücher öffnen und die Fotos betrachten. Fragen Sie: *Was erfahrt ihr von den Fotos über Zürich?* Ergänzen Sie anhand der Antworten das Tafelbild mit weiteren Informationen.

A2 Globales Lesen: Stationen der Stadtrallye

1 Die Sch überfliegen den Text *Stadtrallye* und überlegen, worum es bei diesem Text geht und an wen er sich richtet *(Die Klasse 10 aus einem Gymnasium in Konstanz ist zu einer Klassenfahrt in Zürich. Um sich in der Stadt zu orientieren, macht die Klasse eine Stadtrallye. Der abgebildete „Laufzettel" beschreibt die Stationen, zu den einzelnen Stationen gibt es Fragen.).*
2 Fragen Sie: *Wo ist der Start der Stadtrallye?* Schreiben Sie auf Zuruf *Start = Hauptbahnhof* an die Tafel und lassen Sie das passende Foto zuordnen. Ergänzen Sie die Lösung an der Tafel.
3 In Partnerarbeit ordnen die Sch die Bilder den Stationen zu. Weisen Sie darauf hin, dass die Aufgaben im Text zu den Stationen 1 und 2 nicht Teil der Aufgabe A2 sind, sondern erst in Aufgabe A3 beantwortet werden sollen. Eine Erklärung des unbekannten Wortschatzes ist zur Lösung der Aufgabe nicht notwendig.
4 Lassen Sie zwei Sch die Lösungen an der Tafel notieren. Bitten Sie das Plenum bei Unstimmigkeiten oder nicht korrekter Schreibweise (z. B. *Central*) um Anmerkungen.

A3 Selektives Hören: Antworten und Fragen einander zuordnen

Folie von A3

1 Die Sch lesen die Frage und die Antworten von A3/1. Schaffen Sie eine Verbindung zwischen dem Laufzettel und der Aufgabe, indem Sie fragen: *Wer trifft sich um 13 Uhr?* Klären Sie die Wörter *Bahnhofsbrücke* und *Rathausbrücke*. Arbeiten Sie bei *Brücke* mit den Bildern B und G.
2 Lassen Sie die weiteren Fragen und Antworten lesen. Verweisen Sie zuerst auf den Infospot mit Smiley und erinnern Sie an die bekannten Präpositionen, dann auf den Infospot zur Grammatik mit den unbekannten Präpositionen. Die Sch erschließen sich die Bedeutungen anhand der Visualisierungen.
3 Die Sch hören den Anfang des Textes. Lassen Sie sich die Antwort zurufen und markieren Sie sie auf der Folie. Danach hören die Sch den ganzen Text und lösen die restlichen Aufgaben.
4 Geben Sie den Sch anschließend genügend Zeit, die Aufgaben, bei denen sie keine Antwort gefunden haben oder unsicher sind, noch einmal zu lesen. Sagen Sie den Sch, dass sie sich beim nochmaligen Hören auf diese Stellen konzentrieren sollen. Spielen Sie den Text noch einmal vor.
5 Vergleichen Sie die Ergebnisse im Plenum, indem Sie auf Zuruf die Antworten auf der Folie ankreuzen. Verweisen Sie auf die angewandte Lernstrategie im Buch und übersetzen Sie diese mit den Sch in die Muttersprache. Die Sch notieren die Strategie im Arbeitsbuch auf S. 164.
6 Die Sch lesen die Aufgabe A3b) und den Aufgabenzettel von A2. Sie versuchen zunächst die Aufgabe aus dem Gedächtnis zu lösen. Spielen Sie dann den Text noch einmal vor. Notieren Sie die Lösungen auf Zuruf an der Tafel.

Arbeitsbuch: S. 124, Ü1–4

A4 Grammatik: Lokale Präpositionen

1 Schreiben Sie als Beispiel die erste Frage und Antwort an die Tafel. Zeichnen Sie einen Pfeil vom Fragepronomen zur Präposition und dessen Bezugswort und unterstreichen Sie die Präposition und den Artikel.

Wo treffen sich alle?
↓ (Dativ)
Auf der Rathausbrücke.

2 Die Sch markieren in den Sätzen von A3 die Präpositionen sowie das Bezugswort mit Artikel. Verweisen Sie nochmals auf das Fragewort *Wo?* und lenken Sie die Aufmerksamkeit der Sch auf den „Meine-Regel"-Kasten. Die Sch kreuzen die Lösung an.
3 Ergänzen Sie den Kasus im Tafelbild.

Arbeitsbuch: S. 125, Ü5

A5 Grammatik: Lokale Präpositionen

1 Lesen Sie die Frage 1 vor und verweisen Sie auf das Bild sowie den Schüttelkasten. Betonen Sie, dass bei der Antwort die Präposition und der Artikel ergänzt werden müssen. Klären Sie bei Bedarf das Genus von *Großmünster* (n). Lassen Sie sich die Antwort zurufen und notieren Sie sie an der Tafel. Unterstreichen Sie den Artikel.
2 Die Sch lösen in Stillarbeit die Aufgabe. Falls die Sch Probleme haben, das Genus der Bezugswörter zu bestimmen, verweisen Sie auf die Aufgaben A2 und A3. Die Sch vergleichen ihre Lösungen mit denen ihres Nachbarn und anschließend im Plenum, indem sie Frage und Antwort jeweils mit verteilten Rollen vortragen.

Arbeitsbuch: S. 125, Ü6–8

Kopiervorlage 33/1

Kreative Schreibaufgabe „In meiner Stadt": Geben Sie jedem Sch eine Kopie der Vorlage. Die Sch lesen den Anfang (1) der Geschichte *In meiner Stadt* und unterstreichen die Präpositionen in diesem Abschnitt. Tragen Sie die Präpositionen im Plenum zusammen. Bitten Sie die Sch, die Fortsetzung der Geschichte (2) zu lesen und dabei die fehlenden Artikel einzusetzen. Tragen Sie auch nach diesem Arbeitsschritt die Ergebnisse im Plenum zusammen. Fordern Sie die Sch schließlich auf, die Geschichte weiter zu schreiben (3). Verweisen Sie auf die Nomen im Schüttelkasten, die die Sch verwenden können. Die Sch können sich aber auch eigene Orte, Dinge oder Personen ausdenken. Geben Sie für die kreative Schreibaufgabe ausreichend Zeit. Gehen Sie währenddessen herum und geben Sie Hilfestellung. Freiwillige Sch können ihre Geschichte anschließend im Plenum vorlesen. Hängen Sie die Texte zum Schluss im Klassenraum auf.

A6 Wortschatz: Schweizer Varianten

1 Verweisen Sie auf den Text zu Station 1 in A2 und schreiben Sie: *Kauft euch Billets und ab aufs Perron!* an die Tafel. Markieren Sie das Wort *Perron* und erklären Sie die sprachliche Varietät mithilfe der bei A6 abgebildeten Landesfahnen. Markieren Sie auch das Wort *Billets* und lassen Sie im Schüttelkasten nach der Entsprechung suchen.
2 Die Sch notieren sich die Varietäten paarweise und ordnen zu. Sichern Sie die Ergebnisse, indem Sie einen Sch die Lösungen an die Tafel schreiben lassen.

A7 Aussprache: Wortakzent bei zusammengesetzten Nomen

1 Spielen Sie das Hörbeispiel zum Kompositum *Innenstadt* vor. Unterstützen Sie die Wortakzente durch die entsprechende Geste. Spielen Sie das Beispiel noch einmal vor und fordern Sie die Sch auf, die Geste nachzuahmen und Kompositum und Grundwort nachzusprechen.
2 Weisen Sie die Sch auf den Grammatikkasten zur Bildung des Kompositums hin und erklären Sie mithilfe der farbigen Hervorhebung, dass sich das Genus des Kompositums nach dem Genus des Grundwortes richtet. Verweisen Sie außerdem auf die Lernstrategie im Buch und übersetzen Sie sie in die Muttersprache. Die Sch notieren die Strategie im Arbeitsbuch auf S. 164.
3 Spielen Sie danach die anderen Wörter vor. Die Sch lesen mit und markieren den Wortakzent. Beim zweiten Hören sprechen sie nach und unterstützen den Wortakzent durch die Geste aus Schritt 1. Übertragen Sie währenddessen die Komposita an die Tafel.
4 Bitten Sie zum Vergleich im Plenum einen Sch, den Wortakzent an der Tafel zu markieren.

Arbeitsbuch: S. 126, Ü9

5 **Zusatzaktivität:** Erweitern Sie die Übung aus dem Arbeitsbuch: Geben Sie ein Nomen vor *(z. B. Stadt, Brücke, Bahn)* und lassen Sie die Sch innerhalb einer Minute möglichst viele Komposita finden *(Innenstadt, Hauptstadt, Großstadt, Stadtrallye, Stadtzentrum, Stadtplan, Stadtviertel, ...)*. Üben Sie bei der Kontrolle der Wörter ebenfalls den Wortakzent.

A8 Sprechen: Ich sehe einen Ort, den du nicht siehst ...

Folie des Stadtplans von Zürich

1 Zeigen Sie den Ausschnitt des Stadtplans auf Folie und lassen Sie die Sch anhand der Beschriftungen (z. B. *ETH Zürich*) darauf schließen, dass es sich um den Ausschnitt eines Stadtplans von Zürich handelt.
2 Schreiben Sie folgende Sätze an die Tafel: *Wie heißt das Gebäude? Es ist in der Nähe vom Rathaus. Es liegt zwischen der Wasserkirche und dem Kunsthaus.* Lesen Sie die Sätze vor und lassen Sie die Sch raten, welches Gebäude Sie meinen *(Großmünster)*. Unterstreichen Sie die verwendeten Redemittel und verweisen Sie auf den Redemittelkasten.

3 Die Sch lesen sich die Redemittel still durch. Bitten Sie einen guten Sch, sich einen Ort oder ein Gebäude auf dem Plan auszusuchen. Der Sch beschreibt ihn/es und verwendet ebenfalls die Redemittel. Die anderen Sch raten wieder.

4 Die Sch beschreiben sich in Partnerarbeit abwechselnd Orte oder Gebäude. Gehen Sie herum und helfen Sie gegebenenfalls bei Unsicherheiten.

Arbeitsbuch: S. 126, Ü10–11

B Total verirrt

B1 Sprachbrücke: Verirrt

1 Die Sch schauen sich das Foto an und äußern Vermutungen, was passiert ist. Stellen Sie bei Bedarf Fragen zur Anregung: *Was ist auf dem Foto zu sehen? Wo befindet sich die Frau? Was tut sie?* Schreiben Sie den Titel *Total verirrt!* an die Tafel. Die Sch überlegen, was er bedeuten könnte und machen Übersetzungsvorschläge in der Muttersprache.

2 Lassen Sie drei oder vier Sch erzählen, wie es war, als sie sich zuletzt verirrt haben. Lassen Sie im Plenum zu jeder Geschichte nach einen treffenden Titel suchen. Zur Anregung können Sie auch eine Geschichte von sich erzählen.

B2 Globales Lesen: Texte und Titel einander zuordnen

1 Die Sch lesen still den Titel und den Einstiegstext. In Partnerarbeit überlegen sich die Sch, was das Wort *peinlich* in diesem Kontext bedeutet. Im Plenum äußern die Sch ihre Vermutungen und machen Vorschläge, wie *Wie peinlich!!!* in die Muttersprache übersetzt werden könnte.

2 Lesen Sie die drei Titel a bis c vor und erklären Sie, dass diese jeweils die Schlüsselinformationen beinhalten, auf die sich die Sch beim Lesen und Zuordnen der Texte konzentrieren sollen. Lassen Sie Text 1 lesen, einem Titel zuordnen und Belegstellen nennen.

3 Die Sch lesen die weiteren Texte, markieren die Belegstellen und ordnen die Titel zu. Ihre Ergebnisse vergleichen sie anschließend mit denen ihres Nachbarn.

4 Sichern Sie im Plenum die richtigen Lösungen und lassen Sie sich die Belegstellen vorlesen. Der neue Wortschatz muss an dieser Stelle noch nicht geklärt werden.

B3 Selektives Lesen: Was ist wem passiert?

1 Lassen Sie die Sch die Aufgabenstellung lesen und fragen Sie: *Wer war neu in der Stadt?* Lassen Sie sich den Namen und die Belegstelle nennen. Verfahren Sie ebenso bei den Sätzen 2 und 3. Klären Sie dabei die Wörter *umgezogen* und *aufgeregt*.

2 Sichern Sie den weiteren unbekannten Wortschatz der Aufgabensätze. Die Sch ordnen dann in Einzelarbeit die weiteren Sätze zu. Bilden Sie Dreier- oder Vierergruppen und lassen Sie die Sch ihre Ergebnisse untereinander vergleichen.

3 Lassen Sie die Sätze in einer Redekette vorlesen, indem ein Sch den jeweiligen Satz als Frage stellt, der nächste diese beantwortet usw.: *Wer war neu in der Stadt? Kai war neu in der Stadt. ...*

Arbeitsbuch: S. 127, Ü12–14

B4 Wortschatz: Indefinitpronomen *irgend-*

1 Lenken Sie die Aufmerksamkeit der Sch auf die Wörter im Schüttelkasten und fragen Sie: *Kennt ihr Teile dieser Wörter?* Lassen Sie die Sch die Wortbildung selbst entdecken.

2 Die Sch lesen den ersten Satz der Aufgabe und überlegen, welches Wort eingesetzt werden muss. Verweisen Sie bei Bedarf auf die Zeitangabe im Beispielsatz und auf die entdeckten Wortteile *(wo, wie, wann ...)*. Lassen Sie den Satz mit Lösung vorlesen und mit dem Originalsatz vergleichen. Verfahren Sie mit Satz 2 ebenso. Verweisen Sie dort auf die Ortsangabe.

3 Die Sch ergänzen in Stillarbeit die weiteren Lücken. Die Sch kontrollieren ihre Ergänzungen, indem sie in den Texten nach den entsprechenden Sätzen suchen und diese mit ihren Sätzen vergleichen.

4 Lenken Sie die Aufmerksamkeit auf den Infospot zur Grammatik. Machen Sie auf den Plural *irgendwelche* aufmerksam, indem Sie Satz 3 variieren und an die Tafel schreiben: *Ich habe dann _____ Leute (Pl.!) gefragt.* Lassen Sie sich das fehlende Indefinitpronomen *irgendwelche* zurufen und ergänzen Sie es.

Arbeitsbuch: S. 127, Ü15–16

B5 Grammatik: Konzessiver Nebensatz mit *obwohl*

1 Lesen Sie den Hauptsatz des ersten Satzes vor. Die Sch lesen still die Sätze a bis c in der rechten Spalte und überlegen, welcher zu Satz 1 passt. Lassen Sie sich die Lösung zurufen und lesen Sie den ganzen Satz laut vor.

2 Die Sch ordnen in Stillarbeit die anderen Satzteile einander zu. Kontrollieren Sie die Lösungen im Plenum, indem Sie diese vorlesen lassen.

3 Schreiben Sie den Beispielsatz aus dem Infospot zur Grammatik an die Tafel. Lassen Sie einen Sch die Verben im Satz an der Tafel unterstreichen. Klären Sie, welcher Satz der Haupt- und welcher der Nebensatz ist.

4 Die Sch markieren die Verben in den Sätzen in B5a) in Stillarbeit und bestimmen Haupt- und Nebensatz. Verweisen Sie auf den „Meine-Regel"-Kasten und fragen Sie: *Steht das Verb im Nebensatz an Position 2 oder am Ende?* Die Sch kreuzen mithilfe ihrer Markierungen die Regel an.

> *Arbeitsbuch: S. 128, Ü17–19; S. 129, Ü20–21*

> *Kopiervorlage 33/2*

Arbeitsblatt zum Nebensatz mit *obwohl:* Geben Sie jedem Sch ein Arbeitsblatt. Die Sch lesen zuerst das Beispiel und anschließend die darunter stehenden Sätze. Beantworten Sie gegebenenfalls Fragen zum Wortschatz. Jeweils zwei Sätze sollen mit der Konjunktion *obwohl* zu einem korrekten Satz verbunden werden. Die einzelnen Sätze dürfen dabei auch mehrfach verwendet werden. Die Sch schreiben ihre *obwohl*-Sätze auf und vergleichen sie danach in Partnerarbeit und gegebenenfalls auch im Plenum.

B6 **Schreiben: Konzessiver Nebensatz mit *obwohl***

1 Die Sch lesen den ersten Satz, überlegen sich eine Ergänzung und notieren diese. Bitten Sie zwei oder drei Sch, ihre Lösungen vorzulesen. Korrigieren Sie möglichst nur die Satzstellungsfehler (insbesondere die Verbstellung).

2 In Partnerarbeit lesen und ergänzen die Sch die weiteren Sätze schriftlich. Anschließend werden die Sätze im Plenum vorgelesen.

> *Arbeitsbuch: S. 130, Ü22*

B7 **Schreiben: Konzessiver Nebensatz mit *obwohl***

1 Lesen Sie den Beispielsatz von B7a) vor und anschließend den Satz mit der Ergänzung von B7b). Bitten Sie einen Sch, sich analog zum Beispiel einen Satzanfang auszudenken und an die Tafel zu schreiben. Die Sch überlegen sich eine passende Ergänzung. Lassen Sie einen Sch seinen Vorschlag an die Tafel schreiben.

> *leere Zettel*

2 Die Sch bilden Gruppen von vier bis sechs Sch. Jeder Sch bekommt einen Zettel und schreibt einen Satzanfang darauf. Die Zettel werden verdeckt in die Mitte gelegt und jeder Sch darf einen ziehen. Zieht ein Sch den eigenen Zettel, tauscht er mit einem anderen Sch. In Stillarbeit ergänzt jeder Sch den Satz mit einem Konzessivsatz mit *obwohl*.

3 Die Sch lesen sich die Sätze in der Gruppe gegenseitig vor und korrigieren sich gegenseitig. Gehen Sie herum und klären Sie Fragen.

> *Arbeitsbuch: S. 130, Ü23–24 Aussprache*

C **Orientierung in unserer Welt**

C1 **Sprachbrücke: Piktogramme zur Orientierung**

> *Folie der Piktogramme*

1 Die Sch schauen sich die Piktogramme A bis E an. Fragen Sie: *Woher kennt ihr solche Bilder? Wofür braucht man sie?* Die Sch beantworten die Fragen zusammen mit einem Partner in der Muttersprache und überlegen, was die einzelnen Piktogramme bedeuten könnten.

2 Im Plenum werden die Überlegungen zusammengetragen. Beschriften Sie auf Zuruf die Piktogramme auf der Folie in der Muttersprache *(Aufzug, Warteraum, Waschanlage ...).*

3 Fragen Sie die Sch, welche Piktogramme sie noch kennen und lassen Sie sich diese beschreiben. Knüpfen Sie an Schritt 1 an (Nutzen von Piktogrammen) und fragen Sie: *Was ist wichtig bei einem Piktogramm?* Schreiben Sie das Wort *Pikto-gramm* an die Tafel und bitten Sie um Übersetzung in die Muttersprache.

> *Bilder von Piktogrammen aus dem Heimatland*

4 **Zusatzaktivität:** Wenn zu den abgebildeten Piktogrammen kulturspezifische Unterschiede auftauchen, so thematisieren Sie diese anhand der Frage: *Sind Piktogramme in allen Ländern gleich?* Bringen Sie einige Bilder von abweichenden Pikto-grammen Ihres Landes mit und lassen Sie die Sch die Piktogramme vergleichen. Fragen Sie: *Was ist bei allen Unterschie-den dennoch ähnlich oder gleich?*

C2 Lesen: W-Fragen zu einem Text stellen

leere Zettel

1 Lenken Sie die Aufmerksamkeit auf den Text und die Überschrift. Fragen Sie: *Was denkt ihr, auf welche Fragen gibt der Text Antwort? Welche W-Fragen stellt ihr zum Text?* Geben Sie den Sch kurz Zeit, sich den Text anzuschauen. Die Sch notieren sich Fragen auf einen Zettel und tauschen sie mit dem Nachbarn.

2 Die Sch lesen still den Text und versuchen die Fragen des Nachbarn in Stichwörtern zu beantworten. Anschließend tragen sie sich die Antworten in ganzen Sätzen gegenseitig vor.

3 Sammeln Sie Fragen und Antworten im Plenum, indem Sie das Fragewort und die Stichwörter der Antworten um das Wort *Piktogramm* an die Tafel schreiben. Schreiben Sie auch die Fragen auf, auf die es im Text keine Antwort gibt.

C3 Sprechen: Lieblingsseiten im Internet

1 Schreiben Sie an die Tafel *Lieblingsseiten im Internet*. Die Sch lesen die Themen in der Aufgabe und notieren sich zu jedem Thema mindestens eine Internetseite.

2 Lenken Sie die Aufmerksamkeit auf die Redemittel und lassen Sie die Sch diese lesen.

3 Die Sch bilden Gruppen von drei bis vier Sch. Sie stellen sich nun gegenseitig jeweils eine ihrer Lieblingsseiten vor und begründen ihre Auswahl. Dabei verwenden sie die Redemittel. Anschließend machen sich die Sch gemeinsam Gedanken zur zweiten Frage von C3b).

4 Sammeln Sie die Orientierungsmerkmale des Internets abschließend im Plenum und notieren Sie diese an der Tafel.

C4 Schreiben: Ein Quiz zu Sprachen machen

1 Fragen Sie: *Wo ist die Orientierung noch wichtig?* Sammeln Sie die Antworten der Sch an der Tafel. Lassen Sie bei unbekanntem Wortschatz Stichworte in der Muttersprache zu und schreiben Sie diese mit Übersetzung an. Gehen Sie anschließend mit den Sch die in der Wortschatzhilfe aufgelisteten Bereiche durch und ergänzen Sie gegebenenfalls das Tafelbild.

2 Erklären Sie den Arbeitsauftrag, indem Sie auf das Tafelbild verweisen und fragen: *Welche Zeichen oder Piktogramme helfen uns, dort Informationen zu finden und uns zu orientieren?* Teilen Sie dann die Klasse in Gruppen zu vier bis fünf Sch und gehen Sie die Redemittel in der Wortschatzhilfe mit den Sch gemeinsam durch. Anschließend entscheiden sich die Gruppen für ein oder auch zwei Bereiche, die sie besonders interessieren und überlegen, welche Piktogramme oder Zeichen dort zu finden sind.

große Bogen Plakatpapier, Plakatstifte, Klebstoff

3 Die Sch halten ihre Ideen auf Plakaten fest. Als Hausaufgabe sammeln sie anschauliches Bildmaterial dazu und ergänzen damit in der nächsten Stunde ihre Plakate. Hängen Sie die Plakate anschließend im Klassenraum auf.

Arbeitsbuch: S. 131, Selbstkontrolle

Arbeitsbuch: S. 132–135, Plateauseiten Lektionen 31–33

A Die erste eigene Bude

A1 Sprachbrücke: Wie wohnst du?

leere Zettel

1 Die Sch finden sich bei geschlossenen Büchern zu Paaren zusammen. Schreiben Sie an die Tafel: *Wie wohnst du? Wie möchtest du gerne wohnen?* Geben Sie jedem Sch einen Zettel. Die Sch stellen sich gegenseitig die beiden Fragen und machen sich in der Muttersprache Notizen zu den Antworten ihres Partners *(z. B. wohnt noch bei den Eltern, in einem eigenen Zimmer, möchte bald ausziehen und allein wohnen, auf jeden Fall mit Balkon, direkt unterm Dach etc.)*. Bitten Sie anschließend einzelne Sch, die Antworten ihres Partners in der Muttersprache im Plenum vorzustellen.
2 Die Sch öffnen die Bücher, betrachten die Fotos und äußern in der Muttersprache Vermutungen darüber, was passiert. Sammeln Sie die Ideen der Sch an der Tafel und weisen Sie schließlich auf den Lektionstitel *Die erste eigene Bude* hin, indem Sie ihn als Überschrift an die Tafel schreiben. Erklären Sie das Wort *Bude* (= ugs. *Wohnung*).

A2 Lesen: Die erste eigene Bude

1 Zeigen Sie auf die Nummerierung der Abschnitte im Lesetext sowie die zugeordneten Fotos. Lesen Sie danach die Fragen zu Abschnitt 1 vor und bitten Sie die Sch, die Fragewörter in den Fragen zu markieren. Weisen Sie darauf hin, dass im Text nicht die gleichen Wörter wie in den Fragen, sondern häufig synonyme Ausdrücke vorkommen (z. B. steht in Frage 1 *möchte*, im Text jedoch *will*).
2 Die Sch lesen Abschnitt 1, suchen nach Antworten auf die Fragen und beantworten die Fragen in Stichwörtern. Lassen Sie sich die Antworten zurufen.
3 Die Sch lesen still die restlichen Fragen. Klären Sie unbekannten Wortschatz im Rückgriff auf die Fotos (*der Umzug* = Foto 4) oder durch Umschreibung auf Deutsch (*insgesamt* = alles zusammen). Danach markieren die Sch abschnittsweise die Fragewörter, lesen die entsprechenden Abschnitte, suchen nach Antworten auf die Fragen und notieren sich Stichwörter. Anschließend vergleichen die Sch ihre Antworten mit denen ihres Partners.
4 Lassen Sie sich im Plenum die Antworten zurufen und mit Zeilenangabe belegen.

A3 Wortschatz: Definitionen zuordnen

1 Erklären Sie die Aufgabe a), indem Sie die erste Definition vorlesen und dann das (bereits durchgestrichene) Wort *Lehre* im Schüttelkasten suchen lassen.
2 Die Sch lesen die restlichen Definitionen und die Wörter im Schüttelkasten. Erklären Sie neuen Wortschatz mithilfe der bekannten Techniken (Herleiten von bekannten Wörtern, Umschreibungen, phonetische Ähnlichkeiten).
3 Die Sch lösen die Aufgabe in Partnerarbeit. Besprechen Sie das Ergebnis, indem Sie die Definitionen vorlesen und sich jeweils das richtige Wort zurufen lassen.
4 Lesen Sie bei Aufgabe b) zunächst den Beispieleintrag vor und lassen Sie dann das Verb *beenden* im Schüttelkasten suchen. Die Sch lösen die restliche Aufgabe in Partnerarbeit. Überprüfen Sie die Lösungen, indem Sie einzelne Sch bitten, die Wortgruppen vorzulesen.
5 Schreiben Sie das Wort *Wohnung* an die Tafel und lassen Sie die Sch raten, welches Verb sich dahinter verbirgt. Verfahren Sie ebenso mit den anderen Wörtern aus dem Infospot zur Grammatik. Zeigen Sie sodann durch farbige Hervorhebung der Endungen das Wortbildungsprinzip auf und lesen Sie abschließend zum Genus der Nomen auf *-ung* die Lernstrategie vor, übersetzen Sie diese mit den Sch in die Muttersprache und lassen die Sch die Strategie im Arbeitsbuch auf S. 165 notieren.

die Wohnung	wohnen
die Heizung	heizen
die Renovierung	renovieren
die Rettung	retten

6 **Zusatzaktivität:** Schreiben Sie weitere bekannte Verben an die Tafel (z. B. *ändern, anmelden, bedeuten, bezahlen, (sich) entschuldigen)*, lassen Sie die Sch in Stillarbeit die Nomen bilden und bitten Sie anschließend einen guten Sch, die Nomen an die Tafel zu schreiben.

Arbeitsbuch: S. 136, Ü1–5

A4 **Grammatik: Modale Präpositionen**

1 Schreiben Sie die modalen Präpositionen *für, ohne* und *mit* an die Tafel. Bitten Sie die Sch, den ersten Satz der Aufgabe still zu lesen und fragen Sie: *Welche Präposition passt hier?* Lassen Sie sich die Antwort zurufen und tragen Sie die Lösung auf der Folie ein. Unterstreichen Sie *einem* in Satz 1 auf der Folie und fragen Sie nach dem Kasus.

2 Die Sch lesen die Sätze 2 bis 7 in Stillarbeit, ergänzen die Präpositionen und vergleichen ihre Ergebnisse mit denen ihres Nachbarn. Geben Sie den Sch den Tipp, dass sie bei Unklarheiten nach den jeweiligen Formulierungen im Lesetext suchen können. Lassen Sie sich bei der anschließenden Kontrolle die passenden Präpositionen zurufen.

3 Unterstreichen Sie schließlich in den Übungssätzen auf der Folie jeweils die Artikelwörter und fragen Sie nach dem Kasus. Verweisen Sie abschließend auf Infospot zur Grammatik mit dem Smiley und betonen Sie, dass den Präpositionen *für* und *ohne* der Akkusativ folgt, die Präposition *mit* hingegen den Dativ nach sich zieht.

Arbeitsbuch: S. 136, Ü6

A5 **Grammatik: Fragewörter und temporale Präpositionen**

1 Bitten Sie zwei Sch, den Beispieldialog vorzulesen. Schreiben Sie den Dialog an die Tafel. Unterstreichen Sie das Fragewort und die Präposition.

2 Lenken Sie die Aufmerksamkeit der Sch auf die Fragewörter auf dem gelben Notizzettel sowie auf die Antworten 2 bis 9. Die Sch lesen still die Antworten. Bilden Sie noch einen zweiten Fragesatz mit den Sch gemeinsam, indem Sie Antwort 2 vorlesen, nochmals auf die Fragewörter hinweisen und sich das passende Fragewort zurufen lassen. Fordern Sie die Sch auf, einen vollständigen Fragesatz zu bilden, und verweisen Sie die Sch gegebenenfalls auf den Lesetext. Weisen Sie anschließend auf den ersten Infospot (Fragewort *bis wann?*) hin. Schreiben Sie den Fragesatz an die Tafel.

3 Die Sch finden sich zu Paaren zusammen und überlegen sich in Partnerarbeit, welche Fragewörter zu den Antworten 3 bis 9 passen. Anschließend schreiben sie die Fragesätze und die Antworten auf.

4 Sichern Sie die Ergebnisse im Plenum, indem Sie verschiedene Sch bitten, ihre Fragesätze an die Tafel zu schreiben. Die anderen Sch korrigieren gegebenenfalls. Weisen Sie bei Antwort 9 auf den Infospot zur temporalen Präposition *zu* hin.

5 Lenken Sie die Aufmerksamkeit der Sch auf den „Meine-Regel"-Kasten und gehen Sie mit den Sch die fett markierten Angaben durch, indem Sie die Beispiele vorlesen lassen. Weisen Sie auf die drei temporalen Präpositionen hin, die im Schüttelkasten stehen.

6 Bitten Sie die Sch, mithilfe von A5a) die Präpositionen den Zeitangaben zuzuordnen. Anschließend vergleichen die Sch ihr Ergebnis in Partnerarbeit. Lassen Sie sich bei der Besprechung im Plenum die Präpositionen zurufen.

7 **Zusatzaktivität:** Schreiben Sie die Präpositionen *am, im* und *um* an die Tafel. Hängen Sie Wortkarten mit Zeitangaben ungeordnet darunter (*Sommer, Abend, Morgen, 30. April, Herbst, Dezember, 12. Juni, halb eins, Viertel nach acht* etc.) Bitten Sie einen Sch, eine Wortkarte an der Tafel der richtigen Präposition zuzuordnen. Fordern Sie weitere Sch auf, bis alle Wortkarten verbraucht sind.

Arbeitsbuch: S. 137, Ü7–9

A6 **Sprechen: Wann ...? Wie lange ...? Bis wann ...? Um wie viel Uhr ...?**

1 Bitten Sie je zwei Sch, die Beispieldialoge mit verteilten Rollen vorzulesen. Klären Sie die Bedeutung von *wecken*, indem Sie einen weiteren Sch fragen: *Bis wann schläfst du morgens? Und um wie viel Uhr weckt dich deine Mutter?* Erklären Sie *putzen* durch Umschreibung *(= sauber machen)*.

2 Fordern Sie die Sch auf, in Partnerarbeit wie in den Beispielen Fragen zu stellen und zu beantworten. Weisen Sie auf die Fragewörter und die Zeitangaben aus A5 hin, gehen Sie mit den Sch die Angaben im Redemittelkasten durch und klären Sie unklaren Wortschatz (*aufbleiben = noch nicht schlafen gehen*).

3 Die Sch finden sich in Paaren zusammen, der eine fragt, der andere antwortet. Dann wechseln die Sch die Rollen.

Arbeitsbuch: S. 137, Ü10

„Zeit"-Spirale: Bilden Sie Vierergruppen und geben Sie jeder Gruppe eine Kopie der Vorlage, einen Würfel und drei Sch eine Spielfigur. Ein Sch ist Schiedsrichter und erhält den Lösungsstreifen, den Sie zuvor von der Kopiervorlage abgeschnitten haben. Der Schiedsrichter darf diesen Lösungsstreifen den anderen Sch nicht zeigen. Die anderen Sch würfeln reihum, der Sch mit der höchsten Augenzahl beginnt. Er zieht mit seiner Spielfigur entsprechend der gewürfelten Augenanzahl vorwärts und ergänzt den Satz bzw. Dialog auf dem Aufgabenfeld. Ist die Präposition bzw. das Fragewort korrekt, darf er stehen bleiben. Ist die Ergänzung nicht korrekt, so muss er wieder zu seinem Ausgangsfeld zurück. Nun sind die anderen Sch an der Reihe. Gewonnen hat derjenige Sch, der zuerst das Zielfeld erreicht. Sie können das Spiel mit mehreren Durchgängen spielen und dabei die Rolle des Schiedsrichters wechseln lassen.

B Wohin mit dem Fernseher?

B1 Sprachbrücke: Pauls neue Wohnung

1 Zeichnen Sie eine zweispaltige Tabelle an die Tafel, schreiben Sie als Überschrift *Pauls neue Wohnung* darüber und schreiben Sie die Fragen der Aufgabe in die erste Tabellenzeile. Die Sch schauen sich die A-Seite noch einmal an und sammeln in Partnerarbeit Antworten auf die Fragen.
2 Bitten Sie einen guten Sch, bei der Besprechung die Angaben der Sch an der Tafel zu notieren.

Pauls neue Wohnung	
Was hat Paul schon gemacht?	*Was hat Paul schon gekauft?*
– *eine passende Wohnung gefunden*	– *ein Bett*
– *den Mietvertrag unterschrieben*	– *einen Schreibtisch*
– *seine Wohnung renoviert*	– *Geschirr, . . .*
. . .	*. . .*

B2 Globales und selektives Lesen: Pauls SMS

1 Lenken Sie die Aufmerksamkeit der Sch auf den Text und fragen Sie die Sch nach der Textsorte *(SMS)*. Fragen Sie die Sch: *Wer schreibt die SMS? An wen schreibt Paul?* Bitten Sie einen guten Sch, den ersten Satz zu ergänzen und vorzulesen.
2 Die Sch lesen still die Satzanfänge 2 und 3.
3 Die Sch lesen die SMS und ergänzen die beiden Sätze in Stillarbeit. Anschließend vergleichen sie ihr Ergebnis in Partnerarbeit. Bitten Sie zwei Sch, ihre ergänzten Sätze im Plenum vorzulesen. Falls die Sch mit Satz 3 Probleme haben, helfen Sie ihnen, indem Sie sagen: *Paul möchte, dass Kerstin etwas macht. Was soll Kerstin machen?*
4 **Zusatzaktivität:** Fragen Sie: *Warum fragt Paul Kerstin nicht direkt, ob sie ihm helfen kann?* Überlegen Sie gemeinsam mit den Sch, warum wir manche Dinge indirekt ausdrücken (z. B. aus Höflichkeit, ...). Bei interessierten Gruppen können Sie auch kulturelle Unterschiede thematisieren.

B3 Wortschatz: Möbel und andere Gegenstände

1 Die Sch schauen sich die beiden Bilder an. Erklären Sie die Aufgabe, indem Sie pro Bild auf der Folie auf einen bekannten Gegenstand hinweisen (z. B. der Tisch) und fragen: *Wie heißt das auf Deutsch?* Weisen Sie dabei auf die Bezeichnungen für Möbel und Gegenstände im Schüttelkasten hin.
2 Teilen Sie die Klasse in Kleingruppen zu drei bis fünf Sch und bitten Sie jede Gruppe, die Gegenstände auf den beiden Bildern zu bezeichnen. Fordern Sie die Sch auf, auch Vermutungen zur Bedeutung unbekannter Wörter, etwa über andere Sprachen, anzustellen. Gehen Sie herum und geben Sie Hilfestellung.
3 Lassen Sie sich die Lösungen im Plenum nennen. Bitten Sie pro Bild einen Sch, die Namen der Gegenstände neben die entsprechende Nummer auf die Folie zu schreiben.

Arbeitsbuch: S. 138, Ü11–12

B4 **Sprechen: Wo sitzen Paul und Kerstin?**

beliebiger Gegenstand (Stift o. Ä.)

1 Wiederholen Sie die lokalen Präpositionen, die den Sch schon bekannt sind, indem Sie einen beliebigen Gegenstand nehmen und diesen an unterschiedlichen Stellen im Klassenraum platzieren. Legen Sie den Gegenstand z. B. auf den Tisch und fragen Sie: *Wo liegt der Stift?* Lassen Sie sich zurufen: *auf dem Tisch.* Schreiben Sie: *Wo? → auf dem Tisch* an die Tafel und fragen Sie nach dem Kasus *(Dativ).* Legen Sie den Bleistift in ein Buch. Fragen Sie erneut: *Wo liegt der Stift jetzt?* (*im Buch*). Legen Sie ihn zwischen Tasche und Buch und fragen Sie erneut: *Wo liegt der Stift jetzt?* (*zwischen der Tasche und dem Buch*) etc. Tragen Sie bekannte Präpositionen an der Tafel zusammen, indem Sie nach jedem Satz die entsprechende Formulierung an die Tafel schreiben. Verweisen Sie auf den Infospot zur Grammatik mit dem Smiley.
2 Führen Sie nach dem gleichen Muster die lokalen Präpositionen *unter* und *über* ein, indem Sie den Bleistift unter ein Buch schieben (*der Stift liegt unter dem Buch*) und ihn danach auf das Buch legen (*der Stift liegt auf dem Buch*). Verweisen Sie auf den Infospot zur Grammatik zu den beiden neuen Präpositionen und notieren Sie diese ebenfalls an der Tafel.
3 Lenken Sie die Aufmerksamkeit der Sch erneut auf die Bilder aus B3 und danach auf die Satzschalttafel. Lassen Sie die Sch die Sätze in der Satzschalttafel lesen und verweisen Sie auf den Infospot zur Grammatik zu den Verben *stehen, liegen, hängen, sitzen,* nach denen der Dativ steht. Bitten Sie zwei Sch, den Beispieldialog vorzulesen.
4 Die Sch arbeiten zu zweit. Weisen Sie die Sch darauf hin, dass sie die Verben konjugieren müssen. Die Sch fragen und antworten abwechselnd. Gehen Sie währenddessen herum und geben Sie Hilfestellung.
5 Führen Sie die Ergebnisse der Partnerarbeit im Plenum zusammen, indem Sie einige Schülerpaare bitten, jeweils einen ihrer Dialoge vorzutragen. Schreiben Sie zwei bis drei Dialoge an die Tafel.

Arbeitsbuch: S. 138, Ü13

B5 **Grammatik: Wo sind der Koffer und die Lampe?**

Lenken Sie erneut die Aufmerksamkeit der Sch auf die Bilder aus B3. Fragen Sie: *Wo ist der Koffer und wo ist die Lampe?* Weisen Sie auf den Schüttelkasten, für das Verständnis der Verben *hängen* und *liegen* evtl. auch noch einmal auf den Satzschalttafel aus B4 hin. Bitten Sie die Sch zur Festigung der neuen Präpositionen und ihrer Verwendung aus den Satzanfängen 1 und 2 und dem Wortmaterial im Schüttelkasten zwei Sätze zu bilden. Lassen Sie sich die Sätze zurufen und schreiben Sie sie an die Tafel.

Arbeitsbuch: S. 138, Ü14

B6 **Globales Hören: Was machen Paul und Kerstin?**

1 Die Sch lesen still die Tätigkeitsbeschreibungen. Beantworten Sie Fragen zum Wortschatz im Rückgriff auf die Illustrationen (*anmachen, leer*).
2 Weisen Sie die Sch vor dem Hören auf die Lernstrategie hin und übersetzen Sie diese mit den Sch in die Muttersprache. Die Sch notieren die Strategie im Arbeitsbuch auf S. 165.
3 Erklären Sie die Aufgabe, indem Sie die Fragen vorlesen und den Beginn des Hörtextes bis *Super, funktioniert!* vorspielen. Fragen Sie danach: *Was haben Paul und Kerstin zuerst gemacht?* Lassen Sie sich die Antwort zurufen und unter Angabe des Geräuschs belegen (*Geräusche des Fernsehers*). Bitten Sie die Sch, bei *den Fernseher anmachen* die Nummer 1 ins Kästchen einzutragen.
4 Die Sch hören das Gespräch und entscheiden sich für die richtige Reihenfolge der Tätigkeiten. Lassen Sie sich anschließend die Tätigkeiten in der korrekten Reihenfolge vorlesen. Spielen Sie den Hörtext bei Unklarheiten gegebenenfalls noch einmal passagenweise vor.
5 Tragen Sie, gegebenenfalls in der Muttersprache, abschließend zusammen, welche Geräusche die Sch gehört haben (*Türklingel, Türsummer, Fernseher, Bohrmaschine* etc.)

Arbeitsbuch: S. 139, Ü15

B7 **Selektives Hören: Was machen Paul und Kerstin?**

1 Die Sch lesen still die Aussagen 1 bis 7. Weisen Sie auf die Präpositionen im Schüttelkasten hin und machen Sie den Beispieleintrag im Plenum. Lesen Sie Aussage 4 vor und verweisen Sie auf die durchgestrichene Präposition *über*.
2 Die Sch hören das Gespräch, achten auf die entsprechenden Handlungen und ergänzen in den Sätzen die Präpositionen. Bitten Sie bei der Ergebnisbesprechung einzelne Sch, ihre ergänzten Sätze vorzulesen.
3 Schreiben Sie einen Satz der Aufgabe an die Tafel und fragen Sie die Sch: *Wie lautet die Frage?* Lassen Sie sich die Antwort zurufen (*Wohin ...?*). Formen Sie den Satz gemeinsam mit den Sch um, indem Sie das Akkusativobjekt als Subjekt des neuen Satzes an die Tafel schreiben und einen guten Sch bitten, den Satz zu beenden. Ergänzen Sie den Satz entsprechend an der Tafel.

> *Paul legt die Handtücher in den Schrank. (Wohin? → Akkusativ)*
>
> *Die Handtücher liegen im Schrank (Wo? → Dativ)*

Verfahren Sie mit einem zweiten Satz der Aufgabe ebenso. Verweisen Sie auf den Infospot zur Grammatik.

beliebiger Gegenstand (Stift o. Ä.)

4 Festigen Sie den Gebrauch der Verben *stellen, sich setzen, legen* und *hängen* noch einmal im Kontrast zu den Verben *stehen, sitzen, liegen* und *hängen*, indem Sie einen beliebigen Gegenstand auf den Tisch legen und dabei sagen: *Wohin lege ich den Stift? – Ich lege den Stift auf den Tisch. / Wo liegt der Stift jetzt? Jetzt liegt der Stift auf dem Tisch.* Schreiben Sie die beiden Sätze an die Tafel. Fahren Sie mit weiteren Beispielen fort (*Ich setze mich auf den Stuhl./Jetzt sitze ich auf dem Stuhl* etc.).

Arbeitsbuch: S. 139, Ü16–17

B8 Grammatik: Wechselpräpositionen

1 Lenken Sie die Aufmerksamkeit der Sch auf den „Meine-Regel"-Kasten. Bitten Sie die Sch, mithilfe der Beispielsätze an der Tafel die Regel zu markieren.
2 Besprechen Sie das Ergebnis, indem Sie die Präpositionalangaben in den beiden Sätzen an der Tafel (B7) markieren und den jeweiligen Kasus danebenschreiben.

großer Bogen Plakatpapier, Plakatstifte

3 Bitten Sie zwei Sch, als Hausaufgabe zu den Wechselpräpositionen ein Lernplakat für das Klassenzimmer zu erstellen. Das Plakat sollte die entsprechenden lokalen Präpositionen auflisten und die Verben mit dazugehörigem Fragewort und möglichen Antworten einander gegenüberstellen. Geben Sie den Sch den Tipp, das Plakat nach dem Muster einer Satzschalttafel aufzubauen. Hängen Sie das Lernplakat anschließend im Klassenraum auf.

Kopiervorlage 34/2

Partnerspiel „Pauls Wohnung": Die Sch finden sich zu Paaren zusammen und erhalten jeweils beide Kopiervorlagen. Die Sch übernehmen die Rollen von Paul und Katrin und richten Pauls Wohnung ein. Auf Deutsch besprechen die Sch, wohin welcher Gegenstand (siehe Schüttelkasten) gestellt, gehängt und gelegt werden soll und zeichnen die Gegenstände in die Skizze ein. Ist die Wohnung fertig eingerichtet, stellen einzelne Schülerpaare ihre Wohnungen vor: *Der Tisch steht ... usw.*

Arbeitsbuch: S. 139, Ü18–19;
S. 140, Ü20

B9 Aussprache: Wortgruppenakzent und Pausen

1 Die Sch hören Satz 1 und lesen still mit. Unterstützen Sie den Wortakzent gestisch. Fragen Sie die Sch: *Wo macht der Sprecher eine kleine Pause?* Die Sch hören Satz 1 ein zweites Mal, unterstützen Sie die kleine Sprechpause gestisch (z. B. durch Heben der Hand).
2 Beim Hören sprechen die Sch die Wortgruppen nach und unterstützen den Wortakzent sowie die kleine Sprechpause durch die Gesten aus Schritt 1.
3 Weisen Sie abschließend auf die Lernstrategie hin und übersetzen Sie diese mit den Sch in die Muttersprache. Die Sch notieren die Strategie im Arbeitsbuch auf S. 165.

B10 Sprechen: Wo oder wohin?

1 Die Sch schauen sich die Kärtchen im Buch an. Bitten Sie zwei Sch, mit verteilten Rollen die Beispieldialoge vorzulesen. Fragen Sie: *Welcher Kasus antwortet auf die Frage „Wo?"? Welcher Kasus antwortet auf die Frage „Wohin?"?* Weisen Sie noch einmal auf den „Meine-Regel"-Kasten in B8 hin. Üben Sie anhand der noch offenen drei Kärtchen im Buch die Struktur der Fragen und Antworten mit den Sch gemeinsam (*Wohin soll ich die Lautsprecher stellen? Stell sie doch neben die Couch! / Wo hängt deine Lampe zu Hause? Über dem Tisch. ...*).

leere Kärtchen, farbige Stifte

2 Die Sch finden sich zu Paaren zusammen. Geben Sie jedem Schülerpaar vier bis sechs Kärtchen und Farbstifte. Die Sch zeichnen Gegenstände auf die Kärtchen und schreiben darüber entweder das Fragewort *Wo?* oder das Fragewort *Wohin?*

3 Anschließend stellen die Sch Fragen zu „ihren" Kärtchen und antworten auf die Fragen des Partners. Gehen Sie während-dessen herum und geben Sie Hilfestellung.

4 Bewahren Sie die Kärtchen auf. Sie können die Übung an späterer Stelle noch einmal wiederholen.

Arbeitsbuch: S. 140, Ü21

Arbeitsbuch: S. 140, Ü22–23 Aussprache

C Mein Lieblingsding

C1 Wortschatz: Gegenstände

1 Übertragen Sie die Tabelle der Aufgabe an die Tafel. Sichern Sie noch einmal das Verständnis des Wortes *Gegenstand* und das Verständnis der Oberbegriffe, indem Sie die Beispiele lesen lassen und im Plenum zu den weiteren Begriffen jeweils einen Gegenstand nennen lassen.

leere DIN-A4-Blätter, Stoppuhr

2 Teilen Sie die Klasse in sieben Kleingruppen. Geben Sie jeder Gruppe ein Blatt und bitten Sie die Sch, die Tabelle auf das Blatt zu übertragen. Setzen Sie die Gruppen so hin, dass sie sich gegenseitig möglichst wenig stören. Sagen Sie den Gruppen, dass sie jetzt drei Minuten Zeit haben, auf Deutsch möglichst viele Gegenstände zu jedem Begriff zu sammeln.

3 Die Gruppen lösen die Aufgabe.

4 Werten Sie die Ergebnisse im Plenum aus, indem Sie pro Gruppe einen Sch bitten, die Begriffe seiner Gruppe vorzulesen. Schreiben Sie die erwähnten Begriffe in die Tabelle an der Tafel und bitten Sie die Sch der jeweiligen Gruppe bei Unklar-heiten die Wörter möglichst auf Deutsch zu umschreiben. Machen Sie an der Tafel Strichlisten für jede Gruppe. Gewonnen hat die Gruppe mit den meisten Wörtern.

C2 Lesen: Mein Lieblingsding

1 Setzen Sie bei dieser Aufgabe die Gruppenarbeit aus C1 fort. Die Sch lesen zunächst die Einleitung in den Text in Still-arbeit. Sichern Sie gegebenenfalls das Textverständnis durch gezieltes Nachfragen. Lenken Sie danach die Aufmerk-samkeit der Sch auf die Aufgabenstellung und die Sätze 1 bis 4 und lassen Sie diese lesen. Beantworten Sie Fragen zum Wortschatz. Lesen Sie Satz 1 vor und weisen Sie auf den Beispieleintrag hin.

2 Teilen Sie jeder Gruppe einen der noch offenen Texte zu. Die Sch lesen die Texte in Gruppenarbeit und überlegen, zu welchem Satz der beschriebene Gegenstand passt.

Folie des Lesetextes

3 Kontrollieren Sie anschließend das Ergebnis, indem Sie Sch der einzelnen Gruppen bitten, ihre Zuordnung anzugeben und auf der Folie die entsprechende(n) Belegstelle(n) zu markieren.

C3 Schreiben: Mein Lieblingsding

1 Fragen Sie die Sch: *Und was sind eure Lieblingsdinge?* Geben Sie den Sch die Aufgabe, zu Hause Fotos oder Zeichnungen von ihrem Lieblingsding bzw. ihren Lieblingsdingen zu machen.

leere Zettel, Klebstoff

2 Geben Sie jedem Sch einen leeren Zettel und bitten Sie ihn, das Foto bzw. die Zeichnung von seinem Lieblingsding auf-zukleben und einen kleinen Text wie in C2 dazuzuschreiben.

3 Freiwillige Sch dürfen ihre Texte vorlesen. Hängen Sie die Texte und Fotos der Sch anschließend im Klassenraum auf.

Arbeitsbuch: S. 141, Selbstkontrolle

A Familienkonflikte ade!

A1 Sprachbrücke: Was ist wichtig in deinem Leben?

1 Schreiben Sie die Frage *Was ist wichtig in deinem Leben?* an die Tafel. Sammeln Sie im Plenum Stichwörter in der Muttersprache der Sch und notieren Sie diese an der Tafel. Fordern Sie anschließend die Sch auf, jeder für sich fünf Stichwörter zu notieren, die für sie wichtig sind.

2 Die Sch öffnen die Bücher und schauen sich die Grafik an. Sichern Sie das Verständnis der Grafik, indem Sie die Bedeutung der grafischen Elemente (Balken und Nummerierung) besprechen.

3 Die Sch überlegen, wie wichtig die von ihnen notierten fünf Stichwörter für sie sind und ergänzen die Grafik im Buch mit ihren Stichwörtern. Anschließend drehen die Sch das Kursbuch um und lesen das Ergebnis der Studie. Klären Sie unbekannten Wortschatz *(autonom, fleißig)*.

4 Fragen Sie: *Gibt es Unterschiede zwischen dem Ergebnis der Studie und eurem Ergebnis? Welche Punkte sind das? Was überrascht euch an der Studie?* Sammeln Sie die Unterschiede im Plenum.

5 Schreiben Sie den Titel *Familienkonflikt ade!* an die Tafel und bitten Sie die Sch, das Wort *Konflikt* mithilfe einer weiteren Fremdsprache zu erklären. Die Sch diskutieren die Bedeutung des Titels und übersetzen ihn in die Muttersprache.

A2 Globales Lesen: Was mir meine Familie bedeutet

1 Lesen Sie die Frage und die Themen vor. Verweisen Sie auf die Texte von Manuela und Alexander. Fragen Sie: *Wer spricht über welches Thema?* Weisen Sie die Sch vor dem Lesen darauf hin, dass sie nicht jedes Wort verstehen müssen, sondern sich auf die Zuordnung konzentrieren sollen.

Folie des Lesetextes

2 Die Sch überfliegen die Forumsbeiträge und ordnen die Namen den passenden Themen zu. Besprechen Sie die Ergebnisse im Plenum, indem Sie einzelne Sch bitten, als Beleg für ihre Zuordnung die entsprechende Textstelle zu nennen. Markieren Sie diese im Lesetext auf der Folie.

A3 Selektives Lesen: Wer sagt was?

1 Die Sch lesen still die Aussagen in beiden Spalten. Erklären Sie den unbekannten Wortschatz mittels gestischer bzw. pantomimischer Unterstützung *(verbieten:* erhobener Zeigefinger, *weinen, schimpfen)* oder durch Umschreibung *(Pflichten =* Aufgaben, *Haushalt =* Arbeiten im Haus wie Putzen, Aufräumen, *trösten =* ich tröste jemanden, wenn er traurig ist, *er ist beschäftigt =* er hat keine Zeit, etc.) Erklären Sie die doppelte Aufgabenstellung (Zuordnen von Sätzen und Personen), indem Sie Satz 1 vorlesen und diesen gemeinsam mit den Sch ergänzen. Fragen Sie dann: *Wer sagt das?* Die Sch lesen den Text, markieren die Belegstelle und ordnen den Satz Manuela oder Alexander zu.

2 In Stillarbeit lösen die Sch die Aufgabe und vergleichen anschließend ihre Lösungen mit denen ihres Nachbarn. Gehen Sie herum und helfen Sie gegebenenfalls.

3 Führen Sie die Ergebnisse im Plenum zusammen, indem Sie einzelne Sch bitten, ihre Sätze vorzulesen.

4 Schreiben Sie das Wort *die Freundschaft* an die Tafel, fragen Sie: *Welchen Bestandteil kennt ihr? (Freund)* und unterstreichen Sie die Endung *-schaft.* Weisen Sie auf das Genus und auf den Infospot zur Grammatik hin. Sammeln Sie weitere Wortbeispiele *(die Wirtschaft, die Landschaft).*

5 Verweisen Sie auf die Lernstrategie im Buch, übersetzen Sie diese mit den Sch in die Muttersprache. Die Sch notieren die Strategie im Arbeitsbuch auf S. 165.

Arbeitsbuch: S. 142, Ü 1–4

A4 Wortschatz: Antonyme und Synonyme

1 Lesen Sie das erste Adjektivpaar vor und machen Sie auf das Zeichen zwischen den Adjektiven aufmerksam. Schreiben Sie das Adjektiv *traurig* an die Tafel, ergänzen Sie das entsprechende Zeichen und verweisen Sie auf den Schüttelkasten. Ergänzen Sie auf Zuruf das Adjektiv. Sichern Sie auch das Verständnis des Zeichens für Synonymie (=), indem Sie ein bekanntes Adjektivpaar an die Tafel schreiben (z. B. *klug = intelligent).*

2 Die Sch lesen die Adjektive 3 bis 7 sowie die Adjektive im Schüttelkasten. Verweisen Sie auf die bekannten Wortbildungsprinzipien und fragen Sie nach der Bedeutung der Adjektive. Sammeln Sie die Adjektive nach Wortbildungsgruppen an der Tafel (Endungen *-ig, -lich,* Präfix *un-).* Erklären Sie unbekannten Wortschatz durch Hinweis auf bekannte Wörter *(nervig: der Nerv)* oder durch Umschreibung *(streng, locker).*

3 Die Sch lösen die Aufgabe und vergleichen die Lösungen mit denen ihres Partners. Im Plenum werden die Wörter paarweise vorgetragen.

4 Verweisen Sie auf den Infospot zur Grammatik mit Smiley und erinnern Sie an die Regel zur Adjektivendung in L19 A8. Sichern Sie das Verständnis der Vorsilbe *un-*, indem Sie diese durch *nicht* ersetzen (*unwichtig = nicht wichtig*). Verweisen Sie auf den zweiten Infospot.

5 Die Sch lesen die Wörter 1 bis 4 im Aufgabenteil b) sowie die Verben im Schüttelkasten. Verweisen Sie auf das Beispiel und fragen Sie nach einer Belegstelle für die Verwendung im Text (Zeile 18). Die Sch lösen die Aufgabe in Stillarbeit, versuchen Wörter und Verben wie im Beispiel zu verbinden und vergleichen bei Unklarheiten mit dem Text. Sichern Sie abschließend das Verständnis, indem Sie Beispielsätze bilden lassen.

Arbeitsbuch: S.142, Ü5; S.143, Ü6–7

A5 Grammatik: Indirekte Fragesätze mit Fragewort

1 Die Sch halten die Bücher geschlossen. Diktieren Sie die W-Frage sowie den indirekten Fragesatz aus der Aufgabe. Ein guter Sch schreibt die beiden Sätze an die Tafel, die anderen Sch notieren die Sätze in ihr Heft. Lassen Sie die Position des Verbs in der W-Frage und in der indirekten Frage unterstreichen. Anschließend markieren die Sch die Lösung in der Regel.

Wortkarten, Blu Tack

2 **Zusatzaktivität**: Bereiten Sie zu drei W-Fragen Wortkarten vor (*Wie alt/bist/du/? Wie viele/Geschwister/hast/du/? Hast/du/ein Haustier/?*), befestigen Sie die Wortkarten mit Blu Tack an der Tafel und schreiben Sie darunter den Satz *Ich wollte schon immer wissen, ...* Bitten Sie drei gute Sch, den Satz mit den drei an der Tafel stehenden Fragen zu ergänzen und dafür die Reihenfolge der Wortkarten zu verändern. Verweisen Sie gegebenenfalls noch einmal auf die Beispielsätze.

Arbeitsbuch: S.143, Ü8–10

A6 Sprechen: Wie viele Geschwister hast du?

1 Erklären Sie den Sch, dass sie sich gegenseitig zum Thema Familie befragen sollen. Lesen Sie zunächst die Beispielfragen auf dem gelben Notizzettel vor und verweisen Sie auf die Wortschatzhilfe. Beantworten Sie gegebenenfalls Fragen zum Wortschatz.

leere Zettel

2 Geben Sie jedem Sch einen leeren Zettel und fordern Sie die Sch auf, fünf W-Fragen zum Thema Familie aufzuschreiben. Die Sch schreiben ihre W-Fragen auf und tauschen anschließend ihren Zettel mit dem ihres Partners.

3 Erklären Sie den nächsten Schritt, indem Sie einen Sch bitten, die Aussagen in der Sprechblase vorzulesen. Verweisen Sie auf den gelben Zettel in Aufgabe a) und auf den Redemittelkasten. Lassen Sie dann einen guten Sch eine W-Frage auf seinem Zettel vorlesen und entsprechend umformen (z. B. *Mein Partner will wissen, was für Rituale es bei mir zu Hause gibt.*) Schreiben Sie den indirekten Fragesatz gegebenenfalls an die Tafel und markieren noch einmal die Position des Verbs im Nebensatz. Anschließend beantwortet der Sch mündlich die Frage (z. B. *Bei uns gibt es jeden Sonntag ein langes gemeinsames Frühstück.*)

4 Die Sch formen die W-Fragen auf ihren Zetteln entsprechend in indirekte Fragesätze um und berichten von ihrer Familie. Fordern Sie anschließend einzelne Sch auf, im Plenum ihre indirekten Fragesätze und Antworten vorzustellen.

! Verändern Sie hin und wieder die Sitzordnung in der Klasse. Achten Sie dabei darauf, dass leistungsstärkere und -schwächere Sch zusammensitzen und z. B. bei der Partnerarbeit oder bei der Arbeit in Kleingruppen zusammenarbeiten. Gute Sch können so ihr Wissen unterrichtsbegleitend weitergeben und schwächere Sch profitieren davon. Indem die einen lernen zu helfen und die anderen lernen, Hilfe anzunehmen, wird die Interaktionsfähigkeit beider Sch gefördert.

Arbeitsbuch: S.143, Ü11

Kopiervorlage 35/1, Scheren

Rollenspiel Familienkonflikte: Teilen Sie die Klasse in Gruppen zu vier und fünf Sch. Kopieren Sie die Vorlage ausreichend oft. Geben Sie den Vierergruppen die Kopie für das Rollenspiel I und den Fünfergruppen die Kopie für das Rollenspiel II. Die Sch lesen gemeinsam die Situationsbeschreibung auf der Vorlage, schneiden dann die Karten aus und verteilen die Rollen unter sich. Anschließend versuchen die Sch gemeinsam eine Lösung für das Problem zu finden und diskutieren dabei entsprechend ihrer Rollenvorgabe. Lassen Sie einzelne Gruppen ihr Rollenspiel im Plenum vorführen.

3 Mit 16 allein zu Hause

31 Sprachbrücke: Hörfunk-Tipp

1 Die Sch betrachten den Text. Fragen Sie nach der Textsorte (Radioprogramm) und sammeln Sie deren Merkmale (Uhr-zeiten, Sendungen, Hörfunk-Tipp). Fragen Sie: *Zu welcher Sendung gehört der Hörfunk-Tipp? Wann läuft die Sendung? Was ist das Thema der Sendung? Was meint ihr: Was bedeuten die Wörter „ungewöhnlich" und „Lebenssituation"?* (nicht normal, wie jemand lebt oder wohnt)

Folie des Lesetextes

2 Die Sch lesen still den Hörfunk-Tipp. Sichern Sie das Textverständnis durch folgende Fragen: *Wer ist Gast? Warum? Was ist ungewöhnlich?* Lassen Sie sich die Belegstellen im Text angeben und markieren Sie diese auf der Folie. Sichern Sie bei Bedarf das Verständnis der Wörter *ausziehen, das Gegenteil, zurückbleiben.*

3 Schreiben Sie die zwei Fragen von B1b) an die Tafel und geben Sie den Sch ein paar Minuten Zeit, sich in Lindas Situation zu versetzen und in der Muttersprache Hypothesen zu bilden.

4 Notieren Sie auf Zuruf die Stichwörter an der Tafel. Fragen Sie die Sch abschließend, wie sie Linas Situation finden und lassen Sie die Sch ihre Meinung in der Muttersprache begründen.

32 Hören: Eine Radiosendung hören

1 Die Sch lesen die Satzanfänge 1 bis 8 und zu jedem Satz die alternativen Ergänzungen a bis c. Erklären Sie unbekannten Wortschatz durch Umschreibung (*geschieden* = getrennt = nicht mehr zusammen), Angabe von Synonymen (*häufig* = oft) oder Antonymen (*erwachsen* = kein Kind mehr).

2 Erklären Sie die Aufgabe, indem Sie den Beginn der Radiosendung bis ... *mit meiner Katze* vorspielen und sich den Buch-staben der richtigen Satzergänzung zurufen lassen.

3 Spielen Sie den restlichen Hörtext vor. Die Sch lösen die Aufgabe in Stillarbeit.

4 Lassen Sie im Plenum die Satzanfänge mit den jeweils richtigen Ergänzungen vorlesen. Spielen Sie bei Unklarheiten die entsprechenden Textstellen noch einmal vor.

33 Wortschatz: Aktivitäten im Haushalt und in der Freizeit

1 Die Sch lesen die Aktivitäten im Schüttelkasten. Übertragen Sie währenddessen die Tabelle aus dem Buch an die Tafel. Klären Sie auf Nachfrage unbekannten Wortschatz (Blumen *gießen*, *Wäsche* waschen).

2 Erklären Sie die Aufgabe, indem Sie auf den ersten Eintrag und auf die durchgestrichene Aktivität im Schüttelkasten hin-weisen. Die Sch ordnen die weiteren Aktivitäten in Stillarbeit zu. Bitten Sie einen guten Sch an die Tafel und lassen Sie ihn auf Zuruf die Aktivitäten zur Kontrolle eintragen.

3 **Zusatzaktivität**: Die Sch finden sich zu Paaren zusammen. Bitten Sie die Sch, sich gegenseitig über die Aufgaben, die sie im Haushalt übernehmen und über ihre Freizeitaktivitäten zu informieren. Verweisen Sie dafür auf die Tabelle an der Tafel und schreiben Sie die beiden Fragen an die Tafel: *Was machst du zu Hause im Haushalt? Was machst du in deiner Freizeit?*

Arbeitsbuch: S. 144, Ü12–14

34 Grammatik: Indirekte Fragesätze mit *ob*

1 Die Sch halten die Bücher geschlossen. Schreiben Sie die direkte Frage aus der Aufgabe an die Tafel und fragen Sie: *Wie kann man auf diese Frage antworten?* (mit *Ja* oder mit *Nein*) Schreiben Sie über die Frage an die Tafel *Ja/Nein-Frage*.

2 Die Sch öffnen die Bücher und lesen die indirekte Frage. Fragen Sie: Welche *Unterschiede gibt es zur Ja/Nein-Frage?* (Stellung des Verbs, Konjunktion *ob*) Schreiben Sie in der Zwischenzeit die indirekte Frage an die Tafel. Bitten Sie einen guten Sch, die Unterschiede an der Tafel farbig hervorzuheben.

3 Schreiben Sie die W-Frage *Was hat sich durch diese Wohnsituation in der Familie geändert?* ebenfalls an die Tafel. Verwei-sen Sie auf die Grammatik in A5. Schreiben Sie: *Kannst du mir sagen, ...* an die Tafel und bitten Sie einen Sch, die indirekte Frage zu ergänzen.

4 Die Sch vergleichen die beiden indirekten Fragesätze und ergänzen den „Meine Regel"-Kasten mit den Elementen aus dem Schüttelkasten.

Arbeitsbuch: S.144, Ü15; S. 145, Ü16–17

35 Grammatik: Indirekte Fragen mit Fragewort oder mit *ob*

1 Die Sch lesen die Arbeitsanweisung und die erste Frage. Lesen Sie die indirekte Frage vor und verweisen Sie nochmals auf die Regeln bei A5 und B4. Schreiben Sie an die Tafel *Der Reporter fragt/will wissen, ...* Bitten Sie einen Sch nach vorne und lassen Sie diesen die nächste direkte Frage in eine indirekte umformen. Korrigieren Sie gegebenenfalls.

2 Die Sch schreiben die indirekten Fragesätze auf und vergleichen diese anschließend in Partnerarbeit. Besprechen Sie anschließend das Ergebnis, indem Sie die Fragen des Reporters einzeln vorlesen und jeweils einen Sch bitten, den passenden indirekten Fragesatz vorzulesen.

Arbeitsbuch: S. 145, Ü18

Kopiervorlage 35/2

Sprechspiel zu indirekten Fragesätzen: Die Sch finden sich zu Paaren zusammen. Geben Sie jedem Sch eine Kopie der Vorlage. Die Sch lesen den Dialog und formen die direkten Fragen in Stillarbeit in indirekte Fragen um. Ihre Ergebnisse vergleichen die Sch in Partnerarbeit und lesen den Dialog mit verteilten Rollen. Lassen Sie zur Ergebniskontrolle ein Schülerpaar seinen Dialog im Plenum vorlesen.

B6 Sprachbrücke: Indirekte Fragesätze

1 Übersetzen Sie den Satz 1 von B5 gemeinsam mit den Sch. Lassen Sie auch Übersetzungsvarianten zu. Schreiben Sie die Übersetzung mit eventuellen Varianten an die Tafel.

2 In Partnerarbeit übersetzen die Sch Satz 5 und suchen nach Ähnlichkeiten und Unterschieden zwischen den Sprachen. Anschließend werden die Ergebnisse in der Muttersprache formuliert und mit Beispielsätzen an der Tafel belegt.

B7 Aussprache: Satzakzent und Satzmelodie bei indirekten Fragesätzen

1 Spielen Sie die Sätze vor. Die Sch markieren die Wörter, auf denen der Satzakzent liegt. Fragen Sie: *Wo liegt der Satzakzent? (Satzakzent liegt auf mehreren Wörtern)* Anschließend sprechen die Sch nach und unterstützen den Satzakzent gestisch.

2 Spielen Sie die Sätze noch einmal vor. Die Sch lesen still mit, begleiten den Verlauf der Satzmelodie mit der entsprechenden Handbewegung und markieren sie mit einem Pfeil nach rechts oder nach unten und sprechen die Sätze noch einmal nach.

B8 Sprechen: Interviewfragen entwerfen

1 Die Sch lesen den Hörfunk-Tipp. Sichern Sie das Textverständnis durch Fragen wie *Was sind Mikes Eltern von Beruf?* Lassen Sie das Wort *prominent* anhand des Nomens *Promi* erschließen.

2 Fragen Sie: *Welche Fragen stellt wohl der Reporter Mike?* Sammeln Sie als Anregung zwei oder drei Fragen im Plenum an der Tafel und achten Sie darauf, dass sowohl Ja/Nein-Fragen als auch W-Fragen dabei sind (z. B. *Wie viel Zeit haben Mikes Eltern für die Familie? Möchte Mike später auch ein Promi werden?*). Teilen Sie danach die Klasse in Kleingruppen und lassen Sie in den Gruppen weitere Fragen sammeln. Geben Sie die Anzahl der Fragen vor (bei fünf Sch pro Gruppe fünf Fragen).

3 Bitten Sie anschließend die Gruppen, ihre Ergebnisse im Plenum zu präsentieren. Erklären Sie anhand der Fragen an der Tafel sowie der Redemittel im Buch, dass die Fragen als indirekte Frage präsentiert werden sollen. Anschließend stellt jeder Sch einer Gruppe eine Frage im Plenum vor.

Arbeitsbuch: S.145, Ü19; S.146, Ü20

Arbeitsbuch: S.146, Ü21–22 Aussprache

C Promi-Geschwister

C1 Sprachbrücke: Konkurrenz oder Harmonie?

1 Die Sch schauen sich die Fotos an und erzählen in der Muttersprache, wer die Personen sind und was sie über ihre Karrieren sowie Familien wissen oder anhand der Fotos vermuten. Sollten Michael Schumacher und Claudia Schiffer im Heimatland der Sch sehr bekannt sein, dann können Sie die Bilder der beiden Prominenten auf eine Folie kopieren und erraten lassen: Decken Sie dafür die Köpfe der Personen ab und fragen Sie: *Welcher Prominente aus Deutschland könnte das sein?* Decken Sie erst danach auch die Köpfe auf.

! Wecken Sie bei der Arbeit mit Bildern die Neugier der Sch, indem Sie Teile des Bildes zunächst abgedeckt lassen und erst allmählich aufdecken. Stellen Sie Fragen wie *Wer oder was ist das? Wozu gehört das?* Lassen Sie die Sch Vermutungen äußern, bevor Sie den restlichen Teil des Bildes aufdecken.

2 Lenken Sie die Aufmerksamkeit der Sch auf den Zeitungsartikel und bitten Sie die Sch, den Titel zu lesen. Die Sch stellen Vermutungen über das Thema an. Weisen Sie dabei auch auf die beiden Geschwisterfotos hin und fragen Sie: *Was meint ihr, wie verstehen sich Michael und sein Bruder, und wie verstehen sich Claudia und ihre Schwester?*

2 Lesen: Zwei Geschwisterpaare

1 Die Sch lesen die beiden Fragen. Sichern Sie das Verständnis, indem Sie fragen: *Wer sind Ralf und Ann-Carolin?* Lassen Sie sich das Wort *Beziehung* in diesem Kontext auf Deutsch umschreiben. Weisen Sie, um das Verständnis zu erleichtern, gegebenenfalls erneut auf die beiden Geschwisterfotos hin.

Folie des Zeitungstextes

2 Die Sch lesen den Text in Stillarbeit und beantworten die Fragen in Partnerarbeit in Stichworten. Bitten Sie bei der Ergebniskontrolle im Plenum zwei Sch, ihre Antworten vorzutragen, und markieren Sie anschließend die entsprechenden Passagen im Text auf der Folie. Klären Sie unbekannten Wortschatz (*im Schatten stehen, im Rampenlicht stehen*).

3 Schreiben: Eine Internetrecherche machen

1 Erklären Sie die Aufgabe, indem Sie fragen: *Wer kennt weitere Promi-Geschwister?* Lesen Sie die Arbeitsanweisung vor. Bitten Sie die Sch, sich für diese Aufgabe zu zweit zusammenzufinden. Betonen Sie, dass die Schülerpaare ihre recherchierten Materialien, Fotos etc. in die nächste Stunde mitbringen sollen.

leere DIN-A5-Blätter, großer Bogen Plakatpapier, Klebstoff

2 Geben Sie jedem Schülerpaar ein leeres DIN-A5-Blatt. Die Schüler schreiben zu zweit einen Text über „ihr" Geschwisterpaar. Bitten Sie einzelne Schülerpaare anschließend, ihren Text im Plenum vorzulesen.
3 Schließlich werden die Texte und Fotos in Form einer Collage auf einen großen Bogen Plakatpapier geklebt und an der Klassenraumwand aufgehängt.

Arbeitsbuch: S. 147, Selbstkontrolle

Lektion 36: Feste

A   Geschenke, Geschenke!

A1   Sprachbrücke: Geschenke

1 Die Sch schauen sich die Fotos an. Erstellen Sie als Einstiegsaktivität zum Thema der A-Seite ein Akrostichon. Schreiben Sie das Wort *Geschenke* vertikal in Großbuchstaben an die Tafel und geben Sie für zwei Buchstaben ein Beispiel vor. Die Sch ergänzen in Einzelarbeit Wörter, die sie mit dem Thema *Geschenke* verbinden. Weisen Sie zur Anregung auf die Fragen der Aufgabe hin und betonen Sie, dass die Buchstaben, die an der Tafel stehen, nicht unbedingt die Anfangsbuchstaben der assoziierten Wörter sein müssen.

leere Zettel

2 Die Sch finden sich zu Paaren zusammen. Geben Sie jedem Sch einen leeren Zettel. In Partnerarbeit stellen sich die Sch die Fragen der Aufgabe und machen sich jeweils in der Muttersprache Notizen zu den Antworten ihres Partners.
3 Besprechen Sie das Ergebnis, indem Sie einzelne Sch bitten, die Schenkgewohnheiten ihrer Partner in der Muttersprache im Plenum vorzustellen.

! Themen wie Geschenke, Feste oder Essen eignen sich in besonderem Maße, um interkulturell zu arbeiten. Stellen Sie Ihren Sch Fragen zum Thema Geschenke wie: *Wird bei euch der Namenstag oder der Geburtstag gefeiert? Werden Geschenke immer verpackt? Welche symbolischen Bedeutungen haben Geschenke? Welche Geschenke bringt man mit, wenn man irgendwo eingeladen ist?* Fragen Sie die Sch, ob sie schon einmal in einem deutschsprachigen Land waren und ob sie dort evtl. andere Erfahrungen gemacht haben. Lassen Sie sich davon berichten.

A2   Selektives Hören: Umfrage im Radio

1 Erklären Sie die Aufgabe, indem Sie den Anfang des ersten Satzes vorlesen. Betonen Sie, dass hier Informationen gezielt gehört werden sollen. Lassen Sie die Sch per Handzeichen angeben, wenn sie das gesuchte Stichwort hören. Stoppen Sie den Text nach dem ersten Handzeichen und lassen Sie den Satz ergänzen. Verfahren Sie mit dem zweiten Satz ebenso. Sollten die Sch die besagte Stelle überhören, so spielen Sie den Text (Teil 1) noch einmal vor.
2 Gehen Sie anschließend noch einmal kurz auf das Gehörte ein, indem Sie fragen: *Welche Fragen stellt die Reporterin den Jugendlichen?*

A3   Selektives Hören: Umfrage im Radio

1 Die Sch lesen still die Aussagen in Teil a) der Aufgabe. Erklären Sie unbekannten Wortschatz durch entsprechende Gesten (z. B. *der Kopfhörer*) oder durch Umschreibung (z. B. *der Kinogutschein:* ein Coupon mit einem bestimmten Geldwert, man kann sich den Film selber aussuchen).
2 Kommen Sie zu den Aussagen von Satz 1 zurück und fragen Sie: *Was sind hier die Schlüsselwörter?* Betonen Sie, dass insbesondere die Unterschiede zwischen den Aussagen a und b wichtig sind. Lassen Sie sich die Schlüsselwörter im Plenum nennen (*nichts/Geschwistern nichts*). Bitten Sie die Sch anschließend, die Schlüsselwörter in den anderen Aussagen zu markieren.
3 Besprechen Sie das Ergebnis im Plenum. Leiten Sie zur Höraufgabe über, indem Sie den Sch sagen, dass sie beim Hören auf diese Schlüsselwörter achten sollen.
4 Spielen Sie den Beginn des Hörtextes (Teil 2) bis *schon genug Geschenke* vor und lösen Sie die erste Aufgabe gemeinsam. Die Sch hören den restlichen Text und lösen die weiteren Aufgaben. Lassen Sie sich bei der Ergebniskontrolle jeweils die richtigen Aussagen vorlesen. Spielen Sie bei Unklarheiten die entsprechende Passage noch einmal vor.
5 Die Sch lesen still die Aussagen im Teil b) der Aufgabe. Erklären Sie unbekannten Wortschatz beispielhaft (*Mäppchen*) oder durch Umschreibung (*Schmuckdose* = für Ketten, Ohrringe etc., *Kleinigkeit* = nur wenig, nicht viel). Bitten Sie die Sch, auch hier die Schlüsselwörter vor dem Hören zu markieren. Identifizieren Sie das Schlüsselwort in Satz 1 gemeinsam mit den Sch, indem Sie fragen: *Welches Wort enthält die Hauptinformation?*
6 Die Sch markieren die Schlüsselwörter in den restlichen Sätzen in Stillarbeit und tauschen sich danach über ihre Schlüsselwörter in Partnerarbeit aus. Besprechen Sie das Ergebnis im Plenum, lesen Sie danach die Lernstrategie vor und übersetzen Sie diese mit den Sch in die Muttersprache. Die Sch notieren sich die Strategie im Arbeitsbuch auf S. 165.

7 Spielen Sie den Beginn des Hörtextes (Teil 3) bis *Mäppchen für Stifte* vor und lösen Sie die erste Aufgabe gemeinsam. Die Sch hören den restlichen Teil des Hörtextes und lösen die weiteren Aufgaben. Besprechen Sie die Ergebnisse wie bei Teil 2.

Arbeitsbuch: S. 148, Ü1

A4 Grammatik: Verben mit zwei Objekten

1 Übertragen Sie das Raster der Tabelle an die Tafel und schreiben Sie den Satz *Ich kaufe meiner Mutter ein Buch.* hinein. Markieren Sie das Verb und bitten Sie einen Sch, die weiteren Satzglieder durch Fragen zu bestimmen (*Wer kauft? Wem wird etwas gekauft? Was wird gekauft?*). Erinnern Sie daran, dass *Wem?* nach dem Dativ und *Was?/Wen?* nach dem Akkusativ fragt.

2 Bitten Sie zwei gute Sch, jeweils einen der beiden Sätze aus dem Schüttelkasten in die Tabelle einzutragen, das Verb zu markieren und, wie bei Satz 1, die weiteren Satzglieder durch Fragen zu bestimmen.

3 Verweisen Sie auf den Infospot zur Grammatik und gehen Sie mit den Sch die Verben durch, die zwei Objekte haben. Bilden Sie mit diesen Verben gemeinsam mit den Sch weitere Beispielsätze.

4 **Zusatzaktivität**: Spielen Sie mit den Verben *schenken* und *geben* eine Variante des Kofferpackspiels. Sagen Sie: *Wir sind zu einer Geburtstagsfeier eingeladen. Was schenken/geben wir dem Geburtstagskind?* und beginnen Sie den Satz: *Wir schenken dem Geburtstagskind ein Buch und …* Ein Sch wiederholt und ergänzt den Satz. Dann ist der nächste Sch an der Reihe usw.

Arbeitsbuch: S. 148, Ü2

A5 Sprachbrücke: Verben mit zwei Objekten

1 Lesen Sie den Satz *Ich kaufe meiner Mutter ein Buch.* vor und bitten Sie die Sch, ihn in Stillarbeit zu übersetzen. Schreiben Sie den deutschen Satz währenddessen an die Tafel.

2 Bitten Sie einen guten Sch, seine Übersetzung vorzulesen und schreiben Sie die Übersetzung und eventuell auch Varianten an die Tafel. Die Sch diskutieren in Partnerarbeit Unterschiede und Ähnlichkeiten zwischen den Sprachen. Im Plenum werden diese an dem Beispielsatz und der Übersetzung an der Tafel veranschaulicht.

Arbeitsbuch: S. 148, Ü3 – 4; S. 149, Ü5

A6 Schreiben: Wer schenkt wem was?

1 Lesen Sie den Beispielsatz vor und verweisen Sie auf die Satzteile in den jeweiligen Kästen. Bilden Sie beispielhaft einen weiteren Satz für die Sch. Achten Sie darauf, dass Sie eine andere Verbform verwenden, z. B.: *Ich gebe meiner Freundin einen Gutschein.*

leere Zettel

2 Jeder Sch erhält einen Zettel. Innerhalb einer begrenzten Zeit schreiben die Sch möglichst viele Sätze auf die Zettel und tauschen ihren Zettel anschließend mit dem ihres Nachbarn. Die Sch lesen die Sätze ihrer Partner und korrigieren mit Bleistift. Gehen Sie währenddessen herum und geben Sie Hilfestellung. Jeder Sch bekommt seinen Zettel zurück. Im Plenum können nun einzelne Sätze vorgelesen und Unklarheiten geklärt werden.

A7 Aussprache: Satzakzent bei zwei Objekten

1 Spielen Sie den ersten Beispielsatz vor. Unterstützen Sie den Satzakzent durch die entsprechende Geste und die Pause, indem Sie kurz innehalten. Die Sch sprechen den Satz nach.

2 Spielen Sie die restlichen Sätze vor. Die Sch markieren beim ersten Hören den Satzakzent. Beim zweiten Hören sprechen sie nach und unterstützen den Satzakzent durch die Geste aus Schritt 1.

3 Weisen Sie auf die Lernstrategie hin und lassen Sie diese von den Sch übersetzen und im Arbeitsbuch auf S. 165 eintragen.

Kartenspiel zu Verben mit zwei Objekten: Teilen Sie die Klasse in Gruppen zu vier bis fünf Sch und geben Sie jeder Gruppe eine Kopie der Vorlage. Die Sch schneiden zunächst die Kärtchen aus und legen diese, der Form nach sortiert, in zwei Stapeln verdeckt in die Mitte. Ein Sch beginnt. Er nimmt von jedem Stapel eine Karte auf (Karte 1: Subjekt + Dativobjekt, Karte 2: Verb + Illustration eines Gegenstandes (= Akkusativobjekt)) und bildet einen Satz wie im Beispiel.

= *Ich schicke meiner Mutter einen Brief.*

Die anderen Sch kontrollieren. Ist der Satz richtig, darf der Sch die Bild-Verb-Karte behalten, die andere Karte (Subjekt + Dativobjekt) wird unter den entsprechenden Stapel zurückgelegt. Bei einem Fehler müssen beide Karten zurückgelegt werden. Ist der Stapel mit den Bild-Verb-Karten aufgebraucht, hat derjenige Sch gewonnen, der die meisten Karten gesammelt hat.

A8 **Sprechen: Top-Geschenke**

1 Fragen Sie: *Was wünscht ihr euch selbst?* Lesen Sie die Wortschatzhilfe zur Anregung vor. Die Sch notieren sich drei Geschenkwünsche.

2 Bilden Sie Gruppen und erklären Sie Aufgabe b), indem Sie die Redemittel in der Wortschatzhilfe in kurzen Dialogen gemeinsam mit zwei oder drei Sch anwenden: *Was wünscht du dir? Ich wünsche mir eine Sonnenbrille.* ... Notieren Sie die Antworten an der Tafel wie im Kursbuch als Statistik.

3 Die Sch befragen sich innerhalb der Gruppen und machen jeweils eine Statistik. Führen Sie die Statistiken der Gruppen im Plenum in einer Gesamtstatistik zusammen.

Arbeitsbuch: S. 149, Ü6 – 8

B **U-18-Party**

B1 **Sprachbrücke: Wir machen Party**

1 Schreiben Sie bei geschlossenen Büchern das Wort *Party* an die Tafel und fragen Sie in der Muttersprache: *Wie macht ihr Partys?* Notieren Sie als Mindmap die Antworten der Sch.

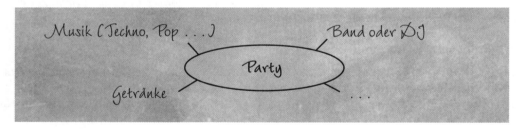

2 Die Sch öffnen die Bücher, sehen sich die Bilder an und lesen den Flyer. Sammeln Sie die wichtigsten Informationen an der Tafel: Name, Ort, Datum, Eintrittspreis sowie andere Details, die den Sch aufgefallen sind. Weisen Sie auch auf die vielen englischen Wörter hin.

3 Fragen Sie: *Was ist das für eine Party?* Die Sch äußern Vermutungen und belegen sie anhand möglicher Details. Klären Sie bei Bedarf Wörter wie *Heranwachsende* oder *Ausweiskontrolle.* Halten Sie die Vermutungen der Sch an der Tafel fest.

B2 **Globales Lesen: Party? Machen wir jetzt selbst!**

1 Die Sch lesen die Überschrift und die Einleitung des Artikels. Klären Sie unbekannte Wörter wie *Klub, sich schminken* und *Underage* (Hinweis auf die Ähnlichkeit mit der deutschen Sprache: *under* = unter, *age* = Alter = „unter dem Alter", Verweis auf die Alterangabe auf dem Flyer).

2 In Partnerarbeit vergleichen die Sch den Text mit den Hypothesen und Beobachtungen aus B1. Weisen Sie schließlich auf den Titel der Seite *U-18-Party* hin und fragen Sie die Sch, wofür das *U* steht *(u = unter).*

3 Lesen Sie die Überschriften a bis c vor. Bitten Sie die Sch, den Text zu überfliegen und danach die Überschriften den richtigen Anschnitten zuzuordnen und die Belegstellen zu markieren (Abschnitt 1: *heute, Underage Disco*, Zeitform: *Präsens*, Abschnitt 2: *die Idee*, Zeitformen *Präteritum* und *Perfekt*, Abschnitt 3: *machen Werbung, verteilen Flyer und geben Interview, schauen, dass alles stimmt, Programm*). Weisen Sie auf die Erklärungen der englischen Wörter in der Fußzeile hin. Der Text enthält viele neue Wörter, betonen Sie aber, dass die Sch diese Wörter nicht kennen müssen, um die Aufgabe zu lösen.

4 Im Plenum nennen die Sch auf Zuruf ihre Zuordnungen und Belegstellen. Klären Sie unbekannten Wortschatz erst in B3.

B3 Selektives Lesen: Wörter aus dem Kontext erschließen

1 Die Sch lesen die Stichwörter. Klären Sie unbekannte Wörter wie *Gastgeber* und *Werbung*.
2 Erklären Sie die Aufgabe, indem Sie *Underage-Party* an die Tafel schreiben und gemeinsam mit den Sch Informationen aus dem Text in Stichwörtern an der Tafel notieren. Weisen Sie darauf hin, dass Informationen zu einem Aspekt oft an mehreren Stellen des Textes stehen.
3 Die Sch lösen die Aufgabe und vergleichen ihre Ergebnisse mit denen ihres Nachbarn. Schreiben Sie unterdessen die anderen Wörter aus dem gelben Kasten an die Tafel und lassen Sie Platz für Stichwörter.
4 Rufen Sie die Wörter der Reihe nach auf und notieren Sie die genannten Stichwörter. Klären Sie dabei den unbekannten Wortschatz wenn möglich mit den Sch gemeinsam aus dem Kontext heraus.
5 Lesen Sie die Lernstrategie vor und übersetzen Sie diese mit den Sch in die Muttersprache. Die Sch notieren sich die Strategie im Arbeitsbuch auf S. 165.

Arbeitsbuch: S. 150, Ü9–11

B4 Grammatik: Konjunktionen

1 Lesen Sie die Arbeitsanweisung vor und betonen Sie nochmals, dass es nur um die Verben in den kursiv gedruckten Sätzen geht. Bestimmen Sie die Satztypen dieser Teilsätze im Plenum, indem Sie fragen: *Was sind das für Sätze? Wo steht das Verb?*
2 Die Sch lesen die Sätze und unterstreichen die Verben in den Nebensätzen. Schreiben Sie in der Zwischenzeit die kursiven Teilsätze an die Tafel. Unterstreichen Sie auf Zuruf das Verb und schreiben Sie in weniger leistungsstarken Klassen die Position darüber (Position 2 bzw. letzte Position).
3 Bitten Sie einen Sch an die Tafel und diktieren Sie ihm den Beispielsatz von Aufgabenteil b). Weisen Sie auf die durchgestrichene Konjunktion *obwohl* im Schüttelkasten hin. Lassen Sie einen Sch einen weiteren Beispielsatz bilden, z. B. mit der Konjunktion *weil: Den Raum müssen sie nicht vorbereiten, weil das der Klubbesitzer macht.* Lassen Sie auch diesen Satz an die Tafel schreiben.
4 Die Sch bilden mit jeder Konjunktion einen Satz, schreiben ihn auf und unterstreichen jeweils das Verb wie in B4 a). Bitten Sie bei der Ergebniskontrolle einzelne Sch, ihre Sätze an die Tafel zu schreiben.
5 Vergleichen Sie mit den Sch gemeinsam die Sätze an der Tafel hinsichtlich der Verbstellung. Vereinbaren Sie zwei Farben, mit denen die Konjunktionen markiert werden (Verb auf der zweiten Position = Konjunktion rot, Verb auf der letzten Position = Konjunktion blau). Lassen Sie zu jeder Konjunktion mindestens zwei Beispielsätze vorlesen.

Arbeitsbuch: S. 150, Ü12; S. 151, Ü13–15

Kopiervorlage 36/2, Scheren

Spiel zu Konjunktionen: Die Sch finden sich in Gruppen zu drei bis vier Sch zusammen. Kopieren Sie die Vorlagen entsprechend und schneiden Sie den Lösungsstreifen unten ab. Geben Sie jeder Gruppe eine Kopie. Ein Sch jeder Gruppe ist der Schiedsrichter. Er erhält den Lösungsstreifen, den er den anderen nicht zeigen darf. Die Sch schneiden die Satzkarten aus, mischen sie und legen sie verdeckt als Stapel auf den Tisch. Die Sch decken abwechselnd eine Satzkarte auf, legen sie sichtbar vor sich auf den Tisch und nennen die Konjunktion. Als Hilfe können die Konjunktionen im Schüttelkasten verwendet und abgestrichen werden. Der Schiedsrichter entscheidet, ob die Konjunktion passt oder nicht. Ist sie korrekt, darf der Sch seine Satzkarte behalten. Ist die Konjunktion nicht korrekt, muss der Sch die Satzkarte wieder unter den Stapel schieben. Die Sch spielen so lange, bis alle Satzkarten verbraucht sind. Gewonnen hat der Sch mit den meisten Satzkarten. Das Spiel kann mehrmals wiederholt werden, dabei sollte die Position des Schiedsrichters jeweils auf einen anderen Sch der Gruppe übergehen.
Die Kopiervorlage kann auch als Arbeitsblatt verwendet werden. In diesem Fall wird der Lösungsstreifen vor der Bearbeitung nach hinten umgeknickt.

B5 **Schreiben: Ein Forumsbeitrag zur Underage-Party**

1 Fragen Sie einzelne Sch nach ihrer Meinung zur Underage-Party: *Wie findet ihr diese Idee?* Lesen Sie dann die Arbeits-anweisung a) vor. Teilen Sie die Klasse in Gruppen zu vier bis fünf Sch. Damit sowohl kritische als auch positive Beiträge geschrieben werden, können Sie den einzelnen Gruppen entweder eine Rolle (pro/kontra) zuweisen oder die Sch sich entsprechend ihrer eigenen Meinung in Pro- und Kontra-Gruppen zusammenfinden lassen.

2 Gehen Sie gemeinsam mit den Sch die Redemittel durch, indem Sie diese jeweils als Frage an die Sch richten. Die Sch antworten jeweils beispielhaft, indem Sie die angegebenen Redemittel verwenden.

3 Klären Sie die formalen Kennzeichen eines Forumsbeitrags (Thema als Titel, Datum, Name, Anrede).

leere DIN-A4-Blätter

4 Die Sch besprechen die Inhalte ihres Beitrags in den Gruppen und notieren sich Stichwörter. Anschließend verfassen sie anhand ihrer Notizen und mithilfe der Redemittel ihren Forumsbeitrag auf ein Blatt.

5 Die Gruppen tauschen ihre Beiträge untereinander aus, lesen die neuen Beiträge und besprechen, wie man darauf ant-worten könnte. Auf die Rückseite des Blattes schreiben sie eine Reaktion auf den Beitrag und geben ihn an eine dritte Gruppe weiter.

6 Bitten Sie einzelne Gruppen, die Forumsbeiträge sowie die Antworten, die sie erhalten haben, vorzulesen. Sammeln Sie die Zettel ein und korrigieren Sie diese zur nächsten Stunde. Hängen Sie die korrigierten Blätter in der nächsten Stunde an eine Wand im Klassenraum. Dort können die Sch Ihre Korrekturen nachvollziehen. Thematisieren Sie häufige Fehler gegebenenfalls im Plenum.

Arbeitsbuch: S. 151, Ü16; S. 152, Ü17

Arbeitsbuch: S. 152, Ü18–19 Aussprache

C   Karneval – Fasching – Fas(t)nacht

C1 **Sprachbrücke: Karnevalstraditionen in deutschsprachigen Ländern**

1 Die Sch betrachten die Bilder. Fragen Sie die Sch, welche Karnevalstraditionen sie schon aus den deutschsprachigen Län-dern kennen. Weisen Sie die Sch, falls diese wenig über Karnevalstraditionen wissen, nochmals gezielt auf die Bilder hin. Notieren Sie die genannten Traditionen (z.B. Verkleiden, Umzüge etc.) in der Muttersprache an der Tafel.

2 Fragen Sie die Sch nach Karnevalstraditionen in ihrem Land und lassen Sie die Sch diese mit den Bräuchen aus den deutschsprachigen Ländern vergleichen: *Was ist ähnlich wie in eurem Land? Was ist anders?*

3 Schreiben Sie den Titel der Seite an die Tafel und lesen Sie die einzelnen Begriffe laut vor. Fragen Sie die Sch: *Was meint ihr, warum gibt es verschiedene Namen für Karneval?* Die Sch äußern ihre Vermutungen. Erklären Sie gegebenenfalls, dass sowohl die Bezeichnung als auch die Bräuche je nach Region unterschiedlich sind.

! Das Thema Karnevalstraditionen eignet sich gut, um im interkulturellen Vergleich auf Unterschiede innerhalb einer Kultur aufmerksam zu machen (Es gibt in Deutschland verschiedene Karnevalstraditionen und sogar verschiedene Namen für das Fest.) Regen Sie die Sch dazu an, über (regionale) Unterschiede im eigenen Land nachzudenken.

C2 **Selektives Lesen: Das ABC des Karnevals**

Landkarte der deutschsprachigen Länder

1 Lenken Sie die Aufmerksamkeit der Sch auf die Städtenamen im Karnevals-ABC. Lassen Sie die Städte an der Landkarte zeigen. Anschließend lesen die Sch still die Angaben im ABC. Klären Sie gegebenenfalls unbekannten Wortschatz.

2 Erklären Sie die Aufgabe, indem Sie den ersten Satz des ersten Textes lesen lassen und gemeinsam mit den Sch den ersten und gegebenenfalls auch noch den zweiten Eintrag vornehmen. Betonen Sie, dass die Sch bei der Lektüre der Texte auf die Angaben des ABCs achten sollen.

Folie der Lesetexte

3 Die Sch lesen still die beiden Texte und ergänzen die ABCs in Partnerarbeit. Im Plenum liest jeweils ein Sch die Ergänzung vor und belegt diese anhand des Textes. Markieren Sie die jeweiligen Belegstellen in den Texten auf der Folie. Abschlie-ßend können Sie noch die dialektalen Ausdrücke in den Texten zusammentragen und klären (*Kölle Alaaf!* = Karnevalsruf; *Jecken* = rheinländische Bezeichnung für *Narren* = Teilnehmer am Karneval; *Morgenstraich* = Auftakt der Basler Fastnacht; *drey scheenste Dääg* = die drei schönsten Tage).

C3 Schreiben: Recherchieren und einen Text schreiben

DIN-A4-Blätter

1 Lassen Sie die Bücher schließen. Sagen Sie, dass Karneval ja an vielen Orten in der ganzen Welt gefeiert wird und fragen Sie die Sch, welche traditionellen Karnevalsorte sie kennen. Notieren Sie die Städtenamen in großen Lettern auf DIN-A4-Blätter. Die Sch öffnen die Bücher und ergänzen eventuell fehlende Städte aus dem Kursbuch.

2 Hängen Sie die Städtenamen an unterschiedlichen Orten im Raum auf und bitten Sie die Sch, sich eine Stadt ihrer Wahl auszusuchen, über deren Karnevalstradition sie mehr wissen wollen. Steuern Sie den Gruppenbildungsprozess ein wenig, sodass bei jeder Stadt mindestens drei Sch stehen.

3 Lesen Sie die Leitfragen vor. In den Gruppen besprechen die Sch ihre Vorgehensweise und verteilen Aufgaben: Wer recherchiert wo? Wer bringt was mit?

große Bogen Plakatpapier, Klebstoff

4 Die Sch halten ihre Ergebnisse auf einem Plakat fest. Da es sich um Poster handelt, sollen keine langen Sätze geschrieben werden, sondern die Informationen prägnant formuliert und mit Bildern illustriert werden. Die Plakate werden im Plenum präsentiert und danach im Klassenraum aufgehängt.

Arbeitsbuch: S. 153, Selbstkontrolle

*Arbeitsbuch: S. 154–157,
Plateauseiten Lektionen 34–36*

Kopiervorlage zu deutsch.com, Lektion 19

Spiel zur Negation

Ist er Schauspieler?	Nein, er ist kein Schauspieler.
Der Film ist langweilig.	Der Film ist nicht langweilig.
Bist du ein Star?	Nein, ich bin kein Star.
Sind seine Haare lockig?	Nein, seine Haare sind nicht lockig.
Der Computer ist teuer.	Der Computer ist nicht teuer.
Er kann singen.	Er kann nicht singen.
Seid ihr Nachbarn?	Nein, wir sind keine Nachbarn.
Die Schauspielerin ist intelligent.	Die Schauspielerin ist nicht intelligent.
Ist der Stuhl bequem?	Nein, der Stuhl ist nicht bequem.
Wohnt sie in der Nähe?	Nein, sie wohnt nicht in der Nähe.

Deine Frisur ist komisch.	Deine Frisur ist nicht komisch.
Bist du neugierig?	Nein, ich bin nicht neugierig.
Bist du ein Junge?	Nein, ich bin kein Junge.
Bist du ein Mädchen?	Nein, ich bin kein Mädchen.
Ist die Übung kompliziert?	Nein, die Übung ist nicht kompliziert.
Die Hochzeit war fantastisch.	Die Hochzeit war nicht fantastisch.
Er ist Architekt.	Er ist kein Architekt.
Wir sind Freunde.	Wir sind keine Freunde.
Du hattest wirklich Glück.	Du hattest wirklich kein Glück.
Er hatte gestern Bauchschmerzen.	Er hatte gestern keine Bauchschmerzen.

Leiterspiel zum Dativ

ZIEL	gefallen.			stehen?		gefallen.
gefallen.			gehören.	passen?		gefallen?
gehören.		gehören.		passen.	passen?	
	passen.	gehören.			gehören.	stehen?
gehören?	stehen?			gefallen?		
	gefallen?				stehen.	passen?
gehören?	gefallen.		stehen?		gefallen.	**START**

Kopiervorlage zu deutsch.com, Lektion 20

Syntaxübung zur Perfektbildung

Partner A

1 Wie viel	1 hat	1 das Buch	1 gekostet?		

2 Alle	2 haben	2 über den Witz	2 gelacht.		

3 Hast	3 du	3 das Shampoo	3 schon	3 ausprobiert?	

4 Am Sonntag	4 haben	4 wir	4 zusammen	4 einen Spaziergang	4 gemacht.

5 Wie lange	5 hast	5 du	5 im Ausland	5 gelebt?	

6 Hast	6 du	6 das Geschenk	6 gekauft?		

Syntaxübung zur Perfektbildung

Partner B

7 Susanne	7 ist	7 gestern	7 nach Berlin	7 gefahren.	

8 Warum	8 hast	8 du	8 deinen Geburtstag	8 nicht	8 gefeiert?

9 Sie	9 haben	9 lange	9 in	9 Frankreich	9 gelebt.

10 Sie	10 hat	10 den ganzen Abend	10 mit Tobias	10 getanzt.	

11 In welchen Filmen	11 hat	11 sie	11 gespielt?		

12 Hat	12 das vegetarische Gericht	12 gut	12 geschmeckt?		

Telefongespräch „Mit Fieber im Bett"

besuchen • in der Schule • schrecklich • Stunde • Schnupfen und Halsschmerzen •
beim Arzt • geschlafen • Grippe • mir leid • Medikamente • gleich •
total krank • gelesen • langweilig • kommen • im Bett

--- ✂ ---

Partner A

David Wagner.

Ich konnte leider nicht kommen.
Ich bin _____ .

Fieber, _____
_____ .

Ja, er hat gesagt, ich habe _____ . Er hat
mir viele _____ verschrieben.
Und ich soll vier Tage _____ bleiben.

Ich kann ja nicht viel machen. Heute habe
ich viel _____ und ein bisschen
_____ . Es ist ziemlich langweilig.

Oh ja, gerne. Wann kannst du
denn _____ ?

Super. Dann bis _____ .

Partner B

Hallo, David. Hier ist Marion. Warum warst
du heute nicht _____ ?

Oh, das tut _____ .
Was hast du denn?

Warst du denn schon
_____ ?

Vier Tage im Bett, wie _____ !
Was machst du denn den ganzen Tag?

Ich kann dich _____ , wenn
du möchtest. Ich meine, weil es doch
so _____ ist.

In einer halben _____ bin ich bei dir.

Das Sportfest

Schreib über ein Sportereignis in dein Tagebuch. Schreib zu jeder Frage einen Satz.

Welches Sportereignis war gestern / letzten Sonntag / …?

Wer hat mitgespielt?

Hast du mitgespielt oder hast du zugesehen?

Hat deine Mannschaft das Finale erreicht?

Wer hat die erste Halbzeit / das erste Spiel gewonnen / verloren?

Wer hat am Ende gewonnen?

Was für einen Preis haben die Gewinner bekommen?

Wie hat dir das Spiel gefallen?

Was hast du nach dem Spiel / am Abend gemacht?

Datum _____

Quartettspiel

der Wettkampf der erste Platz das Finale der Wettbewerb	**der erste Platz** der Wettkampf das Finale der Wettbewerb	**das Finale** der Wettkampf der erste Platz der Wettbewerb	**der Wettbewerb** der Wettkampf der erste Platz das Finale
der Sohn die Großmutter der Vater die Schwester	**die Großmutter** der Sohn der Vater die Schwester	**der Vater** der Sohn die Großmutter die Schwester	**die Schwester** der Sohn die Großmutter der Vater
das Obst der Joghurt die Suppe die Brezel	**der Joghurt** das Obst die Suppe die Brezel	**die Suppe** das Obst der Joghurt die Brezel	**die Brezel** das Obst der Joghurt die Suppe
das Auto das Motorrad das Flugzeug der Bus	**das Motorrad** das Auto das Flugzeug der Bus	**das Flugzeug** das Auto das Motorrad der Bus	**der Bus** das Auto das Motorrad das Flugzeug

das Gesicht	**der Rücken**	**der Finger**	**die Haare**
der Rücken	das Gesicht	der Rücken	der Rücken
der Finger	der Finger	das Gesicht	das Gesicht
die Haare	die Haare	die Haare	der Finger

der Anzug	**die Jeans**	**das Hemd**	**die Schuhe**
die Jeans	der Anzug	der Anzug	das Hemd
das Hemd	das Hemd	die Jeans	der Anzug
die Schuhe	die Schuhe	die Schuhe	die Jeans

die Halsschmerzen	**die Grippe**	**der Schnupfen**	**das Fieber**
die Grippe	die Halsschmerzen	die Halsschmerzen	die Halsschmerzen
der Schnupfen	der Schnupfen	die Grippe	die Grippe
das Fieber	das Fieber	das Fieber	der Schnupfen

das Wohnzimmer	**die Küche**	**das Bad**	**das Schlafzimmer**
die Küche	das Wohnzimmer	das Wohnzimmer	das Wohnzimmer
das Bad	das Bad	die Küche	die Küche
das Schlafzimmer	das Schlafzimmer	das Schlafzimmer	das Bad

Kopiervorlage zu deutsch.com, Lektion 22

Erzählrad: Tipps zum Deutschlernen

⚀	⚁	⚂	⚃	⚄	⚅
Ich	**du**	**er/sie**	**wir**	**ihr**	**sie (Pl.)**

Beispiel: zusammen mit Freunden lernen   ⚁ = *Du sollst zusammen mit Freunden lernen.*

wichtige Vokabeln auf Zettel schreiben und im Zimmer aufhängen

einen Sprachkurs besuchen

Tagebuch auf Deutsch schreiben

jeden Morgen zum Frühstück zehn Vokabeln wiederholen

in ein deutschsprachiges Land reisen

zum Einschlafen deutsche Wörter aufsagen

deutsche Gedichte auswendig lernen

Vokabeln auf Karteikarten schreiben

deutsche Filme im Original anschauen

START/ZIEL

einen Brieffreund / eine Brieffreundin aus Deutschland finden

deutsche Fernsehsendungen anschauen

schwierige Wörter abschreiben und mehrmals sprechen

zusammen mit Freunden lernen

deutsche Songtexte (im Internet) suchen

Wörter im Wörterbuch nachschlagen

Musik mit deutschen Songtexten hören

selbst Übungssätze schreiben

einen deutschen Tandem-Partner / eine deutsche Tandem-Partnerin finden

Internetradio hören

Kopiervorlage zu deutsch.com, Lektion 22

Wie heißt das denn auf Deutsch?

Mensch Leute!

Wie heißt das denn auf Deutsch?

Man kann es _____ *(trinken / essen)*
und es schmeckt sehr gut.

Nein! Nein! Es ist kein(e) _____

und auch kein(e) _____ .

Es ist _____ ,
es ist _____
und/oder auch mal _____ .

Versteht ihr, was ich meine? Versteht ihr, was ich meine?

Mensch Leute!

Ich weiß das Wort, das Wort, das Wort nicht mehr.

Es schmeckt _____ und es
schmeckt so gut.

Nein! Nein! Es ist kein(e) _____

und auch kein(e) _____ .

Es ist so _____ ,
so _____ ,
so _____ .

Versteht ihr, was ich meine? Versteht ihr, was ich meine?

Ach Leute! Sagt es mir!

Was ist das deutsche Wort für _____?
            (= Wort in der Muttersprache)

Wie heißt das noch auf Deutsch?
Ich weiß das deutsche Wort nicht mehr.

Was ist das deutsche Wort für _____?
            (= Wort in der Muttersprache)

Wie heißt das noch auf Deutsch?
Ich weiß das deutsche Wort nicht mehr.

süß · sauer · gesund · ungesund ·
lecker · rund · groß · klein · rot ·
grün · gelb · schwarz · weiß · braun ·
fantastisch · super · ...

Cola · Limo · Milch · Pizza · Eis ·
Schokolade · Kaugummi · Kuchen · ...

Beispiel:
Wie heißt das noch auf Deutsch?

Mensch Leute!
Wie heißt das denn auf Deutsch?
Man kann es **essen** und es schmeckt sehr gut.
Nein! Nein! Es ist **keine Schokolade**.
und auch **kein Eis**.
Es ist **süß**, es ist **rund**, es ist **rot oder grün oder gelb
und auch mal orange**.
Versteht ihr, was ich meine? Versteht ihr, was ich meine?

Mensch Leute!
Ich weiß das Wort, das Wort, das Wort nicht mehr.
Es schmeckt **(morgens oder abends)** und es schmeckt so gut.
Nein! Nein! Es ist **kein Käse**
und auch **kein Quark**.
Es ist so **süß**, so **lecker** und so **ungesund**.
Versteht ihr, was ich meine? Versteht ihr, was ich meine?

Ach Leute! Sagt es mir!
Was ist das deutsche Wort für *gummy bears**?
Wie heißt das noch auf Deutsch? Ich weiß das deutsche
Wort nicht mehr.
Was ist das deutsche Wort für *gummy bears*?
Wie heißt das noch auf Deutsch? Ich weiß das deutsche
Wort nicht mehr.

* Gummibärchen

Kopiervorlage zu deutsch.com, Lektion 23

Spiel zu *trotzdem* und *deshalb*

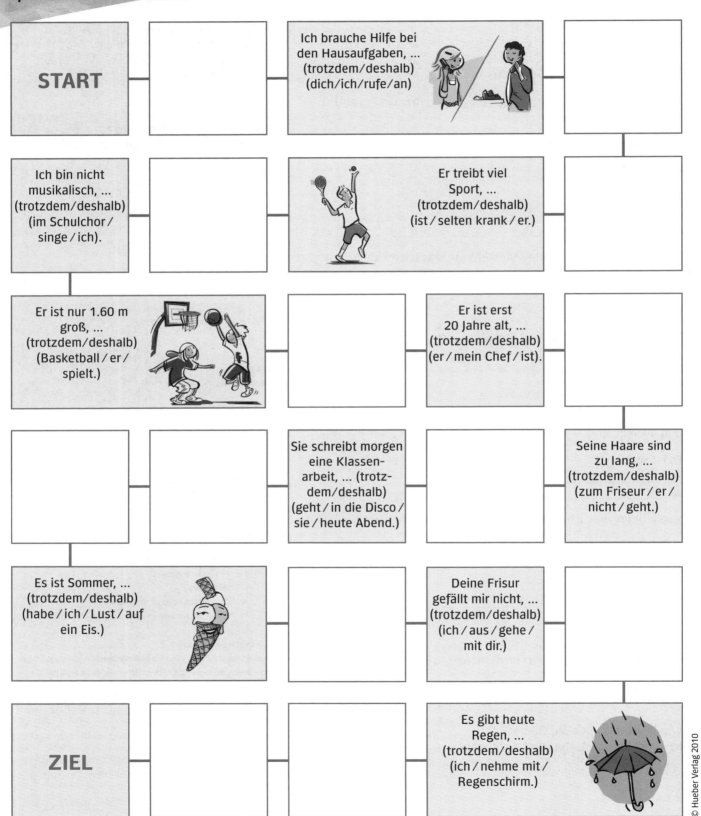

		Ich brauche Hilfe bei den Hausaufgaben, ... (trotzdem/deshalb) (dich/ich/rufe/an)	
START			
Ich bin nicht musikalisch, ... (trotzdem/deshalb) (im Schulchor / singe / ich).		Er treibt viel Sport, ... (trotzdem/deshalb) (ist / selten krank / er.)	
Er ist nur 1.60 m groß, ... (trotzdem/deshalb) (Basketball / er / spielt.)		Er ist erst 20 Jahre alt, ... (trotzdem/deshalb) (er / mein Chef / ist).	
	Sie schreibt morgen eine Klassenarbeit, ... (trotzdem/deshalb) (geht / in die Disco / sie / heute Abend.)		Seine Haare sind zu lang, ... (trotzdem/deshalb) (zum Friseur / er / nicht / geht.)
Es ist Sommer, ... (trotzdem/deshalb) (habe / ich / Lust / auf ein Eis.)		Deine Frisur gefällt mir nicht, ... (trotzdem/deshalb) (ich / aus / gehe / mit dir.)	
ZIEL		Es gibt heute Regen, ... (trotzdem/deshalb) (ich / nehme mit / Regenschirm.)	

© Hueber Verlag 2010

Worträtsel

1 Den Schulabschluss im Gymnasium nennt man _____.

2 Ein Mitglied im Parlament ist ein _____.

3 Mit dem Buch Crazy wurde Benjamin Lebert ein erfolgreicher _____.

4 Sie spricht _____ dem Lehrer.

5 Ich denke oft _____ dich.

6 In Deutschland kann ein Schüler nach der Grundschule die Hauptschule, die _____, die Gesamtschule oder das Gymnasium besuchen.

7 Karl ist der Opa von Benno. Benno ist der _____ von Karl.

8 Peter findet Mathe langweilig und _____ den Unterricht.

9 _____ du viel Sport?

10 Ich habe Lust _____ Kuchen.

11 Die Lehrerin schreibt die Aufgabe an die _____ .

12 Meine Freundin hat die Schule ohne Abschluss _____ .

13 Nach der Schule mache ich eine _____ – ich möchte Bank-kaufmann werden!

14 Ich sitze immer hinten, aber die Lehrerin hat mich nach _____ gesetzt.

15 Die Aufgabe ist so schwierig, ich weiß das Ergebnis nicht! Kannst du mir die _____ sagen?

- -

Lösung:

1 – Abitur, 2 – Parlamentarier, 3 – Schriftsteller, 4 – mit, 5 – an, 6 – Realschule, 7 – Enkel, 8 – stört, 9 – Treibst, 10 – auf, 11 – Tafel, 12 – verlassen, 13 – Ausbildung, 14 – vorne, 15 – Lösung

Kopiervorlage zu deutsch.com, Lektion 24

Syntaxübung zu *weil*- und *deshalb*-Sätzen

Partner A

| Sie möchte Schriftstellerin werden, | weil | sie viel Fantasie hat. |

| Ich will ein Star werden, | deshalb | bin ich Schauspielerin geworden. |

| Wir wohnen in Berlin, | weil | uns diese Stadt sehr gut gefällt. |

| Er reist gerne, | deshalb | lernt er viele Fremdsprachen. |

| Sie besuchen einen Spanischkurs, | weil | sie Spanisch lernen wollen. |

✂ -

Partner B

| Mein Traumberuf ist Krankenpfleger, | weil |

| ich gern anderen Menschen helfe. |

| Mir gefällt der Beruf Lehrer, | weil | man so lange Sommerferien hat. |

| Sie liegt mit Husten und Fieber im Bett, | deshalb |

| kann sie heute nicht in die Schule gehen. |

| Ich will etwas verändern, | deshalb | bin ich Politiker von Beruf. |

| Wir haben das Finale gewonnen, | weil | wir viel trainiert haben. |

© Hueber Verlag 2010

Arbeitsblatt zum Imperativ

langsam sprechen /
noch einmal erklären
(Sie-Form)

_____

_____

erzählen
(du-Form)

_____

_____

bitte Ihren Mann grüßen
(Sie-Form)

_____

_____

doch mal morgen vorbeikommen
(du-Form)

_____

_____

bitte mir helfen können
(Sie-Form)

_____

_____

die Hose anschauen
(du-Form)

_____

_____

auch mitmachen
(ihr-Form)

_____

_____

zuerst die Getränke bringen
(Sie-Form)

_____

_____

bitte den Satz notieren
(ihr-Form)

_____

_____

Mantel doch mal anprobieren
(Sie-Form)

_____

_____

das doch bitte noch einmal erklären
(du-Form)

_____

_____

mir die Daumen drücken
(ihr-Form)

_____

_____

Spiel zur Konjugation der Modalverben

⚀ ⚂ ⚄ **Präsens**　　　　⚀ ⚃ ⚅ **Präteritum**

Wir spielen Computer. *(wollen)*

Paul geht abends nur bis 22.00 Uhr aus. *(dürfen)*

Anna bezahlt ihre Handy-Rechnung immer selbst. *(müssen)*

Susanne hat gute Schulnoten. *(müssen)*

Viele Jugendliche leben nicht ohne ihr Handy. *(können)*

Karla redet nicht mit ihren Eltern. *(wollen)*

Wir gehen ins Kino. *(wollen)*

Tim kauft sich einen Computer. *(müssen)*

Sebastian spielt täglich nur drei Stunden Computer. *(dürfen)*

Sie bringen das Computerspiel zurück ins Geschäft. *(müssen)*

Er schickt keine E-Mails, weil sein Computer kaputt ist. *(können)*

Kauft ihr euch die neue DVD? *(wollen)*

Miriam chattet nur zwei Stunden pro Tag mit Freunden. *(dürfen)*

Ich rufe dich nicht an. *(können)*

Claudia geht nicht an ihr Handy. *(können)*

Wer oder was ist das?

Waagerecht →

1 Sie steht über dem Text.

2 So nennt man einen Treffpunkt im Internet.

3 Diese Nachricht kann man mit dem Handy schreiben.

4 Er arbeitet in der Redaktion.

5 Schüler machen sie und Schüler lesen sie.

6 So heißen die Texte in einer Zeitung.

7 So nennt man eine elektronische Form der Kommunikation.

8 Das ist ein Gespräch, bei dem es verschiedene Meinungen gibt.

9 Diese Seite findet man im Internet.

Senkrecht ↓

1 So nennt man die erste Seite einer Zeitung.

2 Darauf bekommst du eine Antwort.

3 Es ist das Gegenteil von Ordnung.

4 Auf dieser Seite kann man alle Überschriften auf einen Blick sehen.

Domino

Die **Kinder** gehen gern in den Kindergarten.

Die Feuerwehr löscht das **Feuer**.

Der Patient liegt im **Krankenhaus**.

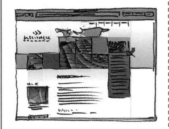

Die Schülerzeitung hat eine eigene **Webseite**.

Marion kann nicht laufen. Sie sitzt im **Rollstuhl**.

Sven hat gerade eine **SMS** bekommen.

Welche Zahl zeigt der **Würfel**?

In diesem Haus gibt es viele **Treppen**.

Der **Eingang** ist zu eng für den Rollstuhl.

Kopiervorlage zu deutsch.com, Lektion 26

Ergänzungsspiel zu Reflexiv- und Personalpronomen

START

1	2	3
Ich war nach dem Festival total müde und musste _____ erst einmal erholen.	▲ Rufst du _____ an? Meine Nummer ist 238768. ■ Alles klar, ich rufe _____ noch heute an.	▲ Kommt endlich, der Bus fährt gleich ab! ■ Schon gut, wir beeilen _____ ja.
4	**5**	**6**
▲ Wie geht es _____? ■ Super, wir freuen _____ schon sehr auf die Sommerferien!	▲ Warum streiten _____ die beiden eigentlich die ganze Zeit? ■ Ich weiß es auch nicht. Eigentlich verstehen sie _____ doch super.	▲ Warum entschuldigt sie _____ nicht bei dir? ■ Wir haben _____ gestritten und jetzt ist sie sauer auf mich.
7	**8**	**9**
▲ Warum langweilt ihr _____ eigentlich die ganze Zeit? ■ Wir interessieren _____ einfach nicht für Mathe.	▲ Wie waren die Ferien? Haben Sie _____ gut erholt? ■ Danke, sehr gut!	▲ Letztes Jahr hatte ich einen kleinen Unfall mit dem Quad. ■ Hast du _____ verletzt? ▲ Ja, aber nur leicht.
10	**11**	**12**
▲ Warum zieht Petra _____ so schick an? ■ Sie trifft _____ heute Abend mit David.	Es ist sehr kalt heute. Zieh _____ lieber warm an!	▲ Hast du Markus schon gesehen? ■ Ja, stell dir vor, ich hab _____ zufällig in der Stadt getroffen. Darüber hab ich _____ total gefreut.

ZIEL

Kopiervorlage zu deutsch.com, Lektion 27

Sprechspiel „Beim Grillfest"

für den Grill · Salat · Nachtisch · Getränke · Besteck und Geschirr

> *Könntest du mir etwas für den Grill / einen Nachtisch /... geben?*

> *Ich hätte gern noch einen Salat / etwas Süßes / einen Kuchen ...*

Würstchen	Käse	Gemüse	Fleisch	Kartoffeln

Gurkensalat	Kartoffelsalat	Nudelsalat	Käsesalat	Paprikasalat

Schokoladenkuchen	Eis	Marillenkuchen	Schokoladencreme	Obst

eine Kiste Mineralwasser	drei Flaschen Orangensaft	drei Flaschen Apfelsaft	vier Liter Cola	drei Liter Limonade

Messer	Gabeln	Löffel	Gläser	Teller

Partnerinterview zum Thema „Kochen und Essen "

Hallo, ich mache ein Interview zum Thema Kochen und Essen.

Fragen	Antworten
1. Was isst du zu Hause zu Mittag / zu Abend?	Zu Mittag / Zu Abend esse ich …
2. Wie oft esst ihr zu Hause gemeinsam?	Jeden Tag / Am Wochenende …
3. Wer kocht bei euch zu Hause?	Bei uns zu Hause kocht mein(e)…
4. Wie kocht ihr bei euch zu Hause: ausländische oder heimische Küche?	Bei uns zu Hause kochen wir meistens …, aber manchmal auch …
5. Kochst du zu Hause? Was?	Ich koche (nicht so) oft / zweimal pro … / gern mit Freunden … Nudeln, eine Suppe, …
6. Was ist dein Lieblingsessen?	Mein Lieblingsessen ist … Aber ich mag auch … sehr gerne.
7. Welches Essen magst du gar nicht?	… mag ich gar nicht. Und …. mag ich auch nicht besonders gern.

Danke für das Interview!

Partnerspiel zum Komparativ

Beispiel: Dein Kleid ist schön.

   genauso … wie *(Dein Kleid ist* **genauso** *schön* **wie** *mein Kleid.)*   **Komparativ** *(Dein Kleid ist* **schöner als** *mein Kleid.)*

Mein Getränk schmeckt gut.

Karl hat viele Haustiere.

Das Leben auf dem Land ist hart.

Er lebt gern in Berlin.

Obst ist gesund.

Deine Haare sind lang.

Der neue Film mit Julia Jentsch ist interessant.

Sein Zimmer ist groß.

Katjas Haare sind kurz.

Shoppen finde ich langweilig.

In Italien ist es warm.

Die Luft im Wald ist klar.

Meine Wohnung ist ruhig.

Die Leute in der Stadt sind tolerant.

In der Disco ist es laut.

Leiterspiel zum Superlativ

gern · gut · schlimm · interessant · schön · langweilig · gern · viel · groß · gut

ZIEL

_____ esse ich Spaghetti.

Dunja kann von allen Mädchen der Klasse _____ Ski laufen.

_____ findet sie, dass ihre Freunde so weit entfernt wohnen.

Interessierst du dich für Sport? Ja, Fußball finde ich _____.

Martinas Kleid ist schöner als das Kleid von Kati, aber Brittas Kleid ist _____.

Biologie mag ich gar nicht. Dieses Fach finde ich in der Schule _____.

_____ gehe ich am Wochenende in die Disco.

_____ wünsche ich mir ein eigenes Pferd.

Welche deutsche Stadt ist _____? Berlin.

Welches Getränk schmeckt dir _____?

START

Wetter-Memory®

Beispiel:

| 25°C | Es ist warm. |

25°C	
35°C	
10°C	
−10°C	
☀	
🌧	
🌨	
☁	

Was machst du, wenn …? Ordne zu und schreibe auf.

Wenn …	…, dann …
regnet / es	ich / nicht / im Garten / feiern / kann / meinen Geburtstag
wir / schonen wollen / die Umwelt	hochdrehen / müssen / die Heizung / wir
der Bus / nicht fährt	draußen / wir / können / Kaffee trinken
sparen / ich / will / Wasser	trennen / den Müll / wir / müssen
Medikamente / nicht mehr brauche / ich	fahre / zur Schule / ich / mit dem Fahrrad
mit der Schule / sie / fertig ist	Energiesparlampen / ich / kaufe
kalt / ist / es	ich / nur 5 Minuten / dusche
krank ist / er	in der Apotheke / ich / sie / gebe ab
Frühling / es / wird	sie / ein Freiwilliges Soziales Jahr / macht
sparen / will / Strom / ich	legt sich / er / ins Bett

_____   _____

_____   _____

_____   _____

_____   _____

_____   _____

_____   _____

_____   _____

_____   _____

© Hueber Verlag 2010

Rollenspiel

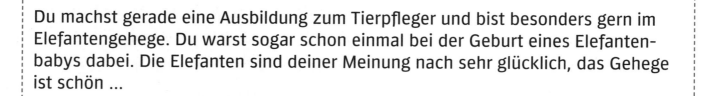

Du machst gerade eine Ausbildung zum Tierpfleger und bist besonders gern im Elefantengehege. Du warst sogar schon einmal bei der Geburt eines Elefanten-babys dabei. Die Elefanten sind deiner Meinung nach sehr glücklich, das Gehege ist schön …

Du hast eine kleine Schwester/einen kleinen Bruder und gehst regelmäßig mit ihr/ihm in den Zoo. Es macht euch Spaß, die Tiere zu besuchen, besonders gefallen deiner Schwester/deinem Bruder die Ponys. Du findest den Zoo gut, weil deine Schwester/dein Bruder dort viel über Tiere lernt.

Du warst als Kind sehr oft im Zoo, heute findest du es langweilig, die Tiere in ih-ren Gehegen anzuschauen. Sie tun dir leid …

Du lebst auf einem Bauernhof und weißt sehr genau, was Tiere brauchen und wie sie sich wohlfühlen. Deine Meinung ist, dass der Zoo für einige Tiere gut ist, für einige schlecht. …

Du möchtest Biologie studieren. Am meisten interessierst du dich für das Leben der Tiere in der freien Natur. Gern möchtest du später einmal Menschenaffen in Indonesien beobachten. Deiner Meinung nach sollen Tiere in der Natur leben, aber dort können sie oft nicht mehr leben.

Du bist aktiver Tierschützer und engagierst dich im Tierschutzverein „Arche Noah". Deiner Meinung nach kümmern sich die Menschen zu wenig um die Rech-te der Tiere, zum Beispiel im Zoo, im Zirkus oder auch zu Hause.

Assoziationsspiel zu Farbadjektiven

	Ich mag …	Mir gefallen …	Mir gefällt … mit …
Grün	das grüne Gras	die grünen Wiesen im Frühling	der Garten mit den grünen Bäumen
Schwarz			mit
Blau			mit
Gelb			mit
Rot			mit
Weiß			mit
Braun			mit

© Hueber Verlag 2010

deutsch.com

Kopiervorlage zu deutsch.com, Lektion 31

Kofferpacken

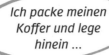

Ich packe meinen Koffer und lege hinein ...

groß · klein · alt · neu · schön · modisch · schick ·
warm · praktisch · lustig · schwer · leicht ·

Partnerinterview

Woran denkst du in diesem Moment?

_____

_____

Worum / Um wen kümmerst du dich gerne?

_____

_____

Wofür interessierst du dich nicht?

_____

_____

Wovon hast du als Kind geträumt?

_____

_____

Woran hast du zuletzt teilgenommen?

_____

_____

Worauf / Auf wen bist du nicht stolz?

_____

_____

Worüber hast du dich heute schon gefreut?

_____

_____

Wovon hast du gestern deiner Mutter /
deinem Freund / deiner Freundin erzählt?

_____

_____

Kopiervorlage zu deutsch.com, Lektion 32

Wechselspiel zu den Uhrzeiten

Beispiel: A: (·) morgens aufstehen Um wie viel Uhr steht Sebastian morgens auf? / Wie spät ist es, wenn Sebastian morgens aufsteht? B: `07:15` (morgens / aufstehen) Um Viertel nach sieben. / Es ist Viertel nach sieben.	Beispiel: A: (·) morgens aufstehen Um wie viel Uhr steht Sebastian morgens auf? / Wie spät ist es, wenn Sebastian morgens aufsteht? B: `07:15` (morgens / aufstehen) Um Viertel nach sieben. / Es ist Viertel nach sieben.

Was macht Sebastian am Dienstag?	**Was macht Sebastian am Dienstag?**
Partner A	**Partner B**
(·) duschen	`07:10` (duschen)
`07:30` (frühstücken)	(·) frühstücken
(·) zum Bus gehen	`07:40` (zum Bus gehen)
`07:55` (Unterricht in der Schule beginnen)	(·) Unterricht in der Schule beginnen
(·) Mittag essen	`12:30` (Mittag essen)
(·) von der Schule nach Hause fahren	`13:15` (von der Schule nach Hause fahren)
(·) zum Handballtraining fahren	`14:20` (zum Handballtraining fahren)
`14:45` (Training beginnt)	(·) Training beginnt
`15:30` (Training endet)	(·) Training endet
(·) sich in der Stadt mit Freunden treffen	`16:05` (sich in der Stadt mit Freunden treffen)
`18:45` (mit der Familie zu Abend essen)	(·) mit der Familie zu Abend essen
(·) Hausaufgaben machen	`19:30` (Hausaufgaben machen)
(·) chatten mit Freunden oder fernsehen	`20:15` (chatten mit Freunden oder fernsehen)
`22:30` (schlafen gehen)	(·) schlafen gehen

Präteritum-Memory®

sein	war	haben	hatte
können	konnte	denken	dachte
geben	gab	steigen	stieg
leihen	lieh	gehen	ging
wollen	wollte	meinen	meinte
finden	fand	nennen	nannte

© Hueber Verlag 2010

In meiner Stadt ...

Lies den Anfang (1) der Geschichte und unterstreiche die Präpositionen. Lies dann die Fortsetzung (2) und setze dabei die fehlenden Artikel ein. Schreib die Geschichte (3) weiter. Du kannst die Wörter aus dem Redemittelkasten verwenden oder dir eigene Orte, Dinge oder Personen ausdenken.

1 In meiner Stadt steht eine Kirche. Und vor der Kirche gibt es einen Platz. Und auf dem Platz ist ein Kiosk. Und neben dem Kiosk steht ein Mann. Und zwischen dem Mann und dem Kiosk ist ein Koffer. Und in dem Koffer liegt ein Bild.

2 Und auf _____ Bild sieht man eine Brücke. Und hinter _____ Brücke steht ein Haus. Und vor _____ Haus steht eine Bank. Und auf _____ Bank sitzen eine Frau und ein Mann. Und zwischen _____ Mann und _____ Frau liegt eine Tasche. Und neben _____ Tasche liegt ein Buch.

3 Und in dem Buch steht eine Geschichte meiner Stadt. Und in meiner Stadt _____

_____

und _____

und _____

> die Bibliothek · das Auto · das Rathaus · die Innenstadt · das Stadion · der Bahnhof · die Kneipe · der Tisch · der Stuhl · der Schrank · das Kind · der Junge · der Schüler · der Hund · das Auto · der Kasten · die Brücke · der Fluss · der Turm · das Fenster · die Touristen ...

_____

_____

_____

_____

_____

Nebensatz mit *obwohl*

Beispiel: | Ich kenne das Stadtviertel gut. | | Ich verlaufe mich immer. |

Obwohl ich das Stadtviertel gut kenne, verlaufe ich mich immer.

Ich habe einen Stadtplan mitgenommen.

Wir gehen zusammen ins Kino.

Ich kenne das Stadtviertel gut.

Ich verwechsle in der Altstadt immer die Straßen.

Ich wohne schon lange hier.

Ich spiele das erste Mal Theater.

Wir kennen uns erst seit drei Wochen.

Ich habe mich total verirrt.

Ich habe die Hauptrolle.

Ich verlaufe mich immer.

Wir fahren zusammen in die Ferien.

Ich kenne die Gegend nicht gut.

Wir sind erst vor drei Monaten umgezogen.

Ich habe sie zu meinem Geburtstag eingeladen.

Sie kommt nicht zur Premiere.

Ich bin nicht aufgeregt.

_____

_____

_____

_____

_____

_____

_____

_____

„Zeit"-Spirale

9. Paul und Katja machen _____ 15. Juli ein Sommerfest. Kommt ihr auch?

10. _____ muss Katrin noch warten? – Noch einen Monat.

8. _____ kann ich dich anrufen? – Bis 22:00 Uhr. Danach gehe ich schlafen.

11. _____ Freitag bekommt Lisa Besuch aus Frankreich.

7. _____ 9:00 _____ 13:00 Uhr haben wir Unterricht.

19. _____ Donnerstag muss Johanna zum Zahnarzt.

12. _____ Sommer fahren wir zum Baden ans Meer.

6. _____ Winter kann man einen Schnee-mann bauen.

18. Wann hast du heute Handballtraining? _____ 14:00 _____ 15:30 Uhr.

ZIEL

13. _____ hast du Zeit? – Heute Abend.

5. Bis wann hast du Zeit? _____ 18:00 Uhr, danach muss ich zum Essen zu Hause sein.

17. _____ 15:00 Uhr ist die Schule zu Ende, danach können wir Ski fahren.

20. _____ war Paulina krank? – Fast drei Wo-chen lang, jetzt ist sie endlich wieder gesund.

14. _____ Abendessen gibt es heute einen frischen Salat.

4. _____ Uhr musst du aufstehen?

16. _____ 3. Oktober feiern die Deutschen ihren Nationalfeiertag.

15. _____ hast du für den Wettkampf trainiert? – Nur zwei Monate lang.

3. _____ 17:00 Uhr be-ginnt die Theater-AG.

2. _____ Frühstück esse ich gerne Müsli mit Joghurt, und du?

1. Sie hat _____ 30. März Geburtstag.

← START

Lösungen:

1. am, 2. Zum, 3. Um, 4. Um wie viel, 5. Bis, 6. Im, 7. Von ... bis, 8. Bis wann, 9. am, 10. Wie lange, 11. Am, 12. Im, 13. Wann, 14. Zum, 15. Wie lange, 16. Am, 17. Um, 18. Von ... bis ... 19. Am, 20. Wie lange

Kopiervorlage zu deutsch.com, Lektion 34

Partnerspiel „Pauls Wohnung"

das Bett · der Stuhl · der Tisch · der Fernseher · die Lampe · die Decke · der Spiegel
das Kissen · der Teppich · der Lautsprecher · der Schrank · die Couch · das Regal

legen · hängen · stellen

Sollen wir die Pflanze neben das Fenster stellen?

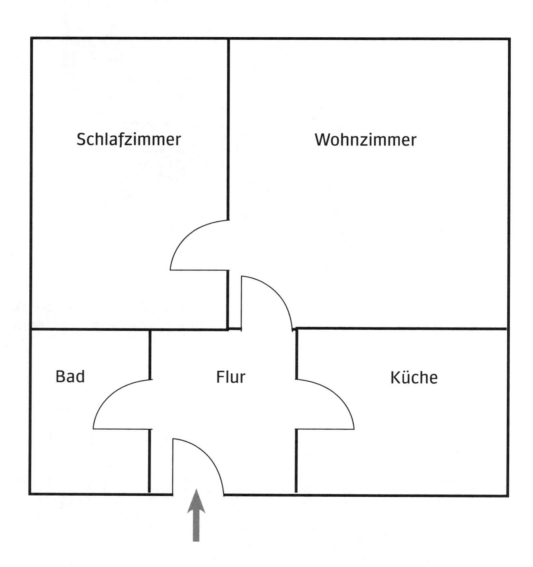

So sieht Pauls Wohnung aus: Der Tisch steht ...

liegen · hängen · stehen

Rollenspiel Familienkonflikte

Rollenspiel I

Situation: Familie Bauer hat ein Ritual: Jeden Sonntag essen sie zusammen zu Mittag. In der letzten Zeit sind die beiden Kinder Matthias und Klara aber immer öfter am Sonntagmittag nicht zu Hause. Heute wollen alle zusammen das Problem besprechen und eine Lösung finden.

Mutter: Das gemeinsame Mittagessen ist für sie sehr wichtig. In der Woche haben alle so viel zu tun, da bleibt oft wenig Zeit füreinander. Sonntag ist der Tag der Familie! Außerdem kocht sie gerne und macht ihren Lieben gerne eine Freude mit leckerem Essen.

Vater: Er findet, dass seine Frau fantastisch kocht und freut sich über die Spezialitäten, die es sonntags gibt. Aber er frühstückt am Wochenende auch gern ein bisschen später, deshalb hat er mittags manchmal noch keinen großen Hunger. Wenn das Wetter schön ist, möchte er gern auch mal den ganzen Tag unterwegs sein – zum Beispiel nächsten Sonntag mit der ganzen Familie eine Radtour machen.

Matthias (16): Er spielt Handball in einem Verein. Am Sonntag finden oft Turniere statt, manchmal auch in anderen Städten. Der Verein ist für ihn sehr wichtig, denn da sind alle seine Freunde. Wenn er am Wochenende kein Handballturnier hat, schläft er gern lange und unternimmt dann etwas mit seinen Freunden: Sie gehen zusammen ins Schwimmbad, machen eine Radtour oder Computerspiele.

Klara (12): Sie findet das gemeinsame Mittagessen sehr schön. In der Woche isst sie immer in der Schule zu Mittag, aber dort schmeckt es nicht so gut wie zu Hause. Außerdem mag sie es, wenn die ganze Familie zusammen ist. Nächsten Sonntag ist sie zum Mittagessen aber leider nicht da – sie will ihre Freundin Lisa besuchen. Dort war sie auch schon letzten Sonntag …

Rollenspiel II

Situation: Frau Kohlmann ist sauer: Keiner aus der Familie hilft ihr bei der Hausarbeit! Heute möchte sie gemeinsam mit den anderen Familienmitgliedern eine Lösung finden …

Mutter: Sie findet, dass nur sie allein etwas im Haushalt macht: kochen, putzen, waschen, einkaufen, aufräumen … Sie arbeitet als Ärztin in einem Krankenhaus, und wenn sie nach Hause kommt, ist sie oft müde. Sie möchte, dass alle im Haushalt helfen: ihr Mann und auch ihre drei Kinder, denn die sind inzwischen schon so groß, dass sie alle richtig mithelfen können.

Vater: Er findet, dass er viel im Haushalt hilft: Er kauft jeden Samstag ein und macht für die ganze Familie jeden Tag das Frühstück. Leider putzt er nicht so gerne. Aber er hat auch viel im Beruf zu tun, er ist Ingenieur und kommt abends oft erst sehr spät nach Hause. Dann muss er sich entspannen …

Tobias (9): Er findet, dass er noch zu klein für Arbeiten im Haushalt ist. Das können doch seine älteren Geschwister viel besser! Gerade letzte Woche hat er wieder einen Teller kaputt gemacht, als er beim Abwaschen helfen sollte … Und außerdem weiß er gar nicht, wohin er das Geschirr stellen soll. Er kann sein Bett noch nicht machen, die Wäsche noch nicht waschen und auch noch nicht kochen.

Simon (13): Er findet, dass alle helfen sollen. Er muss immer am meisten im Haushalt helfen: Er gießt die Blumen, er füttert die Meerschweinchen und er geht am Wochenende mit dem Hund spazieren. Tobias spielt nur und macht gar nichts. Und Katharina hat immer was anderes vor …

Katharina (15): Sie hat leider wenig Zeit, weil sie gerade Stress in der Schule hat und so viel lernen muss. Aber trotzdem hilft sie im Haushalt mit: Sie räumt immer ihr Zimmer auf, sie kocht auch manchmal und sie macht allein ihr Bett!

Sprechspiel zu indirekten Fragesätzen

Mutter und Tochter sitzen am Frühstückstisch und warten auf die anderen Familienmitglieder.

Tochter: Gibst du mir bitte die Brötchen?

Mutter: Wollen wir nicht auf Papa und auf deinen Bruder warten?

Tochter: Na gut … Aber ich habe Hunger. Ich frage mich, *wann die anderen endlich kommen.*
(Wann kommen die anderen endlich?)

Mutter: Keine Ahnung, ich weiß auch nicht, _____
(Wie lange brauchen die noch?)

Tochter: Weißt du, _____
(Ist Papa noch im Bad?)

Mutter: Ich glaube nicht. Aber er wollte noch kurz telefonieren. Aber kannst du mir sagen,

_____

(Wo bleibt dein Bruder?)

Tochter: Er wollte nur noch schnell seine Mails anschauen.

Mutter: Na, dann wissen wir ja, _____ ☹
(Wie lange dauert das?)

Ich frage mich, _____
(Können wir heute überhaupt noch gemeinsam frühstücken?)

Tochter: Du meinst, _____ Bestimmt nicht!
(Schafft Papa es, einmal kurz zu telefonieren?)

Mutter: Weißt du, _____
(Was war so wichtig?)

Tochter: Keine Ahnung … Aber ich finde, ohne Männer ist es auch mal ganz nett!

Mutter: Du hast recht ☺. Aber sag mir, _____
(Warum reden wir dann die ganze Zeit über sie?)

Tochter: Stimmt ☺. Also Themenwechsel! Aber frag jetzt nicht, _____
(Wie geht es in der Schule?)

Mutter: O.k. Aber mich interessiert schon, _____
(Habt ihr den Physiktest schon geschrieben?)

Tochter: Mama!!!

Verben mit zwei Objekten

meine Mutter
→ ich

deine Freunde
→ du

unser Nachbar
→ wir

er
→ sein Vater

unsere Klasse
→ unser Lehrer

die Mutter
→ ihr Kind

Mariannes Freund
→ sie

du
→ dein Opa

ich
→ meine Geschwister

schicken

bringen

schenken

geben

bringen

kaufen

zeigen

schenken

kaufen

geben

schenken

zeigen

geben

kaufen

bringen

Spiel zu Konjunktionen

trotzdem • sondern • obwohl • deshalb • dass • wenn • trotzdem
obwohl • denn • wenn • und • aber • oder • außerdem • weil

1. Sie ist nicht 16, _____ erst 14 Jahre alt.

2. Er kann schon lesen, _____ er erst nächstes Jahr in die Schule kommt.

3. Markus lernt Englisch-Vokabeln, _____ er morgen einen Vokabeltest schreibt.

4. Ich weiß, _____ du heute keine Zeit hast.

5. _____ du Lust hast, können wir morgen Nachmittag zusammen ins Schwimmbad gehen.

6. Es regnet, _____ fährt Lilli mit dem Fahrrad zur Schule.

7. Marina kann nicht zum Training kommen, _____ sie hat einen Termin beim Arzt.

8. _____ ihr Strom sparen wollt, müsst ihr Energiesparlampen benutzen.

9. Unsere Handballmannschaft hat das Spiel gewonnen _____ darf zum Finale nach Berlin fahren.

10. Montag passt mir nicht, _____ am Dienstag habe ich Zeit.

11. Möchtest du heute Abend ins Kino gehen _____ willst du lieber zu Hause fernsehen?

12. _____ Paul schon vor 3 Monaten umgezogen ist, stehen immer noch viel Kisten in seiner neuen Wohnung.

13. Ich komme nicht mit ins Theater. Ich muss noch Hausaufgaben machen, _____ gefällt mir das Stück nicht.

14. Juliane möchte später in viele Länder reisen, _____ lernt sie viele Sprachen.

15. Mama hat schon morgen Geburtstag, _____ habe ich noch kein Geschenk für sie.

Lösungen:

1. sondern, 2. obwohl, 3. weil, 4. dass, 5. Wenn, 6. trotzdem, 7. denn, 8. Wenn, 9. und, 10. aber, 11. oder, 12. obwohl, 13. außerdem, 14. deshalb, 15. trotzdem

1 Interview mit einem Promi: Ergänze *nicht, kein, keine* oder *keinen*. *Beispiel: Ich kenne ihn nicht .*

a) ▲ Beantworten Sie gern Fragen? ■ Nein, ich mag .... Interviews.

b) ▲ Vor dem Auftritt, sind Sie da .... nervös? ■ Doch, ein bisschen, aber ich habe .... Angst.

c) ▲ Stimmt das: Sie haben ein Date mit Britney Spears? ■ Nein, ich habe .... Date mit ihr.

d) ▲ Wie alt sind Sie denn? Darf ich Sie das fragen? ■ Nein, das dürfen Sie ....!

e) ▲ Machen Sie viel Sport? ■ Also, ich bin .... Sportler, aber ich jogge ganz gerne.

f) ▲ Wann war noch einmal Ihre Hochzeit? ■ Hochzeit? Ich heirate ....!

g) ▲ Ihr Leben ist sicher sehr interessant! ■ Nein, ich muss so viele Interviews geben,

das ist .... tolles Leben!

_____ /8 Punkte

2 Ergänze die Adjektivendungen *-ig, -lich, oder -isch* im Chat. *Beispiel: Robert findet Mathe total langweilig .*

Chatroom

Katja: Hi, Marie. Ich bin schon neugier .... (a). Erzähl mal, wie findest du die zwei Neuen in unserer Klasse?

Marie: Also Robert finde ich persön .... (b) ein bisschen arrogant und seine Frisur ist wirklich häss .... (c).

Katja: Echt? Also ich finde ihn nett. Und die Haare finde ich ganz witz .... (d).

Marie: Ich weiß nicht, sehr höf .... (e) ist er auch nicht. Aber Anja mag ich, die ist nur ein bisschen chaot .... (f).

Katja: Das stimmt. Auf jeden Fall ist sie total sport .... (g), beim Volleyball war sie echt super!

_____ /7 Punkte

3 Schreib die Sätze richtig.

*Beispiel: **gefallen** / ihr / die / Hose ?*   *Gefällt euch die Hose* ?

a) stehen / **Die** / Brille / total / gut / sie   ....

b) nicht / **Der** / überhaupt / Anzug / er / passen   ....

c) ich / gehören / **Die** / Skier   ....

d) **Du** / helfen / wir / können !   .... !

_____ /8 Punkte

4 Ordne den Dialog.

☐1 Hi, Karla, na, wie geht's?   ☐ Ach, meine Haare sind immer so glatt.

☐ Echt? Was gefällt dir denn nicht?   ☐ Ja, das ist eine gute Idee.

☐ Hi, Sarah, gut. Du, wie findest du meine Haare?   ☐ Toll? Hm, also ich finde, meine Frisur sieht komisch aus.

☐ Die finde ich super. Du hast eine tolle Frisur!   ☐ Dann probier doch mal lockige Haare aus!

_____ /7 Punkte

Gesamtpunktzahl: _____ /30 Punkte

© Hueber Verlag 2010

1 Schreib die Sätze im Perfekt mit *haben*.

*Beispiel: gestern / **Ich** / zwei Stunden / lernen*   *Ich habe gestern zwei Stunden gelernt* ....

a) baden / ich / lange / **Gestern**   ....

b) den Roman / **Er** / lesen   ....

c) **Wie viel** / die Creme / kosten ?   .... ?

d) Handynummern / **Wir** / tauschen   ....

e) dir / eine SMS / er / schreiben ?   .... ?

___/10 Punkte

2 Streiche die falsche Form und ergänze das Partizip Perfekt.

*Beispiel: ▲ Du, Anja, **hast** / ~~bist~~ du schon mal eine Diät* ...*gemacht*...*? (machen)* ■ *Nein, ich finde Diäten blöd.*

a) ▲ Hi, Katja, hast / bist du Jasper schon .... ? (antworten) ■ Hallo, Anja, nein, noch nicht.

b) ▲ Bist du denn noch krank? ■ Ja, leider. Ich bin / habe heute wieder zum Arzt .... (gehen).

c) ▲ Oje. Du, ich habe / bin gestern auf die Gesundheitsmesse .... (fahren) ■ Aha, und wie war es so?

d) ▲ Total interessant. Ich bin / habe dort auch etwas .... (essen) ■ Und, war es lecker?

e) ▲ Ja, es ist / hat richtig gut .... (schmecken). ■ Hm, nächstes Jahr gehe ich da auch mal hin.

____/10 Punkte

3 Was passt? Ordne zu.

Gute Besserung!   Zweimal pro Tag.

a) Hast du noch Fieber?   Mach doch ein Puzzle!

b) Hast du Grippe?   Ja, ich bin wieder ganz fit.

c) Mir ist langweilig.   Danke.

d) Geht es dir jetzt besser?   Nein, aber Fieber und Schnupfen.

e) Wie oft musst du die Tropfen nehmen?   Ja, leider. Ich muss auch immer noch Medikamente
                                            nehmen und brauche viel Ruhe.

____/5 Punkte

4 Wie heißen die Adjektive? Schreib die Wörter richtig.

Beispiel: Der Moderator ist total <u>lässhich</u> → *hässlich* ....

a) Die Suppe ist heiß, sei <u>sichtvorig</u> → .... !

b) Trink nicht so viel Cola! Das ist <u>lächschid</u> → .... !

c) Meine Englischnote war schlecht, deshalb war meine Mutter richtig <u>rause</u> → ....

d) Ich war jetzt eine Woche im Bett, ich bin aber immer noch ziemlich <u>wachsch</u> → ....

e) Die Tabletten schmecken <u>burfarcht</u> → .... !

____/5 Punkte

Gesamtpunktzahl: ____/30 Punkte

© Hueber Verlag 2010

Name: ....

1 Wie heißen die Sportarten? Ergänze den Artikel. *Beispiel:* *das Schwimmen*

a) ....

c) ....

b) ....

d) ....

____ /4 Punkte

2 Ergänze das Partizip Perfekt in der E-Mail. *Beispiel: Er hat mich zur Party* *eingeladen* *(einladen).*

Neue E-Mail

Senden Chat Anhang Adressen Schriften Farben Als Entwurf sichern

Hi, Uwe!

Sag mal, hast du schon mal bei den Bundesjugendspielen .... (a) (mitmachen)? Also, ich
schon! Die Schule hat unsere Mannschaft .... (b) (anmelden) ☺ und wir haben dieses
Jahr am Basketballturnier .... (c) (teilnehmen). Du, das war echt klasse! Wir waren richtig
gut! Meine Schwester hat beim Volleyball .... (d) (mitspielen), das fand sie total cool.
Natürlich habe ich da auch .... (e) (zusehen). Sag mal, hattest du nicht letztes
Wochenende ein Fußballspiel? Wo hat das denn .... (f) (stattfinden)? Bei euch in Berlin?
…

____ /6 Punkte

3 Streiche das falsche Verb und schreib die Sätze im Perfekt.

*Beispiel: schon / Motocross / Er / **ausprobieren** / ~~mitspielen~~*   *Er hat Motocross schon ausprobiert* .

a) Wir / **organisieren** / **üben** / Wettbewerb / den   ....

b) ihr / Wie oft / in Österreich / **testen** / **trainieren** ?   .... ?

c) Mutter / viel / Meine / **einladen** / **fotografieren**   ....

d) Leider / **verlieren** / **erreichen** unsere Mannschaft   ....

e) nicht / Der / Trainer / uns / **probieren** / **gratulieren**   ....

f) **passieren** / **interessieren** / Was / denn ?   .... ?

____ /12 Punkte

4 Ergänze das passende Adjektiv: *hoch, halb, leicht, gefährlich, schlimm, vorsichtig, verletzt, erfolgreich, positiv*

Beispiel: Das Ergebnis für die Mannschaft war zum Glück *positiv* .

■ Machst du Motocross? ▲ Nein, das ist mir zu (a) .... Da kann so viel passieren. Aber du
fährst Motocross, oder? Hattest du denn schon mal einen Unfall? ■ Ja, aber ich war nur (b) ....
(c) .... ▲ Hm, dann war es also nicht so (d) .... ? ■ Nein, nach zwei Tagen konnte
ich schon wieder Sport machen. ▲ Da hattest du ja Glück! Aber sag mal, wie war denn dein Tennisspiel gestern?
■ Cool, ich habe gewonnen! ▲ Gratuliere! Du bist ja richtig (e) .... ! Trainierst du eigentlich schon
lange? ■ Nein, erst ein (f) .... es Jahr. ▲ Hm. Tennis gefällt mir auch. Da ist das Verletzungsrisiko nicht so
(g) .... ▲ Stimmt, aber da muss man auch (h) .... sein. Der Ball ist klein, aber der tut
ganz schön weh!

____ /8 Punkte

Gesamtpunktzahl: ____ /30 Punkte

© Hueber Verlag 2010

1 Schreib Sätze mit *sollen*.

Beispiel: In Englisch: „Notiert unbekannte Wörter!" In Englisch sollen wir unbekannte Wörter notieren.

■ Hi, Tim! Na, bist du noch krank? ▲ Ja, aber es geht mir schon etwas besser. ■ Schön! Also, das sind die Hausaufgaben für Montag: (a) In Deutsch: „Schreibt einen Aufsatz über das Thema ‚Ausländer'!", (b) in Mathe: „Macht die Aufgabe 6 im Buch!" und in Französisch, warte mal, da hat Frau Mayer eine Extra-Aufgabe für dich: (c) „Lies den Text auf S. 34 und (d) schlag im Wörterbuch die neuen Wörter nach!" ▲ Danke. Bis bald! ■ Gerne! Tschüss!

Tim überlegt:

a) In Deutsch ....,

b) in ....,

c) in .... und

d) ....   _____/4 Punkte

2 Wo stehen die Wörter im Satz? Kreuze an.

Beispiel: (denn): Er ☐ lernt ☐ Englisch, ☒ er ☐ möchte ☐ später ☐ Englischlehrer ☐ werden.

a) (findet): Sven schreibt neue Wörter auf Zettel und hängt sie zu Hause auf,
   denn ☐ er ☐ diese Methode ☐ super ☐.

b) (ihre): Sprachkenntnisse Petra schaut Filme immer im Original an, ☐ denn ☐ sie ☐ will ☐ verbessern ☐.

c) (will): Ulrike macht einen Sprachkurs und lernt regelmäßig, ☐ denn ☐ sie ☐ ein Zertifikat ☐ bekommen ☐.

d) (interessant): Das Gedicht gefällt Thomas, ☐ denn ☐ das Thema ☐ ist ☐.

_____/4 Punkte

3 Ergänze das Verb: *korrigieren, aussprechen, tun, wiederholen, anschauen, zuhören, ~~helfen~~.*

Beispiel: Du hast so gute Noten in Englisch. Kannst du mir helfen ?

■ Sag mal, wie machst du das? Du bist so super in Englisch! Ich verstehe viele Wörter gar nicht und manche kann ich auch gar nicht richtig (a) .... Hast du vielleicht ein paar Tipps für mich? ▲ Hm, also im Unterricht musst du einfach gut (b) ...., das ist ganz wichtig. Wenn du im Unterricht bei einer Aufgabe Fehler gemacht hast, musst du sie dir zu Hause noch mal ganz genau (c) .... und dann das richtige Wort neben das falsche Wort schreiben, also deine Fehler (d) .... Vor allem aber musst du jeden Tag die Wörter aus dem Unterricht (e) .... und die Texte noch mal lesen. Tja, was kannst du noch (f) ....? Für die Aussprache: Mach noch mal die Übungen auf der CD! ■ Super, Danke! Das probiere ich mal aus!

_____/6 Punkte

4 Was passt nicht? Streiche. *Beispiel: ~~Wie~~ / Was soll ich machen?*

a) Verstehst du, **was / wie** ich meine?

b) Ich **drücke / reagiere** dir die Daumen!

c) **Wie / Was** bedeutet das?

d) Ich **kenne / weiß** das Wort nicht mehr.

e) Wie heißt das **auf / für** Deutsch?

f) **Wie / Was** meinst du das?

_____/6 Punkte

Gesamtpunktzahl: _____/20 Punkte

© Hueber Verlag 2010

1 Wer besucht welche Schule? Ordne zu.

Pia kann auf dieser Schule verschiedene Abschlüsse machen. Sie geht in die

a) Anton ist 7 Jahre alt, er geht in die

b) Lara schreibt gerade ihr Abitur, sie besucht das

c) Tanja möchte nach neun Jahren Schule ihren Abschluss machen, sie ist auf der

d) Rolf macht gerade seinen Abschluss und verlässt nach der 10. Klasse die

Gymnasium.

Hauptschule.

Realschule.

Gesamtschule.

Grundschule.

_____/2 Punkte

2 Ergänze die Verben *rennen, wechseln, treiben, korrigieren, stören, kapieren* in der E-Mail.

Achte auf die richtige Zeitform. *Beispiel: In Mathe haben wir zusammen die Hausaufgabe* _korrigiert_ .

Neue E-Mail

Hi, Uwe! So ein blöder Tag! Ich habe im Physikunterricht wieder mal nicht viel _____ (a) und Sven hat mir dann die Aufgabe erklärt. Genau in dem Moment hat dann der Lehrer zu uns gesagt: „Michael und Sven, ihr _____ (b)! Wollt ihr eine Extra-Hausaufgabe?" Nach der Schule hat mir Sven seinen iPod gezeigt, es war schon kurz nach ein Uhr, dann sind wir zum Bus _____ (c), aber der war natürlich schon weg ☹. Für das Fußballtraining am Nachmittag war es auch zu spät. Dann hat meine Mutter gefragt: „_____ (d) du keinen Sport mehr? Findest du Fußball jetzt langweilig?" So ein Stress! Übrigens, hast du schon gehört? Jan _____ (e) die Schule! Er geht dann auch auf meine Schule, das ist echt super! Bis bald, Ben

_____/5 Punkte

3 Schreib die Sätze richtig. *Beispiel: Felix hat viele Probleme // trotzdem / er / glücklich / sein.*

Felix hat viele Probleme, trotzdem ist er glücklich.

a) Ich habe keinen Abschluss // trotzdem / sein / Schriftsteller / ich / jetzt.

....

b) In seiner Jugend war Stefan politisch aktiv // er / trotzdem / langweilig / Politik / finden / heute.

....

c) Sie war lange Mitglied bei den „Grünen" // die Partei / sie / haben / verlassen / trotzdem.

....

_____/3 Punkte

4 Ergänze die Präpositionen und streiche den falschen Possessivartikel oder das falsche Pronomen.

Beispiel: ▲ Ich habe keine Lust _auf_ ~~unserer~~/unsere Schulparty! ▪ Schon gut, dann bleib zu Hause.

a) ▲ Du Mama, bist du eigentlich zufrieden _____ **mein / meinem** Zeugnis? ▪ Ja, warum fragst du denn?

b) ▲ Ach, ich muss noch sooo lange _____ **mein / meinem** Taschengeld warten. ▪ Soso, du willst also jetzt schon dein Taschengeld. Was möchtest du denn mit dem Geld machen?

c) ▲ Also, ich habe in einem Geschäft ein T-Shirt gesehen, das passt so super _____ **meiner / meine** Hose. Und es ist auch nicht teuer! ▪ Nein, Karla, du hast wirklich genug T-Shirts.

d) ▪ Sag mal, Karla, die Mutter von Anja möchte _____ **mich / mir** sprechen. Was ist denn da zwischen Anja und dir? ▲ Ach, nichts. Ich bin nur sauer, sie denkt immer nur _____ **ihrem / ihren** Freund. Wir machen gar nichts mehr gemeinsam, das ist echt doof!

_____/10 Punkte

Gesamtpunktzahl: _____/20 Punkte

© Hueber Verlag 2010

1 Ordne die Berufe zu und ergänze den Artikel: *Polizist, Kauffrau, Handwerker, Friseurin, Krankenpfleger, Journalist, Sekretärin*

Beispiel: Die Sekretärin......... macht Termine für den Chef.

a) .... schneidet Haare.　b) .... kontrolliert die Autofahrer.

c) .... hilft den Patienten.　d) .... baut Möbel.

e) .... schreibt für ein Magazin.　f) .... arbeitet viel mit Zahlen.

_____ /3 Punkte

2 Schreib die Sätze richtig.

Beispiel: Er will gerne Automechaniker werden / eine / weil / sein Vater / Werkstatt / haben.
　Er will gerne Automechaniker werden, weil sein Vater eine Werkstatt hat.

a) Sie möchte Künstlerin werden // sehr / kreativ / weil / sein / sie.

....

b) Ich bin ein bisschen nervös // haben / ich / weil / beim / gleich einen Termin / Berufsberater.

....

c) Er möchte auf keinen Fall im Büro arbeiten // lieber körperlich / arbeiten / er / wollen / weil.

....

_____ /3 Punkte

3 Schreib Sätze im Imperativ. Benutze *Sie*. *Beispiel: anrufen / mich / bitte* 　Rufen Sie mich bitte an...!

a) Möglichkeit / nachdenken / über / die　　　　　　c) Familiennamen / bitte / buchstabieren / Ihren

.... !　　　　　　　　　　　　... !

b) das Formular / bitte / ausfüllen　　　　　　　　　d) Platz / bitte / doch / nehmen

.... !　　　　　　　　　　　　... !

_____ /4 Punkte

4 Welches Verb passt? Markiere. *Beispiel: Ich **erfinde** / kapiere gern neue Kuchenrezepte.*

a) ■ Wie war das Gespräch mit der Berufsberaterin? ▲ Anstrengend, sie hat mir viele Fragen **gestanden / gestellt**.

b) ■ Was willst du denn werden? Friseur oder Bäcker? ▲ Ich habe mich noch nicht **entschieden / geplant**.

c) ■ War Timo schon beim Arbeitsamt? ▲ Ja, aber er soll morgen noch einmal **hereinkommen / vorbeikommen**.

d) ■ Gefällt dir der Beruf „Kaufmann"? ▲ Nein, ich kann nicht gut **konstruieren / rechnen**.

e) ■ Architekt, das ist mein Traumberuf! ▲ Echt? Den ganzen Tag Gebäude **planen / vorbereiten**?　_____ /5 Punkte

5 Ordne den Dialog.

☒ Guten Tag. Also, Sie wollen Ihren Zivildienst machen? ☐ Aha, mögen Sie die Natur oder arbeiten Sie gern handwerklich? ☐ Hm, ein bisschen, aber Sprachen mag ich nicht so. ☐ Ja, genau. Welche Möglichkeiten gibt es denn? ☐ Ach, viele, Sie können hier etwas suchen oder auch im Ausland arbeiten. Sprechen Sie denn Englisch?
☐ Also, Pflanzen interessieren mich nicht so, aber mit Holz oder Metall arbeite ich gerne, das finde ich spannend.

_____ / 5 Punkte

Gesamtpunktzahl: _____ /20 Punkte

© Hueber Verlag 2010

1 Ergänze das Modalverb im Präteritum. *Beispiel: Er* _durfte_ *abends nicht mehr fernsehen (dürfen).*

■ Hi, Marc, na wie geht's so? ▲ Gut, aber sag mal, warum warst du denn am Freitag nicht in der Disco? (a) ....
(dürfen) du nicht oder (b) .... (wollen) du nicht mitkommen? ■ Ach, ich (c) .... (müssen) zu Hause
bleiben, ich hatte Streit mit meinen Eltern. ▲ Warum? ■ Na ja, du weißt ja, mein Bruder Tom und ich, wir hatten einen
Fernseher im Zimmer und wir (d) .... (können) da auch nachts Sendungen anschauen. Das haben wir natürlich auch gemacht und waren dann am nächsten Tag immer total müde. ■ Oje, und jetzt? ▲ Tja, der Fernseher steht
jetzt nicht mehr bei uns ☹.

_____ /4 Punkte

2 Welcher Possessivartikel passt? Markiere. *Beispiel:* **_Unsere_ / _Unser_** *Koordination ist ein ziemliches Chaos.*

Wir sind zu Gast bei einem Schülerzeitungstreffen. Der Chefredakteur Lars ist noch nicht ganz zufrieden: „Also, Karla
und René, (a) **euer / eure** Artikel hat mir gut gefallen, aber die Überschrift passt nicht zum Inhalt. Sagt mal, wo
sind denn Annika und Tina? (b) **Ihre / Ihr** Interview zum Thema „Handy" ist leider zu kurz. Pia, deine Chatseite ist
toll! Hm, ist Heike noch krank? (c) **Ihr / Ihre** Fotos für die Titelseite sind richtig super. Aber wir haben noch ein großes
Problem: (d) **Unsere / Unser** Redaktion arbeitet zu langsam! (e) **Euer / Eure** Ideen sind ja ganz gut, aber wir brauchen
dringend Texte. Also, (f) **unser / unsere** nächstes Treffen ist morgen! Bis dann!"

_____ /6 Punkte

3 Schreib Sätze mit *sondern.* *Beispiel: Er fährt nicht mit dem Fahrrad. Er geht zu Fuß.*

   Er fährt nicht mit dem Fahrrad, sondern geht zu Fuß.

a) Er nutzt nicht alle Medien. Er sucht nur im Internet nach Informationen.

   ....

b) Er ist nicht kritisch. Er findet alles gut. ....

c) Er hat dem Brieffreund nicht gemailt. Er hat mit ihm telefoniert.

   ....

_____ /3 Punkte

4 Ergänze die Verben in der richtigen Form: *antworten, vorschlagen, ausmachen,*
zusammenarbeiten, mitgehen, austauschen, aufhören, ~~nachdenken~~

Beispiel: Ich habe über die Möglichkeit noch nicht _nachgedacht_ *.*

■ Du, ich habe am Dienstag einen tollen Jungen kennengelernt. ▲ Echt? Wie heißt er denn? ■ Julian Schmidt.
▲ Hej, den kenne ich von der AG Schulwebseite! Da haben wir in einem Team (a) ....! ■ Aha,
und wie findest du ihn? ▲ Ganz nett. Habt ihr schon E-Mail-Adressen (b) ....? ■ Klar! Ich habe ihm
gleich am Mittwoch eine Mail geschickt und er hat auch sofort auf meine Mail (c) ....! Übrigens,
ich treffe ihn heute Nachmittag. ▲ Aha, soll ich (d) ....? ■ Nein, bloß nicht! ▲ Wo trefft ihr euch denn?
■ Im Filmcafé. ▲ Hm, war das seine Idee oder hast du das (e) ....? ■ Das war meine Idee, dann
können wir danach gleich ins Kino gehen. ■ Oh, entschuldige. Ich muss (f) .... Meine Mutter ruft.
▲ O.k., dann bis morgen. Oder hast du da auch schon ein Treffen mit Julian (g) ....?

_____ /7 Punkte

Gesamtpunktzahl: _____ /20 Punkte

© Hueber Verlag 2010

1 Wo stehen die Wörter im Satz? Kreuze an.

Beispiel: (dass): Er ☐ *weiß* ☒ *er* ☐ *viel* ☐ *Erfahrung* ☐ *hat* ☐.

a) (kann): Ich bin froh, dass ☐ ich ☐ anderen Menschen ☐ helfen ☐.

b) (die Leute): Jens hat erzählt, ☐ dass ☐ im Pflegeheim ☐ oft Besuch ☐ bekommen ☐.

c) (anstrengend): Ulrike denkt, ☐ dass ☐ die Arbeit ☐ bei der Feuerwehr ☐ ist ☐.

d) (der Eingang): Jan hofft, ☐ dass ☐ nicht zu eng ☐ für ☐ den Rollstuhl ☐ ist ☐.

_____ /4 Punkte

2 Ergänze das richtige Reflexivpronomen. *Beispiel: Inga hat* _sich_ *beim Musikfestival verletzt.*

▪ Hi, John, na, wann triffst du (a) .... denn wieder mit Inga? ▲ Hm, heute nicht. Wir haben

(b) .... gestern beim Musikfestival gestritten. ▪ Echt? Was war denn? ▲ Ach, Inga hat (c) ....

total gelangweilt und ich war natürlich sauer. Ich bin dann einfach ohne Inga mit Harry und Lenka ins

Chill-out-Zelt gegangen. ▪ Oje. ▲ Ja, ich weiß. Ich muss (d) .... bei ihr entschuldigen. ▪ Auf jeden Fall!

▲ Und du und Manuel? Habt ihr (e) .... vom Fußballspiel erholt? ▪ Jaja, wir haben lange geschlafen,

Musik gehört und so. Jetzt sind wir wieder fit. Übrigens, heute Abend kommen noch Thorsten und Caroline

zu uns, die freuen (f) .... auch schon auf den Videoabend. ▲ Super! Ich komme dann gleich nach

dem Basketballtraining, ich beeile (g) .... Bis später dann!

_____ /7 Punkte

3 Welche Adjektive passen? Finde Synonyme. *Beispiel: Das ist total* _aufregend_ *(= spannend)!*

a) Im Zelt hatten wir ganz viele Insekten. Das war echt .... (= furchtbar)!

b) Er hat keine Freunde. Er ist wirklich sehr .... (= allein).

c) Pia weiß total viel, sie ist ziemlich .... (= intelligent).

d) Er bekommt sicher eine gute Mathenote, er ist da .... (= positiv)!

_____ /4 Punkte

4 Was passt? Ordne zu.

Ich bin gestern auf der Treppe gefallen.   Ja, ja, ich beeile mich ja schon.

a) Wie viel Chips sollen wir für die Party kaufen?   Oh, hat es wehgetan?

b) Zu den Lehrern warst du heute ziemlich frech!   Das stimmt nicht. Ich denke nicht nur an mich!

c) Hast du Thorsten heute schon gesehen?   Tja, deshalb habe ich leider auch Extra-Hausaufgaben!

d) Du bist immer so egoistisch!   Wir nehmen am besten drei Packungen.

e) Schnell, wir haben nur noch fünf Minuten Zeit!   Nein, aber ich bin später mit ihm verabredet.

_____ /5 Punkte

Gesamtpunktzahl: _____ /20 Punkte

1 Ergänze den Konjunktiv II von *haben* oder *können*. *Beispiel:* _Könntet_ *ihr auch Orangensaft einkaufen?*

Johnny und Niklas kaufen für die Party ein

▲ Du, Johnny, (a) .... du nachher bitte in die Bäckerei gehen und Brot besorgen? ■ Klar, ich (b) ....

dann auch gleich Semmeln mitbringen, was meinst du? ▲ Genau! Und als Nachtisch noch Kuchen für die Party. ■ Ja,

aber Maria und Petra (c) .... doch ihren leckeren Apfelkuchen backen, oder? ▲ Stimmt. ■ Haben wir noch

etwas vergessen? ▲ Hm, ich glaube, die Mädchen (d) .... noch gern Gemüse zum Grillen. ■ Gut, dann kaufen

wir noch ein bisschen Gemüse ein. Aber zuerst gehen wir in ein Café. Es ist ganz schön heiß, sag mal, (e) ....

du jetzt nicht auch Lust auf ein Eis? ▲ Na klar, da fragst du noch? Und ich (f) .... auch gern etwas zu trinken!

_____ /6 Punkte

2 Ergänze die Nomen auf der Einkaufsliste im Plural. *Beispiel: Bitte 4* 🥝 _Kiwis_ *mitbringen!*

Bitte besorgt: 1 kg 🥔 (a) .... und für den Salat: *3* 🥒 (b) .... , 6 🍅

(c) .... und 4 🍎 (d) .... Für die Torte kauft noch 10 🍏 (e) .... und bitte nicht

vergessen: 3 📦 (f) .... Mineralwasser!

_____ /3 Punkte

3 Schreib Sätze. *Beispiel: Laura mag keine Bananen, // keinen / Hunger / außerdem /sie / jetzt / haben*

Laura mag keine Bananen, _außerdem hat sie jetzt keinen Hunger._

a) Laura will jetzt in der Pause keinen Joghurt essen, // Löffel / den / außerdem / haben / sie / vergessen

....

b) Beim Mittagessen hat sie keine Zeit für den Nachtisch, // mögen / sie / außerdem / Schokoladentorte / keine

....

c) Am Abend isst sie keine Würstchen. Die sind ihr zu fett, // mögen / außerdem / sie / lieber / Käse

....

_____ /3 Punkte

4 Was passt? Markiere. *Beispiel: Ich habe noch **etwas** / **nichts** gegessen!*

Hallo, Luis! War das eine blöde Party gestern! Ich glaube, Martin und Stefan haben vor der Party (a) **etwas /
nichts** organisiert. So ein Chaos! Also, zu essen war zum Glück genug da, aber (b) **niemand / nichts** hatte
Getränke besorgt. Tja, natürlich musste dann noch schnell (c) **niemand / jemand** ein paar Flaschen kaufen.
Und wer? Ich natürlich. Typisch! Immer muss ich mich um (d) **nichts /alles** kümmern! Na ja, ich war gerade
weg, da hat mein Handy geklingelt, ich soll auch noch (e) **etwas / alles** Süßes mitbringen. Ich bin zurück-
gekommen und was war? Da war kein Besteck da, es waren keine Becher oder Teller auf dem Tisch. Martin
und Stefan haben (f) **nichts / niemand** vorbereitet! Naja, zum Glück hat (g) **niemand / jemand** coole CDs
mitgebracht. Und Julia ist noch gekommen, da war für mich dann wieder (h) **alles /etwas** o.k. 😊 Meldest
du dich mal bei mir? Sehen wir uns übermorgen?

_____ /8 Punkte

Gesamtpunktzahl: _____ /20 Punkte

© Hueber Verlag 2010

1 Ergänze den Komparativ oder den Superlativ. *Beispiel: Das Auto fährt am* __schnellsten__ *(schnell).*

Chatroom

■ Hi, Niko, du, ich darf auf den Hof von meiner Oma fahren. Das wird bestimmt super, zwei Wochen ohne meine Eltern, das finde ich am (a) .... (gut)! ▲ Aha, aber ist es dort nicht langweilig? Was ist denn da so toll? ■ Ach, auf dem Land ist es nicht so schmutzig, da ist die Luft viel (b) .... (klar) und man kann viel draußen machen. Bei meiner Oma gibt es frisches Obst aus dem Garten, das ist viel (c) .... (gesund) als das Obst aus dem Supermarkt. Frischer Apfelkuchen von meiner Oma, hmm, den esse ich am (d) .... (gern)! Und dann siehst du auf dem Land (e) .... (viel) Tiere, Pferde und Ponys und so. ▲ Pferde? Die mag ich nicht. Ich habe Angst vor Pferden. ■ Echt? Also ich finde Pferde super. Meine Kusine übrigens auch, die kommt mit, da können wir jeden Tag ausreiten. ▲ Na ja, aber zwei Wochen sind lang und so viel passiert ja nicht auf dem Land … Am (f) .... (interessant) ist wahrscheinlich noch das Dorffest. ■ Genau, das gibt es in der Stadt nicht!   ____/6 Punkte

2 Ergänze das Adjektiv in der richtigen Form und markiere *als* oder *wie*.

Beispiel: Meine Schwester ist __schneller__ **als** / **wie** *ich. (schnell)*

Hi, Alissa, sag mal, ist deine kleine Schwester auch so anstrengend? Also meine erzählt überall, dass sie in der Schule (a) .... (gut) ist **als** / **wie** ich. Tja, dann findet sie, dass unsere Eltern bei mir viel (b) .... (tolerant) **wie** / **als** bei ihr sind. Das stimmt natürlich nicht. Außerdem möchte sie immer meine T-Shirts tragen, aber die passen ihr gar nicht, denn sie ist ja nicht so (c) .... (groß) **wie** / **als** ich. Das finde ich unmöglich! Und weißt du, was sie noch macht? Sie spielt viel (d) .... (gern) in meinem Zimmer **wie** / **als** in ihrem Zimmer! Zum Glück geht sie dienstags immer zum Chor, das ist das Paradies für mich! Da ist es bei mir endlich so (e) .... (ruhig) **als** / **wie** bei dir!   ____/5 Punkte

3 Ordne zu und ergänze die Verben im Perfekt: *ausschlafen, mitnehmen, aufwachsen, ~~ausreiten~~, wegziehen*

Beispiel: Ich bin früher oft mit meinem Pferd __ausgeritten__ *.*

a) Am Sonntag habe ich .... !   b) Wir sind von Berlin ....

c) Mein Vater ist auf dem Land ....   d) Ich habe mein Handy nicht ....

____/4 Punkte

4 Welche Antwort passt? Ordne zu.

Maria, fängst du vielleicht an?   Nein, er wohnt in einer Wohngemeinschaft.

a) Darfst du schon Auto fahren?   Nein, aber Posaune und Flöte.

b) Spielst du Gitarre?   Ja, aber meine Musikanlage ist leider kaputt.

c) Wohnt dein Bruder alleine?   Ja, ich bin Lehrling in einer Autowerkstatt.

d) Hast du die neue CD von Robbie Williams?   Ja, ich habe meinen Führerschein im März gemacht.

e) Hast du schon eine Lehrstelle?   Muss das sein? Kann Martin nicht zuerst etwas sagen?

____/5 Punkte

Gesamtpunktzahl: ____/20 Punkte

© Hueber Verlag 2010

1 **Schreib Sätze mit *es*.** *Beispiel:* ⁅–5°C⁆ *Es ist kalt* .

a) ⁅35°C⁆ ....   b) ....

c) ⁅23°C⁆ ....   d) ....

_____/2 Punkte

2 **Ergänze das Gegenteil und bei (a) und (e) *in* oder *im*.** *Beispiel: Hier ist das Wetter total* **gut** *schlecht* !

Hallo, Pia, also hier (a) .... **Ost**spanien (b) .... scheint die Sonne. Nach dem Regen vor zwei

Tagen sind die Straßen **nass** (c) ...., aber der Wind weht **schwach** (d) .... Wo bist du denn

im Moment? (e) .... **Norden** (f) .... von Frankreich? Wie ist denn das Wetter da? Ist das Meer

bei euch auch noch so **warm** (g) .... ? Viel Spaß noch! Liebe Grüße von Justus

_____/7 Punkte

3 **Schreib die Sätze richtig.**

*Beispiel: abgeben / in / der Apotheke / **Ich** / Medikamente // sie / ich / wenn / brauchen / nicht mehr*
Ich gebe Medikamente in der Apotheke ab, wenn ich sie nicht mehr brauche.

a) ausschalten / ganz / **Ich** / den / Computer // ich / wenn / gehen / ins Bett

....

b) Licht / ich / brauchen / **Wenn** // nur / ich / benutzen / Energiesparlampen

....

c) nur Obst / aus / kaufen / der Region / **Ich** // einkaufen / wenn / ich / gehen

....

d) gehen / ich / **Wenn** / dem Zimmer / aus // immer / ich / ausmachen / Licht / das

....

e) benutzen / verschiedene / Mülleimer / **Ich** // ich / haben / Papiermüll / und Obstabfälle / wenn

....

_____/5 Punkte

4 **Ordne zu und ergänze die Verben in der richtigen Form:** *runterdrehen, trennen, schließen, verbrauchen, ausschalten, einschalten, fließen*

Beispiel: Typisch! Es ist total hell und du willst das Licht *einschalten* !

■ Sag mal, Claudia, kannst du mal das Fenster (a) .... und die Heizung ein bisschen (b) ....

.... ? Das muss doch nicht sein! ▲ Schon gut. Du machst auch nicht immer alles richtig! Zum Beispiel

(c) .... du den Müll nicht richtig: Papier und Gemüseabfälle gehören in verschiedene Mülltonnen!

■ Ach, das ist nur einmal passiert. Viel schlimmer ist das mit dem Fernseher! ▲ Was meinst du? ■ Na, den muss man

nachts ganz (d) .... ! ▲ Jaja. Du denkst ja immer an die Umwelt! Vor allem, wenn du badest! ■ Sei nicht so

ironisch! ▲ Du, bei einem Bad (e) .... 140 Liter Wasser in die Badewanne! Ganz schön viel! ■ Ach, ich bade

gar nicht so oft. Außerdem hörst du stundenlang Musik. Da (f) .... du bestimmt viel mehr Strom als ich!

_____/6 Punkte

Gesamtpunktzahl: _____ / 20 Punkte

1 Ergänze die Tiernamen im Plural. *Beispiel: Also,* _Eisbären_ *finde ich super.*

▪ Du, meine Nachbarin hat eine Katze bekommen. Die ist total süß! ▲ Hm, Katzen finde ich nicht so toll.

Die jagen oft (a) .... und töten (b) .... ▲ Tja, so ist die Natur.

▪ Ich mag (c) .... gerne, meine Tante hat ganz viele auf ihrem Hof. ▲ Ich weiß nicht, sind die

nicht oft auch aggressiv? ▪ Nein, aber sie mögen es natürlich nicht, wenn du die Eier holst.

_____/3 Punkte

2 Welche Adjektivendung ist richtig? Markiere. *Beispiel: Das* **braune** / **braunen** *Pony hatte Zahnschmerzen.*

Lieber Onkel Peter,

danke für alles! Der Tag in deiner Tierpraxis war echt total spannend! Die (a) **netten** / **nette** Tiermedizinstudenten haben mir

ganz viel gezeigt. ☺ Und du bist so ein toller Arzt! Die (b) **verletzte** / **verletzten** Katze hast du ganz vorsichtig untersucht.

Das (c) **armen** / **arme** Tier war ja ganz schön nervös! So ein Arbeitstag in der Praxis ist ja ziemlich stressig, aber du kümmerst

dich trotzdem immer um die (d) **traurigen** / **traurige** Besitzer, wenn ein Tier sehr krank ist! Sag mal, hat die (e) **schwierigen** /

schwierige Operation von dem (f) **kleine** / **kleinen** Meerschweinchen geklappt? Ach, ich hätte so gerne auch ein Haustier, am

liebsten einen Hund! Aber Mama ist dagegen ☹, dass wir ein Haustier haben. Sie sagt, ich kann ja mit dem (g) **süßen** / **süße**

Hund von unserem Nachbarn spazieren gehen. Schade, der (h) **großen** / **große** Garten bei uns ist doch ein Paradies für Hunde!

Liebe Grüße, Leo

_____/8 Punkte

3 Im Zoo. Ergänze die Nomen im Dativ Plural.

Beispiel: ▪ *Ich glaube, den* _Tierpflegern_ *(Tierpfleger) gefällt ihre Arbeit im Zoo.* ▲ *Meinst du wirklich?*

a) ▪ Schau mal da, den .... (Pferd) schmeckt das frische Futter. ▲ Ja, die haben wahrscheinlich Hunger!
   Hast du Mamas Kamera da? Dann mache ich mal ein Foto.

b) ▪ Also, bei den .... (Schwein) war es langweilig. ▲ Ja, die liegen nur faul da.

c) ▪ Wollen wir mal zu den .... (Gehege) dort drüben gehen? ▲ Ja, gerne.

d) ▪ Komisch, da sind ja gar keine Tiere! ▲ Hm, ich glaube, wir müssen ein bisschen leiser sprechen, die haben
   wahrscheinlich Angst vor so lauten .... (Kind) ☺ .

_____/4 Punkte

4 Tiere im Zoo: Ja oder Nein? Ordne zu.

Ich finde am Zoo gut,   dass Tiere in Freiheit leben und nicht im Zoo.

a) Natürlich sind   dass die Tiere dort oft sehr frustriert sind.

b) Also, ich bin dafür,   dass man dort auch seltene Tierarten züchtet.

c) Meiner Meinung nach   weil sie für die Tiere wie Gefängnisse sind.

d) Zoos finde ich nicht gut,   Veranstaltungen im Zoo sehr beliebt.

e) Tiere im Zoo? Nein, ich glaube,   sorgen die Tierpfleger gut für die Tiere.

_____/5 Punkte

Gesamtpunktzahl: _____/20 Punkte

1 Ergänze die Adjektivendungen. *Beispiel: In die Tasche kommt noch meine blau__e__ Hose.*

Hi, Veronika, morgen fliege ich für eine Woche nach Madrid! Ich packe gerade meinen Koffer, aber ich glaube, ich brauche noch einen klein........ (a) Rucksack! Komisch, ich habe doch gar nicht viel: eine dünn........ (b) Jacke, mein grün........ (c) Top, die drei Jeans und zwei Paar Schuhe. Mein braun........ (d) Rock, zwei Bücher und Schmuck sind auch schon im Koffer. Aber ich muss noch T-Shirts, Bikini, zwei Kleider und meinen iPod mitnehmen. Oje, das passt nie! Mein Bruder hat schon gesagt: Typisch Pia, du reist nicht mit einer groß........ (e) Tasche, sondern mit zwei schwer........ (f) Koffern nach Madrid! Hilfe, Veronika, ich brauche deine Tipps!

_____/6 Punkte

2 Ergänze Präposition, Pronomen oder Fragewort.

Beispiel: Im Schulbus: ■ *Woran* denkst du denn gerade? ■ Ach, *an* den Mathetest morgen!

a) Im Reisebüro: ▲ Guten Tag, Herr Schneider, ... möchten Sie sich denn informieren? ■ Ach, ... verschiedene Reiseländer in Europa. Haben Sie ein paar Prospekte und Flyer für mich?

b) In der Schulpause: ■ Na, Kathrin, ... träumst du gerade? ▲ Na, ... dem Sänger in der Schulband!

c) Im Restaurant: ■ Also ich nehme Spaghetti und du, ... hast du denn Lust? ▲ .... eine Pizza!

_____/6 Punkte

3 Was passt? Markiere. *Beispiel:* ■ *Der Film gestern war super.* ▲ *Ja,* **daran / davon** *hast du schon erzählt!*

■ Hi, Luisa, machst du auch beim Workshop „Politik und Wirtschaft" mit? ▲ Nein, (a) **davon / daran** nehme ich nicht teil. Politik finde ich furchtbar. (b) **Dafür / Darauf** interessiere ich mich überhaupt nicht. ■ Schade! So ein Workshop mit Herrn Schmid ist bestimmt lustig. Weißt du noch, in Geschichte vor zwei Jahren? ▲ Stimmt, das war echt cool. (c) **Danach / Daran** denke ich gerne zurück. Herr Schmid ist super, trotzdem, Politik ist nichts für mich. ■ Na gut.

♦ Hallo, Claudia! Sag mal, wie hast du das gemacht in Mathe? Keinen Fehler in der Prüfung! Gratuliere! Du Glückliche! ● Hi, Dana. Danke, (d) **darauf / darüber** bin ich auch total stolz! Aber für die Prüfung habe ich auch viel gelernt. Du warst ja auch nicht schlecht! ♦ Ja, ich bin auch froh (e) **darüber / darum**!

_____/5 Punkte

4 Ergänze genauso viele, ganz anders als, größer als und wie.

Beispiel: China ist viel _größer als_ *Europa.*

Hallo Tobias,

viele Grüße aus Hongkong! Hier ist es toll, aber (a) .... bei uns in Berlin: Es gibt viel mehr Hochhäuser – total beeindruckend! Aber man kann auch ganz viel anschauen, es gibt hier (b) .... Sehenswürdigkeiten (c) .... bei uns in Europa. – Und du? Was macht dein Sprachkurs? Du Armer, sicher musst du viel lernen :-(!

Bis bald, liebe Grüße von Daniel

_____/3 Punkte

Gesamtpunktzahl: _____/20 Punkte

Test zu Lektion 32

Name: ....

1 Ordne zu.

Um wie viel Uhr fährt der Zug ab?   Es ist Viertel nach zehn.

a) Wie lange hat die Fahrt gedauert?   Bis Viertel vor zwölf.

b) Wie spät ist es denn jetzt?   Um zehn vor acht.

c) Bis wann haben wir Zeit?   Drei Stunden.   ____ /3 Punkte

2 Ergänze die Indefinitpronomen. *Beispiel:* ♦ *Hast du eine Sonnenbrille?* ■ *Nein, ich habe leider* _keine_

■ Super, jetzt sitzen wir im Zug! Oje, ich habe tatsächlich mein Handy vergessen! ▲ Macht nichts, Jens, du kannst

(a) .... haben. Aber sprich nicht so lange! ■ Schon gut. Sag mal, wo ist eigentlich mein Reiseführer?

▲ Hier liegt (b) ...., der gehört sicher dir, ich habe nämlich gar (c) .... ■ Hm, hat jemand von euch

Bananen mitgenommen? Ich habe schon wieder Hunger. ♦ Ja, ich habe (d) ...., aber nimm bitte nur

(e) .... ■ Danke, Sabine. Wer hat denn die Tickets? ♦ Also, ich nicht, Tom auch nicht, die hat (f) ....

von uns. ■ Das ist nur ein Witz, oder? ♦ Na klar. Die sind in meinem Rucksack. ▲ Hej, das ist mein Taschenmesser,

Jens! ■ Entschuldige, aber ich habe auch so (g) ....!

____ / 7 Punkte

3 Ordne zu und ergänze die Verben im Präteritum: *finden, meinen, steigen, leihen, gehen, denken, geben*

Beispiel: Ich _fand_ *die Fahrt nach Kopenhagen toll.*

> Hallo, Jörg!
>
> Ich bin gerade mit Malte in einer Jugendherberge in Kopenhagen. Hier sind so viele Touristen, vor allem Engländer und
>
> Italiener – und ich (a) ...., im April sind bestimmt weniger Leute unterwegs! ☹ Na ja, aber die Leute sind hier alle
>
> total nett. Malte wollte vor zwei Tagen lieber in Kopenhagen bleiben, also (b) .... ich allein in den Bus nach Malmö,
>
> aber ohne Geld und ohne Ticket. Zum Glück (c) .... mir dann ein Mädchen Geld und ich konnte im Bus ein Ticket
>
> kaufen. Gestern war ich mit Malte zuerst auf einer Burg, die war super und dann (d) .... es weiter zum Schloss
>
> Rosenborg. Also, das Schloss war einfach fantastisch! Malte (e) ...., wir müssen heute unbedingt noch eine Stadt-
>
> rundfahrt machen, wir sind aber noch nicht so wach, gestern Abend (f) .... es hier eine große Party ☺ .
>
> Viele Grüße von Ralf

____ / 6 Punkte

4 Was passt nicht? Streiche.

Beispiel: In Graz kann man viele schöne Bauten **entdecken** / **erfinden.**

■ Hi, Martin. Sag mal, stimmt das? Das Ticket für die Zugfahrt nach Graz kostet 40 €? Puh, ganz schön teuer, das

muss ich mir noch gut (a) **überlegen** / **zurückdenken.** ♦ Ja, mach das, aber die Zugfahrt ist toll, die (b) **kostet** / **lohnt**

sich. Und Graz ist eine super Stadt. ■ Na gut, dann komm ich mit. Aber ich muss auf jeden Fall heute noch zur Bank,

Geld (c) **abheben** / **nehmen.** ♦ Klar, ich auch. ■ Was wollen wir denn in Graz machen? ♦ Wir können auf den Schloss-

berg gehen oder das Luftfahrtmuseum (d) **zusehen** / **besichtigen.** Außerdem gibt es auf dem Fluss in Graz eine coole

Insel, die gefällt dir bestimmt!

____ /4 Punkte

Gesamtpunktzahl: ____ /20 Punkte

Name: ....

1 Ergänze *vor, hinter, neben, zwischen, auf* und den Artikel.

Beispiel: Der CD-Player liegt ...hinter........... *den CDs.*

a) Die Gitarre steht .... d............... Schrank.

b) Das Klavier steht .... d............... Bett.

c) Das Poster hängt .... d............... Fenster und d............... Fernseher.

d) Die CDs liegen .... d............... Regal.

_____/4 Punkte

2 Ergänze *irgendwo, irgendwann, irgendwie, irgendein* und *irgendwelche*.

Beispiel: ■ *Was machst du denn jetzt?* ▲ *Ich gehe jetzt in* ..irgendein.... *Restaurant.*

■ So, wie kommen wir jetzt in die Altstadt? Die muss doch hier (a) .... sein! ▲ Na, super. Ich dachte, du kennst dich aus! ■ Jaja, aber ich war schon lange nicht mehr hier. (b) .... sieht alles anders aus. ▲ Hm, dann besorge jetzt erst mal einen Stadtplan oder wir fragen (c) .... Leute auf der Straße. ■ Tja, da ist aber niemand! ▲ Oje ... Sag mal, wollen wir nicht (d) .... auch noch Maria treffen? ■ Ja, aber erst um sieben Uhr, da haben wir noch genug Zeit. Bloß keine Panik! Ah, da vorne ist ja die Kirche, die kenne ich. Jetzt weiß ich wieder, wo wir sind.

_____/4 Punkte

3 Schreib die Sätze richtig. *Beispiel: mich / verirren / **Ich** / haben // kennen / ich / die Stadt / obwohl / gut*
...Ich habe mich verirrt, obwohl ich die Stadt gut kenne...

a) umziehen / **Ich** // Stadtviertel / obwohl / mir / das / gefallen

....

b) lachen / **Ich** / haben / Witz / über / seinen // nicht / lustig / obwohl / sein / er

....

c) Namen / verwechseln / die / **Ich** / haben // verschieden / sie / sein / obwohl / sehr

....

_____/3 Punkte

4 Was ist richtig? Markiere.

Beispiel: Die Fußgängerzone liegt __zwischen__ / auf dem Hauptbahnhof und dem Rathaus.

Hi, Lilly, ach, München ist echt toll! Mein Bruder studiert ja hier und ich besuche ihn gerade. Es gibt so viel zu sehen! Nicht (a) **weit / neben** von dem „Deutschen Museum" ist ein tolles Kino. (b) **Links von dem / Rechts von der** Kino ist eine schöne Brücke. Und (c) **auf / in** der Nähe von der Uni ist ein ganz großer Park. Da habe ich zufällig Jan getroffen! Ich hatte tatsächlich seinen Namen vergessen! Wie peinlich! ☹ Sein Wohnheim liegt (d) **vor / auf** der anderen Seite (e) **im / vom** Fluss. Morgen treffe ich ihn wieder, ich bin schon ganz aufgeregt ☺ !

_____/5 Punkte

5 Finde Synonyme.

die Universität ⟶ die Hochschule   die Bücherei

a) die Region   die Hochschule

b) die Bibliothek   die Fahrkarte

c) das Spital   die Gegend

d) das Billett   das Krankenhaus

_____/4 Punkte

Gesamtpunktzahl: _____/20 Punkte

© Hueber Verlag 2010

Name: ....

1 Bilde Nomen mit -ung und ergänze den Artikel.

Beispiel: renovieren → *die Renovierung* ....

a) entschuldigen → ....

b) wandern → ....

c) überraschen → ....

____/3 Punkte

2 Ergänze das Telefongespräch mit *bis*, *wie lange*, *zum* und *bis wann*.

Beispiel: Der Umzug dauert ..*bis*.......... *17 Uhr.*

a) ■ Na, Uta, ... muss deine alte Wohnung leer sein? ▲ Bis übermorgen. Morgen ziehe ich um.

b) ■ Aha, was glaubst du, ... dauert denn der Umzug? ▲ Ach, wenn alles klappt, so sieben Stunden.

c) ■ Ohne Pause? ▲ Natürlich nicht! Wir machen um 12 Uhr eine Pause, ... Mittagessen gibt es eine Pizza und dann machen wir weiter. ■ O.k., soll ich euch auch helfen? ▲ Gerne!

____/3 Punkte

3 Streiche das falsche Verb und ergänze den richtigen Artikel.

Beispiel: ▲ Ich ~~liege~~ / lege das Handy immer neben ..*die*.......... *Brille! ■ Tja, da ist es aber nicht!*

a) ▲ Du Jörg, wo ist denn mein Koffer?
   ■ Keine Ahnung, **stellt / steht** der Koffer nicht da vorne neben .... Spiegel?

b) ▲ Nein, das ist nicht meiner. Das ist Ingas Koffer.
   ■ Komm, jetzt mach mal eine Pause und **sitz / setz** dich mal auf .... Couch. Den Koffer finden wir schon.

c) ▲ Ach, jetzt weiß ich es wieder. Der ist wahrscheinlich noch im Auto.
   ■ Stimmt, der Koffer **liegt / legt** ja im Auto zwischen .... Decke und .... Teppich.

d) ▲ Ja, den holen wir gleich. So, was mache ich jetzt mit dem Poster?
   ■ **Häng / Setz** es doch dort an .... Wand, da passt es gut.

____/9 Punkte

4 Ordne zu und ergänze die Verben im Perfekt: *einzahlen, unterschreiben, aufbleiben, ~~einrichten~~, einziehen, auspacken*

Beispiel: Ich habe die Wohnung noch gar nicht richtig *eingerichtet*....... *!*

Hi, Andreas! So ein Umzug ist echt total stressig. Am Montag habe ich den Mietvertrag (a) .... und heute bin ich in meine neue Wohnung (b) .... Meine erste Bude! Ich war so aufgeregt, dass ich die ganze Nacht (c) .... bin! Es gibt ja auch noch so viel zu tun. Die Kisten stehen überall und ich habe noch nicht alles (d) .... So ein Chaos! So eine Bude ist natürlich toll, aber ganz schön teuer, da bleibt am Monatsende nicht viel übrig. Zum Glück habe ich meinen Opa. Der hat für mich die erste Miete schon auf mein Konto (e) .... Besuch mich mal! Viele Grüße Mira

____/5 Punkte

Gesamtpunktzahl: ____/20 Punkte

1 Schreib indirekte Fragen. *Beispiel: „Wie schaffen Mütter mit einer Großfamilie den Haushalt?"*

Ich möchte wissen, wie Mütter mit einer Großfamilie den Haushalt schaffen .

a) „Warum machen meine Kinder immer Unsinn?"

Manchmal frage ich mich, ...
....

b) „Werden meine Kinder irgendwann mal erwachsen?"

Ich will wissen, ...
....

c) „Haben andere Kinder eine gute Beziehung zu ihren Eltern?"

Ich frage mich, ...
....

d) „Wann unternehmen wir mal wieder was mit der ganzen Familie?"

Ich möchte wissen, ...
....

e) „Wo trifft sich die Clique immer am Sonntagnachmittag?"

Ich frage mich, ...

_____ /5 Punkte

2 Welches Verb passt? Markiere. *Beispiel: Ich bin für meinen kleinen Bruder da, egal, worum es **liegt** / **geht**.*

Hallo, Sinje! Ach, das war eine Woche! Meine Eltern wollen sich (a) **trennen / schimpfen**. Und mein kleiner Bruder (b) **ärgert / weint** die ganze Zeit, ich muss ihn immer (c) **trösten / reden**. Tja, jetzt will mein Vater schon nächste Woche (d) **einziehen / ausziehen**!

Hi, Julie, das hört sich schrecklich an. Aber das kenne ich, meine Eltern sind ja geschieden und meine Mutter und ich, wir sind hier (e) **zurückgeblieben / aufgeblieben**. Aber eigentlich ist es jetzt besser, ich sehe meinen Vater zum Glück total oft. Du musst ganz viel mit deinen Eltern (f) **reden / sehen**, das hilft!

_____ /6 Punkte

3 Ergänze das Gegenteil. *Beispiel: wichtig* ⟷ *unwichtig* ; *voll* ⟷ *leer*

■ Hi, Sebastian. Na, wie geht's?

▲ Nicht so toll, meine Eltern sind im Moment so (a) **locker** ⟷ ....!

■ Oje, das kenne ich. Manchmal verbieten sie mir auch alles und sind total (b) **zufrieden** ⟷ .... mit mir. Normalerweise liegt es daran, dass sie in der Arbeit Stress haben.

▲ Hm, und was machst du dann?

■ Ach, ich helfe dann im Haushalt mit und bin in der Schule (c) **faul** ⟷ ...., das funktioniert ganz gut! Was findet denn deine Mutter besonders nervig an dir?

▲ Sie findet, dass mein Zimmer immer so (d) **ordentlich** ⟷ .... ist.

■ Na, dann räum es mal auf, dann freut sie sich. Und sie ist dann bestimmt viel toleranter!

_____ /4 Punkte

4 Was passt? Ordne zu.

Wenn ich Probleme habe, ⟶ einer Großfamilie.

a) Ehrlich gesagt, finde kann ich immer zu meinen Eltern gehen.

b) Egal, meine Geschwister immer streiten.

c) Ich habe fünf Geschwister. Da ist worum es geht, meine Mutter hört mir immer zu.

d) Klar ist es nervig, wenn ich mein Leben als Einzelkind ganz schön.

e) Ich lebe in immer etwas los.

_____ /5 Punkte

Gesamtpunktzahl: _____ /20

Test zu Lektion 36   Name: ....

1 Schreib die Sätze richtig. *Beispiel: schenken / **Ich** / ein........ Sonnenbrille / mein........ Mutter*
Ich schenke meiner Mutter eine Sonnenbrille.

a) kaufen / ein........ Schmuckdose / **Philip** / sein........ Schwester

....

b) **Kerstin** / ein........ SMS / schreiben / ihr........ Bruder

....

c) dein........ Freunden / zeigen / das Fotoalbum / du / **Wollen** ?

....

d) **Marlene und Elena** / ein........ Kuchen / mitbringen / ihr........ Oma

....

_____ / 4 Punkte

2 Was passt nicht? Streiche. *Beispiel: Ich finde, ~~obwohl~~ / dass zu viele Leute da waren.*

■ Sag mal, Manuel, wie hat dir die Party gestern gefallen? ▲ Ach, die war ganz cool, (a) **trotzdem / obwohl** es so voll war. ■ Ja, das finde ich auch, (b) **wenn / außerdem** war die Band super! ▲ Tja, nur drei Leute auf der Bühne, (c) **aber / sondern** die haben super Stimmung gemacht! ■ Das stimmt. Oje, ich habe zu viel getanzt, (d) **weil / deshalb** tut mir jetzt alles weh! ▲ Du Armer! Da musst du wohl mehr Sport machen! ■ Hm ... Du, heute Morgen haben mich meine Eltern sofort gefragt, (e) **ob / dass** es auf der Party auch Zigaretten und Bier gab. ▲ Typisch! Meine auch. ■ Eltern sind echt nervig! Aber in einem Monat werde ich ja endlich 18! ▲ Ach, du hast es gut, ich muss noch drei Monate warten ... ■ Ja, ich freue mich auch, (f) **denn / weil** ich dann endlich machen kann, was ich will!

_____ / 6 Punkte

3 Ergänze die Verben: *verlangen, begrüßen, auftreten, verteilen, entstehen, zusammenkriegen*

Beispiel: Hoffentlich kann ich genug Geld für die Band zusammenkriegen ....

Hi, Simone! Ich will diese Woche mit Tim eine U-18-Party organisieren, ich bin schon ganz aufgeregt. Natürlich soll auf der Party auch eine Band (a) .... Die kostet schließlich auch etwas. Was meinst du, wie viel Eintritt kann man denn da so (b) .... ? 6 € oder ist das zu viel? Als Gastgeber müssen Tim und ich die Leute am Abend ja auch (c) .... Sag mal, du hast so etwas doch schon gemacht! Kannst du mir einen Tipp geben? Ich bin doch immer so nervös. Ach, und noch eine wichtige Frage: Wir haben für die Party Flyer gemacht. Wo soll ich die denn am besten (d) .... ? Meld dich bald! Ina
PS: Hast du schon gehört, dass nächstes Jahr hier in der Stadt ein neues Jugendzentrum (e) ....
soll? Cool, oder?

___ / 5 Punkte

4 Ordne den Dialog.

[7] Hallo, Betty. Bald ist Weihnachten ☺ Was wünschst du dir? ☐ Hm, vielleicht eine CD? Oder einen Kinogutschein? ☐ Genau. Du, ich brauche noch ein Geschenk für meinen Vater ... Aber was? ☐ Hi, Anja. Hm, ich hätte gern Kopfhörer. ☐ Aha, dann kannst du in Ruhe Musik hören. ☐ Super Idee, er sieht gern Filme. Das ist nur eine Kleinigkeit, aber das macht ihm bestimmt viel Freude!

_____ / 5 Punkte

Gesamtpunktzahl : ___ / 20 Punkte

CD 1

3 Lektion 19 B3 und B4

Susi: Hallo, Mode-Hotline guckMAL, hier Susi Schmied!

Christian: Hallo, hier ist Christian Jürgens.

Susi: Hey, Christian. Was kann ich für dich tun?

Christian: Also, ich bin nicht so ganz zufrieden mit meinem Kleidungsstil. Und da habe ich ein paar Fragen an dich. Äh, darf ich dich duzen?

Susi: Ja klar, na, erzähl mal. Ich hoffe, ich kann dir helfen!

Christian: Ja, ich finde, ich sehe ein bisschen langweilig aus. Das möchte ich ändern.

Susi: Aha, und wie siehst du denn aus? Kannst du dich kurz beschreiben?

Christian: Ja, also ich bin nicht sehr groß und ziemlich dünn.

Susi: Klein und dünn ... Und deine Haare?

Christian: Ich habe kurze, hellbraune Haare.

Susi: Haare: kurz und hellbraun. Und deine Augen?

Christian: ... sind blau.

Susi: Wie alt bist du denn?

Christian: 15, aber ich finde, ich sehe ziemlich jung aus. Ich habe ein paar Fotos im Internet. Willst du sie sehen?

Susi: Ja, gern!

Christian: Die Adresse ist Christians-planet.blog.com.

Susi: Super. Moment ...

Susi: So, jetzt sehe ich dich. Hm, da sind ja ziemlich viele Fotos. Und alle sind anders ...

Christian: Ah, ich habe mit einem Programm ein bisschen experimentiert. Man kann da ein Foto hochladen und verschiedene Frisuren wählen. Ich weiß, es sieht komisch aus ...

Susi: Nein, es ist auf jeden Fall interessant ... Hm, dunkle Haare? Nein. Ich finde, helle Haare stehen dir gut, sie passen gut zu deiner hellen Haut. Und die Haare vielleicht etwas länger und lockig.

Christian: Aha, also so ähnlich wie auf dem Bild 2 oder 4?

Susi: Ja, eher 4. Und dann ... Auf zwei Bildern trägst du eine Brille ...?

Christian: Ja, ich habe eine Brille. Manchmal trage ich aber auch Kontaktlinsen.

Susi: Also, ich finde eine Brille steht dir gut. Dann siehst du auch nicht ganz so jung aus. Aber die Brille auf dem einen Bild sieht irgendwie komisch aus ...

Christian: Du meinst auf Bild 6? Die Brille gehört meiner Mutter!

Susi: Deiner Mutter? Aha!

Christian: Naja, die Brille auf Bild 5 gehört mir. Aber die gefällt mir nicht, ich finde sie langweilig.

Susi: Findest du? Also, mir gefällt sie ganz gut. Bei den Klamotten kannst du noch etwas ändern.

Christian: Ja? Was denn?

Susi: Auf Bild 7 trägst du einen Anzug ... Hm, na ja, ich finde, er passt dir nicht so gut. Ein bisschen zu klein oder?

Christian: Ja, kann schon sein. Ich habe ihn schon seit 3 Jahren.

Susi: Ziehst du den oft an?

Christian: Na ja, nicht so oft. Ich finde ihn aber elegant. Na, und für ein Date ...

Susi: Aha!! Du hast also ein Date??

Christian: Hm, ja, also, ich treffe da ein Mädchen, also ... hm, wir gehen zum ersten Mal weg ...

Susi: Verstehe. Für das erste Date ist elegant vielleicht nicht schlecht. Aber ein Anzug? Das ist ein bisschen zu elegant! Du gehst zu einem Date, nicht auf eine Hochzeit! Also, ich finde, die Jeans auf Bild 8 sind super für ein Date.

Christian: Mit einem T-Shirt?

Susi: Na ja, du kannst ja ein Hemd anziehen. Vielleicht ein grünes, ich finde, Grün steht dir ganz gut.

Christian: Super! Danke dir! Vielen Dank!

Susi: Kein Problem! Dann wünsch ich dir ganz viel Spaß bei deinem Date.

Christian: Ciao!

5 Lektion 20 B2 und B3

Ulrike: Hi Stefan!

Stefan: Hey! Warum warst du heute nicht in der Schule?

Ulrike: Ach, mir geht's total schlecht.

Stefan: Was hast du denn?

Ulrike: Fieber ... und ha-, ha-hatschi Schnupfen. Sorry ...

Stefan: Gesundheit! Warst du schon beim Arzt?

Ulrike: Ja! Gleich heute morgen. Meine Mutter hat mich zum Arzt gefahren.

Stefan: Und ...?

Ulrike: Er hat gemeint, ich habe Grippe.

Stefan: Oh je, du Arme!

Ulrike: Er hat mir total viele Medikamente verschrieben. Die Tabletten habe ich schon genommen. Ich muss vier Tage im Bett bleiben. Ich darf nicht mal einen kleinen Spaziergang machen!

Stefan: Vier Tage im Bett – wie schrecklich!

Ulrike: Ja, furchtbar! Aber, wie war es denn in der Schule?

Stefan: Auch furchtbar!

Ulrike: Warum denn?

Stefan: Na ja, heute haben wir in Englisch einen Test geschrieben.

Ulrike: Einen Test – puh, zum Glück war ich nicht da.

Stefan: Und ... was machst du so zu Hause? Langweilst du dich?

Ulrike: Ja, schon. Ich kann ja nicht viel machen! Erst habe ich ein bisschen gelesen. Aber das Buch war ziemlich langweilig. Danach habe ich ein bisschen geschlafen.

Stefan: So ein ganzer Tag im Bett ist doch super!

Ulrike: Naja, geht so ... Aber super ist: Meine Mutter bringt mir alles ans Bett – sogar das Essen!

Stefan: So ein Service – nicht schlecht! Was hast du denn gegessen?

Ulrike: Ich habe eine Suppe gegessen – die war auch ganz lecker. Und dann habe ich noch Kamillentee getrunken – puhhh, scheußlich! – Wo bist du eigentlich, Stefan?

Stefan: Ich war beim Fußballtraining und gehe jetzt nach Hause. Vielleicht ... äh ... kann ich dich besuchen? Weil es doch so langweilig ist für dich!

Ulrike: Ja, gern, komm einfach vorbei!!

Stefan: Super! Dann bin ich in 15 Minuten da! Übrigens, brauchst du etwas?

Ulrike: Hm, ich glaube nicht, danke! Ah, warte, bringst du vielleicht die Hausaufgaben mit?

Stefan: Ja, klar! Dann muss ich aber noch mal kurz nach Hause und komme dann zu dir.

Ulrike: O.k., bis dann!

7 Lektion 21 A3 Teil 1

Markus: Markus Stein.

Lara: Hi Markus, ich bin's, Lara .

Markus: Hallo Lara, na, wie geht's?

Lara: Gut. Und dir?

Markus: Ich bin ein bisschen müde, aber sonst ist alles o.k.

Lara: Und, wie war es gestern in Lübeck? Deine Mutter hat gesagt, du bist zum Finale gefahren.

Markus: Ja, genau. Es war super!!

Lara: Hast du auch mitgespielt?

Markus: Nein, ich habe nur zugesehen.

Lara: Ach so, und welche Wettkämpfe hast du gesehen?

Markus: Tischtennis, Schwimmen und Beach-Volleyball.

8 Lektion 21 A4 Teil 2

Lara: Aha – dann erzähl mal: Haben wir gewonnen?

Markus: Na ja, beim Tischtennis haben

die Mädchen super gespielt. Aber am Ende hat die Konkurrenz gewonnen.
Lara: Schade, aber der zweite Platz ist ja auch sehr gut.
Markus: Ja, finde ich auch.
Lara: Und die Jungs? Wie waren die beim Tischtennis?
Markus: Es gab nur eine Mädchen-Mannschaft beim Tischtennis. Die Jungs waren aber beim Schwimmen sehr gut. Sie haben den fünften Platz erreicht.
Lara: Nicht schlecht.
Markus: Und was total gut war: Die Organisatoren haben einige Ex-Profi-Schwimmer eingeladen! Zum Beispiel Franziska van Almsick.
Lara: Wow! Hast du sie gesehen?
Markus: Ja, sie hat allen Schwimmern gratuliert und ein kleines Geschenk gegeben. Die Gewinner haben eine Profi-Schwimmbrille bekommen.
Lara: Cool.
Markus: Aber das Beste war das Beach-Volleyball-Spiel. Von uns hat nur eine Mädchen-Gruppe teilgenommen, aber die war echt klasse!
Lara: Und, haben sie gewonnen?
Markus: Ja, also, das erste Spiel haben sie mit 4 Punkten verloren, da waren sie ein bisschen langsam. Aber im zweiten und dritten Spiel haben sie sehr gut gespielt und haben am Ende gewonnen.
Lara: Super! Da habt ihr sicher gleich richtig gefeiert?
Markus: Nein, wir sind nach Hause gefahren. Aber am Freitag gibt's eine Party. Hast du Lust?
Lara: Ja, vielleicht.
Markus: O.k., ich rufe dich noch mal an. Ich muss gleich los, Abendessen ...
Lara: O.k.
Markus: Dann bis bald!

11   Lektion 22 B3 und B4
Sven: Wer bist du?
Aurelie: Aurelie.
Sven: Und woher kommst du?
Aurelie: Ich komme aus Frankreich. Und wer bist du?
Sven: Ich bin Sven und komme aus Göttingen.
Aurelie: Hm, aber was machst du dann in der Sprachenschule? Deutsch kannst du ja schon.
Sven: Ja, Deutsch ist meine Muttersprache. Ich mache ein Praktikum bei *Prolog*.
Aurelie: Ein Praktikum? Was bedeutet das?
Sven: Auf Französisch sagt man *stage*, glaube ich.
Aurelie: Ach so, *un stage* ... Kannst du Französisch sprechen?
Sven: Ja! Ich lerne in der Schule Franzö-

sisch. Später möchte ich Französischlehrer werden.
Aurelie: Ich lerne auch in der Schule Deutsch, aber meine Noten sind so schlecht. Deshalb besuche ich jetzt den Sprachkurs.
Sven: Aha, ... und wie gefällt dir Berlin?
Aurelie: Berlin ist wunderbar. Es gibt so viele Museen und ... ach, wie heißt das auf Deutsch? Sag mal, was ist das deutsche Wort für *monuments*?
Sven: Hm ... Monumente, na ja eigentlich eher Denkmäler.
Aurelie: Aha, o.k. ... Ich bin erst drei Wochen in Berlin und habe schon sechs Museen besucht!
Sven: So viele? Wow! Ich kenne vielleicht zwei oder drei. – Wie lange bleibst du denn noch?
Aurelie: Noch zwei Wochen.
Sven: Echt? Nur noch zwei Wochen? Oh ... Aber, äh, erzähl doch mal, wie findest du die Sprachenschule?
Aurelie: Ganz toll. Wir machen viele ... äh ... – ich weiß das Wort nicht mehr: Wir gehen spazieren, wir fahren nach Potsdam, Leipzig und so ... Ach, wie sagt man das? Ah ja: Ausflüge machen! Wir machen sehr viele Ausflüge, das gefällt mir sehr! Und was machst du so bei *Prolog*?
Sven: Alles Mögliche eigentlich. Ich meine, es ist schon cool so ein Praktikum, man lernt viele Leute kennen und so. Aber manchmal geht die Zeit überhaupt nicht rum. Verstehst du, was ich meine?
Aurelie: Hm, nicht wirklich. Wie meinst du das? Zeit? Rumgehen?
Sven: Ich meine, dass das Praktikum manchmal auch langweilig ist – zum Beispiel kopieren, das gefällt mir nicht so gut.
Aurelie: Ja, klar, das verstehe ich.
Sven: Aber insgesamt bin ich eigentlich ganz zufrieden.
Aurelie: Oh, es ist ja schon so spät! Ich muss gehen. Morgen früh habe ich ja wieder Unterricht.
Sven: Alles klar, Aurelie! Sehen wir uns morgen in der Sprachenschule?
Aurelie: Hm, ja!
Sven: Tschüss!
Aurelie: Tschüss!

14   Lektion 23 B2 und B3 – Foto A
Frau Burkart: ... dann bekommen wir hier als Ergebnis ... Wer weiß es? Ja, Karla?
Karla: a = 17 – 3b²
Frau Burkart: Richtig: a = 17 – 3b² ... Und damit kommen wir zur nächsten Aufgabe ...
So, jetzt ist es aber genug! Timo! ... Hallo, Timo!? ... Ich spreche mit dir!
Timo: Ja, Frau Burkart?

Frau Burkart: Sieh mal, hier vorne bei Karla ist noch ein Platz frei.
Timo: Nein danke! Ich sitze lieber hinten.

15   Lektion 23 B2 und B3 – Foto B
Frau Burkart: Was hast du gesagt?
Timo: Ich sitze lieber hinten, Frau Burkart.
Frau Burkart: Das habe ich gehört. Trotzdem kommst du jetzt nach vorne. Hier neben Karla kannst du viel besser lernen.
Timo: Aber ich hab' doch gar nichts gemacht!
Frau Burkart: Nimm deine Sachen und komm hierher!
Timo: Warum denn? Das ist unfair!
Frau Burkart: Sag mal, hast du Lust auf 'ne Extra-Hausaufgabe?
Timo: Oh Mann!!!

16   Lektion 23 B2 und B3 – Foto C
Karla: Hi, Timo!
Timo: Hmm ... Hallo!
Frau Burkart: So Leute, jetzt nehmt ihr bitte euer Matheheft oder ein Blatt Papier und macht die nächste Aufgabe alleine. Ich weiß, sie ist ziemlich schwierig. Trotzdem könnt ihr die Lösung finden. Denkt nur einfach an unser Beispiel hier an der Tafel.
Timo: Oh Mann! ... Mathe ist einfach nur blöd!
Karla: Das finde ich nicht. Ich mag Mathe. Soll ich dir helfen?
Timo: Nein danke. Ich kann das schon alleine. ... Hey!
Karla: Was ist los? ... Warum siehst du mich denn so an?

17   Lektion 23 B2 und B3 – Foto D
Karla: Komm! Sag schon! Warum siehst du mich so an?
Timo: Also weißt du, diese Brille gefällt mir ...
Karla: Was? ... Wie meinst du denn das?
Timo: Na ja, die Brille steht dir wirklich sehr gut. Sie passt zu dir.
Karla: So? Findest du wirklich?
Timo: Ja. Genau so 'ne Brille hat mein Großvater früher auch mal gehabt.
Karla: Na, das ist ja ein Kompliment! Vielen Dank!
Timo: Nein ... ähh ... So hab ich das gar nicht gemeint! ... Ich, ähh, ich mag meinen Großvater ... ähh ... er ist sogar ... ähh ... ziemlich hübsch ...
Frau Burkart: Timo!!! ... Schon wieder! ... Das gibt's doch nicht!!

18   Lektion 23 B2 und B3 – Foto E
Frau Burkart: Geht das jetzt hier vorne weiter, oder was?!
Timo: Was hab' ich denn jetzt schon wieder gemacht?
Frau Burkart: Also, wie ist das Ergebnis?
Timo: Was!? ... Welches Ergebnis?

Frau Burkart: Aufwachen, Timo! ... Du bist hier im Matheunterricht! Wir lösen gerade eine Rechenaufgabe – und ich warte auf dein Ergebnis.
Timo: Mein Ergebnis? Ja, also, pffhhh ... Moment mal ...
Karla: a = 2b – 7
Timo: Also ich denke ... ähh ... a = 2b – 7
Frau Burkart: Hey ... Das ist richtig!
Timo: Na also! Sind Sie jetzt zufrieden mit mir?
Frau Burkart: Ich hab's doch gesagt, Timo: Hier vorne lernt man besser.
Timo: Ja, Frau Burkart! ... Danke, Opa!
Karla: Bitte, mein Kleiner!

19   Lektion 24 B2 Teil 1
Ariane: Frau Berking? Guten Tag, ich hatte einen Termin um 10?
Frau Berking: Frau Ariane Lorenz? Ja, bitte, kommen Sie rein! Guten Tag! Nehmen Sie Platz!
Ariane: Dankeschön!
Frau Berking: So, was kann ich für Sie tun?
Ariane: Also ... Ich bin auf der Realschule und weiß nicht so richtig, was ich danach machen möchte.
Frau Berking: Und wann machen Sie Ihren Abschluss?
Ariane: Jetzt im Sommer.
Frau Berking: Gut, dann stelle ich Ihnen zuerst einmal ein paar Fragen. Ist das in Ordnung?
Ariane: Ja klar, bitte.

20   Lektion 24 B3 Teil 2
Frau Berking: Zunächst: Sie sind ja in der Realschule. Welche Unterrichtsfächer gefallen Ihnen denn?
Ariane: Hm, Sprachen ... und auch Mathe.
Frau Berking: Sprachen und Mathematik. Gut. Da kommen wir sicher später noch einmal darauf zurück. Arbeiten Sie denn gern mit Menschen zusammen? Zum Beispiel in einem Team? Finden Sie leicht Kontakt?
Ariane: Ja, eigentlich schon. Ich habe viele Freunde, auf der Schule kennen mich alle. Und in einem Team arbeiten, das macht sicher Spaß!
Frau Berking: Und mit Tieren oder Pflanzen? Sind Sie gern in der Natur und auch körperlich aktiv? Mögen Sie z.B. Gartenarbeit?
Ariane: Also, ich gehe gern spazieren und wandern. Tiere mag ich nicht so. Vor Hunden habe ich z.B. Angst. Katzen mag ich aber ganz gern. Und im Garten, na ja, ich muss meinen Eltern helfen, aber besonders gern mache ich das nicht.
Frau Berking: O.k. Sie haben ja gesagt, Sie mögen Mathematik ... Und wie ist es mit Physik oder allgemein mit Technik? Interessiert Sie das?

Ariane: Also, wie gesagt, in Mathe, da habe ich immer gute Noten. Physik macht mir nicht so viel Spaß. Und Technik allgemein interessiert mich auch nicht so.
Frau Berking: Verstehe. Arbeiten Sie denn gern am Computer?
Ariane: Oh ja! Ich arbeite sehr gern am Computer, suche gern Informationen im Internet, schreibe E-Mails oder chatte.
Frau Berking: Ah ja ... Sie haben am Anfang auch gesagt, Sie mögen Sprachen. Waren Sie schon mal im Ausland?
Ariane: Ja. Im Ausland war ich schon. Noch nicht so oft, im Urlaub halt mit meinen Eltern. Da war ich in Italien, in Spanien und auf Mallorca. Und in Schweden. Reisen gefällt mir schon sehr gut: Letztes Jahr war ich sogar zum ersten Mal allein im Urlaub – ohne meine Eltern, mit einer Jugendgruppe. Wir waren zelten in Spanien. Das war schön. Deshalb lerne ich jetzt an der Volkshochschule auch Spanisch. In der Schule lernen wir ja nur Englisch und Französisch.
Frau Berking: Sehr schön. Gut, als Nächstes ...

21   Lektion 24 B4 Teil 3
Frau Berking: Tja, ich habe nun viel von Ihnen erfahren ... Also: Ich kann mir eine Ausbildung im Tourismusbereich für Sie vorstellen – in einem Reisebüro z.B. Es gibt aber auch andere Möglichkeiten ...
Ariane: Tourismus! Das ist eine tolle Idee! Reisen organisieren und so etwas?
Frau Berking: Ja, das gehört auch dazu. Als Reisekauffrau, so heißt dieser Beruf, sitzen Sie viel am Computer, organisieren und recherchieren. Sie haben aber auch viel Kontakt mit Kunden, müssen sie beraten, die Reisen buchen usw.
Ariane: Ja, das kann ich mir gut vorstellen! Dann könnte ich vielleicht auch selbst mehr reisen!
Frau Berking: Vielleicht ... Nehmen Sie hier dieses Informationsblatt mit. Dann können Sie zu Hause alles zu diesem Beruf noch einmal in Ruhe lesen.
Ariane: Ah, danke schön.
Frau Berking: Rufen Sie mich an, wenn Sie noch Fragen haben oder kommen Sie vorbei.
Ariane: Ja, das ist sehr nett. Vielen Dank. Das mache ich. Auf Wiedersehen!
Frau Berking: Auf Wiedersehen – und alles Gute!

23   Lektion 25 A2 Teil 1
Moderator: Guten Abend alle zusammen, auch heute sind wir für euch da und wollen euch bei allen Fragen und Problemen helfen. Mit dabei ist auch unser Psychologe, Herr Prof. Dr. Baumgarten, guten Abend! Schön, dass Sie da sind!
Dr. Baumgarten: Guten Abend!

Moderator: So, unser Thema heute ist „Medien in der Welt der Jugendlichen". Alle nutzen Computer, Handy, Fernsehen, Internet, alle sind online, informiert und immer erreichbar. Wir können gar nicht mehr ohne diese Medien leben. Aber ist das nur positiv? Wir wollen heute über die andere Seite sprechen. Welche Gefahren gibt es? Welche Probleme kann es geben? Habt ihr negative Erfahrungen gemacht? Dann ruft uns an. Unsere Telefonnummer ist 0221- 63 17 57.

24   Lektion 25 A3a Teil 2
Moderator: So, da haben wir schon unseren ersten Anrufer, hallo, wer ist da?
Lenka: Hallo, mein Name ist Lenka.
Moderator: Hallo Lenka! Welche Erfahrungen hast du gemacht?
Lenka: Also, mein Problem war das Handy. Noch vor ein paar Monaten war ich ein totaler Handy-Freak! Coole Logos, neue Klingeltöne, Schmuck fürs Handy ... Ich hatte sogar einen virtuellen Flirt-Freund, mit ihm habe ich jeden Tag sehr lange gechattet, per SMS.
Moderator: Hm, das war sicher ziemlich teuer?
Lenka: Genau das war mein Problem: Ich konnte meine Handy-Rechnungen nicht mehr bezahlen! Das war dann so viel Geld, über 300 Euro – da musste ich natürlich meinen Eltern alles sagen, auch das mit dem virtuellen Flirt-Freund ... Puh, das war wirklich schlimm!
Moderator: Und ... wie haben sie reagiert?
Lenka: Meine Eltern waren total sauer, sie haben bei der Telefon-Zentrale angerufen und herausgefunden, dass mein „Flirt-Freund" ein Computerprogramm war.
Moderator: Ein Computerprogramm?
Lenka: Ja, wirklich! Ich konnte das zuerst gar nicht glauben – die ganze Zeit habe ich mit einem Computer geflirtet! Jetzt bin ich mit solchen Sachen ganz vorsichtig, ich antworte nur noch auf SMS von Freunden.
Moderator: Und hast du sonst etwas geändert?
Lenka: Ja, ich treffe mich wieder mit meinen Freunden, lese wieder mehr ... Es gibt sogar Tage, da nehme ich mein Handy gar nicht mit. Aber besonders am Anfang war das nicht einfach ...
Moderator: Das kann ich mir vorstellen ... Vielleicht kann dir Herr Baumgarten ja noch ein paar Tipps geben. Herr Baumgarten, was hilft in solchen Situationen?
Dr. Baumgarten: Na, zuerst muss man sich fragen ...

25 Lektion 25 A3b Teil 3

Moderator: So, unser nächster Anrufer … Hallo?
Harry: Hallo! Mein Name ist Harry.
Moderator: Hallo Harry. Was möchtest du uns erzählen?
Harry: Ja … Ich habe jeden Tag bis zu zehn Stunden am Computer gespielt. Am Nachmittag, am Abend, dann auch in der Nacht… Ich konnte nicht mehr unterscheiden, bin ich müde oder nicht, ist es Tag oder Nacht …
Moderator: Zehn Stunden! Also deine Freizeit hast du nur am Computer verbracht!?
Harry: Richtig. Mit der Zeit hatte ich dann keine Freunde mehr, schlechte Noten in der Schule und Probleme mit der Gesundheit. Ich wollte nicht essen, nicht ausgehen, niemanden sehen …
Moderator: Hm … und dann?
Harry: Tja, mein Vater hat irgendwann gemerkt, was los ist. Er hat dann einen Termin bei einem Psychologen für mich ausgemacht.
Moderator: Und … konnte er dir helfen?
Harry: Ja, auf jeden Fall. Wir hatten viele Gespräche. Gemeinsam mit dem Psychologen habe ich einen Plan gemacht, wann und wie lange ich am Computer sein darf. Das hat mir sehr geholfen. Am Anfang durfte ich noch maximal drei Stunden am Tag spielen, dann zwei, dann eine, dann nur noch jeden zweiten Tag.
Moderator: Was hast du dann gemacht?
Harry: Ich musste etwas anderes für die Freizeit finden: nicht zu Hause, nicht am Computer … So habe ich mit dem Sport wieder angefangen, da habe ich auch ein paar neue Leute kennengelernt, gehe wieder ins Kino.
Moderator: Ja, das ist sicher sehr wichtig, Kontakte, neue Aktivitäten …
Harry: Genau …
Moderator: Fragen wir doch noch Herrn Baumgarten.
Dr. Baumgarten: Na ja, es ist für jeden unterschiedlich …

27 Lektion 26 A5
siehe Lösungsschlüssel zu Lektion 26 A4

28 Lektion 26 B2 und B3
Manuel: Du, Thorsten – wir brauchen noch Spaghetti für nachher. Oh Mann, ich bin noch so k.o. von gestern Abend … Kannst du vielleicht einkaufen gehen?
Thorsten: Warum denn schon wieder ich? Ich …
Caroline: Hey, streitet euch nicht. Thorsten, ich komme mit, o.k.? Dann kannst du mir gleich alles zeigen. Ist ja noch neu für mich!
Thorsten: O.k., aber Manuel, wir treffen uns hier wieder um sechs am Zelt, o.k.?

Manuel: Ja, klar.
Caroline: Wohin geht denn Manuel, bleibt er nicht beim Zelt?
Thorsten: Ich denke, er geht ins Chill-Out-Zelt. Er muss sich ja von gestern Abend erholen.
Caroline: Ins Chill-Out-Zelt … – und was macht er da?
Thorsten: Ach, etwas essen oder trinken, Musik hören, an Workshops teilnehmen …
Caroline: Aha, … und wo ist das?
Thorsten: Gleich da drüben – siehst du das große Zelt?
Caroline: Ah, ja … Warst du auch schon drin?
Thorsten: Nö.
Caroline: Also, da gehe ich morgen auch mal hin, es wird heute Abend sicher auch spät …
Thorsten: Bestimmt …
…
Thorsten: Und schau mal, da vorn ist der Supermarkt.
Caroline: Puh, so voll … Wo finden wir denn hier die Spaghetti??
Thorsten: Ich weiß, wo die Nudeln sind. Unglaublich, was man hier alles kaufen kann, extra für das Festival: Bikinis, T-Shirts, Fußbälle, Karten, Taschenlampen, Taschenmesser, Insektenspray …
Caroline: Insektenspray? Interessant.
Thorsten: … und total wichtig! Das merkst du dann am Abend! Und hier sind die Spaghetti. Wie viele Packungen sollen wir denn mitnehmen?
Caroline: Nimm mal zwei mit – so wie ich euch kenne …
…
Caroline: Uih, da war ganz schön viel los! Und hier ist alles so groß … Wo müssen wir jetzt hin?
Thorsten: Hier in diese Richtung … Oh, Mann es ist schon halb sieben, um acht beginnt das Konzert … und wir wollen doch noch kochen!
…
Thorsten: Ich habe es doch gewusst: Schau mal da drüben, wer da aus dem Chill-Out-Zelt kommt … Komm, beeil dich!
Caroline: Ja, ja …
Thorsten: Ja, hallo, so trifft man sich wieder!
Manuel: Oh, … ich wollte gerade zum Zelt … äh … zum Kochen.
Thorsten: Na prima – und hier sind die Spaghetti!
Caroline: … Mein erster Abend hier: Ich freue mich so …
Thorsten: Ja – und das Konzert heute Abend wird sicher super!

29 Lektion 27 A3
Niklas: Hey, servus Johnny, servus Ale. Kommt rein.
Ale / Johnny: Hallo, servus!
Niklas: Ist doch cool: Alle haben zugesagt!
Johnny: Ja, wirklich super, wie viele Leute sind wir dann zusammen?
Niklas: 18 aus unserer Klasse plus die 14 Austauschschüler … Also, wir haben gesagt: Jeder bringt was zum Grillen und zum Trinken mit.
Johnny: Wie sieht's mit den Salaten aus?
Niklas: Warte, ich schau' mal in den E-Mails nach … Also: Nils und Johanna haben geschrieben, dass sie einen Gurkensalat mitbringen, und Julia und Antje möchten einen Paprikasalat machen. Ah, und Selina macht einen Paradeisersalat!
Ale: Und was ist das? Paradeiser – hat das was mit *Paradies* zu tun!?
Niklas: Paradeiser, das sind … Tomaten!
Ale: Tomaten? Paradeiser? Das finde ich gut.
Niklas: Ja, ihr seid in Österreich! Also, wir haben einen Paradeisersalat, einen Gurkensalat und einen Paprikasalat. Das sind 3 Salate für 32 Leute – reicht das?
Johnny: Hm, na ja, das sind nicht viele. Wir könnten Pia noch fragen … und Nora auch …
Niklas: O.k., das machen wir. Was brauchen wir noch … Geschirr?
Johnny: Wir könnten einfach Geschirr aus Pappe kaufen, also Pappteller und Becher.
Niklas: Ja, das ist eine gute Idee, da kann nichts kaputtgehen und wir müssen auch nichts abwaschen!
Johnny: O.k., … und Besteck? Soll ich das einkaufen?
Niklas: Nein, Gabeln, Messer und Löffel haben wir genug zu Hause. Aber könntest du bitte Brot und Semmeln mitbringen?
Ale: Was sind denn Semmeln?
Niklas: Ganz einfach, Brötchen.
Johnny: Ihr habt es nicht leicht mit uns! So, was noch … Wie sieht es mit dem Grill aus?
Niklas: Da hilft uns mein Papa, er kauft auch Kohle und so …
Johnny: Gut … Und was grillen wir?
Niklas: Würschtl … und dann könnten wir noch Gemüse grillen, zum Beispiel Paprika, Erdäpfel …
Ale: Äpfel? Grillt ihr Äpfel? Schmeckt das?
Niklas: Nicht Äpfel, *Erd*äpfel!
Ale: Erd-Äpfel? Was ist das denn?
Johnny: … Kartoffeln!
Ale: Erdäpfel … wie Äpfel in der Erde …
Niklas: Stimmt, so habe ich mir das noch

nie überlegt! Was meint ihr, wie viele *Äpfel in der Erde* brauchen wir?
Johnny: Vielleicht 1 Kilo?
Niklas: Gut, dann kaufe ich also Würstchen, Brot, Semmeln, ein paar Paprika und 1 Kilo Erdäpfel.
Johnny: Fehlt sonst noch etwas? Macht eigentlich jemand einen Nachtisch? Ich hätte ja gern noch etwas Süßes.
Niklas: Stimmt, der Nachtisch! Also meine Mutter bäckt einen Apfelkuchen für uns. Und ... warte mal, Leonie macht ihre Marillentorte!
Ale: Was für eine Torte?? Marillen? Marillen? Ich gebe auf – jetzt lerne ich schon drei Jahre Deutsch ...
Niklas: Das sind Aprikosen.
Ale: Aprikosen? Die kenne ich nicht einmal auf Deutsch ...

CD 2

2   Lektion 28 A3 Teil 1
Moderator: Hallihallo und herzlich willkommen bei *Top oder Flop*. Unser Thema heute: „Stadt oder Land – wo ist das Leben schöner?" Wir haben Angela und Stefanie gefragt: Angela lebt in der Stadt, Stefanie lebt auf dem Land. Hallo ihr beiden, schön, dass ihr da seid.
Stefanie / Angela: Hallo.
Moderator: Hier noch einmal kurz unsere Spielregeln: Es gibt 10 Fragen. Nach jeder Frage haben Angela und Stefanie jeweils 30 Sekunden Zeit für ihre Antwort. Ist die Zeit um, hört ihr dieses Zeichen und ich stelle die nächste Frage. Und zum Schluss seid – wie immer – ihr an der Reihe, liebe Hörerinnen und Hörer. Wir möchten wissen: Wie ist eure Meinung: Wo ist das Leben schöner, in der Stadt oder auf dem Land?

3   Lektion 28 A4 Teil 2
Moderator: Alles klar? Stefanie, Angela – ihr seid bereit? Dann kommt hier unsere erste Frage: Wo wohnen die Leute schöner? Stefanie, fängst du vielleicht an?
Stefanie: Ja, gern. Auf dem Land natürlich! Da lebt die Familie noch zusammen – Oma, Opa und Enkel – alle wohnen auf einem Hof. Auf dem Land wohnen heißt auch, viel Platz, Felder und grüne Wiesen, blauer Himmel – Natur pur! Und die Luft ist so klar wie die Antwort: Auf dem Land wohnen die Leute schöner als in der Stadt.
Angela: O.k., die Wohnungen in der Stadt sind vielleicht enger und kleiner, aber man muss auch da nicht alleine wohnen. Ich wohne selbst in einer Wohngemeinschaft mit Freunden. Wir sind wie eine Familie – nur zehnmal besser. Denn wir müssen nicht zusammenwohnen, wir

möchten das. Und bei uns in der Nähe gibt es einen großen Park. Da gehen wir immer gemeinsam joggen.
Moderator: Schwierig, schwierig: Hofgemeinschaft, Wiesen und Felder oder Wohngemeinschaft mit Freunden: Was ist nun schöner? – Wir kommen zur nächsten Frage: Wo schmeckt es besser? Angela?
Angela: Also, ich kann nur sagen: Wir hier in der Stadt leben in einem Paradies! Es gibt viele tolle Restaurants, klar – aber besonders super finde ich die Bäckereien und Espresso-Bars an jeder Ecke. Da gibt es einfach alles: Milchkaffee oder Cappuccino, dazu Obstkuchen, Muffins und vieles mehr – mmmh, lecker! ... Also, warum selbst backen? ... Und außerdem, ich kann alles gleich mitnehmen.
Stefanie: Ach, kaufen kann jeder und vor allem: Ist es dann auch frisch? Hier auf dem Land kommt das Obst aus dem Garten, zum Beispiel die Äpfel, und die Leute backen noch selbst. Für mich ist klar: Den Apfelkuchen esse ich lieber.
Moderator: Oh, das war kurz und knapp, Stefanie, sehr gut. Also: Kaffee und Kuchen zum Mitnehmen oder Omas Apfelkuchen frisch aus dem Ofen – klingt beides gut ... Aber gleich die nächste Frage: Wo arbeiten die Leute härter? Was meinst du, Stefanie?
Stefanie: Ganz klar, die Jungs auf dem Land. Ob Bauer oder Mechaniker: Sie haben keine Angst vor Schmutz und kennen keine Schmerzen, sie arbeiten richtig – und das mit beiden Händen.
Moderator: Auch hier kurz und knapp, deine Antwort, Stefanie, super! Und wie sieht es in der Stadt aus?
Angela: Nur wer mit beiden Händen arbeitet, arbeitet richtig? Das glaube ich nicht! Die Leute in der Stadt arbeiten genauso hart wie auf dem Land. Ihre Hände sind vielleicht nicht schmutzig, aber auch die Arbeit als Fahrrad-Kurier, Manager oder Verkäuferin ist nicht immer einfach: Sie brauchen Organisationstalent, gute Nerven und Kondition.
Moderator: Keine Angst vor Schmutz und Schmerz oder Arbeit mit Köpfchen und gute Nerven – Bauer oder Manager: Wer arbeitet härter?
...
Moderator: Und nun zum Schluss, ganz spontan: Wo kann man mehr Spaß haben? Angela, du möchtest gleich antworten.
Angela: Ganz klar in der Stadt: bei Konzerten, in der Disko, in der Kneipe – es ist immer etwas los und das Angebot ist auch viel größer als auf dem Land! Und in der Stadt sind die Leute auch toleranter, jeder kann so feiern wie er will!

Moderator: Stefanie, was sagst du dazu?
Stefanie: O.k., auf dem Land ist das Angebot vielleicht nicht so groß wie in der Stadt. Aber die Leute feiern genauso oft wie in der Stadt, sie überlegen sich selbst etwas, haben viele Ideen, wie z. B. eine Party auf dem Maisfeld feiern. Und noch ein Plus gibt es: Die Getränke sind bei uns viel billiger.
Moderator: Kreative Partys für wenig Geld gegen ein riesiges Angebot an Konzerten und Diskos: Wo kann man mehr Spaß haben? Eine schwere Entscheidung! Stefanie, Angela – euch beiden vielen Dank, dass ihr da wart! Und nun, liebe Hörerinnen und Hörer sind wir schon ganz gespannt auf eure Meinung! Schreibt in unser Gästebuch oder ruft uns an unter 07...

5   Lektion 29 A3
Moderator: Liebe Hörerinnen und Hörer, herzlich willkommen bei *Radio deutsch. com* zu unserer Extra-Sendung rund um das Thema „Klima"! Experten haben schon vor Jahren davor gewarnt und die Naturkatastrophen in allen Teilen der Welt zeigen es: Das Klima ändert sich. Aber was bedeutet das für uns konkret? Über diese Frage möchte ich gleich mit unseren Studiogästen sprechen. Doch zuerst noch einmal die Meldungen über die schlimmsten Naturkatastrophen der letzten Jahre.

6   Lektion 29 A3 – Nachricht 1
Sevilla: Ein Schneesturm hat gestern Nacht Südspanien erreicht. Circa 20 Zentimeter Schnee sind in der Nacht in der Region um Sevilla gefallen, so berichtet die spanische Presse heute. Die meisten Flugzeuge haben eine Verspätung von ca. 4 Stunden, Hunderte Passagiere müssen die Nacht auf dem Flughafen von Sevilla verbringen. Viele Schulen bleiben heute geschlossen. Vor 25 Jahren hat es hier zum letzten Mal geschneit!

7   Lektion 29 A3 – Nachricht 2
Thessaloniki: In Nordgriechenland herrscht seit Wochen extreme Hitze. Die Tagestemperaturen liegen durchschnittlich zwischen 35 und 45 Grad. Es gibt zu wenig Wasser in den Flüssen und Seen, der Boden ist sehr trocken. Die Bauern aus der Region warnen, dass Obst und Gemüse teurer werden. Auch die Industrie braucht dringend Wasser. Im Mai hat es zum letzten Mal in dieser Provinz geregnet.

8   Lektion 29 A3 – Nachricht 3
Dresden: Starker Regen führt in Ostdeutschland zu Hochwasser. In Dresden, Freital und Tharandt ist die Situation am schlimmsten. In den meisten Stadttei-

len gibt es keinen Strom. Der Dresdner Hauptbahnhof steht unter Wasser, die Züge fahren nicht. Für manche Strecken gibt es schon Ersatzbusse. Nähere Informationen dazu finden Sie auf der Webseite der Deutschen Bahn.

9 Lektion 29 A3 – Nachricht 4

Innsbruck: Der Orkan *Kyrill* hat Österreich erreicht. Experten haben eine Windgeschwindigkeit von 137 Kilometer pro Stunde gemessen. Das entspricht der Windstärke 12. Auf der Autobahn zwischen Wien und Salzburg hat es mehrere Unfälle gegeben, aber niemand ist verletzt. Auf den Landstraßen liegen überall Bäume. Die Feuerwehr ist seit gestern pausenlos im Einsatz.

10 Lektion 29 B6

siehe Lösungsschlüssel zu Lektion 29 B4

12 Lektion 30 B2 und B3

Moderator: Für viele ist der Beruf Tierarzt ein Traumjob. Heute sind wir zu Gast in der Praxis von Frau Dr. Heller. Frau Dr. Heller, warum sind Sie Tierärztin?
Dr. Heller: Ganz einfach, weil mein Opa und mein Vater auch schon Tierärzte waren! Ich komme also aus einer Tierarztfamilie. Aber mein Vater, der hat immer zu mir gesagt: Mädchen, mach etwas anderes, aber werde nur nicht Tierärztin. Und trotzdem: Nach dem Abitur habe ich Tiermedizin studiert.
Moderator: Und wie sieht nun Ihr Arbeitsalltag aus? Sind Sie sehr oft unterwegs oder sind Sie eher in der Praxis?
Dr. Heller: Nun ja ... Ich arbeite selten nur von 8 bis 17 Uhr in der Praxis. Ich habe viele Hausbesuche, da gehe ich direkt zu meinen Patienten nach Hause. Und es gibt aber auch immer wieder Notrufe – das Telefon klingelt oft mitten in der Nacht, ich muss aufstehen – das gehört dazu.
Moderator: Das muss man natürlich wissen, wenn man Tierarzt werden möchte. Ist Ihr Beruf nicht auch manchmal gefährlich?
Dr. Heller: Gefährlich wird es nur, wenn ein Tierarzt Angst hat. Die Tiere merken das sofort. Das ist das eine, das andere ist: Wenn du als Tierarzt verletzt wirst, hast du etwas falsch gemacht. Das hat mein Opa schon immer gesagt.
Moderator: Ist Ihnen das schon einmal passiert? Waren Sie schon einmal verletzt?
Dr. Heller: Verletzt nicht, ich hatte Glück. Das war so: Ich wollte bei einem Hund Fieber messen, er wollte mich dann angreifen.
Moderator: Und, was haben Sie gemacht?

Dr. Heller: Ich konnte auf einen Schrank springen. Heute lache ich, aber ich weiß auch, dass ich einen Fehler gemacht habe. Ich habe mich zu sehr auf den Besitzer konzentriert und zu wenig auf den Hund.
Moderator: Gibt es denn besonders traurige Momente in Ihrem Beruf?
Dr. Heller: Ja, die gibt es leider. Es ist auch nach 17 Jahren immer noch schlimm für mich, wenn ich ein Tier töten muss, weil es krank oder alt ist.
Moderator: Hm, und die schönen Momente?
Dr. Heller: Die gibt es natürlich auch. Sehen Sie meine kleine Fotogalerie hier ...
Moderator: Ja, da wollte ich Sie schon fragen: Die kleine Katze mit dem braunen Hut ... oder der Hund mit der schwarzen Brille – die sehen ja lustig aus. Sind das Ihre Patienten?
Dr. Heller: Ja, Ihre Besitzer haben mir Fotos geschickt und sich bedankt. Die kleine Katze mit dem Hut war nach einem Unfall schwer verletzt und Rocky, der Hund, hatte starkes Fieber. Und schauen Sie hier ist noch dieses schöne Pferd. Es heißt Donaldo. Es hatte schreckliche Bauchschmerzen und Deniz, das Meerschweinchen, hatte Zahnschmerzen. Das war schlimm, aber sie sind alle wieder gesund.
Moderator: Bei so vielen Tieren: Haben Sie denn auch selbst Haustiere?
Dr. Heller: Nein, ich nicht. Meine Tochter Kathi hat 4 Meerschweinchen. Ich habe einfach zu wenig Freizeit, denn ganz wichtig ist, dass man Zeit für ein Tier hat.
Moderator: Frau Dr. Heller, vielen Dank für das Interview! Habt ihr noch ein interessantes Thema für unser Podcast? Dann schreibt uns ganz einfach eine E-Mail an ...

14 Lektion 31 B3 Teil 1

Hallo, ich freue mich sehr, dass ich heute hier sein darf. Mein Name ist Anna Kowalska. Ich bin 19 Jahre alt und komme aus Krakau. Dieses Jahr mache ich mein Abitur und dann möchte ich Psychologie studieren. Ich war letztes Jahr als Europäische Freiwillige hier in Deutschland, in einer Stadt an der Grenze zu Polen: in Frankfurt an der Oder. Dort hat es mir super gut gefallen. Deshalb bin ich auch EuroPeer geworden und heute hier: Ich möchte euch nämlich gern von meinen Erfahrungen in Deutschland erzählen – vielleicht bekommt ihr ja auch Lust, für ein paar Monate ins Ausland zu gehen. Vielleicht auch nach Polen? Doch zuerst: Was ist eigentlich ein EuroPeer? Ein EuroPeer ...

15 Lektion 31 B4 Teil 2

Zum Glück hat alles gut geklappt. Darüber bin ich sehr froh, denn ich hatte in der Schule keine super guten Noten und meine Deutschkenntnisse waren auch nicht besonders toll. Viel wichtiger war wohl meine Motivation: Ich wollte eine andere Kultur erleben, reisen, neue Leute kennenlernen. Ich wollte nicht nur aus Büchern lernen, sondern aktiv etwas machen, und in einem anderen Land arbeiten ... Das ist ja aber alles immer sehr teuer, und wie findet man eine Stelle und, und, und ...
Als Europäische Freiwillige ist das alles möglich. Die Reise von Krakau nach Frankfurt an der Oder hat nämlich *Jugend in Aktion* bezahlt und mein Zimmer und das Essen auch. Außerdem bekommt jeder Europäische Freiwillige Taschengeld. Ich habe zum Beispiel fast mein ganzes Geld für Reisen ausgegeben. Ich war in Berlin, München, Köln, Nürnberg und Dresden.
Und was auch super war: Ich durfte an einem Sprachkurs teilnehmen – den hat *Jugend in Aktion* auch bezahlt!
Gearbeitet habe ich natürlich auch. Im deutsch-polnischen Jugendzentrum habe ich mich um das deutsch-polnische Jugendportal im Internet gekümmert. Die Informationen auf der Webseite mussten immer aktuell sein. Das war ganz schön viel Arbeit. Außerdem habe ich zweimal pro Woche einen Polnisch-Sprachkurs für Kinder gegeben. Das hat mir besonders großen Spaß gemacht! Die Kinder haben so toll mitgemacht und waren so süß – ich denke gern an sie zurück. Und für die Sommerferien habe ich sogar ein Ferienprogramm für Jugendliche organisiert. Ich habe am Ende für meine Arbeit den *YouthPass* bekommen. Darauf bin ich sehr stolz. Das ist nämlich eine Art Zertifikat. Es zeigt, was ich in Deutschland alles gelernt und gemacht habe. Das ist sicherlich später – wenn ich einen Job suche – ganz gut!
Ja, das waren meine großen Aufgaben, neben vielen kleinen, natürlich ...
Dann komme ich nun zur wichtigen Frage: Wie wird man Europäische Freiwillige? Also bei mir war das so ...

17 Lektion 32 A3 Teil 1

Klara: Hi Jasper!
Jasper: Hallo Klara! Tut mir leid, ich bin zu spät.
Klara: Kein Problem! Komm rein! Alex ist schon da!
Jasper: Aha ...
Jasper: Hallo Alex!
Alex: Hi Jasper!
Jasper: Na, schon am Surfen?

Alex: Du, Klara und ich haben eine ganz tolle Seite über Interrail gefunden. Hier gibt's viele Infos und Tipps. Schau mal!

18   Lektion 32 A4 Teil 2

Jasper: Super! Ticket – Reisedokumente ... Schau doch mal, brauchen wir für unsere Reise einen Reisepass? Für Österreich sicher nicht, aber vielleicht für die Tschechische Republik, Ungarn und Polen? Oder reicht der Personalausweis?
Alex: Hm, Moment ...
Klara: Hast du eigentlich einen Reisepass, Jasper?
Jasper: Nein, ich habe keinen!
Alex: Ich schon, aber meiner ist nicht mehr gültig. Aber wartet: Für die Einreise in die EU-Länder braucht man kein Visum und keinen Reisepass mehr ... Seht ihr? Hier steht es: Der Ausweis reicht!
Klara: Na super.
Alex: Lest mal hier: Das ist ja auch ein guter Tipp: Wir sollen auf jeden Fall Kopien von InterRail-Ticket und Ausweis machen. Wenn wir die Dokumente verlieren oder jemand sie klaut, dann haben wir noch immer die Kopie.
Jasper: Das machen wir. Aber – wo wollen wir eigentlich schlafen?
Klara: Hm, keine Ahnung! Klick doch mal bei *Unterkunft*, Alex!
Alex: Also: Jugendherberge und Campingplätze sind immer noch am günstigsten!
Jasper: Vielleicht können wir schon mal nach einem Zimmer für die erste Nacht in Wien schauen!
Jasper: Und wie machen wir das mit dem Geld? Klick doch mal bei *Reisekasse*!
Alex: Hm ... Die schreiben: Etwas Bargeld ist immer gut, vielleicht so 100 Euro ... Vielleicht gibt es doch mal keinen Bankautomaten ...
Klara: Wir nehmen auch 100 Euro mit, oder?
Jasper: Ja!
Alex: Sicher ist sicher!
Klara: Das heißt, wir können mit unseren normalen EC-Karten auch an Bankautomaten im Ausland Geld abheben?
Alex: Ja genau! Man muss aber Gebühren bezahlen – meistens so um die 5 Euro. Kreditkarten kann man auch mitnehmen! Hast du eine Kreditkarte, Jasper?
Jasper: Nein, ich habe keine, ihr?
Klara: Ich schon, aber meine ist leider kaputt!
Alex: Na, dann nehmen wir keine mit, wir nehmen unsere EC-Karten mit!

19   Lektion 32 A5 Teil 3

Klara: Das Interrail-Ticket haben wir schon, aber wir wissen die Abfahrtszeiten nach Wien noch nicht. Schauen wir gleich mal im Internet!
Alex: O.k.: www.bahn.de ... München

Hauptbahnhof – Wien ... So hier: Um zwanzig nach sieben fährt ein Zug nach Wien.
Klara: Und wann kommt der an?
Alex: Um Viertel nach elf.
Jasper: Und der nächste Zug?
Alex: Der ist um Viertel vor neun ... und ist um fünf nach eins in Wien.
Klara: Und der nächste?
Alex: Der nächste fährt um fünf vor elf ab und kommt um halb fünf an.
Jasper: Aha ...

21   Lektion 33 A3

Lehrerin: So, jetzt Achtung bitte! Haben alle Gruppen ihr Aufgabenblatt?
Alle Schüler: Ja! Haben wir!
Lehrerin: Also, alle Stationen sind in der Innenstadt. Wir treffen uns in drei Stunden wieder, also genau um 13 Uhr auf der Rathausbrücke vor dem Rathaus. O.k.? Seht ihr das Rathaus auf eurem Stadtplan?
Junge 1: Siehst du es?
Mädchen 1: Hier.
Junge 1: Wo? Ach so, hier! Stimmt!
Lehrerin: Übrigens: Es ist wichtig, dass ihr pünktlich seid!
Alle Schüler: Ja, ist gut! O.k., bis später! Ciao!
...
Junge 1: So Leute, also wir müssen schnell sein und gewinnen! Passt auf: Wir sind jetzt direkt vor dem Hauptbahnhof. Die erste Station ist auf dem Central, und das liegt auf der anderen Seite der Limmat!
Mädchen 1: Genau, gehen wir, schnell, die Ampel ist gerade grün!
Junge 2: Los, Leute! Oh Mann, ist das eine große Kreuzung ...
...
Junge 1: Also, wir sind hier auf dem Central. Schaut, hier beginnt auch die Fußgängerzone. Endlich keine Autos mehr ...
Junge 2: Ah, guck mal, da am Gebäude ist das Zeichen für die Polybahn, seht ihr das?
Mädchen 1: Und hier ist auch eine Info-Tafel, wir müssen doch noch unsere Frage beantworten!!
Mädchen 2: Stimmt! Also, wie lang ist die Bahnstrecke?
Mädchen 1: Bergbahn ... 1886 ... 9 km pro Stunde ... ah, hier! 176 Meter lang!
Junge 1: Super, 176 Meter, ich notiere es.
Junge 2: So, wie geht es denn nun weiter? Unsere nächste Station ist die Polyterrasse. Also, wir müssen jetzt mit der Bahn nach oben fahren, richtig?
Junge 1: Ja, auf dem Arbeitsblatt steht: „Kauft euch Billets und ab aufs Perron."
Junge 2: Genau, man kann es auch auf dem Stadtplan sehen. Die Polybahn fährt

vom Central zur ETH Zürich. Aha, deshalb nennt man sie Studentenexpress.
Junge 1: Aber wo können wir die Fahrkarten kaufen?
Mädchen 1: Hier steht *Billets*! Wir können sie hier am Automaten kaufen.
Junge 2: Kommt, gehen wir mal ins Gebäude hinein.
Mädchen 2: Da ist ja die Bahn – wow, mitten in einem Haus!
Junge 2: Ist ja irre, eine Haltestelle in einem Gebäude! Los, steigen wir ein!
...
Junge 2: Da sind wir also! Ganz schön hoch! Und wir sind jetzt in der Nähe der ETH, oder?
Junge 1: Ja, siehst du das Gebäude dort? Das ist die ETH. Die Polyterrasse liegt direkt hinter dem Hauptgebäude.
Junge 2: Das heißt, wir stehen jetzt hinter der ETH Zürich! Schaut mal, ist das nicht eine tolle Aussicht? Und was ist unsere Aufgabe hier?
Mädchen 1: Polyterrasse ... ETH... Nobelpreisträger ... Hier stehen viele Namen und wir müssen die richtigen ankreuzen. Also, wir müssen jemanden fragen!
Mädchen 1: Entschuldigung, könnten Sie uns sagen, welche Nobelpreisträger hier studiert haben? Wir haben hier verschiedene Namen ...
Mann: Oh, da muss ich kurz nachdenken: Albert Einstein, Max Planck, Willy Brand, Elfriede Jelinek, Röntgen ... Ja, das waren Albert Einstein und Wilhelm Conrad Röntgen.
Junge 1: Vielen Dank!
Mann: Gern geschehen! Viel Spaß noch! Salü!
Junge 2: Salü!
Mädchen 1: Super, zweite Station fertig! Wie geht's weiter?
Junge 1: Moment ... Die nächste Station ist nicht weit von hier ...

22   Lektion 33 A7

die Innen|stadt: die Stadt, die Innenstadt
das Stadt|zentrum: das Zentrum, das Stadtzentrum
die Hoch|schule: die Schule, die Hochschule
das Haupt|gebäude: das Gebäude, das Hauptgebäude
das Gast|haus: das Haus, das Gasthaus
der Haupt|bahnhof: der Bahnhof, der Hauptbahnhof
die Fußgänger|zone: die Zone, die Fußgängerzone

23   Lektion 34 B6 und B7

Paul: Hi Kerstin. Schön, dass du da bist!
Kerstin: Hi Paul, klar, kein Problem. Fangen wir gleich an?
Paul: Okay, am besten mit dem Wohnzimmer ...

Kerstin: Paul, wohin sollen wir den Fernseher stellen?
Paul: Hm ... Stellen wir ihn doch vor die Couch! Nee, noch besser: ins Schlafzimmer, vor mein Bett! Da kann ich bequem fernsehen! ...
Kerstin: Mach ihn doch gleich mal an!
Paul: Super! Funktioniert!
...
Kerstin: Und nun die Kisten und der Koffer!
Paul: Puh! Ich weiß gar nicht – wohin nur mit den ganzen Klamotten, Büchern, CDs ...? Und hier auch noch die Handtücher ... Wohin soll ich sie legen?
Kerstin: Warum legst du sie nicht in den Schrank im Bad? Das ist doch ganz praktisch!
Paul: Hm, wenn du meinst ...
...
Paul: Uff! Endlich! Alle Kisten sind leer!
Kerstin: Und was machst du jetzt mit den Kisten?
Paul: Hm, ich glaube, ich stelle sie bei meinen Eltern in den Keller!
Kerstin: O.k., sammeln wir sie erst mal vor der Wohnungstür! Später kannst du sie dann mitnehmen! Und wohin soll ich deinen Koffer stellen?
Paul: Hm ... ins Schlafzimmer, neben den Schreibtisch? Oder was meinst du?
Kerstin: Leg ihn lieber unter das Bett! Du brauchst ihn sowieso nicht so oft!
Paul: Gute Idee!
Kerstin: Eine Frage: Ist das deine Lampe?!
Paul: Nein, die war schon da, aber sie gefällt mir nicht! Hier ist eine neue, die habe ich am Mittwoch gekauft!
Kerstin: Aha – die ist viel schöner!
Paul: Ja, ich hänge sie gleich auf!
Kerstin: Und was kann ich machen?
Paul: Überleg doch schon mal: An welche Wand soll ich den Spiegel hängen?
Kerstin: Neben das Bücherregal vielleicht?
Paul: Nee, das ist unpraktisch! Ich denke, ich hänge ihn besser hinter die Wohnungstür!
Kerstin: Stimmt, auch nicht schlecht!
...
Paul: So, die Lampe hängt! Und jetzt das Loch für den Spiegel. Ohren zu!
Paul: Perfekt!
Kerstin: Ah, hier steht ja noch dein schöner weißer Teppich! Wohin möchtest du den legen?
Paul: Ja, hm, vielleicht in die Küche unter den Tisch?
Kerstin: Ej! Einen weißen Teppich in die Küche?! Lieber nicht! Leg ihn doch hier hin, zwischen dein Bett und die Zimmertür! Da wird er nicht so schnell schmutzig!

Paul: So machen wir es!
...
Paul: Wow, die Wohnung sieht doch schon richtig super aus! Komm, Kerstin, Zeit für eine Pause, setz dich endlich hin! Ich habe gestern sogar einen Kirschkuchen gebacken. Möchtest du ein Stück?
Kerstin: Gern! Ich habe aber auch Durst! Hast du etwas zum Trinken?
Paul: Na klar: Mineralwasser, Orangensaft, Cola ...
Kerstin: Cola, bitte!

24 Lektion 34 B9
siehe Lösungsschlüssel zu Lektion 34 B7

25 Lektion 35 B2
Moderator: Hallo und herzlich willkommen zu unserer Sendung „Ungewöhnliche Lebenssituationen". Heute bei uns im Studio: Lina. Hallo Lina, schön, dass du da bist.
Lina: Hallo, danke für die Einladung.
Moderator: Lina, du bist 16 Jahre alt und wohnst allein. Das ist ja eher ungewöhnlich ...
Lina: Ja, das stimmt. Meine Situation ist wirklich ein bisschen ungewöhnlich: Ich wohne jetzt ein Jahr lang allein. Also, meine Eltern sind schon lange geschieden, mein Vater ist vor 10 Jahren weggezogen. Und meine Mutter hat einfach keinen Job mehr in der Nähe gefunden. Deshalb musste sie nach Hamburg gehen. Das ist etwa 200 km von zu Hause entfernt. Und so wohne ich jetzt allein – äh nein, quatsch nicht allein, mit meiner Katze!
Moderator: Warum wolltest du denn nicht nach Hamburg ziehen?
Lina: Ich wollte einfach meine Freunde nicht verlieren. Und ich wollte alleine wohnen! Meine Freunde fanden das auch super. Ich habe aber schnell gemerkt, dass das gar nicht so toll ist!
Moderator: Erzähl doch mal, was am Anfang besonders schwierig für dich war.
Lina: Ich hatte damals keine Ahnung, was ich alles in einer Wohnung machen muss. Da waren ja die Schule, meine Katze und dann der ganze Haushalt: putzen, Wäsche waschen, Blumen gießen, einkaufen. Ich hatte am Anfang eine „Denk-dran"-Liste am Kühlschrank. Die hat geholfen, denn manchmal habe ich das Einkaufen total vergessen. Und dann war nur noch eine Packung Müsli im Haus.
Moderator: Und hast du die Liste immer noch?
Lina: Nein, die brauche ich nicht mehr. Mit dem Haushalt klappt das schon viel besser – nur besser kochen kann ich immer noch nicht: Bei mir gibt es immer das Gleiche! Aber zum Glück kommt meine Mutter am Wochenende und kocht für mich.

Moderator: Und fühlst du dich nicht manchmal allein?
Lina: Also zu Beginn war das sehr schwer. Ich habe dann immer das Radio angemacht, weil ich andere Stimmen hören wollte. Aber das ist heute auch schon anders.
Moderator: Du warst bestimmt auch schon mal krank oder hattest Probleme in der Schule. Was hast du dann gemacht?
Lina: Einmal hatte ich Grippe und musste mit dem Fahrrad zum Arzt fahren – das war nicht cool! Wenn ich krank bin, kommt meine Mutter aber meistens für ein paar Tage nach Hause und sorgt für mich. Ja, und als neulich mein Computer kaputtgegangen ist, war mein Vater sofort da und hat ihn repariert – er wohnt 30 km entfernt. Ich weiß, dass meine Eltern immer da sind, wenn ich ihre Hilfe brauche. Und das finde ich sehr wichtig!
Moderator: Kannst du mir sagen, ob sich durch diese Wohnsituation etwas in der Familie geändert hat?
Lina: Ja, ich verstehe mich jetzt gut mit meiner Mutter. Das war nicht immer so. Vor allem am Anfang gab es fast jedes Wochenende Streit, weil ich mich nicht um die Hausarbeit gekümmert habe. Heute klappt das schon besser. So haben wir am Wochenende mehr Zeit für uns. Im Sommer fahren wir Inliner und machen lange Spaziergänge; wir gehen regelmäßig ins Konzert oder ins Theater. Meine Freunde fragen oft, ob ich am Samstag mit auf eine Party gehe. Aber das geht dann eben nicht immer. Was mich aber immer noch nervt: Wenn meine Mutter mich täglich zweimal anruft! Sie hat nichts zu erzählen, ich hab nichts zu erzählen – das ist Kontrollieren nicht Telefonieren!
Moderator: Die letzte Frage nun: Wie fühlst du dich heute?
Lina: Ich kann sagen, dass ich mich heute erwachsen fühle. Denn eins kann ich nämlich schon – alleine wohnen.

27 Lektion 36 A2 Teil 1
Moderatorin: Hallo, noch 40 Tage bis Weihnachten! Seid ihr schon im Einkaufsstress? Wir von *Radio deutsch.com* haben Jugendliche gefragt: Was schenkt ihr euren Lieben? Was wünscht ihr euch selbst? Oder: Findet ihr Geschenke gar nicht so wichtig? Wie macht ihr das in eurer Familie?

28 Lektion 36 A3a Teil 2
Reporterin: Hallo! Ich bin Marcela von *Radio deutsch.com*. Ich mache eine Umfrage zum Thema Geschenke. Kann ich dir ein paar Fragen stellen?
Andreas: Hi, ja.
Reporterin: Wie heißt du denn?

Andreas: Andreas

Reporterin: Was schenkst du dieses Jahr zu Weihnachten?

Andreas: Hm … Das ist ein bisschen schwierig. Ich habe nämlich nicht so viel Geld für Geschenke.

Reporterin: Ja, das ist sicher bei vielen Jugendlichen so, oder?

Andreas: Tja, das stimmt. Zum Glück brauche ich nicht so viele Geschenke. Meinen Geschwistern schenke ich nichts, sie sind noch klein und bekommen von den Eltern genug Geschenke.

Reporterin: Und was schenkst du deinen Eltern?

Andreas: Das ist eben das Problem: Meine Mutter liest gern, ich denke, ich kaufe ihr ein Buch – aber das ist immer schwierig: Ich weiß nämlich nicht, was sie schon gelesen hat und was nicht.

Reporterin: Ja, schwierig … Und für deinen Vater? Hast du da schon eine Idee?

Andreas: Na ja, er geht gern ins Kino. Da habe ich mir gedacht, ich schenke ihm einen Kinogutschein.

Reporterin: Gute Idee, dann kann er ja den Film selbst auswählen.

Andreas: Genau.

Reporterin: Sind Geschenke überhaupt wichtig für dich? Schenkst du gern? Ich meine, wenn das Geld mal kein Problem ist?

Andreas: Na ja, ich finde es immer total stressig, besonders jetzt zu Weihnachten. Meistens habe ich keine gute Idee für ein Geschenk.

Reporterin: Verstehe … Und was wünschst du dir selbst?

Andreas: Ich? Am meisten wünsche ich mir neue Kopfhörer für meinen MP3-Player.

Reporterin: Aha, na dann hoffe ich für dich, dass du sie auch bekommst. Das war's dann auch von mir, vielen Dank für deine Antworten, ich wünsche dir schon mal frohe Weihnachten!

Andreas: Danke!

Reporterin: Tschüss! Und wir machen weiter mit unserer Umfrage …

29 Lektion 36 A3b Teil 3

Reporterin: Hallo ihr Zwei, kann ich euch ein paar Fragen stellen?

Julia & Rea: Ja, klar!

Reporterin: Ich bin Marcela von *Radio deutsch.com* und mache eine Umfrage zum Thema Geschenke.

Julia & Rea: Aha …

Reporterin: Wie heißt ihr denn?

Julia: Ich heiße Julia.

Rea: Und ich bin Rea!

Reporterin: Julia und Rea: Was kauft ihr euren Lieben dieses Jahr zu Weihnachten?

Julia & Rea: Ehm – na ja, eigentlich nichts.

Reporterin: Nichts?

Julia: Ich finde, es ist viel schöner, wenn man etwas ganz Persönliches schenkt, deshalb mache ich meine Geschenke am liebsten immer selbst.

Reporterin: Ah, das ist auch cool! Was machst du denn Schönes, Julia?

Julia: Ich bastle gern, da mache ich zum Beispiel aus alten Schuhkartons Schmuckdosen für meine Freundinnen oder nähe aus alten Jeans Mäppchen für Stifte.

Reporterin: Aha, aber hast du denn immer genug Ideen für solche Geschenke?

Julia: Na ja, manchmal mache ich auch die gleichen Sachen, für alle Freundinnen ein gleiches Geschenk.

Reporterin: Und du, Rea? Machst du deine Geschenke auch selbst?

Rea: Na ja, ich bastle nicht so gern, und bin auch nicht so kreativ wie Julia, aber ich kaufe auch keine Geschenke!

Reporterin: Sondern? Was schenkst du dann?

Rea: Hm, also normalerweise schenken wir uns nur Kleinigkeiten. Wir machen eine Summe aus, zum Beispiel 5 Euro. Und dann dürfen die Geschenke nicht mehr kosten. Aber dieses Jahr …

Reporterin: Ja?

Rea: Dieses Jahr haben wir ausgemacht, dass unsere Geschenke <u>nichts</u> kosten dürfen.

Reporterin: Nichts? Und wie geht das?

Rea: Na ja, man kann einander auch anders Freude machen, nicht nur mit Geschenken. Mit meiner Oma werde ich jede Woche einen Nachmittag verbringen. Und meiner Mutter mehr als jetzt im Haushalt helfen.

Reporterin: Oh, das ist aber eine gute Idee! Ganz andere Weihnachtsgeschenke!

Rea: Ja. Ah, aber für meinen Freund brauche ich noch was. Aber da habe ich schon eine Idee.

Reporterin: Ja? Was denn?

Rea: Ich schreibe meinem Freund ein Gedicht.

Reporterin: Wow, wie romantisch! Und was wünscht ihr euch selbst?

Julia: Oh, da habe ich nichts Konkretes. Am liebsten etwas Einfaches, Selbstgemachtes, das ist immer am schönsten.

Rea: Also ich wünsche mir … Ach, ich weiß nicht, ich lasse mich überraschen!

Reporterin: Na gut, vielen Dank für eure Antworten! Euch schon mal frohe Weihnachten und viel Freude beim Schenken!

Julia & Rea: Danke! Ciao!

Reporterin: Tschüss!

20   Modul 8, Hören

Reporter: Unser Thema heute bei Radio *deutsch.com*: Traumjob: Schäferin. Linda Mannhardt macht zurzeit ein Praktikum bei Schäfer Frank Wegener. Wir haben beide auf seinem Hof besucht. Hallo, Linda, hallo Herr Wegener.

Linda/Wegener: Hallo.

Reporter: Linda, du möchtest also Schäferin werden?

Linda: Na ja, das weiß ich noch nicht genau. Eigentlich studiere ich im 6. Semester an der Uni und möchte Lehrerin werden.

Reporter: Aha, und warum machst du dann ein Praktikum bei einem Schäfer?

Linda: Nun, gerade im Studium habe ich gemerkt, dass ich eigentlich sehr gern draußen bin und die Arbeit mit Tieren mir großen Spaß macht. Zu Hause habe ich auch drei Ponys. So richtig glücklich bin ich eben nicht an der Uni.

Reporter: Und warum dann gerade Schäferin?

Linda: Ich habe mich über verschiedene Berufe informiert – der Beruf der Schäferin war für mich interessant, weil die Arbeit so viele verschiedene Aspekte hat: Es geht um Tiere, ihr Fleisch, ihre Wolle, aber auch um die Natur.

Reporter: Herr Wegener, Sie sind Schäfer. Was sagen Sie über Ihren Beruf?

Wegener: Hm, ja also – ich bin den ganzen Tag draußen mit den Tieren ... ich bin mein eigener Herr, wo gibt es das schon? Aber, na ja, mit der Wolle der Schafe kann man kein Geld mehr verdienen, nur mit dem Fleisch. Das macht die Situation für uns Schäfer sehr schwer.

Reporter: Und wie sind Sie mit Ihrer Praktikantin zufrieden?

Wegener: Sehr! Sie ist immer pünktlich und kann richtig arbeiten. Denn der Beruf ist nicht leicht für eine Frau. Die großen Tiere sind sehr stark. Linda kümmert sich deshalb eher um die kleinen Schafe. Ich bin sicher, dass sie eine gute Schäferin werden kann.

Reporter: Und Linda, vermisst du manchmal das Studium an der Universität?

Linda: Nicht wirklich. Trotzdem: Ich weiß noch nicht, was ich machen soll. Die Entscheidung ist nicht leicht. Als Lehrerin habe ich einen sicheren Job ... und Ferien.

Reporter: Und als Schäferin?

Linda: Da bleibt nicht viel Zeit für andere Dinge. Es gibt auch sehr wenig Ausbildungsstellen und die Ausbildung dauert drei Jahre.

Reporter: Das heißt, du gehst wieder an die Universität zurück?

Linda: Nein, noch nicht! Erst mache ich noch ein anderes Praktikum, auf einem anderen Hof. Danach muss ich mich entscheiden: Schäferin oder Lehrerin.

26   Lektion 26, 19c

1 ein Koch/zwei Köche – 2 eine Nacht/zwei Nächte – 3 ein Buch/zwei Bücher – 4 ein Fach/zwei Fächer – 5 ein Bauch/zwei Bäuche – 6 eine Frucht/zwei Früchte

29   Lektion 27, 23b

1 typisch, 2 chaotisch, 3 schwierig, 4 pünktlich, 5 egoistisch, 6 schädlich, 7 langweilig, 8 optimistisch

31   Modul 9 Hören

O: Na du, was machst du da schon wieder am Computer? Was ist denn da so spannend? Komm, zeig mal.

D: Na gut, schau mal. Ich bin gerade bei *Facebook*.

O: Was ist das denn?

D: Das ist so eine Webseite.

O: Und? Was kann man damit machen?

D: Also, auf dieser Seite kann man zum Beispiel alte Freunde wiederfinden oder neue kennenlernen!

O: Alte Freunde wiederfinden? Das ist ja unglaublich! Und wie geht das?

D: Das geht eigentlich ganz einfach: Du musst dich zuerst auf der Seite anmelden, deine Daten eingeben, vielleicht auch ein Foto hochladen – so können dich andere Leute dann finden.

O: Moment, Moment! Das geht mir alles viel zu schnell! Erklär mir das bitte alles noch mal gaaaanz langsam. Wollen wir es versuchen?

D: Opa, willst du dich bei *Facebook* anmelden??

O: Ja, warum nicht? Ich möchte auch meine alten Freunde wiederfinden!

D: Das gibt's nicht. Na gut, dann fangen wir mal an!

O: So – ich bin bereit! Los!

D: O.k. ... Also, geh mal auf *www.facebook.com*.

O: Was? Wo? Wie komme ich denn dorthin?

D: Ach Opa ... O.k., ganz langsam ... Du musst zuerst ins Internet gehen. Das ist dieses Logo. Hier, geh mal drauf und klick zweimal – hier, mit der linken Maustaste! Genau, so. ... Jetzt bist du im Internet. ... Da oben musst du dann die Adresse eingeben.

O: Was meinst du mit „Adresse"?

D: Na ja, jede Seite im Internet hat eine Adresse. Du musst *www.facebook.com* eingeben, also ((buchstabiert)) *www.facebook.com*. Dann „Enter" drücken – das ist diese Taste hier. So, jetzt sind wir auf der *Facebook*-Seite. Da steht „Registrieren", siehst du? Da musst du jetzt deinen Namen eingeben, deine E-Mail-Adresse, das Geburtsdatum ... Aber Opa, hast du denn überhaupt eine E-Mail-Adresse?

O: E-Mail ...? Nein.

D: Dann nimm meine. Schreib mal: *daniel123@web.de*.

O: So: Vorname ... Name ... Geschlecht ... Geburtsdatum ... Und dann?

D: Dann drückst du auf „Registrieren".

O: So. Fertig?

D: Nicht ganz. Jetzt bist du auf der Seite registriert und kannst deine Seite aufbauen.

O: Was bedeutet das: „Seite aufbauen"?

D: Na ja, du kannst ein Foto von dir hochladen, so können dich die Leute erkennen, wenn sie nach dir suchen. Du kannst Informationen über dich eingeben, zum Beispiel, in welcher Stadt du lebst, wo du studiert hast und so weiter. So können dich deine Studienfreunde finden ...

O: Das ist ja toll! Du, Daniel, ich glaube, ich brauche ein bisschen mehr Zeit dafür ... Das gefällt mir alles ganz gut!

D: Ich habe dir gesagt, dass es spannend ist, nicht?

O: Jaja, auf jeden Fall ...

33   Lektion 28, 19b

1 Landschaft, 2 Beispiel, 3 buchstabieren, 4 Schmutz, 5 Stunde, 6 Zahnspange, 7 Frühstück, 8 sparen

38   Lektion 29, 18c

1 ein Haus/zwei Häuser, 2 ein Glas/zwei Gläser, 3 ein Kurs/zwei Kurse, 4 ein Preis/zwei Preise

45   Lektion 31, 27b

1 Pullover, 2 wahr, 3 hoffen, 4 Vater, 5 Veranstaltung, 6 Universität, 7 vergessen, 8 warten

46   Lektion 31, 27c

1 Sie ist eine aktive Frau./Sie ist aktiv. – 2 Sie ist eine kreative Schülerin./Sie ist kreativ.

1 Das ist eine negative Antwort./Die Antwort ist negativ. – 2 Das ist eine positive Antwort./Die Antwort ist positiv.

49   Lektion 32, 21b

1 froh, 2 Tropfen, 3 Plan, 4 Pflanze, 5 fragen, 6 Plakat, 7 Topf, 8 Feuer

51 **Lektion 32, 21d**
1 Sekunde, 2 vegetarisch, 3 Quadrat,
4 Quartett, 5 Erdkunde, 6 Qualität

54 **Lektion 33, 23b**
1 Katze, 2 Zentrum, 3 Seite, 4 Schutz,
5 rechts, 6 Tourist

56 **Modul 11 Hören**
Heute geht es bei *Radio deutsch.com*
um Projektarbeit in der Schule. Gleich zu
Beginn unserer Sendung wollen wir euch
Projekte vorstellen, die uns besonders
gut gefallen haben: drei Projekte aus
drei verschiedenen Ländern: eins aus
Deutschland, eins aus Österreich und eins
aus der Schweiz. Also, bleibt dran!

57 **Mitteilung 1**
In die Schule gehen und für die Zeitung
arbeiten – geht das? Und wie! Das Projekt ZEUS – Zeitung und Schule – macht
es möglich! Die Schülerinnen und Schüler
lesen sieben Wochen lang ihre regionale
Tageszeitung, diskutieren die Nachrichten und schreiben eigene Artikel. Dafür
recherchieren sie, führen Interviews,
schreiben Kommentare und Reportagen.
Ihre Artikel kommen dann in die Tageszeitung. Lehrer und Redakteure helfen
den Schülerinnen und Schülern bei ihrer
Arbeit. So lernen die jungen ZEUS-Reporter kennen, wie eine Zeitung funktioniert.
Teilnehmen können die Klassen von 8
bis 13, von der Hauptschule bis zum
Gymnasium. Einmal im Jahr prämiert eine
Jury die besten Artikel. Dabei können die
Schülerinnen und Schüler tolle Preise

gewinnen! Also, habt ihr auch Lust,
ZEUS-Reporter zu werden? Dann sprecht
mit euren Lehrern und meldet euch unter
folgender Telefonnummer ...

58 **Mitteilung 2**
Nun aber zu unserem nächsten Un-
terrichtsprojekt: In Österreich lernen
Schülerinnen und Schüler mithilfe von
JUNIOR ÖSTERREICH im Unterricht, wie
sie ihre eigene Firma gründen können.
Wer oder was ist JUNIOR ÖSTERREICH?
JUNIOR ÖSTERREICH ist ein Verein, seine
Mitglieder kommen aus der Wirtschaft
und Industrie. JUNIOR ÖSTERREICH
bietet für die Schulen Programme an für
Jugendliche im Alter zwischen 15 und
19 Jahren. Eine super Idee, meint auch
der 16-jährige Fabian: „Wir wollen Erfahrungen sammeln. Die können wir später
im Beruf gut brauchen." Gemeinsam mit
seinen Mitschülern hat er im Geografie-
und Wirtschaftskundeunterricht die Firma
„Shopping 4 U" gegründet. „Shopping
4 U" kauft für ältere und berufstätige
Menschen ein. Am Anfang haben sie ein
Logo erfunden und Prospekte an die
Leute verteilt. Ein Artikel in der Zeitung
hat sie dann noch bekannter gemacht.
„Shopping 4 U" ist ein voller Erfolg. Wir
können nur sagen: Tolle Arbeit und weiter
so!

59 **Mitteilung 3**
Warum will *sie* Verkäuferin werden
und nicht Automechanikerin? Vielleicht
weil *sie* ein Mädchen ist? Warum will

er mal Kinder haben, denkt aber nicht
an Teilzeitarbeit? Vielleicht weil *er* ein
Junge ist? CHOOSE IT! – das Schulprojekt
an der Orientierungsschule Basel will
Mädchen und Jungen zeigen, was alles
möglich ist. Die Mädchen schauen sich
Frauen in typischen Männerberufen an,
die Jungen besuchen Männer zu Hause
oder in typischen Frauenberufen und
begleiten sie einen Tag lang im Beruf.
Der 13-jährige Urs und sein 14-jähriger
Mitschüler Lutz haben ihren Schnupper-
tag in einem Atelier für Damenschneide-
rei gemacht. Lutz kann sich nun schon
vorstellen, eine Ausbildung zum Damenschneider zu machen. Und Urs? Er meint
dazu: „Damenschneider ist ein Beruf mit
vielen attraktiven Aspekten. Ich finde
es toll, dass die Teamarbeit hier so gut
funktioniert!"
Das Projekt CHOOSE IT! dauert insgesamt
drei Tage und findet zweimal im Jahr
statt.

61 **Lektion 34, 22b**
1 magst, 2 Balkon, 3 Disco, 4 Basketball,
5 Praxis, 6 Kiste

64 **Lektion 35, 21b**
1 unwichtig, 2 Termin, 3 trinkt, 4 klein,
5 hängt, 6 alleine, 7 krank, 8 Lösung,
9 lange, 10 Bank

68 **Lektion 36, 18b**
1 Herbst, 2 ruhigsten, 3 kommst, 4 Filmstar, 5 Donnerstag, 6 liebst, 7 Lehrstelle,
8 bringst

Lektion 19

A2. 1a – 2a – 3a, b – 4a – 5b
A3. richtig: 2, 4 – falsch: 1, 3
A4. a kein – b nicht – c nicht – d nicht –
e keine
A6. 1c – 2a – 3d – 4b
A7. neugierig: lustig, langweilig – höflich:
freundlich, hässlich – komisch: sympathisch, chaotisch
B2. 1a, c – 2b, d
B3. 2 Frisur – 3 Augenfarbe – 4 Alter –
5 Brille – 6 Kleidung
B4. 1b – 2a – 3b – 4a – 5b – 6b – 7a –
8b – 9b

Lektion 20

A2. 2 Wann war Katja auf der Gesundheitsmesse? – 3 Mit wem war Katja auf
der Gesundheitsmesse? – 4 Wie war es
auf der Gesundheitsmesse?
A3. am „Gesundheits-Check"-Stand:
Informationen über Zahnspangen lesen –
am „Sanitatis"-Stand: Gymnastik für den
Rücken machen, Cremes für das Gesicht
ausprobieren – am „Nutricius"-Stand:
vegetarische Gerichte probieren, Kochbücher kaufen
A4. Aussage: Ich (Position 1) habe (Position 2) ... gemacht. (am Ende) – W-Frage:
Wie viel (Position 1) hat (Position 2) ...
gekostet? (am Ende) – Ja/Nein-Frage:
Hast (Position 1) du (Position 2) ... geantwortet? (am Ende)
A5. b) hat gekauft – c) hat gekocht –
d) habe gejobbt – e) hast gemacht –
f) habe gemacht – g) hat gezeigt
B2. c
B3. 1c – 2a – 3b – 4c – 5c – 6b – 7a – 8b
B4. 1f – 2a – 3b – 4e – 5c – 6d
B5. lesen, hat gelesen – essen, hat
gegessen – trinken, hat getrunken – nehmen, hat genommen – fahren, ist gefahren
B6. mit *sein*
B8. a) habe geschrieben – b) habe geschlafen, gegessen – c) habe gemacht –
d) sind gegangen – e) haben getrunken –
f) bin gegangen – g) hat gesagt
C2. a4 – b3 – c2 – d1

Lektion 21

A2. 1) Jungen und Mädchen im Alter von
9 bis 19 Jahren – 2) rund 900.000 Sporttalente – 3) 15 Sportarten – 4) in Berlin
A3. 1a – 2a, b, e
A4. 1a – 2b – 3b – 4a – 5b – 6b – 7a
A5. anmelden, angemeldet – einladen,
eingeladen – zusehen, zugesehen – mitspielen, mitgespielt – bekommen, be-

kommen – erreichen, erreicht – verlieren,
verloren – gewinnen, gewonnen
A7. a angemeldet – b mitgespielt – c zugesehen – d verloren – e gewonnen –
f erreicht – g angerufen – h eingeladen
B2. b Wo könnt ihr trainieren? – c Wie
gefährlich ist das Quadfahren? d Und ist
schon einmal etwas passiert? – e Wo
kann man euch dieses Jahr noch sehen?
B3. 1c – 2a – 3d – 4b – 5e
B4. ausprobiert – trainiert – passiert
B5. b fotografiert – c telefoniert – d organisiert – e gratuliert
C2. b Meer – c Fieber – d Emotionen –
e Siedepunkt – f Thermometer – g Jubel –
h Fahnen

Lektion 22

A2. 1 Sie hat nicht so gute Noten in Englisch und Französisch. – 2 Sie braucht ein
paar Tipps zum Fremdsprachenlernen.
A3. 1 einen Sprachkurs machen, Sprachkenntnisse verbessern, Leute kennenlernen, ein Zertifikat bekommen – 2 Filme
im Original anschauen und Internetradio
hören, schwierige Sätze abschreiben,
Sätze mehrmals aussprechen – 3 mit
Mitschülern zusammen lernen, Fragen
beantworten, Fehler korrigieren, Wörter
im Wörterbuch nachschlagen
A5. 1 Also, ich soll einen Sprachkurs im
Ausland besuchen. – 2 Ich soll Filme anschauen oder Radio in der Fremdsprache
hören. – 3 Ich soll mit anderen Schülern
lernen.
A6. Anja soll eine Wortliste machen. Sie
soll kleine Aufsätze oder Gedichte mit
den neuen Wörtern schreiben. Sie soll
Zettel mit französischen Wörtern zu
Hause aufhängen oder beim Anziehen die
Wörter zu Hose, T-Shirt ... auf Französisch laut sprechen. Sie soll eine Einkaufsliste auf Französisch schreiben.
B2. 1 jeden Dienstag – 2 um zwanzig
Uhr – 3 in der Hauptstraße 5 – 4 Deutsch
sprechen, etwas essen und trinken, Schüler aus aller Welt kennenlernen und dabei
viel Spaß haben
B3. a, c, d, f
B4. Aurelie: 3, 4, 6, 7 – Sven: 1, 2, 5, 8
B5 a) 1c – 2a – 3b **b)** Sven lernt Französisch, denn er möchte die Sprache
unterrichten. – Aurelie findet die Sprachenschule toll, denn es gibt sehr viele
Ausflüge.
C2 b) 1a – 2d – 3g – 4h – 5b – 6c – 7i –
8f – 9e

Lektion 23

A2 a) Philipp Lahm, Realschule – Anna
Lührmann, Gymnasium – Benjamin
Lebert, Hauptschule **b)** Gymnasium,
Abitur – Realschule, Realschulabschluss –
Hauptschule, Hauptschulabschluss
A3. Benjamin: 3, 5, 7, 9 – Philipp: 2, 8 –
Anna: 1, 4, 6, 10
A4. Position 2
A5. 1 Trotzdem macht er mit 21 Jahren
noch seinen Schulabschluss. – 2 Trotzdem muss er zuerst einen Beruf lernen.
B2. Aa – Bb – Ca – Da – Eb
B3. 2 Lehrerin → Timo – 3 Lehrerin
→ Klasse – 4 Timo → Karla – 5 Lehrerin
→ Timo – 6 Timo → Lehrerin – 7 Timo
→ Karla – 8 Karla → Timo
B5. sprechen mit, passen zu, zufrieden
sein mit – denken an, warten auf, Lust
haben auf
B7. a) an dich – b) mit mir – c) mit ihr –
d) zu dir – e) auf dich – f) auf eine
C2. A3 – B2 – C1
C3. 1 Die Klassen in den privaten Schulen
sind nicht groß, aber die Schüler zahlen
für die Schule. – 2 eine Gerade – 3 Das
Geodreieck rutscht beiseite. Dann macht
er es per Hand und heraus kommt ein
komisches Gebilde. – 4 Benjamin wird
Nachhilfe haben müssen.

Lektion 24

A2. 1 Architekt – 2 Journalistin – 3 Krankenpfleger
A3. Lars: 1 als Kind gern konstruiert und
gebaut. – 2 plant und zeichnet Häuser. –
3 kann bei seiner Arbeit sehr kreativ sein
Katharina: 1 Sport und Schreiben: Hobbys. – 2 Interviews machen, Sporttermine
im Kalender aktualisieren und Reportagen schreiben – 3 hat schon immer gern
geschrieben
Manuel: 1 Zivildienst in einem Krankenhaus – 2 Patienten beim Essen und
Waschen helfen, ihnen Medikamente geben, sie für Operationen vorbereiten und
danach abholen – 3 hilft gern anderen
Menschen
A4 a) Lars: ..., weil (Position 1) ich
(Position 2) ... sein kann. (am Ende) –
Katharina: weil (Position 1) ich (Position
2) ... geschrieben habe. (am Ende) – Manuel: weil (Position 1) ich (Position 2) ...
helfe. (am Ende) **b)** am Ende
A6. 1 weil er als Kind mit Lego gespielt
hat. – 2 weil ihre Hobbys Schreiben und
Sport sind. – 3 weil er gern mit Menschen arbeitet.
B2. 1b – 2a

B3 a) c, d, e, f, h, i, l **b)** *Lösungsvorschlag:* a) Sprachen, Mathe – c) das macht sicher Spaß – d) viele Freunde – e) spazieren und wandern, mag Tiere nicht so – f) muss Eltern helfen – h) Physik macht nicht so viel Spaß, Technik interessiert nicht so – i) sehr gern: Infos im Internet suchen, E-Mails schreiben, chatten – l) im Urlaub mit Eltern: Italien, Spanien, Mallorca, Schweden / allein mit Jugendgruppe: zelten in Spanien

B4. c

B5. a, b, e, g

C2. 1) junge Menschen zwischen 16 und 27 Jahren – 2) weil man etwas für andere Menschen tun will – 3) z.B. in Krankenhäusern, Kindergärten, Institutionen für Jugendhilfe oder Alten- und Pflegeheimen im In- oder Ausland – 4) 12 Monate

C3. Moritz: Er macht sein FSJ auf einem Bauernhof in Buenos Aires, Argentinien. Die Kinder machen eine Therapie, weil sie Verhaltensprobleme haben. Das ist das Programm: vormittags Kühe melken und füttern, nachmittags Therapie- und Gesprächsstunden. Manchmal machen wir auch Ausflüge oder spielen draußen etwas zusammen. – Sarah: Sie macht ihr FSJ in einem Jugendzentrum in Oberhausen, Deutschland. Nach dem Abitur hatte sie keine Lust mehr auf das Lernen und die Theorie. Die Jugendlichen sind aus vielen verschiedenen Kulturen. Das sind Sarahs Aufgaben: bei den Hausaufgaben helfen, die Tanz-AG leiten, schwimmen gehen. Sie mag ihre Arbeit, weil sie jeden Tag viel Neues lernt.

Lektion 25

A2. b

A3 a) richtig: 2, 4, 5 – falsch: 1, 3, 6
b) 1 Harry hat bis zu zehn Stunden am Computer gespielt. – 2 Bald hatte Harry keine Freunde mehr, seine Schulnoten waren schlecht, er hatte Probleme mit der Gesundheit. – 3 Harrys Vater hat einen Termin bei einem Psychologen ausgemacht. – 4 Der Psychologe hat mit Harry einen Plan gemacht, wann und wie lange er am Computer sein darf. – 5 Harry macht heute wieder Sport und geht wieder ins Kino.

A4. 1 kann, muss – 2 will, darf

A5. a konnte – b musste – c durfte – d konnte – e musste

B2. 2 das Bild, -er – 3 die Titelseite, -n – 4 der Inhalt, -e – 5 die Überschrift, -en

B3. 1 die Redakteure der Schülerzeitung „rückenWind" – 2 vom Adalbert-Stifter-Gymnasium in Passau – 3 Sie nehmen mit viel Erfolg an verschiedenen Wettbewerben teil und haben erst vor Kurzem beim Wettbewerb der Zeitschrift DER SPIEGEL einen Preis gewonnen.

B4 a) 1 Gäste – 2 Schule – 3 warum
b) 1 Antje: für jedes Thema gibt es eine Gruppe von Schülern, alle Schüler kennen ihre Aufgaben, wir arbeiten mit unserem Lehrer zusammen – 2 Mike: kreativ sein, viele Ideen mitbringen, viel Zeit haben, gern schreiben, gut mit anderen Menschen zusammenarbeiten, leicht Kontakt aufnehmen

B5. wir → unser, unsere – ihr → euer, eure – sie → ihr, ihre

B7. a

C2. Text 1: planen, die Aufgaben aufteilen, Fragen besprechen – Text 2: „live" filmen – Text 3: Leute ins Studio einladen – Text 4: das Videomaterial kürzen und schneiden – Text 5: die Moderation machen, Kommentare zu den Videosequenzen sprechen – Text 6: auf Sendung gehen, die Reportage im Fernsehen anschauen

Lektion 26

A2. 1B – 2C – 3A

A3. 1 Andy: einmal pro Woche – mit Kai einkaufen, zur Apotheke oder in den Park spazieren gehen 2 Lisa: Altenheim – den alten Menschen beim Essen und Trinken helfen, für sie einkaufen und zusammen spielen 3 Martin: Jugendfeuerwehr Sachsenhausen – zweimal im Monat –

A4 a) 1c – 2a – 3b **b)** am Ende

A6. 1 Andy weiß, dass besonders enge Eingänge und Treppen für Rollstuhlfahrer ein Problem sind. – 2 Lisa findet, dass sie von den alten Menschen sehr viel lernen kann. – 3 Martin erzählt, dass sie zweimal im Monat spannende Dinge üben.

B2. 1 drei Personen – 2 Zelt, Chill-out-Zelt, Supermakrt

B3. richtig: 3, 5 – falsch: 1, 2, 4, 6, 7

B4 1 T, M – 2 T, M, C – 3 M – 4 C – 5 T, M, C – 6 C

B5. 1a euch – 2a dich – 2b mich – 3a euch – 4a uns

C2. 2 – 4 – 1 – 3

C3. 1 der Benutzer kann sich frei bewegen – 2 zu Hause, im Fußballstadion oder im Kinderwagen, im Flugzeug oder im Rollstuhl – 3 es gibt die Decke in verschiedenen Farben, Stoffen und Größen

Lektion 27

A2 a) 1 eine Willkommensparty – 2 Austauschschüler aus Marbella – 3 bei Niklas im Garten – 4 Donnerstagabend, gegen 17 Uhr **b)** Getränke/zum Grillen: jeder für sich und den Austauschschüler – Brot/Semmeln: Johnny, Niklas, Salate: 5 bis 6 – Süßes/Nachtisch: Gäste – Grill/Kohle: Niklas, Johnny

A3. Salate: Gurkensalat, Paprikasalat Paradeisersalat – Geschirr: Pappgeschirr und -becher – Besteck: Niklas – Grill/Kohle: Niklas Papa – Grillen: Gemüse, Paprika, Erdäpfel – Süßes/Nachtisch: Apfelkuchen, Marillentorte

A4 a) die Tomate = der Paradeiser – das Brötchen = die Semmel – die Kartoffel = der Erdapfel – die Aprikose = die Marille
b) die Kartoffel = der Erdapfel = der Härdöpfel – das Brötchen = die Semmel = das Weckli/Brötli – die Gurke = die Guggummere – die Paprika = die Pepperoni – die Aprikose = die Barille

A5. b Johnny c Niklas

A6. a könnte – b könntet – c hätte – d könnten

B2. 1c – 2a – 3b

B3. richtig: 3, 4, 6, 8 – falsch: 1, 2, 5, 7, 9

B4. 1 etwas – 2 nichts – 3 niemand – 4 jemand – 5 alles

B5 a) a **b)** 1 Ich koche sehr gern für mich und meine Familie, außerdem lade ich auch gern Freunde zum Essen ein. – 2 Kochen mag ich überhaupt nicht, außerdem schmeckt es auch total scheußlich bei mir. – 3 Das Essen schmeckt total lecker, außerdem gefällt mir auch das Zusammensein beim Mittagessen.

C2. Name: Salat Grünovitsch – Herkunft: Supermarkt/Salatfeld – Wohnort: Peters Kühlschrank – Besitzer: Peter

C3. 1 Salat Grünovitsch kommt von einem Salatfeld. – 2 Er sieht Peter jeden Tag. – 3 Peter isst mittags eine Pizza. – 4 Im Kühlschrank gefällt es Salat Grünovitsch eigentlich ganz gut. – 5 Er hat Durst und ist sehr müde. – 6 Er findet seinen Nachbarn, den Käse, ein bisschen komisch.

Lektion 28

A2 a) 2 CF – 3 AE – 4 GD

A3. 1a – 2b

A4. 1c – 2h – 3e – 4d – 5a – 6f – 7i – 8b – 9g

A5. a wie – b als – c wie – d als – e wie – f wie

A7. 1) c größer – d billiger – e besser – als – 2) a ruhiger – als – b langweiliger – c so spannend – wie – d tolerant – wie

B2. Diana: 1, 4, 5, 6 – Matthias: 2, 7, 9, 11 – Gerald: 3, 8, 10, 12

B3. 2 am Abend – 3 zu Hause – 4 ein eigenes Auto – 5 dass er seine Freunde vom Fußball nicht sehen konnte

B4. 1 am schlimmsten – 2 am besten – 3 am liebsten

C2. 1C – 2B – 3A

C3. Text 1: 1 Studenten finden nur sehr schwer Wohnungen und Zimmer. – 2 Boxen nebeneinander in leeren Fabriken aufstellen – 3 Students-Loft von

Sven Becker und Michael Sauter – Text 2: 1 Es gibt immer weniger Platz für ein eigenes Haus. – 2 Einfamilienhäuser stapeln – 3 Pile-Up-Gebäude von Hans Zwimpfer – Text 3: 1 Der Verkehr in den Städten nimmt immer mehr zu. – 2 autofreie Wohnviertel – 3 „Wohnen ohne Auto" von Bürgern, Stadt und Architekten

Lektion 29

A2. 1C – 2B – 3D – 4A
A3. Nachricht 1: B, E – Nachricht 2: A,G – Nachricht 3: F, H – Nachricht 4: C, D
A4. *Lösungsvorschlag:* In Südspanien regnet es ein Jahr später. – In Nordgriechenland weht ein Jahr später der Wind stark. – In Österreich schneit es ein Jahr später.
B2 a) 1) 5.Juni – 2) Menschen für den Umweltschutz sensibilisieren – 3) verschiedene Poster mit Tipps für den Umweltschutz **b)** c, d, e, f, h
B3. 1a – 2b: Energiesparlampen verbrauchen ca. 80 Prozent weniger Strom. – 3b: Exotisches Obst muss man mit dem Flugzeug transportieren. – 4a: Müll kann man recyceln. – 5b: Mit einem Grad weniger verbrauchen Sie 6 Prozent weniger Strom. – 6a: Duschen statt Baden spart Wasser.
B4. 1b – 2e – 3f – 4c – 5a – 6d
B5 a) verbrauchen sie Strom **b)** Position 1
C2 a) b – c – A
C3. 3 – 2 – 1

Lektion 30

A2. 1b – 2c – 3a
A3. 1 Die Tierpfleger sorgen für sie. Das Futter ist immer frisch und gesund und auch die Zoo-Landschaft ist sehr natürlich. – 2 Sie züchten sehr erfolgreich Tiere und können so viele Tierarten schützen. Außerdem bereiten sie Tiere auf das Leben in der freien Natur vor. – 3 Ein Zoo-Besuch ist viel spannender. Hier können sich die Besucher „live" über die Tiere und ihre natürlichen Lebensräume informieren. – 4 Der Zoo ist klein bzw. die Gehege sind viel zu eng. Außerdem ist es manchmal sehr laut im Zoo, gerade bei den Veranstaltungen für die Besucher. Und für viele Tiere ist auch das Klima ein Problem. – 5 Für die Tiere ist der Zoo ein Gefängnis. Sie können nicht wandern oder jagen. – 6 In den Tierfilmen sieht man die Tiere in ihren natürlichen Lebensräumen. Außerdem stört man die Tiere nicht.
A4 a) 2 frische – 3 natürliche – 4 seltenen – 1 kleinen – 2 langweilige – 3 laute – 4 engen **b)** (m) der → -e, -en – (n)

das → -e, -e – (f) die → -e, -e – (Pl) die → -en, -en
B2. 6, 3, 4, 1, 2, 5
B3. 1a – 2b – 3b – 4a – 5a – 6b
B5. 1c – 2b – 3d – 4a
B6. 1 der, -en, den, -en, -en – 2 einer, -en, dem, -en – 3 der, -en, der/seiner, -en – 4 einem, -en, der, -en
C2. A3 – B2 – C1
C3. 1 Bremer Stadtmusikanten: Esel, Hund, Katze, Hahn – aus einem Märchen von den Gebrüdern Grimm – wollen in Bremen Stadtmusikanten werden
2 Laika: Hündin – aus der Geschichte – erstes Lebewesen im Weltall, einige Stunden nach dem Raketenstart gestorben
3 Knut: Eisbär – aus dem Fernsehen, Radio und Internet – früher nur 810g schwer

Lektion 31

A2. b, d, f, g
A3. 1 Er hat vor seiner Reise nur etwas über Europa im Fernsehen gesehen und in den Zeitungen gelesen. – 2 Sie machen sich große Sorgen um ihn, denn Europa ist ihnen sehr fremd. – 3 Es ist ganz anders als in seiner Vorstellung. Nicht ganz Europa ist wie Deutschland oder Italien. – 4 In der Schweiz ist alles unglaublich teuer. – 5 In Amsterdam gibt es viele Fahrräder. – 6 In China gibt es nicht so viele schöne alte Gebäude und nicht so viele Sehenswürdigkeiten wie in Deutschland. Eher moderne Bauten und Hochhäuser. – 7 Europa und China sind beide wirtschaftlich sehr stark. – 8 China ist ein großer Markt für Firmen aus aller Welt.
A4 a) einen genauen Plan – ein interessantes Reiseland – eine alte Kultur – moderne Bauten **b)** Ich hoffe, dass ich bald mit meiner ganzen Familie Europa besuchen kann. **c)** (m) ein → -er, -en, -en – (n) ein → -es, -es, -en – (f) eine → -e, -e, -er – (Pl) ~ → -e, -e, -en
A5 a) Das ist … 2 leckeres – 3 moderne – 4 deutsche – 5 großer – 6 hohes
Nenne … 2 europäischen – 3 interessanten – 4 italienische – 5 kleines – 6 deutsches
B2. 1 junge „Experten" für Europa – 2 Sie möchten von ihren Erfahrungen erzählen. – 3 Sie gehen in Schulen, Jugendklubs oder Fußgängerzonen und informieren über das Programm JUGEND IN AKTION. Außerdem organisieren sie Workshops, Schulstunden oder Ausstellungen zum Thema Europa.
B3. *Lösungsvorschlag:* Anna Kowalska, 19 Jahre alt, kommt aus Krakau, möchte Psychologie studieren, war Europäische

Freiwillige in Frankfurt an der Oder, supergut gefallen, jetzt EuroPeer, …
B4. richtig: 2, 3, 5, 7, 8 – falsch: 1, 4, 6
B5 a) davon → Erfahrungen – daran → Sprachkurs – darum → Informationen – sie → Kinder – darauf → YouthPass
b) 2 an einem Sprachkurs – 3 um die Informationen im deutsch-polnischen Jugendportal – 4 an die Kinder im Polnisch-Sprachkurs – 5 auf den YouthPass

Lektion 32

A2. 2 Wie lange kann man mit einem Interrail-Ticket reisen? – 3 Wohin kann man reisen? – 4 Welche Informationen findet man auf der Internetseite?
A3. 1) 3 Jugendliche – 2) bei Klara zu Hause – 3) auf der Internetseite von Interrail surfen
A4 a) richtig: 2, 4, 6 – falsch: 1, 3, 5, 7 **b)** 1 Für die Interrail-Reise brauchen die Jugendlichen kein Visum und keinen Reisepass. – 3 Jugendherberge und Campingplätze sind am günstigsten. – 5 Sie nehmen 100 Euro mit. – 7 Sie nehmen keine Kreditkarten mit. Sie nehmen ihre EC-Karten mit.
A5 a) 1b – 2a – 3b – 4a – 5a – 6b **b)** Um zwanzig nach sieben frühstückt er. Um fünf nach acht fährt er zum Hauptbahnhof. Um halb neun trifft er sich mit Klara und Alex am Hauptbahnhof. Um viertel vor neun fährt er nach Wien.
B2. 3, 2, 5, 4
B3 a) 1 den Stephansdom – 2 das Hundertwasserhaus – 3 das Schloss Schönbrunn – 4 den Naschmarkt – 5 die Hofburg **b)** Zum Frühstück gab es Cornflakes, Müsli, Joghurt, Wurst, Käse, Brötchen, O-Saft, Milch, Kaffee und Tee. – Zum Mittagessen gab es den typischen Rostbraten mit Zwiebeln und zum Nachtisch Palatschinken mit Zimt und Zucker.
c) *Lösungsvorschlag:* 1 gut = Frühstück: Sie konnten viel essen. – Mittagessen: Alles war total lecker. – Stephansdom: Er ist wirklich beeindruckend. – 2 nicht gut = Museum von Hundertwasser: Es gab zu viele Touristen. – Schloss Schönbrunn: Die Eintrittspreise waren zu hoch. – Filmfestival am Rathaus: Es hat stark geregnet.
B4 b) ging, gehen – dachten, denken – gab, geben – fand, finden – meinte, meinen
C2. 1a – 2c – 3b – 4a – 5c – 6b – 7b – 8c – 9b – 10a – 11c – 12c

Lektion 33

A2. C – D, G – E, F
A3 a) 1c – 2a – 3c – 4b – 5b **b)** Station 1: 176 m lang – Station 2: Albert Einstein, Wilhelm Conrad Röntgen

A4. Dativ

A5. 1 hinter dem Grossmünster – 2 zwischen dem Bahnhof und dem Central – 3 neben der ETH Zürich – 4 vor der St. Peterskirche

A6. der Bahnsteig = das Perron – das Krankenhaus = das Spital – die Fahrkarte = das Billet

B2. 1c – 2a – 3b

B3. Jörg: 2, 4, 7, 12 – Inga: 3, 5, 9, 10 – Kai: 1, 6, 8, 11

B4. 1 irgendwann – 2 irgendwo – 3 irgendeine – 4 irgendwie

B5 a) 1c – 2b – 3a **b)** am Ende

C2 a) *Lösungsvorschlag*: Was ist ein Piktogramm? – Wer hat das Piktogramm erfunden? – Wo findet man Piktogramme? – Wie erleichtern sie uns die Orientierung? …

Lektion 34

A2. 1) 19 Jahre, KFZ-Mechatroniker, möchte eigene Wohnung, hat nicht viel Geld – 2) in der Nähe von seinen Eltern, zwei Zimmer mit Balkon und Garage, 480 Euro im Monat – 3) renovieren, Möbel und ein paar kleine Sachen – 4) Pauls Freunde und Eltern, sich bei allen Nachbarn höflich vorstellen – 5) DVD-Player, Oma

A3 a) 2 das Gehalt – 3 der Balkon – 4 die Garage – 5 das Konto – 6 der Mietvertrag – 7 der Schlüssel – 8 der Briefumschlag **b)** 1 beenden – 2 zahlen – 3 unterschreiben – 4 renovieren – 5 einziehen

A4. 1 mit – 2a ohne – 2b für – 3 ohne – 4 mit – 5a mit – 5b für – 6 für – 7 für

A5 b) a um – b im – c am

B2. 1 SMS an Kerstin. – 2 er noch seine Kisten auspacken und seine Wohnung einrichten muss. – 3 ihm am Sonntag hilft und sie dann zum Essen einladen.

B5. 1 Der Koffer liegt unter dem Esstisch. – 2 Die Lampe hängt über dem Schreibtisch.

B6. 4 – 1 – 6 – 3 – 2 – 7 – 5 – 8

B7. 1 vor – 2 in – 3 unter – 4 über – 5 hinter – 6 zwischen – 7 auf

B8. Wo? Dativ – Wohin? Akkusativ

C2. 1) B, G – 2) E, F – 3) A, D – 4) C, H

Lektion 35

A2. Manuela: 3, 4 – Alexander: 1, 2, 5

A3. Manuela: 3b, 5c, 6a, 8d – Alexander: 1f, 2g, 4e, 7h

A4 a) 2 froh – 3 uncool – 4 locker – 5 allein – 6 anstrengend – 7 schlimm **b)** 2 unternehmen – 3 sich fühlen – 4 aufbleiben

A5. am Ende

B2. 1a – 2b – 3c – 4b – 5b – 6a – 7c – 8b

B3. Aktivitäten im Haushalt: Blumen gießen, putzen, einkaufen, Wäsche waschen – Aktivitäten in der Freizeit: auf eine Party gehen, Spaziergänge machen, Inliner fahren, ins Theater/Konzert gehen

B4 b) a W-Wort – b ob

B5. 2 Der Reporter fragt, warum Lina nicht nach Hamburg ziehen wollte. – 3 Der Reporter fragt, was für sie am Anfang besonders schwierig war. – 4 Der Reporter fragt, ob sie die „Denk-dran"-Liste immer noch hat. – 5 Der Reporter fragt, ob sie sich nicht manchmal allein fühlt. – 6 Der Reporter fragt, was sie bei Problemen gemacht hat. – 7 Der Reporter fragt, wie sie sich heute fühlt.

C2. 1 Ralf und Michael sind verschiedene Typen. – Ann-Carolin und Claudia sind die besten Freundinnnen. – 2 Ralf ist auch Rennfahrer. Er hat immer im Schatten von seinem berühmten Bruder Michael gestanden. – Ann-Carolin hat Wirtschaft studiert und ist damit sehr zufrieden. Sie möchte nicht im Rampenlicht stehen.

Lektion 36

A2 Weihnachten – Jugendliche

A3. a) 1b – 2a – 3a – 4b – 5b **b)** Julia: 1, 4, 7 – Rea: 2, 3, 5, 6, 8

A4 Ich (Wer? – Person) schenke (Verb) meinen Geschwistern (Wem? – Person) nichts (Was? – Sache). – Ich (Wer? – Person) schreibe (Verb) meinem Freund (Wem? – Person) ein Gedicht (Was? – Sache).

B2. 3 – 2 – 1

B3. Eintritt: 5 Euro – Musik: Liveband, DJ-Team – Gäste: keine Erwachsenen, bis 18 Jahre – Gastgeber: Hamburger Gymnasiasten Lynn, Lasse, Jannik und Maxi, alle zwischen 14 und 16 Jahre alt, selbst DJ-Team „I used to dance with my daddy" – Kir: im Stadtteil Altona – Werbung: Flyer verteilen, Interviews geben – Getränke: Cola kostet 1,50 Euro, Tomatensaft, weiße oder rote Limonade, kein Alkohol, kein Bier, kein Schnaps

B4 a) 1 ist – 2 macht – 3 ist **b)** 1a denn – 1b sondern – 1c und – 1d oder – 2a trotzdem – 2b deshalb – 3a weil – 3b obwohl – 3c wenn **c)** *Lösungsvorschlag*: Die Jugendlichen sind immer noch aufgeregt, obwohl sie ein altes Team sind. – Sie begrüßen die ersten Gäste, wenn alles fertig ist. – Für den ersten Underage-Club haben die Jugendlichen mithilfe ihrer Eltern das Geld zusammengekriegt, denn eine Partylocation ist nicht ganz billig. – Es ist Freitagabend, deshalb ist im „Kir" schon viel los. – Sie begrüßen die Gäste, weil sie schließlich Gastgeber sind.

C2. 1a) 11.11. – 1b) 11:11 Uhr – 1c) Aschermittwoch – 1d) Rosenmontag – 1e) Kölle Alaaf – 1f) Helau – 2a) Montag nach Aschermittwoch – 2b) 4:00 morgens – 2c) 72 Stunden – 2d) Cliquen – 2e) riesigen Laternen, Flöten und Trommeln – 2f) Zuschauer haben kein Kostüm

Lektion 19

1. b Größe – c Augenfarbe – d Hobbys – e Sprachen – f Kinofilme

2. a Hauptrolle – b Theaterstück – c Moderator – d Promi

3. b Theater – c Sportler – d Filmstar

4. a keine – b kein – c keine – d kein – e kein

5. b Ich bin nicht schön. – c Ich kann nicht singen. – d Angelina Jolie und Brad Pitt wohnen nicht in der Nähe. – e Ich habe kein Schwimmbad im Garten. – f Ich habe kein Haus in Hollywood. – g Ich habe keinen Porsche.

6. a keine, nicht, nicht – b nicht, keine – c keine, nicht, keine

7. a Ich bin nicht cool. – b Ich habe keine Auftritte in Fernsehshows. – c Ich habe keine Freunde aus Hollywood. – d Ich bin keine Theaterschauspielerin. – e Ich gebe keine Interviews. – f Meine Klamotten sind nicht modern. – g Mein Leben ist nicht interessant.

8. b höflich – c neugierig – d bekannt – e witzig – f intelligent – g arrogant

9. b langweilig – c komisch – d sympathisch – e hässlich – f chaotisch – g freundlich

10. b freundlich – c chaotisch – d witzig – e langweilig – f höflich – g hässlich – h komisch – i sympathisch – j persönlich – k ironisch

11. 6 – 5 – 4 – 1 – 3 – 7 – 2

14. b gelb – c arrogant – d hoch

15. b das Hemd – c der Rock – d der Anzug – e der Mantel – f der Pullover – g das T-Shirt – h die Brille

16. b mir, Ihnen – c dir, ihm – d uns, euch

17. b gehört – c passt – d trägst – e steht – f ändern, meinst

18. b seinen Eltern – c meinem Freund – d ihrem Freund – e deiner Schwester

19. a Passen Ihnen die Schuhe … – b Kann ich Ihnen helfen? – c Das T-Shirt gehört mir. – d Der Rock passt dir überhaupt nicht. – e Sie steht dir wahnsinnig gut.; … sie gehört leider meinem Vater.

20. b sieht total komisch aus – c sind hässlich – d finde das lustig – e ist er auch total witzig – f etwa

21. b Den finde ich wirklich fantastisch. – c Das sieht super aus. – d Die gefällt mir wirklich gut.

22. b (a) sagen, Mann, Nacht, bezahlen, ein paar; (e) Tee, geht, leben, schnell, Berg; (ä) später, Länder, März, Sekretärin, er verlässt

Lektion 20

1. b das Bein – c der Bauch – d die Nase – e der Zahn – f der Rücken – g der Arm – h das Haar – i der Mund – j das Ohr – k der Fuß – l der Finger – m das Auge – n der Hals – o das Gesicht

2. b Creme – c Gerichte – d Ergebnis – e Zahnspange – f Eintrittskarte – g Pech

3. b tauschen – c fit sein – d probieren – e ausprobieren – f mitkommen

4. a war, hatte – b war, war, war – c hatten – d wart, waren, hatten – e hatten – f hattet

5. b gejobbt – c gearbeitet – d gekauft – e gekostet – f geantwortet – g gewartet

6. b Wie lange habt ihr gelernt? – c Am Abend habe ich Musik gehört. – d Hat er gestern vegetarisch gekocht? – e Wir haben Rezepte getauscht. – f Hast du Peter die Fotos gezeigt? – g Was haben sie gesagt? – h Am Nachmittag hat Lukas Fußball gespielt.

7. a haben gemacht, hat geschmeckt – b hat gezeigt, habe gemacht – c hast gekauft, hat gekostet – d habt gearbeitet

8. a Gestern habe ich Informationen über Zahnspangen gesucht. – b Habt ihr Telefonnummern getauscht? – c Wie viel hat die Eintrittskarte gekostet? – d Wir haben schon die neue CD von Eminem gehört. – e Elke und Silvia haben gestern Sport gemacht. – f Wie hat der Fisch geschmeckt? – g Habt ihr in der Disco getanzt?

9. b Fieber haben – c Schnupfen haben – d Tabletten nehmen – e Kopfschmerzen haben

10. b tut – c habe – d tun – e bin – f habe

11. gegangen – gefahren – gekauft – gelesen – gerufen – gegessen – gesagt – getrunken – gesehen – geantwortet – genommen

12. ge…(e)t: machen – gemacht, kaufen – gekauft, sagen – gesagt, antworten – geantwortet;
ge…en: gehen – gegangen, fahren – gefahren, lesen – gelesen, rufen – gerufen, essen – gegessen, trinken – getrunken, sehen – gesehen, nehmen – genommen

13. b sind gefahren – c haben getrunken – d hast genommen – e hast gegessen – f seid gegangen – g habt geschrieben – h hat gearbeitet – i bin gefahren

14. a heiß – b schädlich – c sauer – d schwach, furchtbar

15. b hast geantwortet – c habe gehört – d habe gebadet – e bin gegangen – f habe geschlafen

16. a hatte – b hatte – c bin gefahren – d habe gebadet – e hatte – f ist

gefahren – g hat gesagt – h habe gemacht – i war – j habe geschlafen – k habe gegessen – l getrunken – m habe gelesen – n habe gehört – o war – p war

17. b Tropfen, Medikamente – c Romane – d Rat – e Puzzles

18. b brauche viel Ruhe – c muss auch Tropfen nehmen – d Lies doch einen Roman – e mach doch ein Puzzle – f gute Besserung

19. 8 – 1 – 3 – 4 – 7 – 2 – 6 – 5

21. *Lösungsvorschlag:* Deshalb bin ich von der Schule nach Hause gegangen. Dann habe ich eine Tablette genommen, aber nach einer Stunde war es immer noch nicht besser. Deshalb bin ich ins Bett gegangen und habe fünf Stunden geschlafen. Dann aber war es langweilig und ich habe einen Film gesehen. Deshalb war meine Mutter sauer. Sie hat nicht geglaubt, dass ich krank war. Sie hat gesagt, ich muss morgen wieder in die Schule. Aber ich bin immer noch krank und kann keine Hausaufgaben machen.

22. b (i) lieben, Brille, Ring, Bild, Tier; (u) Schuh, Kuchen, Hund, Fluss, Lust; (ü) Gemüse, glücklich, Mütter, müssen, spülen

Lektion 21

1. 2 Tischtennis – 3 Gymnastik – 4 Skilanglauf – 5 Beach-Volleyball – 6 Schwimmen – *Lösungswort:* Wettkampf

2. b ersten – c dritten – d zweiten – e ersten – f vierten – g dritten – h zweiten

3. b nimmst teil – c spielst mit, zusehen – d finden statt – e gewinnen, verlieren – f bekommen

4. b den Wettbewerb – c die Leichtathletik – d ein Gewinner

5. Personen: der Sportminister, der Trainer, der Spieler, die Mannschaft – Wettbewerbe: das Finale, der erste Platz, der Wettkampf – Sport: der Ball, die Schwimmbrille, der Ski, das Fahrrad, die Badehose

6. angemeldet – bekommen – eingeladen – erreicht – zugesehen – verloren – mitgespielt – gewonnen – angerufen – teilgenommen – stattgefunden

7. …|ge|…|(e)t: mitspielen – mitgespielt – …|ge|…|en: einladen – eingeladen, zusehen – zugesehen, anrufen – angerufen, teilnehmen – teilgenommen, stattfinden – stattgefunden – …|t: erreichen – erreicht – …|en: bekommen – bekommen, verlieren – verloren, gewinnen – gewonnen

8. a teilgenommen – b zugesehen – c gewonnen – d verloren – e eingeladen –

f bekommen – g angerufen – h erreicht – i angemeldet

9. Dann habe ich mitgespielt. Meine Mannschaft hat leider nur den letzten Platz erreicht. Warum hat der Trainer uns bloß angemeldet? – b) Letzten Monat habe ich im Internet Sportschuhe gekauft. Ich habe sie immer noch nicht bekommen. – c) Gestern Abend habe ich meine Freundin Petra angerufen. Ich habe sie zum Essen eingeladen.

10. b Boxen – c Handball – d Eishockey – e Basketball – f Eislaufen

11. *Lösungsvorschlag:* c Welche Mannschaft hat in Frankreich im Endspiel mitgespielt? Frankreich und Brasilien. – d Wie oft hat Italien von 1990 bis 2006 bei der Fußballweltmeisterschaft gewonnen? Einmal. – e Wo hat 2002 die Fußballweltmeisterschaft stattgefunden? In Südkorea und Japan. – f Wer hat 1990 beim Endspiel verloren? Argentinien. – g Welche Mannschaft hat 1994 das Finale erreicht? Brasilien und Italien. – h Wo hat 1994 die Fußballweltmeisterschaft stattgefunden? In den USA.

13. b das Spielzeug – c der Unfall – d das Motorrad

14 b gefährlich – c schlimm – d verletzt – e vorsichtig – f hoch

15. b trainiert – c fotografiert – d gratuliert – e passiert – f organisiert – g ausprobiert

16. b hat bekommen – c hat trainiert – d teilgenommen

17. a Wir haben noch gar nicht telefoniert. – b habe ich noch trainiert – c dann ist es passiert – d hat es ziemlich schlimm ausgesehen – e ich habe teilgenommen – f Ich habe gewonnen und alle haben mir gratuliert

18. vor zwei Jahren – letztes Jahr – vor drei Monaten – letzten Monat – letzte Woche – vorgestern – gestern

19. b Wir haben das Hotel erreicht. – c Jenny hat ein Snowboard zu Weihnachten bekommen und es getestet. – d Am Abend hat das Essen allen geschmeckt. – e Herr Maier hat immer fotografiert. – f Am Ende hat Leo einen Ski-Wettkampf gewonnen.

20. b ie (Familie, Familien): 1, 3, 4, 6 – ie (Chemie, Strategien): 2, 5, 7, 8

Plateau Modul 7

Lesen

1. *Lösungsvorschlag:* in Touristeninformationen, in Hotels

2. freie Übung

3. a4 – c3 – d2

4. (1) Im Seilgarten darf man von 6 bis 66 Jahren klettern. – (2) Der Seilgarten liegt an der Ostsee, auf der Insel Rügen. – (3)

Das Klettern im Seilgarten ist absolut sicher. – (4) Der Seilgarten ist von März bis Oktober geöffnet, im Sommer sogar von 10 bis 20 Uhr. – (5) Für Familien und Gruppen gibt es besondere Eintrittskarten.

Schreiben

1.–3. freie Übungen

Projekt

1.–3. freie Übungen

Lektion 22

1. b mitspielen – c zuhören – d wissen – e aussprechen – f unterrichten – g zuhören – h passieren – i tun – j erreichen – k zuhören – l unterrichten

2. a Ich wünsche euch viel Spaß! – b Gute Reise! – d Ich drücke dir die Daumen!

3. b soll – c sollen – d sollen – e sollt – f sollst – g soll – h sollen

4. b du sollst unbekannte Wörter notieren – c wir sollen mit den Mitschülern Deutsch sprechen – d du sollst das Wort richtig aussprechen – e du sollst aufpassen – f wir sollen endlich zuhören – g du sollst im Unterricht aktiv mitmachen – h wir sollen im Wörterbuch nachschlagen

5. a muss – b dürfen – c muss, kannst, darf – d können

6. b magst – c sollen – d kannst – e darf – f muss – g darf – h muss

7. a dürfen – b mag – c müssen – d kannst – e dürft – f will, soll

8. b der Zettel – c die Einkaufsliste – d der Roman

9. *Lösungsvorschlag:* Er sagt, man soll mit den Mitschülern oft Deutsch sprechen und zu Hause Zettel mit Vokabeln aufhängen. Oder man kann Gedichte in der Fremdsprache lernen und aufsagen. Mein Lehrer sagt auch, man soll deutsche Freunde im Internet suchen und mit ihnen chatten ...

10. a Wein – b Reis – c Butter

11. b Gastfamilie – c Gäste – d Stammtisch – e Treffpunkt – f Kneipe

12. b schlecht – c bekannt – d schwierig – e die Muttersprache – f das Ausland – g am Anfang

13. 2c, 3a, 4d

14. b ihm gefällt das Land – c sie hat eine deutsche Tante – d sie will in Deutschland arbeiten – e er möchte die Texte von der Band „Rammstein" verstehen

15. b und – c aber – d oder – e deshalb – f dann

16. b Im Unterricht schreibe ich immer alle neuen Wörter auf, *Position 0:* und, *Position 1:* ich, *Position 2:* höre, ... gut zu. – c Ich möchte einen Sprachkurs im Ausland machen, *Position 0:* aber, *Posi-*

tion 1: Sprachkurse, *Position 2:* sind, ... sehr teuer. – d Nach der Schule mache ich ein Praktikum in Deutschland, *Position 0:* oder, *Position 1:* ich, *Position 2:* jobbe, ... in Deutschland. – e *Position 0:* --, *Position 1:* deshalb – f Zuerst muss ich meine Hausaufgaben machen, *Position 0:* --, *Position 1:* dann, *Position 2:* chatte, ... ich mit meiner Freundin aus Deutschland.

17. 2a Heute gehe ich in die Kneipe, denn es gibt einen Stammtisch für Deutschlerner. – 2b Es gibt (heute) einen Stammtisch für Deutschlerner, deshalb gehe ich (heute) in die Kneipe. – 3a Ich lerne die neuen Vokabeln, denn ich möchte keine schlechte Note in der Deutschklassenarbeit bekommen. – 3b Ich möchte keine schlechte Note in der Deutschklassenarbeit bekommen, deshalb lerne ich die neuen Vokabeln. – 4a Ich schreibe Gedichte, denn ich bin verliebt. – 4b Ich bin verliebt, deshalb schreibe ich Gedichte.

18. a Ich möchte einen Sprachkurs machen, denn so kann man viele nette Leute kennenlernen. b Ericas Deutsch ist noch nicht so gut, deshalb möchte sie es verbessern. – c Am Nachmittag höre ich Musik oder ich mache Hausaufgaben. – d Am Vormittag habe ich Unterricht, dann essen wir zusammen Mittag. – e Ich möchte in Deutschland arbeiten, aber ich muss zuerst meine Schule fertig machen.

19. a kompliziert – b regelmäßig – c bestelle

20. 3 – 2 – 1 – 4

21. (1) b das bedeutet – c Verstehst du, was ich meine – d Was ist das deutsche Wort für – e heißt auf Deutsch „Kneipe"; (2) a meinst du das – b auf Englisch sagt man – c heißt das auf Deutsch – d weiß das Wort nicht mehr

22. b (o) H<u>o</u>se, Sp<u>o</u>rt, fr<u>o</u>h, Z<u>oo</u>, t<u>o</u>ll; (ö) K<u>ö</u>rper, m<u>ö</u>gen, zw<u>ö</u>lf, ge<u>ö</u>ffnet, b<u>ö</u>se

Lektion 23

1. b Abitur – c Realschule – d Grundschule – e Gymnasium – f Gesamtschule – g Ausbildung

2. b Bankkaufmann – c Parlamentarier – d Schriftsteller – e Minister – f Reiseleiter

3. b erfunden, mitgearbeitet – c verlassen – d gemalt – e verändert – f gewechselt – g gerannt

4. b Traum, Fantasie – c Kindheit – d Verein – e Erfolg – f Ziel – g Natur – h Magazin – i Politik – j Enkel – k Unterschriften, Menschen

5. 2b – 3d – 4a

6. b gehe ich gern in den Unterricht – c kann ich sie fast alle lösen – d lernen wir viel – e habe ich eine gute Note bekommen

7. b trotzdem – c trotzdem – d deshalb

9. b Luis macht nie Hausaufgaben, trotzdem hat er gute Noten. – c Marlene treibt gern Sport, deshalb möchte sie auf ein Sport-Gymnasium gehen. – d Elenas Weg zur Schule ist sehr weit, trotzdem will sie die Schule nicht wechseln.

10. a denn er hat 1921 den Nobelpreis für Physik bekommen – b trotzdem war er später sehr erfolgreich – c deshalb hat er die Schule 1894 ohne Abschluss verlassen – d deshalb ist er dort geblieben und hat 1896 das Abitur gemacht – e trotzdem hat er 1900 seinen Abschluss mit der Note „gut" gemacht – f denn er hat in diesem Jahr wichtige Arbeiten geschrieben

12. 2 der Radiergummi – 3 der Bleistift – 4 der Taschenrechner – 5 das Heft – 6 die Schere – 7 das Lineal

13. b hinten – c Rechts – d links – e vorn

14. b passen – c störst – d denken – e warte – f Sprich – g Sind ... zufrieden – h habe Lust

15. a) ▲ Wir sollen doch für morgen diese schwierige Physikaufgabe lösen. Wollen wir das zusammen machen? ● Nein danke, ich kann das schon alleine. – b) ▲ Ich verstehe die Mathe-Hausaufgabe nicht. Sag mal, weißt du, wie das geht? ● Ja, das ist gar nicht so schwer. Soll ich dir helfen? ▲ Oh ja. Das ist nett.

17. b meine Freunde – c ein Stück Kuchen – d deinem Kleid – e die Ferien – f meiner Lehrerin

18. 1e – 2a – 4c – 5b

19. b auf – c mit – d zu – e Mit – f an

20. b auf euch – c mit uns – d zu mir – e mit mir

21. a mit meinem Zeugnis – b an das Geld – c mit meinen Eltern – d auf das Fußballtraining – e auf den Bus – f zu deinem Gesicht

22. b (höflich): 3, 5, 7, 8 – (Fehler): 1, 2, 4, 6

Lektion 24

1. b Architekt – c Krankenpfleger – d Journalist – e Ingenieur – f Sekretärin – g Hausfrau

2. b Abitur – c Zivildienst – d Studium

3. 2b – 3a

4. b *Position 2:* ich, ... gut schreiben, *am Ende:* kann – c *Position 2:* ich, ... schon immer gern, *am Ende:* gesungen habe

6. b Weil ich die Arbeit interessant finde. – c Weil ich gut planen und organisieren kann. – d Weil ich Moderator werden möchte.

7. Ich kann nicht arbeiten, denn ich bin krank. – Ich bin krank, deshalb kann ich nicht arbeiten.

8. b weil – c denn – d weil – e deshalb

9. a die Mechanikerin – b der Bäcker, die Bäckerin – c der Politiker, die Politikerin – d der Polizist, die Polizistin

10. a Mode und Frisuren sind für mich total wichtig – b ich arbeite gern mit den Händen – c ich gern Reportagen schreibe – d möchte ich Bäcker werden

11. b finde ich trotzdem nicht so toll – c ist interessant – d gehe ich ja sonst auch oft ins Café – e ist besonders wichtig

12. *Lösungsvorschlag:* Hallo Petra, Du bist traurig, weil Dein Freund nur virtuell war. Das kann ich gut verstehen, aber Du musst ihn vergessen. Das ist wichtig. Ich gehe nächstes Wochenende ins Kino. Willst Du mitgehen? Vielleicht musst Du dann nicht immer an ihn denken. Und nächstes Mal musst Du bei Freunden aus dem Internet vorsichtig sein! Schreib nicht so viele SMS! Das ist teuer. Hoffentlich geht es Dir bald wieder gut. Mach's gut. Bis bald. Miriam

13. b Bankkaufmann – c Krankenschwester – d Reisekauffrau – e Berufsberater

14. b Arbeitsamt – c Team – d Technik, Bereich – e Pflanzen

15. b Glas – c Metall – d Holz

16. b Denk nach! – c Nimm den Fotoapparat mit! – d Sei aktiv! – e Fang heute an! – f Antworte mir! – h Seid nett! – i Kommt morgen vorbei! – j Entscheidet! – k Kommt herein! – l Arbeitet morgen!

17. b Seien Sie zu allen höflich und korrekt. – c Fragen Sie die anderen. – d Hören Sie gut zu. – e Verlassen Sie am Abend nicht als Erster das Büro.

18. a schlaft doch ein bisschen – b Kommen Sie herein und nehmen Sie Platz. – c Ruf mich morgen mal an. – d lern doch endlich die Vokabeln – e Fahrt vorsichtig. – f Buchstabieren Sie bitte Ihren Namen. – g Sei bitte mal ruhig.

19. b nehmen Sie Platz – c Was kann ich für Sie tun – d Darf ich Ihnen ein paar Fragen stellen – e Was interessiert Sie denn besonders – f finde ich spannend – g Welche Fremdsprachen sprechen Sie denn – h denke noch darüber nach – i kommen Sie dann noch einmal vorbei – j Das ist sehr nett

20. b) -ig – c) -ig – d) -lich – e) -lich – f) -lich – g) -ig – h) -isch – i) -isch

21. b verstehe ich eigentlich nicht so viel – c bin ich in Kunst und Musik eigentlich ganz gut – d finde ich nicht so interessant – e hat mir überhaupt nicht – f war sehr nützlich

22. Verkehrsmittel: Fahrrad, Motorroller, Zug, Bus – Schulfächer: Religion, Erdkunde, Philosophie, Geschichte, Sozialkunde

23. b(1) be|antworten, (2) genug_Geld, (3) hat|es, (4) am_Mittwoch, (5) Räum|

auf! (6) bin_nicht, (7) der_Ring, (8) hatte| eigentlich, (9) ist|interessant, (10) Spül| ab!, (11) der Chef_findet, (12) Schokoladen|eis

Plateau Modul 8

Hören

1. a Es geht um den Beruf „Schäferin". – b *Lösungsvorschlag:* Warum interessiert dich dieser Beruf? / Was macht man in diesem Beruf? / Wie kann man diesen Beruf lernen? / Ist der Beruf nicht schwer für eine Frau?

2. a drei Personen (Reporter, Linda, Herr Wegener) – b auf dem Hof von Herrn Wegener

3. 1b – 2a – 3b – 4a – 5a – 6b – 7b

Sprechen

1.–4. freie Übungen

Projekt

1.–4. freie Übungen

Lektion 25

1. b antworten – c spielen – d nutzen

2. 2g – 3d – 4b – 5a – 6c – 7f

3. b müsst – c darf – d soll – e kann – f wollen

4. b durfte – c wollte, konnte – d Wolltet, mussten – e Konnte, konnte – f Musstest, durfte

5. b konnte – c mussten – d durfte – e wollten – f musste

6. a wollte – b musste – c konnte – d konnte – e musste – f wollten

7. b die Webseite – c das Forum – d das Internet

8. b vor – c im – d am

9. b flirten – c suchen – d programmieren – e diskutieren – f austauschen – g informieren – h verbringen – i hören – j lernen – k schicken

11. b ganz – c viel zu – d wirklich – e so – f überhaupt nicht

13. b Titel – c Redakteure – d Artikel – e Inhalt – f Meinung – g Titelseite – h Überschrift – i Bilder

14. b Erfolg – c ein Wettbewerb – d Preis – e Gäste

15. 2e – 3c – 4f – 5a – 6d

16. b arbeiten alle zusammen – c Die Koordination ist – d macht uns einfach total viel Spaß – e Man muss kreativ sein und Ideen mitbringen – f ich schlage vor – g Vielleicht kannst du – h für die Einladung

17. b ihr – c deine – d mein – e dein – f meine – g ihre – h seine

18. b eure – c Ihre – d unsere

19. b eure – c unser – d unsere – e Ihre – f ihre

20. a unsere – b Ihre – c ihre – d eure – e unsere – f Ihr – g euer – h ihre

21. 2a – 3d – 4b

22. b Über Sport schreiben in unserer Redaktion nicht die Jungs, sondern die Mädchen. – c Ich mache nicht gern Interviews, sondern ich fotografiere lieber. – d Die Koordination machen wir nicht allein, sondern unser Lehrer hilft uns.

23. b j (Jacke): 3, 6, 8 – g/j (Ingenieur): 1, 4, 5 – j/g (Job): 2, 7

Lektion 26

1. b der Rollstuhl – c die Treppe – d der Eingang – e der Würfel

2. b im Altenheim – c bei der Feuerwehr – d im Pflegeheim – e im Krankenhaus – f im Kindergarten

3. b freiwillig – c behindert – d meistens

4. b die alten Menschen sehr nett waren – c viele alte Menschen fast nie Besuch bekommen – d eine alte Frau viel über die Vergangenheit erzählt hat – e man viel mehr mit alten Menschen sprechen soll

6. b Jugendliche heute oft wenig Freizeit haben – c er in einem Rollstuhl-Team Handball spielt – d der Behinderten-Sport zu wenig bekannt ist – e er im Heim viel Erfahrung gesammelt hat – f viele Rollstuhlfahrer so aktiv sind

7. a sie zweimal im Monat im Tierheim hilft – b so viele Leute ihre Tiere ins Tierheim bringen – c man Tiere nicht ins Tierheim bringen soll – d sie von ihren Eltern keinen Hund bekommt – e sie mit den Hunden aus dem Tierheim spazieren gehen darf – f sie früher oft mit der Katze von ihrer Nachbarin gespielt hat

9. 2d – 3e – 4a – 5b

10. b egoistisch – c sensibel – d frech – e einsam

11. b der Zeltplatz – c der Supermarkt – d das Chill-out-Zelt – e das Taschenmesser – f das Insektenspray – g das Abendessen

12. b es – c ihn – d sie – e dich – f mich – g sie – h euch – i Sie

13. b beeilt – c erholt – d freut – e streiten

14. b dich – c uns – d euch – e uns – f mich

15. b mich gelangweilt – c uns treffen – d mich beeilt – e mich entschuldigt – f uns gestritten – g freue mich

16. b Zieht euch lieber warm an – c verletz dich nicht – d erholen Sie sich gut – e Triff dich doch mal wieder mit Luis

17. a euch, b –, c dich, d –, e –, f dich, g dich, h –, i sich, j euch, k –, l euch, m –, n sich

18. *Lösungsvorschlag:* ... Es war toll, denn es haben viele bekannte Bands gespielt. Auch meine Lieblingsband „Placebo" war da. Wir haben die ganze Zeit im Zelt geschlafen. Das war sehr aufregend, weil wir nachts mit einer Taschenlampe auf die Toilette mussten. Wir haben drei Tage lang wenig geschlafen und viel gefeiert. Jetzt muss ich mich wirklich erholen. Wart ihr auch schon mal auf einem Festival? ...

19. b ch (Sprache): 1, 3, 7, 8; ch (sprechen): 2, 4, 5, 6 – c (2) Nächte, (3) Buch, (4) Fächer, (5) Bauch, (6) Früchte

Lektion 27

1. b Getränke – c Besteck – d Grill – e Nachtisch

2. b Fährt – c grillen – d besorgen – e kümmern – f backe – g besprechen – h geben

3. 2 das Brötchen – 3 die Marmelade – 4 der Kaffee – 5 das Brot – 6 die Milch – 7 die Wurst – 8 der Quark – 9 der Tee – 10 der Kakao – 11 das Müsli

4. a das Würstchen, die Salami, die Wurst, das Fleisch – b die Gabel, das Messer, der Löffel – c die Torte, das Brötchen, das Brot, der Kuchen – d die Cola, die Milch, das Mineralwasser, der Orangensaft – e die Gurke, die Tomate, die Paprika, die Banane, der Apfel, die Kartoffel, die Aprikose – f der Teller, die Tasse, der Becher

5. a die Aprikose, b die Marille, c die Paprika, d die Gurke, e die Tomate, f der Paradeiser. g die Kartoffel, h der Erdapfel, i das Brötchen, j die Semmel

6. b könntet doch – c könnte doch – d könntest mal wieder

7. c Könntest du dich bitte bis Montag melden? – d Könnte ich bitte mit deinem Handy anrufen? – e Könntet ihr bitte Vorschläge machen? – f Könntet ihr die Themen bitte zu zweit besprechen? – g Könnten Sie bitte Ihre Frage wiederholen?

8. b Er hätte gern – c Ich hätte gern – d Ihr hättet gern – e Du hättest gern – f Sie hätten gern – g Wir hätten gern

9. b Könnten – c hätten gern – d Könntet – e hätte gern, könnten – f Könntest – g hätte gern

10. a Könnte ich bitte das Brot haben? – b Ich hätte gern einen Nachtisch. – c Könnten Sie später wieder anrufen? – d Könntet ihr euch bitte um den Grill kümmern? – e Ich hätte gern ein neues Handy.

11. b Ein Kilo Aprikosen – c Eine Flasche Orangensaft – d Zwei Liter Milch – e Eine Kiste Mineralwasser – f Zwei Packungen Müsli – g Hundert Gramm Salami

12. 2 – 1 – 5 – 6 – 4 – 3

14. *Lösungsvorschlag:* ... Wie besprochen, fangen wir gegen 17 Uhr an. Wir brauchen aber noch Salate. Wer könnte einen Salat mitbringen? Und auch etwas Süßes als Nachtisch. Wer könnte einen Kuchen backen? Habt ihr noch andere Wünsche und Vorschläge? Dann meldet euch bis Donnerstag. ...

15. Essen: das Mittagessen, das Abendessen – Fleisch: das Hähnchen, das Schweinefleisch, das Rindfleisch – andere Gerichte: der Salat, die Suppe, das Nudelgericht

16. b fett – c unterwegs – d einfach

17. b jemand – c nichts, etwas – d etwas – e alles – f niemand – g etwas, nichts – h alles

18. Person: niemand – keine Person: alles, etwas

19. b nicht – c Nichts – d nicht – e nichts – f nicht

20. 2c – 3a – 4b

21. b ist es billig – c esse ich lieber Fast Food – d hat man gleich wieder Hunger – e koche ich nicht besonders gut – f möchte ich mal Koch werden

22. a außerdem ist es zu viel für uns – b weil wir kein Brot mehr haben – c deshalb habe ich ihn nicht gekauft – d außerdem haben wir kein Müsli mehr – e deshalb habe ich zwei Stück gegessen – f weil ich nicht kochen konnte

23. b -ich/-ig: (3) schwierig, (4) pünktlich, (6) schädlich, (7) langweilig – -isch: (1) typisch, (2) chaotisch, (5) egoistisch, (8) optimistisch

Plateau Modul 9

Hören

1. *Lösungsvorschlag:* Mit Facebook kann man alte Freunde wiederfinden oder neue Leute kennenlernen.

2. a Daniel und sein Großvater – b Daniel erklärt seinem Großvater Facebook.

3. 2) Geh mal auf www.facebook.com. – 3) Du musst zuerst ins Internet gehen. ... – 4) Du musst www.facebook.com eingeben, ... – 5) Schreib mal: daniel123@web.de. – 6) Dann drückst du auf „Registrieren"! – 7) Jetzt bist du auf der Seite registriert ... – 8) Na ja, du kannst ein Foto von dir hochladen, ...

Sprechen

1. freie Übung

2. a a) Skype, b) Chat, c) SMS – b freie Übung

3.–4. freie Übungen

Projekt

1.–7. freie Übungen

Lektion 28

1. b Kaffee zum Mitnehmen – c Wohngemeinschaft – d das Feld

2. hässlicher– hässlich ↔ schön – schöner; schlechter – schlecht ↔ gut – besser; weniger – wenig ⟷ viel – mehr; langweiliger – langweilig ⟷ interessant – interessanter; langsamer – langsam ⟷ schnell – schneller; kürzer – kurz ⟷ lang – länger

3. b Angebot – c Bäckerei – d Bar – e Schmutz – f Nerven – g Felder – h Wiesen – i Angst

4. b frisch – c klar – d fett

5. b wie – c als – d wie – e als

6. b billiger als – c ruhiger als – d genauso schön wie – e mehr als

7. *Lösungsvorschlag:* a Die Arbeit in der Stadt ist genauso hart wie die Arbeit auf dem Land. / Die Arbeit auf dem Land ist härter als die Arbeit in der Stadt. – b Die Kneipen in der Stadt sind genauso interessant wie die Partys auf dem Land. / Die Partys auf dem Land sind interessanter als die Kneipen in der Stadt. – c Der Obstkuchen vom Bäcker ist genauso gut wie Omas Apfelkuchen. / Omas Apfelkuchen ist besser als der Obstkuchen vom Bäcker. – d Die Wohnungen auf dem Land sind genauso billig wie die Wohnungen in der Stadt. / Die Wohnungen auf dem Land sind billiger als die Wohnungen in der Stadt. – e Die Leute auf dem Land sind genauso tolerant wie die Leute in der Stadt. / Die Leute auf dem Land sind toleranter als die Leute in der Stadt.

8. 2 – 1 – 4 – 3

10. b die Musikanlage – c die Posaune – d die Flöte – e das Pony

11. b Kleinstadt – c Einwohnern – d Nähe – e Führerschein – f Lehrling – g Lehrstelle

12. b ausreiten – c wünschen – d Faulenzen – e berichten – f beginnen – g aufwächst

13. einmal: letzten Freitag, morgen, nächsten Dienstag, diesen Samstag – oft: donnerstags, abends, jeden Sonntag, immer am Mittwoch, täglich

14. a warm – wärmer – am wärmsten, b groß – größer – am größten, c herrlich – herrlicher – am herrlichsten, d schmutzig – schmutziger – am schmutzigsten, e hart – härter – am härtesten, f interessant – interessanter – am interessantesten, g frisch – frischer – am frischesten, h gesund – gesünder – am gesündesten, i viel – mehr – am meisten

15. b am liebsten – c am schlimmsten – d am besten – e am schönsten

16. a am – b als – c wie – d als, am – e wie, Am

17. a In Zürich lebt man besser als in Genf, aber am besten lebt man in Wien. – b In Österreich machen die Deutschen lieber Ferien als in Italien, aber in Spanien machen sie am liebsten Ferien. – c Der Flughafen in Paris ist größer als der

Flughafen in Frankfurt am Main, aber am größten ist der Flughafen in London.

19. b sch: 1 (Landschaft), 4 (Schmutz); schp: 2 (Beispiel), 6 (Zahnspange), 8 (sparen); scht: 3 (buchstabieren), 5 (Stunde), 7 (Frühstück) – c schp: 2, 4; sp: 1, 3; scht: 2, 4 st: 1, 3

Lektion 29

1. b Boden – c Katastrophen – d Hitze – e Stürme

2. b teurer – c lieber

3. Adjektive: b nass, c kalt, d trocken, e warm, f heiß – *Nomen:* b die Sonne, c der Wind, d der Regen, e die Temperatur – Verben: b scheinen, c wehen, d regnen

4. a (1) Die Sonne, Es; (2) Es; (4) Der Wind; (5) Es, Es – b (1) Die Sonne scheint. Es ist trocken.; (2) Es schneit.; (4) Der Wind weht stark.; (5) Es regnet. Es ist nass.

5. a die Sonne scheint oft; gibt es viel mehr Regen – b Es ist ziemlich kühl.; der Wind weht stark – c es schon seit zwei Tagen schneit; sehr kalt ist – d es regnen soll; auch kalt ist

6. a schneit es – b ist es ... kalt – c Sonne scheint – d Es ist ... heiß – e regnet es – f es ist ... kühl – weht der Wind

7. a der Norden – b der Westen – c der Osten – d der Süden

8. c im Norden von Frankreich – d in Südpolen – e im Osten von Spanien – f in der Westschweiz

10. b das Prozent – c der Müll– d die Obst- und Gemüseabfälle – e die Batterie – f die Mülltonne – g das Papier – h die Verpackungen

11. a Strom – b Heizung – c Lampe, Computer – d Müll

12. b runterdrehen – c Trennst – d ausschalten – e halten – f schaltest ... ein, sparen – g mithelfen – h transportieren

13. b ich krank bin – c es keinen Strom gibt – d ich Durst habe – e ich sie gelesen habe – f ich einkaufen gehe

14. b Wenn Dana mit dem Auto fährt, nimmt sie meistens Freunde mit. – c Wenn ich einkaufen gehe, fahre ich oft mit dem Fahrrad. – d Wenn Susanna nicht zu Hause ist, schaltet sie die Heizung aus.

15. b Wenn Sie Gemüse aus der Region kaufen, (dann) ist das gut für die Umwelt. – c Wenn Sie Energiesparlampen benutzen, (dann) brauchen Sie nicht so oft neue Glühbirnen. – d Wenn Sie den Fernseher oder Computer nachts ausschalten, (dann) sparen Sie Strom.

16. a Wenn es schneit, (dann) können wir Ski fahren. – b Wenn es keinen Strom gibt, (dann) kann ich nicht fernsehen. –

c Wenn es regnet, (dann) findet die Grillparty nicht statt. – d Wenn die Batterie kaputt ist, (dann) fährt das Auto nicht. – f Wenn es warm ist, (dann) schalte ich die Heizung aus.

17. *Lösungsvorschlag:* c Wenn die Heizung an ist, dann schließen wir die Fenster. – d Wir könnten alte CDs und DVDs zum Recyceln sammeln. – e Ich schlage vor, dass wir uns um den Schulgarten kümmern. – f Wenn wir Wanderungen machen, (dann) können wir die Natur besser kennenlernen. – g Wenn wir Filme über die Natur und das Meer zeigen, informieren wir die Leute über den Umweltschutz. – h Wir könnten Artikel über Umweltschutz für die Schülerzeitung schreiben.

18. b s (Haus): 2, 3, 6, 7, 9; s (Häuser): 1, 4, 5, 8, 10

Lektion 30

1. b Pflanzen – c Zoo – d Veranstaltung – e Futter

2. a Freiheit – b Million – c Gehege – d Nahrung

3. a informieren – b züchten – c untersuchen – d jagen – f sorgen

4. b frisch – c schnell – d spannend – e deprimiert – f natürlich – g faul – h beliebt – i frustriert – j aggressiv

5. b teuer, teuren – c schöne, schön – d seltene, selten – e modern, modernen – f leckeren, lecker – g interessant, interessanten

6. b enge – c laute – d großen – e starken – f kleine – g gesunde – h lustigen

7. b neue – c netten – d alte – e kleinen – f alte

8. a erfolgreichen – b beliebte – c unzufriedene – d anstrengende – e große – f leckere – g sympathische – h frustrierten

9. b ..., weil die Tiere auch in modernen Gehegen zu wenig Platz <u>haben</u>. – c ..., dass das für die Tiere nicht so schlimm <u>ist</u>. – d ... Denn man <u>sieht</u> doch, ... – e ..., aber die Tierpfleger und Tierärzte <u>kümmern</u> sich sehr gut um die Tiere. – f ..., dass Tiere aus Afrika hier in Europa leben <u>müssen</u>.

10. a Ich bin dagegen, dass ... – b Meiner Meinung nach ..., Du hast recht, aber ... – c Ich finde, dass ..., Ich bin einverstanden, ...

12. 2d – 3a – 4c – 5b

13. b Wildtier – c Haustier – d Tierpfleger – e Tierarzt – f Tierfilm

14. b passiert – c angegriffen – d töten

15. b Frau Hofers Katze – c Petras Meerschweinchen – d Frau Schnitts Pferd

16. a Herrn Müllers Hund – b Frau Beckers Katze – c Peters Pferd

17. b den Veranstaltungen – c die Haustiere – d den Besitzern – e die Notrufe – f den Hunden
18. b dem langen Hals (4) – c dem großen Zahn (3) – d dem kleinen Baby (5) – e den schönen Streifen (1)
19. b der weißen – c dem braunen – d dem großen – e der letzten
20. (1) b ruhige – c lieben; (2) a schwarzen – b weißen – c süßen
21. a dem netten – b der schwierigen, der junge – c die süßen, den jungen – d den großen, den braunen
22. *Lösungsvorschlag:* ... danke, dass du dich in den Ferien um Minka gekümmert hast. Minka geht es jetzt wieder prima. Ich war gestern mit ihr beim Tierarzt. Er hat sie untersucht und gesagt, dass sie wieder gesund ist. Viele Grüße ...
23. c b: 2; p: 1, 3, 4; d: 3; t: 1, 2, 4; g: 3, 4; k: 1, 2

Plateau Modul 10

Lesen
1. freie Übung
2. a Zeilen 17 bis 25 – b Zeilen 1 bis 4 – c Zeilen 5 bis 16
3. (1) Ein Deutscher kauft durchschnittlich 40 bis 70 Kleidungsstücke im Jahr. (2) Der Boden und das Wasser werden schmutzig, Kleintiere und Pflanzen werden krank. Man braucht viele Chemikalien, aber die sind schlecht für die Umwelt. (3) Die Arbeiter auf den Baumwollplantagen arbeiten hart und verdienen wenig Geld. Es gibt Kinderarbeit. In den Fabriken arbeiten Frauen 12 bis 16 Stunden und für weniger als 2 Euro am Tag. (4) Wir können nach bio-fairen Alternativen suchen, Qualität kaufen, Kleidung tauschen und im Secondhandladen einkaufen.
Sprechen
1.–3. freie Übungen

Projekt
1.–4. freie Übungen

Lektion 31

1. b das Parlament – c die Politik – d das Europa – der Europäer
2. b Kultur – c Bauten – d Firma – e Wirtschaft – f Sehenswürdigkeit
3. a erwartet – b vorgestellt, Vorstellungen – c gereist, Reisen
4. b spüren – c besuchen – d machen
5. 2c – 3a
6. b schöne, eleganten, großen (4) – c bekannte, schönen (1) – d schönen (5) – e großen (2)
7. b nettes – c schöner – d moderne – e interessantes – f teure – g enge
8. b dickes – c warme – d bequeme

9. b einen witzigen Sonnenhut – c eine hübsche Bluse – d einen roten Bikini – e schicke Schuhe – f ein teures Parfüm – g interessante Modezeitschriften – h eine tolle Sonnenbrille
10. b bekannten– c einer exotischen – d seinem schnellen – e einer guten – f einem schönen – g einem spannenden – h langen
11. b erster – c vollen – d großen – e schweren – f neues – g helles – h kleinen – i gemütlichen – j großen – k ersten – l tolle – m viele – n nette – o schönes
12. a meine letzte – b eine schöne – c meinem kleinen – d einem billigen – e meinem alten – f einer schönen – g interessante – h einen ruhigen – i ein kleines – j eine coole – k nette
13. b Nenne bitte einen deutschen Schauspieler. (5) – c Kennst du eine bekannte Sehenswürdigkeit in Rom? (6) – d Nenne bitte eine tschechische Automarke. (4) – e Wie heißt der höchste Berg in Deutschland? (1) – f Kennst du ein bekanntes Märchen aus Deutschland? (2)
14. b Lage – c Bevölkerung – d Tourismus – e Essen
16. 2d – 3a – 4b
17. b denke ... zurück – c ausgeben – d teilgenommen – e bin froh
18. b auf seine – c auf – d bei ihrer – e für gute – f mit seiner – g an ihre – h mit ihrer – i auf seine – j an ihre – k zu ihrer
19. b darüber – c darum – d daran – e davon
20. b Worauf – c Woran – d Womit – e Worum
21. a An, An – b Auf, Auf – c um, Um
22. a Von, davon – b Von wem, Von, von ihm – c Worauf, Auf, Darauf – d Auf wen, Auf, auf sie
23. a um – b an, daran – c darüber – d auf, darauf – e Bei, Bei – f darüber
24. a an ihren neuen Freund, An wen, An dich – b von meinen neuen Plänen, davon – c Worüber, Über meine gute Note – d an einem anstrengenden Skikurs, darauf – e um unseren kleinen Hund, um ihn – f Auf wen, Auf meinen großen Bruder – g Worauf, auf einen großen Salat – h mit uns
25. *Lösungsvorschlag:* b Wofür interessierst du dich? – Für eine Veranstaltung über Umweltschutz. c Wovon träumst du? – Von einem tollen Auto. d Auf wen bist du stolz? – Auf meine Freundin. e Wovon erzählst du? – Von meinem Führerschein. f Worauf wartest du? – Auf den Bus. g Für wen interessierst du dich? – Für den Jungen aus der 10. Klasse.
26. b Du Armer! – c Du Glücklicher! – d Du Arme!

27. b f/v: 3 (hoffen), 4 (Vater), 5 (Veranstaltung), 7 (vergessen); v/w: 1 (Pullover), 2 (wahr), 6 (Universität), 8 (warten) – c (1) aktiv, (2) kreativ; (1) negativ, (2) positiv

Lektion 32

1. a das Bargeld, die Kreditkarte, die EC-Karte – b der Pass, der Ausweis, das Visum, das Ticket – c der Reiseführer, die Landkarte – d die Jugendherberge, der Campingplatz, die Pension
2. b das Ticket – c der Pass – d die Kreditkarte – e das Visum – f das Hotel
3. b von – c bis – d nach – e bis zu
4. b kopieren – c abheben – d bezahlen – e übernachten
5. b Um wie viel Uhr fährt der Zug denn ab? – c Waaas?? Wie spät ist es denn jetzt?
6. b 7:30, 19:30 – c 8:50, 20:50 – d 4:20, 16:20 – e 5:40, 17:40 – f 4:45, 16:45 – g 7:10, 19:10 – h 11:30, 23:30
7. b 2:40 – c 3:15 – d 3:45 – e 12:20 – f 5:50
8. b Viertel nach sieben– c halb neun – d zehn vor zehn – e Viertel vor fünf – f zwanzig vor zwölf – g zehn nach zwei – h fünf vor zwei
9. a einen – b einer – c keine, welche – d eine, keine, eine – e deins
10. b einen – c keine, welche – d einer – e eins – f welche – g keine – h eins – i keine
11. a keine – b ein, keins – c einen, keinen – d ein, eins – e einen, einer – f eine – g einen, einer
12. b auf meinem Schreibblock – c um Viertel nach acht – d um Viertel vor neun – e habe keinen – f Kannst du deinen mitnehmen – g nehme welche mit
13. b Palatschinken – c Zucker – d Zwiebeln – e Beisel
14. b außen, innen – c geheim – d unbedingt – e direkt – f bunte
15. b Engländer – c Italiener – d Stadtrundfahrt – e Schloss – f Burg – g Blick – h Wecker
16. b entdeckt – c lohnt – d geliehen
17. b meinte – c fanden – d musste – e ging – f waren – g wussten – h mussten – i dachten
18. a nannte – b war – c interessierte – d gab – e plante – f malte
19. b sieht ... aus – c dauert – d steigen
21. b pf: 2 (Tropfen), 4 (Pflanze), 7 (Topf); f: 1 (froh), 5 (fragen), 8 (Feuer); p: 3 (Plan), 6 (Plakat) – d qu: 3 (Quadrat), 4 (Quartett), 6 (Qualität); –: 1 (Sekunde), 2 (vegetarisch), 5 (Erdkunde)

Lektion 33

1. b das Perron – c das Billet – d die Brücke
2. a Universität – b Start – c Strecke – d Beginn – e Rathaus – f Innenstadt
3. b kreuze ... an – c bedeutet – d verläuft – e gewinnen
4. b in der – c am, im – d auf der, im
5. b zwischen – c vor – d neben
6. das Gasthaus – der Spielplatz – die Kirche – das Museum – die Bibliothek – das Spital – die Apotheke
7. b am – c neben der – d Hinter der – e zwischen der, dem – f auf dem – g vor dem
8. a im Geschäft – b am Telefon – c am Strand – d im Spital – e vor dem Fernseher – f am Flughafen – g auf dem Turm – hinter Petra
9. b Bahn... – c ...haus – d ...schule – e Stadt...
10. a Es ist links von der Hauptstraße, in der Nähe vom Fluss. – b Das Spital ist auf der anderen Seite vom Fluss. – c Der Bahnhof ist hinter der Post. Das ist nicht weit von hier. – d Das Gasthaus ist neben der Kirche.
12. b Panik – c Bücherei – d Anfänger – e Altstadt – f Wohnheim – g Angestellter – h Situation – Stadtviertel
13. b zufällig – c peinlich – d aufgeregt – e schrecklich
14. b losgegangen – c ausgekannt – d verirrt – e verwechselt – f gelacht – g umgezogen
15. b Irgendwann – c irgendwie – d irgendein – e irgendwelche
16. b trotzdem – c deshalb – d deshalb – e trotzdem
17. 2d – 3a – 4b
18. b verirrt er sich immer noch – c mussten wir mit dem Taxi fahren – d er in eine andere Stadt umgezogen ist
20. b ... obwohl er nur ein kleines Studentenzimmer hat.; Obwohl Paul nur ein kleines Studentenzimmer hat, kauft er immer mehr Bücher. – c ... obwohl er sich in der Stadt immer noch nicht auskennt.; Obwohl er sich in der Stadt immer noch nicht auskennt, nimmt er nie einen Stadtplan mit. – d Er kommt immer zu spät, obwohl die Kurse an der Uni erst um zehn beginnen.; Obwohl die Kurse an der Uni erst um zehn beginnen, kommt er immer zu spät.
21. a ... obwohl ich in Wien noch niemand kenne. – b ... deshalb wohne ich in einem Wohnheim. – c ... trotzdem muss ich noch viele Dinge kaufen. – d ... obwohl es mitten in der Stadt liegt.
23. b ts: 1 (Katze), 2 (Zentrum), 4 (Schutz), 5 (rechts); –: 3 (Seite), 6 (Tourist) – c (1) Eintrittskarte, (2) Organisa-

tion, (3) Besitzer, (4) nachts, (5) Zimmer, (6) nutzen, (7) Hitze, (8) Station, (9) zufällig, (10) Portion, (11) kurz, (12) Geburtstag

Plateau Modul 11

Hören

1. *Lösungsvorschlag:* Drei Unterrichtsprojekte für Schülerinnen und Schüler: ZEUS-Projekt, JUNIOR-Österreich und „CHOOSE IT!"
2. freie Übung
3. 1b – 2a – 3a – 4c – 5c – 6c – 7b – 8b – 9c
4.–5. freie Übungen

Schreiben

1. Wochenendfahrt nach Salzburg
2.–4. freie Übungen

Projekt

1.–5. freie Übungen

Lektion 34

1. b der Balkon – c der Schlüssel – d der Briefumschlag
2. b Renovierung – c Wohnung – d Beratung – e Erfahrung – f Lösung – g Vorstellung – h Rettung – i Heizung
3. a die Lehre, das Gehalt, der Lehrling, der Urlaub – b der Umzug, die Miete, der Mietvertrag
4. b einzahlen – c unterschreiben – d einziehen – e beenden – f schicken
5. b insgesamt – c übrig – d finanziell – e Neulich – f gratis
6. b Für – c mit – d mit – e ohne – f für – g Ohne
7. a 15. Mai, 2. Februar, Vormittag – b 15 Uhr, Mitternacht, halb zwölf – c August, Herbst, Frühling, Dezember
8. b Am 15. Mai. – c Nach der Renovierung. – d Bis morgen. – e Um zehn. – f Von neun bis fünf. – g Zum Mittagessen. – h vor August
9. b Bis wann – c Wie lange
10. a Wann/Um wie viel Uhr – b wecken dich deine Eltern – c Bis wann – d darfst du aufbleiben – e Wann/Um wie viel Uhr – f frühstückst du – g Wie lange fährt der Bus zur Schule – h Bis wann/Wie lange – i dauert die Schule – j Wann isst du zusammen mit der Familie
11. a der Tisch, die Couch, das Bett, der Schrank, der Stuhl – b der Spiegel, die Decke, das Kissen, der Teppich, der Fernseher, der Lautsprecher, die Lampe
12. b Kisten – c Fenster – d Handtuch – e Topf
13. b steht– c hängt – d liegt – e steht – f sitzt – g sitzen – h hängt
14. b Das Regal steht vor der Couch. – c Die Kissen liegen unter dem Bett. –

d Max sitzt auf dem Lautsprecher. – e Der Stuhl liegt neben dem Regal. – f Der Fernseher steht hinter dem Schrank. – g Die Lampe hängt über dem Schrank. – h Der Topf steht zwischen den Kisten. – i Das Handtuch hängt am Regal.
15. b auspacken – c hinlege – d anmache – e lade
16. b hängt – c stellt – d setzt
17. b Stell sie bitte zwischen den Schrank und den Spiegel. – c Leg sie bitte auf das Bett. – d Setz dich auf die Couch.
18. b gestanden – c Leg – d stell – e steht – f sitzt – g Setz – h gehängt – i gehangen – j gelegen
19. a neben der / in der / auf den / ins / in der – b im / über dem / in die
20. a auf den / stellen – b im / gelegen – c hängt / an der – d gestanden / neben den – e setzen / in das (ins) / im / gelegen
22. b ks: 1 (magst), 5 (Praxis); –: 2 (Balkon), 3 (Disco), 4 (Basketball), 6 (Kiste) – c (1) sonntags, (2) Umzugstag, (3) Fax, (4) Boxershorts, (5) der sechste, (6) Wohnungstür, (7) der höchste, (8) Zeitungsanzeige, (9) du besichtigst, (10) du verwechselst, (11) am wichtigsten, (12) Mexiko

Lektion 35

1. b Einzelkind – c Unsinn – d Beziehung – e Clique – f Großfamilie – g Konflikte – h Haushalt – i Pflichten – j Ritual
2. b kreativ – c streng – d groß – e fleißig
3. b verbieten – c liegt – d geschimpft – e reden – f geht – g ärgert – h weint – i trösten
4. b die Freundschaft – c die Mannschaft – d die Landschaft
5. b nervig – c traurig – d schrecklich – e autonom – f gewöhnlich – g egal – h locker – i streng – j fleißig – k chaotisch – l ehrlich
6. b uncool – c unwichtig – d unzufrieden – e unbequem – f unkreativ
7. 1 – 3 – 5 – 2 – 4
8. b ... wer hat sich in deiner Familie früher um den Haushalt gekümmert – c ... wie streng waren deine Eltern – d Mit wem in deiner Familie hast du dich am besten verstanden
9. b ... wer ihm im Haushalt hilft – c warum ich mein Zimmer nicht aufgeräumt habe – d um wie viel Uhr ich gestern nach Hause gekommen bin – e welche Note ich in der Klassenarbeit habe
10. a Wie viele / ... wie viele Geschwister du hast – b Was / ... was du im Haushalt machst – c Mit wem / ... mit wem du in deiner Familie über deine Probleme redest – d Welche / ... welche Rituale es in eurer Familie gibt – e Wer / ... wer in deiner Familie am meisten schimpft –

f Wie oft / ... wie oft du deine Großeltern besuchst

12. b gießen – c Leer ... aus – d spül ... ab – e einkaufen – f waschen

13. b zieht ... aus – c zieht – d bleiben

14. b häufig – c getrennt – d ordentlich – e geschieden – f ungewöhnlich

15. b Hat er mich gesehen? – c Ruft er mich an? – d Soll ich ihn anrufen?

16. b ... ob ich mich dann einsam fühle? – c ... ob ich genug Geld habe? – d ... ob es bei den Eltern nicht schöner ist? – e ... ob ich erwachsen genug bin?

17. a Weißt du, ob Neil zu Hause ist? – b Ich möchte wissen, wo Sabine in London wohnt.

18. b ... was ich heute zum Essen eingekauft habe. – c ... ob ich etwas gekocht habe. – d ... was sie am Wochenende kochen soll. – e ... ob wir am Wochenende ins Theater gehen.

19. a ... wo die Schauspielerin aufgewachsen ist. – b ... wie viele Geschwister sie hat. – c ... welche Filmrollen ihr am besten gefallen haben. – d ... ob sie schon als Kind Schauspielerin werden wollte. – ... ob sie bald in einem neuen Film mitspielt.

20. *Lösungsvorschlag:* b Der Reporter hat gefragt, wie viele junge Deutsche bei den Eltern wohnen. – c Er wollte wissen, wie oft die jungen Deutschen Kontakt zu ihren Eltern haben. – c d Er hat gefragt, wie viele junge Deutsche bei Vater und Mutter aufgewachsen sind. – e Er wollte wissen, ob die jungen Deutschen später Kinder wollen.

21. b n: 1 (unwichtig), 2 (Termin), 4 (klein), 6 (alleine); ng: 5 (hängt), 8 (Lösung), 9 (lange); nk: 3 (trinkt), 7 (krank), 10 (Bank) – c ng: 2, 3, 4; n|g: 1, 5; nk: 1, 3; n|k: 2, 4, 5

Lektion 36

1. b die Schmuckdose – c das Mäppchen – d der Kopfhörer

2. b ihr – c deinem – d ihm – e meinem – f dir – g deinen – h mir – i uns

3. b Wer?: Anja, Verb: schenkt, Wem?: ihrem Vater / ihm, Was?: einen Kugelschreiber. – c Wer?: Anja, Verb: schenkt, Wem?: ihrer Oma / ihr, Was?: einen Kopfhörer. – d Wer?: Anja, Verb: schenkt, Wem?: ihrer Mutter / ihr, Was?: eine Pflanze. – e Wer?: Anja, Verb: schenkt, Wem?: ihrer Schwester / ihr, Was?: eine Kette.

4. b Soll ich meinem Vater einen Kugelschreiber schenken? / Schenk ihm einen Kugelschreiber. – c Soll ich meiner Oma einen Kopfhörer schenken? / Schenk ihr einen Kopfhörer. – d Soll ich meiner Mutter eine Pflanze schenken? / Schenk ihr eine Pflanze. – e Soll ich meiner Schwester eine Kette schenken? / Schenk ihr eine Kette.

5. a Habt ihr ihm schon eine SMS geschickt – b Wir können ihnen eine Reise nach Prag schenken – c Kannst du mir deinen Kugelschreiber geben – d Wann darf ich dir meine Geburtstagsfotos zeigen

6. b Frohe Weihnachten! – c Herzlichen Glückwunsch zum Geburtstag! – d Gute Besserung!

7. 4 – 8 – 1 – 2 – 5 – 7 – 3 – 6

9. a Werbung – b Schnaps – c Limonade – d Gymnasiast

10. b raucht – c schminkt – d zusammenkriegt – e auftritt – f verlangen – g verteilen – h begrüßt – i entsteht

11. b Klub – c Bühne – d Stimmung – e Licht – f Organisation – g Schluss

12. b denn – c aber – d oder – e sondern

13. b gibt es keinen Alkohol – c sie genug

Geld für die Klubmiete zusammenkriegen – d das DJ-Team „Hit the Sky" Musik macht – e die Jugendlichen nicht so viel Geld haben – f ist der Klub immer voll – g gehen viele schon in den Klub

14. b und – c deshalb – d Außerdem – e aber – f obwohl – g denn

15. a ... deshalb darf ich nicht in die Disco gehen. – b Außerdem kann ich keine Zigaretten kaufen. – c ... weil ich zu jung bin. – d ... dass ich bei meiner Freundin übernachte. – e Obwohl ich älter als 15 aussehe ... – f Wenn ich erst einmal 18 bin ...

16. b Ich finde diese Idee nicht so gut, weil – c du hast recht – d Damit bin ich einverstanden

18. b bst: 1 (Herbst), 6 (liebst); gst: 2 (ruhigsten), 8 (bringst); mst: 3 (kommst), 4 (Filmstar); rst: 5 (Donnerstag), 7 (Lehrstelle)

Plateau Modul 12

Lesen

1. *Lösungsvorschlag:* in Jugendmagazinen, in Zeitschriften

2. freie Übung

3. a Stephi – b Sie muss immer im Haushalt helfen und kann nie etwas am Computer machen.

4. b 1 – r, 2 – f, 3 – r, 4 – f, 5 – r, 6 – r

5. freie Übung

Schreiben

1. 7 – 3 – 6 – 1 – 5 – 2 – 4

2.–5. freie Übungen

Projekt

1.–3. freie Übungen

Lösungsschlüssel zu den Tests

Lektion 19

1. a) keine b) nicht, keine c) kein d) nicht
e) kein f) nicht g) kein
2. a) -ig b) -lich c) -lich d) -ig e) -lich
f) -isch g) -lich
3. a) Die Brille steht ihr total gut. b) Der
Anzug passt ihm überhaupt nicht. c)
Die Skier gehören mir. d) Du kannst uns
helfen!
4. Hi, Karla, na, wie geht's? – Hi, Sarah,
gut. Du, wie findest du meine Haare?
– Die finde ich super. Du hast eine tolle
Frisur! – Toll? Hm, also ich finde, meine
Frisur sieht komisch aus. – Echt? Was
gefällt dir denn nicht? – Ach, meine Haare
sind immer so glatt. – Dann probier doch
mal lockige Haare aus! – Ja, das ist eine
gute Idee.

Lektion 20

1. a) Gestern habe ich lange gebadet.
b) Er hat den Roman gelesen. c) Wie viel
hat die Creme gekostet? d) Wir haben
Handynummern getauscht. e) Hat er dir
eine SMS geschrieben?
2. a) hast … geantwortet b) bin … gegangen c) bin … gefahren d) habe …
gegessen e) hat … geschmeckt
3. a) Ja, leider. Ich muss auch immer noch
Medikamente nehmen und brauche viel
Ruhe. b) Nein, aber Fieber und Schnupfen. c) Mach doch ein Puzzle! d) Ja, ich
bin wieder ganz fit. e) Zweimal pro Tag.
4. a) vorsichtig b) schädlich c) sauer
d) schwach e) furchtbar

Lektion 21

1. a) die Leichtathletik b) das Tischtennis
c) der Beach-Volleyball d) der Skilanglauf
2. a) mitgemacht b) angemeldet c) teilgenommen d) mitgespielt e) zugesehen
f) stattgefunden
3. a) Wir haben den Wettbewerb organisiert. b) Wie oft habt ihr in Österreich
trainiert? c) Meine Mutter hat viel fotografiert. d) Leider hat unsere Mannschaft
verloren. e) Der Trainer hat uns nicht
gratuliert. f) Was ist denn passiert?
4. a) gefährlich b) leicht c) verletzt
d) schlimm e) erfolgreich f) halb g) hoch
h) vorsichtig

Lektion 22

1. a) In Deutsch sollen wir einen Aufsatz
über das Thema „Ausländer" schreiben.
b) In Mathe sollen wir die Aufgabe 6 im
Buch machen. c) In Französisch soll ich
den Text auf S. 34 lesen und d) ich soll

im Wörterbuch die neuen Wörter nachschlagen.
2. a) … er findet diese … b) … will ihre
Sprachkenntnisse verbessern. c) … sie
will ein Zertifikat … d) … ist interessant.
3. a) aussprechen b) zuhören c) anschau-
en d) korrigieren e) wiederholen f) tun
4. a) was / ~~wie~~ b) drücke / ~~reagiere~~
c) ~~Wie~~ / Was d) ~~kenne~~ / weiß e) auf / ~~für~~
f) Wie / ~~Was~~

Lektion 23

1. a) Grundschule b) Gymnasium
c) Hauptschule d) Realschule
2. a) kapiert b) stört c) gerannt d) Treibst
e) wechselt
3. a) …, trotzdem bin ich jetzt Schriftsteller. b) …, trotzdem findet er Politik heute
langweilig. c) …, trotzdem hat sie die
Partei verlassen.
4. a) mit meinem Zeugnis b) auf mein
Taschengeld c) zu meiner Hose d) mit
mir; an ihren Freund

Lektion 24

1. a) Die Friseurin b) Der Polizist c) Der
Krankenpfleger d) Der Handwerker
e) Der Journalist f) Die Kauffrau
2. a) …, weil sie sehr kreativ ist. b) …,
weil ich gleich einen Termin beim
Berufsberater habe. c) …, weil er lieber
körperlich arbeiten will.
3. a) Denken Sie über die Möglichkeiten
nach! b) Füllen Sie bitte das Formular
aus! c) Buchstabieren Sie bitte Ihren
Familiennamen! d) Nehmen Sie doch
bitte Platz!
4. a) gestellt b) entschieden c) vorbeikommen d) rechnen e) planen
5. Guten Tag. Also, Sie wollen Ihren
Zivildienst machen? – Ja, genau. Welche
Möglichkeiten gibt es denn? – Ach, viele,
Sie können hier etwas suchen oder auch
im Ausland arbeiten. Sprechen Sie denn
Englisch? – Hm, ein bisschen, aber Sprachen mag ich nicht so. – Aha, mögen Sie
die Natur oder arbeiten Sie gern handwerklich? – Also, Pflanzen interessieren
mich nicht so, aber mit Holz oder Metall
arbeite ich gern, das finde ich spannend.

Lektion 25

1. a) Durftest b) wolltest c) musste
d) konnten
2. a) euer b) Ihr c) Ihre d) Unsere e) Eure
f) unser
3. a) …, sondern sucht nur im Internet
nach Informationen. b) …, sondern findet

alles gut. c) …, sondern mit ihm telefoniert.
4. a) zusammengearbeitet b) ausge-
tauscht c) geantwortet d) mitgehen
e) vorgeschlagen f) aufhören g) ausgemacht

Lektion 26

1. a) … helfen kann. b) … dass die Leute
im Pflegeheim … c) … bei der Feuerwehr
anstrengend ist. d) … dass der Eingang
nicht zu eng …
2. a) dich b) uns c) sich d) mich e) euch
f) sich g) mich
3. a) schrecklich b) einsam c) klug
d) optimistisch
4. a) Wir nehmen am besten drei Packungen. b) Tja, deshalb habe ich leider auch
Extra-Hausaufgaben! c) Nein, aber ich bin
später mit ihm verabredet. d) Das stimmt
nicht. Ich denke nicht nur an mich! e) Ja,
ja, ich beeile mich ja schon.

Lektion 27

1. a) könntest b) könnte c) könnten
d) hätten e) hättest f) hätte
2. a) Erdäpfel, b) Gurken, c) Paradeiser,
d) Paprika, e) Aprikosen, f) Kisten
3. a) …, außerdem hat sie den Löffel vergessen. b) …, außerdem mag sie keine
Schokoladentorte. c) …, außerdem mag
sie lieber Käse.
4. a) nichts b) niemand c) jemand d) alles
e) etwas f) nichts g) jemand h) alles

Lektion 28

1. a) besten b) klarer c) gesünder
d) liebsten e) mehr f) interessantesten
2. a) besser als b) toleranter als c) so
groß wie d) lieber als e) so ruhig wie
3. a) ausgeschlafen b) weggezogen
c) aufgewachsen d) mitgenommen
4. a) Ja, ich habe meinen Führerschein
im März gemacht. b) Nein, aber Posaune und Flöte. c) Nein, er wohnt in einer
Wohngemeinschaft. d) Ja, aber meine
Musikanlage ist leider kaputt. e) Ja, ich
bin Lehrling in einer Autowerkstatt.

Lektion 29

1. a) Es ist heiß. b) Es schneit. c) Es ist
warm. d) Es regnet.
2. a) in b) Westspanien c) trocken
d) stark e) Im f) Süden g) kalt
3. a) Ich schalte den Computer ganz aus,
wenn ich ins Bett gehe. b) Wenn ich Licht
brauche, benutze ich nur Energiesparlampen. c) Ich kaufe nur Obst aus der Region,

wenn ich einkaufen gehe. d) Wenn ich aus dem Zimmer gehe, mache ich immer das Licht aus. e) Ich benutze verschiedene Mülleimer, wenn ich Papiermüll und Obstabfälle habe.

4. a) schließen b) runterdrehen c) trennst d) ausschalten e) fließen f) verbrauchst

Lektion 30

1. a) Vögel b) Mäuse c) Hühner

2. a) netten b) verletzte c) arme d) traurigen e) schwierige f) kleinen g) süßen h) große

3. a) Pferden b) Schweinen c) Gehegen d) Kindern

4. a) ... Veranstaltungen im Zoo sehr beliebt. b) ..., dass Tiere in Freiheit leben und nicht im Zoo. c) ... sorgen die Tierpfleger gut für die Tiere. d) ..., weil sie für Tiere wie Gefängnisse sind. Tiere im Zoo? e) ..., dass die Tiere dort oft sehr frustriert sind.

Lektion 31

1. a) kleinen b) dünne c) grünes d) brauner e) großen f) schweren

2. a) worüber, über b) von wem, von c) worauf, Auf

3. a) daran b) Dafür c) Daran d) darauf e) darüber

4. a) ganz anders als b) genauso viele c) wie

Lektion 32

1. a) Drei Stunden. b) Es ist Viertel nach zehn. c) Bis Viertel vor zwölf.

2. a) meins b) einer c) keinen d) welche e) eine f) keiner g) eins

3. a) dachte b) stieg c) lieh d) ging e) meinte f) gab

4. a) überlegen / ~~zurückdenken~~ b) ~~kostet~~ / lohnt c) abheben / ~~nehmen~~ d) ~~zusehen~~ / besichtigen

Lektion 33

1. a) vor dem b) neben dem c) zwischen dem ... und dem d) auf dem

2. a) irgendwo b) Irgendwie c) irgendwelche d) irgendwann

3. a) Ich ziehe um, obwohl mir das Stadtviertel gefällt. b) Ich habe über seinen Witz gelacht, obwohl er nicht lustig war. c) Ich habe die Namen verwechselt, obwohl sie sehr verschieden sind.

4. a) weit b) Links von dem c) in d) auf e) vom

5. a) Gegend b) Bücherei c) Krankenhaus d) Fahrkarte

Lektion 34

1. a) die Entschuldigung b) die Wanderung c) die Überraschung

2. a) bis wann b) wie lange c) zum

3. a) steht ... dem b) setz ... die c) liegt ... der ... dem d) Häng ... die

4. a) unterschrieben b) eingezogen c) aufgeblieben d) ausgepackt e) eingezahlt

Lektion 35

1. a) ... warum meine Kinder immer Unsinn machen. b) ... ob meine Kinder irgendwann mal erwachsen werden.

c) ... ob andere Kinder eine gute Beziehung zu ihren Eltern haben. d) ... wann wir mal wieder was mit der ganzen Familie unternehmen. e) ... wo sich die Clique immer am Sonntagnachmittag trifft.

2. a) trennen b) weint c) trösten d) ausziehen e) zurückgeblieben f) reden

3. a) streng b) unzufrieden c) fleißig d) unordentlich

4. a) ... ich mein Leben als Einzelkind ganz schön. b) ... worum es geht, meine Mutter hört mir immer zu. c) ... ist immer etwas los d) ... meine Geschwister immer streiten. e) ... einer Großfamilie.

Lektion 36

1. a) Philip kauft seiner Schwester eine Schmuckdose. b) Kerstin schreibt ihrem Bruder eine SMS. c) Willst du deinen Freunden das Fotoalbum zeigen? d) Marlene und Elena bringen ihrer Oma einen Kuchen mit.

2. a) ~~trotzdem~~ / obwohl b) ~~wenn~~ / außerdem c) aber / ~~sondern~~ d) ~~weil~~ / deshalb e) ob / ~~dass~~ f) ~~denn~~ / weil

3. a) auftreten b) verlangen c) begrüßen d) verteilen e) entstehen

4. Hallo, Betty. Bald ist Weihnachten ... Was wünschst du dir? – Hi, Anja. Hm, ich hätte gern Kopfhörer. – Aha, dann kannst du in Ruhe Musik hören. – Genau. Du, ich brauche noch ein Geschenk für meinen Vater ... Aber was? – Hm, vielleicht eine CD? Oder einen Kinogutschein? – Super Idee, er sieht gern Filme. Das ist nur eine Kleinigkeit, aber das macht ihm bestimmt viel Freude!